Buch

Das Universum ist vom Atom bis zum Sonnensystem wohlgeordnet. Seit Jahrtausenden haben Menschen, getrieben vom Interesse am Rhythmus dieser Ordnung, nach Formeln gesucht, die der Wissenschaft helfen, die Strukturen der Evolution zu durchschauen. Dabei ist eine vielschichtige spirituelle Zahlenlehre entstanden, die sowohl in den Religionen als auch in astrologischen und anderen zukunftschauenden Systemen einen festen Platz hat.

Dieses beeindruckende Standardwerk der Numerologie führt den Einsteiger wie den Fortgeschrittenen kenntnisreich in die faszinierende Welt der Zahlen. Es erklärt:

- Die Berechnung der persönlichen Lebensaufgabenzahl, Schicksalszahl, Seelenzahl und Persönlichkeitszahl
- Die Erstellung des persönlichen Lebensplans und seine Auswirkungen auf die berufliche Laufbahn
- Die Symbolsprache der Bibel und der Kabbala
- Die Zahlenphilosophie des Tarot und der Astrologie und vieles andere mehr.

Faith Javane & Dusty Bunker

ZAHLENMYSTIK
Das Handbuch der Numerologie

Aus dem Amerikanischen
von Matthias Schossig

GOLDMANN VERLAG

Umwelthinweis:
Alle bedruckten Materialien dieses Taschenbuches
sind chlorfrei und umweltschonend.

Der Goldmann Verlag
ist ein Unternehmen der Verlagsgruppe Bertelsmann

Vollständige Taschenbuchausgabe Juli 1995
Wilhelm Goldmann Verlag, München
© 1991 der deutschsprachigen Ausgabe
Para Research within Schiffer Publishing Limited,
West Chester/Pennsylvania (USA)
© 1979 der Originalausgabe
Umschlaggestaltung: Design Team München
Umschlagabbildung: Gunter Vierow, Andechs
Druck: Presse-Druck Augsburg
Redaktion: Ingrid Holzhausen
Verlagsnummer: 12248
Ba · Herstellung: Sebastian Strohmaier
Made in Germany
ISBN 3-442-12248

3 5 7 9 10 8 6 4 2

Inhalt

Vorwort von Faith Javane —————————————— 9
Vorwort von Dusty Bunker —————————————— 11

I Grundlagen der Numerologie

1 Esoterische Numerologie —————————————— 17
Die Zahlen von 1 bis 9 —————————————————— 19

2 Deine persönlichen Zahlen und Jahre ——————— 25
Der Zahlenwert aller Buchstaben des Alphabets ————— 25
Die Lebensaufgabenzahl ———————————————— 28
Die Seelenzahl ———————————————————— 36
Die Äußere Persönlichkeitszahl ————————————— 43
Die Schicksalszahl —————————————————— 51
Die Bedeutung des ersten Vokals des Vornamens ———— 59
Dein persönliches Jahr ————————————————— 61
Zahlen für bestimmte Zeiträume ———————————— 63
Der persönliche Monat ————————————————— 65
Stichworte für Zahlen bestimmter Zeiträume und persönlicher Monatsschwingungen ——————————————— 66

3 Die Geometrie Gottes —————————————— 67
Die grundlegenden geometrischen Formen ——————— 68

4 Das Göttliche Dreieck —————————————— 80
Die Erstellung des Lebensplans ————————————— 80
Die persönliche Auswertung —————————————— 82
Die Bestimmung der äußeren Linien —————————— 86
Das große Verfahren —————————————————— 87

Das kleine Verfahren	96
Einundachtzig und darüber	100

5 Mehr Möglichkeiten mit Zahlen — 103
Die ABC's	103
Die 1'er: A, J, S	104
Die 2'er: B, K, T	105
Die 3'er: C, L, U	107
Die 4'er: D, M, V	108
Die 5'er: E, N, W	110
Die 6'er: F, O, X	112
Die 7'er: G, P, Y	113
Die 8'er: H, Q, Z	114
Die 9'er: I, R	116
Deine berufliche Laufbahn	117
Verträglichkeit von Zahlen	120
Fehlende Zahlen in deinem Namen	132

6 Das Leben des Edgar Cayce — 138

7 Die Symbolsprache der Bibel — 167
Altes Testament	167
Neues Testament	174

II Die Beschreibung der zweistelligen Zahlen

Wie du deine Zahlen analysierst	**185**
1 Die Großen Arkana	**187**
Die Zahlen 1 bis 22	187
2 Die Stäbe	**286**
Die Zahlen von 23 bis 36	286
3 Die Kelche	**325**
Die Zahlen von 37 bis 50	325
4 Die Schwerter	**364**
Die Zahlen von 51 bis 64	364
5 Die Münzen	**401**
Die Zahlen von 65 bis 78	401

Anhang

Die Synthese von Numerologie, Astrologie und Tarot — **437**

Tabelle 1: Die Zahlen von 0 bis 22 — 439
Tabelle 2: Die Zahlen von 23 bis 36 — 440
Tabelle 3: Die Zahlen von 37 bis 50 — 441
Tabelle 4: Die Zahlen von 51 bis 64 — 442
Tabelle 5: Die Zahlen von 65 bis 78 — 443
Bibliographie — 445

Danksagungen

Mein besonderer Dank gilt Ellen Hargraves, Linda Stead, Linda Brough und Carole Winters, die mir in großzügiger Weise mit ihren hilfreichen Anregungen zur Seite standen.

Faith Javane

Ich möchte vor allem meinem lieben Mann, meinen Kindern April, Melanie, Matthew und Sarah danken, die alle Haushaltspflichten übernahmen, während ich mich mit meiner zweiten Liebe, diesem Buch, in die Abgeschiedenheit zurückzog. Danken möchte ich außerdem meinen Schwiegereltern, Ginny und Reid, deren unerschütterliches Vertrauen in meine Arbeit mich immer wieder überraschte. Schließlich gilt mein Dank meinem geliebten Lehrmeister Pythagoras, dessen beständige sanfte Anstöße mir die Kraft gegeben haben, in der Arbeit fortzufahren.

Dusty Bunker

Vorwort von Faith Javane

Viele meiner Schüler und eine ganze Reihe von Menschen, die an meinen Vorträgen teilgenommen haben, brachten immer wieder den Wunsch nach einem unfassenden Lehrbuch der Zahlenmystik zum Ausdruck, anhand dessen sie ihre eigenen Persönlichkeitsmuster eingehend erforschen können. Immer wieder habe ich die Verantwortung, ein solches Buch zu schreiben, vor mir hergeschoben, in der Hoffnung, daß meine Lehrtätigkeit in Seminaren dafür ausreichen würde. Außerdem erschien es mir, als sei dies ein Unternehmen, das jenseits der Grenzen des Möglichen ist. Durch die vielen Anregungen von außen bin ich jedoch zu der Überzeugung gelangt, daß eine ausführliche Darstellung der Materie akzeptabel ist und eine erfüllende Aufgabe darstellt.

Mein eigenes Studium der Numerologie begann im Frühjahr 1938. Ich hatte eine Astrologielehrerin gefunden, die darauf bestand, daß ich die Geheimlehre der Zahlen, die Zahlenmystik oder Numerologie, studiere, bevor sie mich als Schülerin annahm. Da es mein großer Wunsch war, mit ihr zu arbeiten, begann ich, mich mit Zahlen zu beschäftigen.

Ihr Verständnis der Zahlenmystik war jedoch äußerst ungewöhnlich. Sie hatte es auf eine einzigartige Weise von einer Instanz, die sie die »inneren Bewußtseinsebenen« nannte, erhalten. Das heißt, sie war aus ihrem Körper herausgetreten und hatte sich zu einer mystischen Schule bewegt, um sich unterweisen zu lassen. Sie nannte diese Arbeit »Kabbala«, denn sie kam durch ihren Geist und ihre Seele zu ihr und nicht durch die Vermittlung eines Lehrers aus Fleisch und Blut. Kabbala ist ein Lehrgebäude geheimer Informationen in symbolischer Form, entweder als Zahlen-, Wort- oder hieroglyphische Zeichenstruktur.

Die biblischen Bücher Ezechiel, Henoch und das Vierte Buch Esra enthalten mystische Enthüllungen verborgenen Wissens und schließen unter anderem Spekulationen über den mystischen Sinn von Zahlen und Buchstaben ein. Ein Kabbalist weiß, wie man die esoterischen Botschaften dieser Schriften entschlüsseln kann.

Ich gebe zu, daß ich anfangs bezüglich der Vorstellungen meiner Lehrerin etwas skeptisch war. Ich studierte jedoch alles, was sie mich lehrte. Im Verlauf ihrer Lehrtätigkeit offenbarte sie eine Struktur, die wir heute das »Göttliche Dreieck« nennen. Diese Struktur ist Bestandteil alten Wissens, das bereits in der Schule des Pythagoras (im 6. Jh. v. Chr.) in Form des »Lehrsatzes des Lebens« bekannt war. Wir haben diesen Lehrsatz bereits als Schulkinder in einfacher Form kennengelernt: *Das Quadrat über der Hypotenuse eines Rechtwinkligen Dreiecks ist gleich der Summe der Quadrate über den beiden anderen Seiten.* Pythagoras benutzte das Rechtwinklige Dreieck als Darstellung des Universums; es war sein »Eureka!«

Der Meister K. H., den meine Lehrerin für eine Reinkarnation des Pythagoras hielt, lehrte sie, daß das Rechtwinklige Dreieck auch geeignet ist, die Welt eines einzelnen Menschen zu symbolisieren. Diese verblüffende Entdeckung ist die Grundlage für die Methode der numerologischen Charakterbeschreibung der Lebensstruktur eines Individuums, wie sie in diesem Buch vorgestellt wird.

Ich hoffe, daß ich mit diesem Buch dem vielfachen Wunsch entsprechen kann, der im Laufe der Jahre immer wieder an mich herangetragen wurde: die Enthüllung des Geheimnisses des Göttlichen Dreiecks.

Vorwort von Dusty Bunker

In jedem Beruf wird man irgendwann einmal gefragt: »Seit wann interessieren Sie sich eigentlich für x?« Ich habe lange und intensiv über diese Frage nachgedacht und erkannt, daß es keine einfache Antwort darauf gibt. Es gab keinen einzelnen Moment, in dem etwas aufhörte und etwas anderes anfing. Es gab keinen großen Blitz, der vom Himmel herabgefahren und vor meinen Füßen in den Boden eingeschlagen ist, um dort in lodernden Buchstaben die Worte einzubrennen, die mein Schicksal bestimmen. Auch habe ich nicht plötzlich eines Sonntag mittags verkündet: »Ich werde jetzt anfangen.« Es geschah vielmehr ganz einfach, natürlich und ohne Fanfarentöne.

Die Metaphysik gehört zu mir wie mein Atem. Nachdem ich im Laufe der Jahre in verschiedenen Fächern meine Studien angestellt hatte, fielen die Informationen, die zu mir kamen, allmählich immer mehr auf fruchtbaren Boden. Genauso wie ein Kleinkind versucht, auf seinen kleinen Füßen zu balancieren, so rang ich mit meinen Begriffen und Erfahrungen, bis ich die richtige Balance gefunden hatte. Mit fortschreitender Arbeit wurden auch die Schritte, die ich ging, immer leichter und natürlicher. Mittlerweile ist die Philosophie, die ich mit großem Respekt mir zu eigen gemacht habe, zur großen Liebe meines Lebens geworden, der meine ganze Hingabe gilt.

Ich könnte darüber spekulieren, ob dies alles bereits vor Urzeiten in Mu oder Atlantis oder in den altägyptischen Initiationskammern der Großen Pyramide oder gar in den heiligen Hallen des Lyceums mit meinem geliebten Pythagoras seinen Anfang nahm. Vielleicht tragen wir tief in unseren Seelen die Erinnerungen an vergangene Erfahrungen, die irgendwann in unsere gegenwärtige Inkarnation einbrechen und nach Erfüllung verlangen. Wunderkinder und geniale Veranlagungen sind sicherlich ein lebendiger Beweis dieser Theorie. Was auch immer der Antrieb sein mag, der uns in die verschiedenen Berufe führt, wir scheinen unlösbar zur Weiterführung einer Evolution verpflichtet zu sein, an deren Anfänge uns gewisse archaische Erinnerungen gemahnen.

Ich hatte großes Glück auf meinem Weg, denn mir wurde das größte aller Privilegien zuteil, »ein wahrer Lehrer«, dieses seltene und höchst gefragte Wesen. In einer Schüler-Lehrer-Beziehung traf ich 1975 die Mitautorin dieses Buches, Faith Javane. Unser Verhältnis entwickelte sich zu einer Verbindung, die geprägt war von Respekt, Bewunderung und Liebe.

Am 1. Mai 1976 stellten wir unser erstes Buch vor: *13 – Birth or Death? (13 – Geburt oder Tod?)* Nun haben wir dieses, unser zweites Buch vollendet, inspiriert von dem Wissen, daß es in den Herzen der Menschen heute eine große Sehnsucht gibt, ein Bedürfnis, die gewaltigen inneren Räume ebensogut zu verstehen wie die äußeren. Wir hoffen mit diesem Buch diese Lücke mit Logik, Vernunft und Liebe füllen zu können. Mit Hilfe der heiligen Wissenschaft der Numerologie können Wahrheiten erschlossen werden und Seelen finden ihren Frieden. Wir laden dich ein, ein Stück des Weges mit uns zu gehen und dein inneres Selbst, die Gründe für deine Existenz und den ewigen Glanz des Geistes zu entdecken.

I Grundlagen der Numerologie

Das Universum ist vom Atom bis zum Sonnensystem wohlgeordnet. Seit Jahrtausenden haben die Menschen, getrieben vom Interesse am Rhythmus dieser Ordnung, die verschiedensten Methoden ersonnen, um sie zu erklären. Irgendwo zwischen Mikro- und Makrokosmos hoffen wir den Schlüssel zu finden, der unsere Welt in eine folgerichtige Perspektive rückt. Wir sind davon überzeugt, daß die Wissenschaft von den Zahlen uns mit Formeln versehen kann, die dabei behilflich sind, die Strukturen der Evolution der irdischen Existenz zu durchschauen.

Die Wirren der Geschichte haben einen Großteil der Weisheit des Altertums zerstört. Es hat jedoch genug überlebt, um uns bei der Entwicklung neuer Methoden der Charakteranalyse zur Grundlage zu dienen. Wenn diese Bruchstücke auch nicht ausgereicht haben, um ein komplettes System zu bilden, so können sie doch wenigstens Anhaltspunkte für ein neues Verständnis der alten Methoden sein.

Unsere Methoden enthalten zwar ein mystisches Element, sie gehen jedoch in jedem Fall planmäßig und praktisch vor, indem sie die Zahlen, die sich aus Namen und Geburtstag eines Menschen ergeben, verwenden, um die Rätsel von Individualität und Charakter sowie die Strukturen und die Funktion seines Schicksals aufzuschlüsseln, die jeder von uns auf seinem Lebensweg mit sich trägt. Wir laden dich ein, mit dieser Kombination alter Formeln und neuer Anwendung zu experimentieren. Zum ersten Mal wird dieses Wissen nun, nachdem es in dreißig Jahren praktischer Erprobung und im Rahmen erfolgreicher Experimente geprüft wurde, in Buchform vorgelegt.

Das Göttliche Dreieck kann als ein Bauplan unseres Lebens gesehen werden. Es enthüllt Schritt für Schritt, von der Geburt bis zum Tode, welche Formen unser Leben annehmen soll und zeigt seine Möglichkeiten, aber auch seine Fallstricke mit Hilfe einer Serie von Zahlen von 1 bis 78 an.

Wir alle wurden an einem bestimmten Tag zu einer bestimmten Stunde in das Energiefeld der Erde geboren. Die Bedingungen und Schwingungen dieses Energiefeldes bestimmen weitgehend jede einzelne Handlung und Reaktion, die unser gesamtes Leben charakterisiert. Wir sind durch die grundlegende Schwingungskonstellation geprägt, die zum Zeitpunkt, an dem wir unseren ersten Atemzug getan haben, aktiv war.

Das Geburtsdatum liefert uns die Struktur, die wir die Lebensaufgabe nennen: die *Lebensaufgabenzahl*. Der Name, der uns bei unserer Geburt verliehen wurde, liefert, wenn er mit Hilfe eines schon in der Antike verwendeten Buchstaben-Zahlen-Codes, den wir im folgenden genau beschreiben werden, umgewandelt wird, die drei Schwingungen, die wir die Seelenzahl, die *Äußere Persönlichkeitszahl* und die *Schicksalszahl* jedes einzelnen Menschen nennen. Indem wir die Namens- und Geburtstagsformel auf den Bauplan des Göttlichen Dreiecks übertragen, erhalten wir den Schlüssel zur Inkarnation, die die Seele gewählt hat, um bestimmte Ziele zu erreichen. Deine persönlichen Zahlen sind ein Hinweis auf den Bewußtseinszustand, den du erreicht hast, und sie illustrieren gleichzeitig Entwicklung und Wachstum deiner Seele.

Deine persönlichen Zahlen sind keine isolierten Hinweise, sondern, wie alle Phänomene, ineinandergreifende Teile des großen Puzzles der Existenz. Daher wird in diesem Buch, sehr zum Nutzen aller, die ihr Verständnis der Numerologie erweitern wollen, eine Synthese von Numerologie mit Astrologie und Tarot hergestellt. Die Vielzahl der Bezüge zwischen diesen drei Wissenschaften in ihrer ganzen Breite abzuhandeln, würde jedoch Bände füllen. Wir weisen lediglich auf einige Beziehungen hin, die wir im Laufe der Jahre in unserer Arbeit aufzeigen konnten.

Dieses Buch ist in zwei Teile gegliedert. Der erste stellt die Ursprünge und die Philosophie der Numerologie dar. Er erklärt, wie du die Zahlen, die deine Existenz regieren, bestimmen und einen Plan für dein Leben erstellen kannst, indem du diese Zahlen in das Diagramm des Göttlichen Dreiecks überträgst. Weiterhin zeigen wir in dem Kapitel »Mehr Möglichkeiten mit Zahlen«, wie deine Zahlen dir bei der Berufswahl behilflich sein können und geben Hinweise auf deine Verträglichkeit mit anderen. Anhand der Zahlen von Edgar Cayce, dem beliebten und weithin bekannten Hellseher, den man auch den »Schlafenden Propheten« genannt hat, wird dann der Gebrauch des Göttlichen Dreiecks illustriert. Abgeschlossen wird der erste Teil des Buches durch die Darstellung der Zahlensymbolik der Bibel, im Alten wie im Neuen Testament.

Der zweite Teil enthält eine genaue Beschreibung der Zahlen 1 bis 78. Bis jetzt war die Zahlenmystik auf den Gebrauch der Zahlen 1 bis 9 und einige zweistellige Zahlen unter dreißig beschränkt. Die Zahl 78 wurde dabei keineswegs willkürlich festgelegt, sie repräsentiert vielmehr die Totalität der menschlichen Erfahrungswelt. Die Zahl 12 verkörpert den grundlegenden Zyklus von 1 bis 9 plus drei zusätzliche Schritte, in denen die erworbene Erfahrung aus dem Zyklus von 1 bis 9 angewendet und anderen zu ihrem Nutzen mitgeteilt werden kann. Sie repräsentiert die zwölf Monate des Jahres und weist auf einen vollständigen Kreislauf hin, ein Ganzes, wie es auch in den zwölf Tierkreiszeichen und den zwölf Aposteln beispielhaft zum Ausdruck kommt. Der nächste Schritt, die 13, führt uns auf eine neue Stufe des Bewußtseins. Daher symbolisiert die Zahl 78, als eine Erweiterung der Zahl 12 $(1+2+3+4+5+6+7+8+9+10+11+12=78)$ einen vollständigen Erfahrungszyklus.

In den Erläuterungen des zweiten Teiles werden die 78 Zahlen vollständig als numerische Schwingungen dargestellt. Sie werden gleichzeitig den 78 Tarotkarten und den Planeten, Zeichen und den Dekaden des Tierkreises gegenübergestellt. Wenn sich diese erstaunliche Synthese vor unseren Augen entfaltet, können wir nur noch in ehrfürchtigem Erstaunen vor der Großartigkeit des göttlichen Werkes verweilen. Nur ein Geist von kosmischen Dimensionen konnte eine solch komplexe Struktur entwerfen, in der sich jede Wissenschaft auf so exquisite Weise mit den anderen zu einer Einheit verschränkt. Wir weisen noch einmal darauf hin, daß bisher eine solche Synthese noch niemals versucht worden ist. Die Entsprechungen in Numerologie, Astrologie und Tarot wurden keinesfalls willkürlich gewählt; sie sind im Laufe vieler Jahre der Forschung und praktischen Anwendung immer wieder überprüft worden. Wir sind von ihrer Richtigkeit überzeugt. Wir laden dich ein, dieses System selbst anzuwenden, denn nur durch den persönlichen Versuch ist es möglich, eine Überzeugung wirklich anzunehmen und einen Vorgang zu überprüfen.

1 Esoterische Numerologie

Die Numerologie oder Zahlenmystik hat ihre Ursprünge in den allerersten Anfängen des Lebens, denn »am Anfang war das Eine«. Dann begannen die Schwingungen, und die 2 erschien, das erste Paar, und kündigte den Beginn der universalen Geometrie an.

Zahlen an sich sind Darstellungen universaler Prinzipien, nach denen sich alle Dinge entfalten und in zyklischer Weise kontinuierlich wachsen. Die Zahlen von 1 bis 9 symbolisieren die Stufen, die ein Gedanke durchlaufen muß, um zur Realität zu werden. Die gesamte Schöpfung ist das Ergebnis dieser neun Stufen. Die esoterische Numerologie ist die Kunst und Wissenschaft der Erforschung der spirituellen Bedeutung und geordneten Entfaltung alles Seienden. Jedes Wort und jeder Name schwingt zu einer Zahl, und jede Zahl hat ihre innere Bedeutung. Der Buchstaben- und Zahlencode bringt uns, wenn er auf die richtige Weise verstanden und angewendet wird, in eine direkte und enge Beziehung zu der Intelligenz, die dem gesamten Universum innewohnt. Wir verdanken viel von unserem spirituellen und wissenschaftlichen Verständnis der Zahlen Pythagoras, dem Vater der Mathematik. Uns allen ist dieser große griechische Mathematiker durch den Satz des Pythagoras bekannt, der besagt, daß *das Quadrat über der Hypotenuse eines Rechtwinkligen Dreiecks gleich der Summe der Quadrate über den beiden anderen Seiten ist*. Pythagoras war jedoch in erster Linie ein Mystiker und Philosoph. Er war der Überzeugung, »alle Dinge sind Zahlen«, und Zahlen repräsentierten spirituelle Wesen, deren Gegenwart man in allem Seienden fühlen kann. Er entdeckte die mystische Bedeutung von Zahlen, indem er feststellte, daß die Zahlen von 1 bis 9, makrokosmisch gesehen, für universale Prinzipien stehen.

Auf der persönlichen Ebene, mikrokosmisch gesehen, stehen sie für Charaktereigenschaften, Fähigkeiten und Ereignisse. Er sah in Zahlenstrukturen und geometrischen Verhältnissen die Erklärung aller natürlichen Phänomene, musikalischer Harmonien und Tonqualitäten. Er wußte, daß Sterne und Planeten schwingende Körper sind und Töne erzeugen, die als »Sphärenmusik« bekannt sind.

Pythagoras wurde um 582 v. Chr. auf der griechischen Insel Samos in der Ägäis geboren. Als junger Mann verließ er seine Heimat und reiste nach Ägypten, wo er in verschiedene mathematische Lehren eingeweiht wurde. Es ist außerdem überliefert, daß er ein Schüler von Zoroaster, dem persischen Heiligen, war und in Judäa die Kabbala studiert hat. Die Wissenschaft der Zahlen, die er später lehrte, basierte auf kabbalistischen Prinzipien. Pythagoras ließ sich schließlich in Crotona in Süditalien nieder und gründete dort eine Mysterienschule. Bevor seine Schüler in die pythagoreischen Mysterien eindringen konnten, mußten sie die vier Wissenschaften der Mathematik, Musik, Astronomie und Geometrie beherrschen. Plato war ein Nachfolger des Pythagoras. Ihm verdanken wir die Überlieferung eines Großteils des Wissens über die Schule des Pythagoras. Pythagoras lehrte: »Die Evolution ist das Gesetz des Lebens, die Zahl ist das Gesetz des Universums, und die Einheit ist das Gesetz Gottes«. Er glaubte, daß alle Dinge im Universum vorhersehbaren progressiven Kreisläufen unterliegen. Sein Mittel, diese Zyklen meßbar zu machen, waren die Zahlen von 1 bis 9. Er lehrte ebenfalls, daß Zahlen auch noch eine Bedeutung außerhalb des von ihnen benannten Zahlenwertes haben. Zahlen sind etwas anderes als Ziffern. *Zahlen repräsentieren Qualitäten; Ziffern repräsentieren Quantitäten.* Zahlen wirken auf der spirituellen Ebene, Ziffern bemessen Dinge auf der materiellen Ebene.

Ein klares Verständnis der Grundzahlen von 1 bis 9 ist unerläßlich beim Studium der Numerologie, weil sich letztlich alle Zahlen über 9 auf eine dieser einstelligen Zahlen reduzieren lassen. Mit Hilfe eines umfassenden Verständnisses der Bedeutung dieser Zahlen kann man Einsicht in die geordnete Entwicklung aller Lebensprozesse gewinnen.

Die Zahlen von 1 bis 9

Zu den Thesen der modernen Naturwissenschaften zählt es, daß in einem Vakuum, in dem nichts existiert, irgendwann, nach einer gewissen Zeit, unvermittelt Wasserstoffionen anfangen zu existieren. Die 1, als die erste einstellige Zahl der Reihe der ganzen »natürlichen« Zahlen, steht für das Ion, den Anfang, die Genesis, den ersten Energiefunken, der aus dem Ursprung kommt. Sie steht allein und isoliert, weil sie das Erste ist; es gibt nichts Anderes. Sie ist von äußeren Einflüssen und fremder Hilfe unabhängig, denn sie hat sich dafür entschieden, ihren eigenen Ausdruck zu suchen und kann daher nicht behindert oder beeinflußt werden. Sie ist endgültig und unabhängig und trifft alle Entscheidungen, die notwendig sind, um ihr Schicksal zu bestimmen.

1 steht für das männliche Prinzip, Yang. Diese Zahl ist der Pionier, ganz auf sich gestellt, auf der Suche nach den Erfahrungen, die ihre unverwechselbare Identität schaffen werden. Sie ist dabei, ihre eigenen Fähigkeiten zu entdecken. Sie ist ungeschliffene Energie, positiv, ursprünglich und schöpferisch. Sie befindet sich ständig in Bewegung. Da die 1 allein ist und soviel schöpferische Energie besitzt, muß sie selbst entscheiden, wie ihre Energie verwendet werden soll. Sie muß das Kommando übernehmen und den Mut besitzen, ihre Richtung ohne Angst vor Widerspruch beizubehalten.

Die 1 ist das wahrhaftige »Ich bin« der Menschheit, die Einheit von allem, der Maßstab aller Schwingungen. Sie ist Selbst-Bewußtsein.

Stichworte: ursprünglich, unabhängig, aggressiv, individuell, schöpferisch, dominant; die erste in einer Reihe, der Anfang eines Vorhabens oder einer Aktivität, der Anführer, der Pionier, der Vorgesetzte, der sich an seiner Autorität erfreut, der »zupacken« kann.

2 ist das Paar, das Duett. Die 2 ist auswechselbar, anpassungsfähig und daher eher unentschlossen. Sie ist der Agent, der Vermittler, der Diplomat und Friedensstifter, denn Einheit kann nur durch ein Entgegenkommen verschiedener Ansichten, durch einen beidseitigen Kompromiß erreicht werden.

2 ist die Darstellung des weiblichen Prinzips der Empfänglichkeit, das Yin, das die Vereinigung von zwei getrennten Wesen anstrebt. Sie ist die Zeit der Schwangerschaft, in der die Dinge sich zu bilden beginnen. Die 2 sammelt und paßt sich an. Sie sucht einen Ausgleich zwischen widerstrebenden Kräften und gilt daher als Repräsentantin von Kooperation, Anhänglichkeit und Partnerschaft. Sie ist eine Friedensstifterin mit einem ausgeprägten Sinn fürs Detail. Weil die 2 sich über Gegensätze so deutlich bewußt ist, hat sie einen ausgeprägten Sinn für Rhythmus und Harmonie. Musik spricht ihr einfühlsames und emotionales Wesen an. Die mütterlichen, geduldigen und sensiblen Eigenschaften der 2 führen dazu, daß sie sich selbst immer hintanstellt. Einheit ist ihr Ziel, nicht Trennung. Daher hört sie immer auf andere und versucht, sie zu verstehen. Vor allem anderen strebt sie nach Harmonie und Ausgleich. Die Wasserstoffionen, die unter der 1 entstanden sind, wirbeln nun durch den Raum. Sie werden voneinander durch das Gesetz der gegenseitigen Anziehungskraft, das Gesetz der 2, angezogen.

Stichworte: anpassungsfähig, taktvoll, verständnisvoll, sanft, vorsichtig; eher ein Nachfolger als ein Führer.

3 vereinigt die Eigenschaften von 1 und 2. Sie ist eine faszinierende und vielseitige Schwingung, die die Qualitäten von Selbstverwirklichung und Ausdruck beinhaltet. Das Ion, das aus der 0 heraus ins Sein gesprungen ist, hat unter der 1 nach seiner Individualität gesucht, unter der 2 die Anziehungskraft eines Anderen gespürt und erwacht nun für das Bedürfnis nach gesellschaftlichem Kontakt. Die 3 ist das Bedürfnis nach Kommunikation und Teilnahme an der reinen Lebensfreude. Durch ihre überschwengliche Reaktion auf das Leben strahlt die 3 ihr sonniges Gemüt und ihren Enthusiasmus auf alle anderen aus. 3 ist die Extravertierte, deren persönliche Anziehungskraft andere in ihren Bann schlägt und sie inspiriert, sich zu entfalten und zu wachsen. Sie ist gewandt im öffentlichen Auftreten und besitzt einen angeborenen Sinn für Freude, Romantik, Kunst und Schönheit. Ihre schöpferische Vorstellungskraft macht ihr alles möglich, dadurch wird sie in vielerlei Emotionen und Erfahrungen verwickelt. Die 3 ist freundlich und aufgeschlossen, sie fühlt sich am wohlsten in Gesellschaft und liebt die Abwechslung. Die überschäumende 3 ist gleichzeitig die unbekümmertste aller Zahlen.

Stichworte: einnehmend, gesellig, dramatisch, kommunikativ, vielseitig, schöpferisch.

4 ist Stabilität, quadratisches Bewußtsein, Symbol von Gesetz, System und Ordnung. Sie ist Stärke, Sicherheit, Stabilität und Konservatismus. Sie ist die Erbauerin, die sich irdischen Dingen unterordnen muß, bei denen Form und Substanz die vorherrschenden Elemente sind. 4 ist Natur und steht im Verhältnis zur Erde. Die Bildung der Erde fand am vierten Tag der biblischen Schöpfungsgeschichte statt. Die Anziehungskraft, die die Ionen unter der 2 fühlten, führte zur Wechselwirkung unter der 3. Nun, unter der 4, findet die unvermeidliche Konzentration von Energien statt. Die Ionen merken, daß sie nicht länger ihre Energie verschwenden können, sondern beginnen müssen, sie in ein produktives, geordnetes System einzubringen. Die 4 entwickelt daher ein praktisches Wesen und verpflichtet sich in freiwilliger Selbstdisziplin zu einer normalen, geregelten Ausübung ihrer Energien.

Stichworte: Form, Arbeit, Konstruktion, Stabilität, Ausdauer, Disziplin, praktische Fähigkeiten.

5 ist Freiheit, Wandel und Abenteuer. Neugier und beständige Aktivität bringen ein erfindungsreiches, anpassungsfähiges und bewegliches Wesen hervor, das jederzeit bereit ist, ein Risiko einzugehen. Da die 5 genau in der Mitte zwischen 1 und 9 liegt, ist hier der Punkt erreicht, eine Entscheidung zu treffen. Man könnte sie den Angelpunkt nennen, an dem die Ionen, jetzt an Fleisch und Form gebunden, sich über ihre Zukunft für den Rest des

Zyklus von 1 bis 9 entscheiden müssen. Sie trifft auf vielfältige Möglichkeiten und verschiedene Erfahrungen, mit deren Hilfe ihr die Information zuteil wird, die sie braucht, um diese Entscheidung zu fällen. Die 5 ist an vielen oberflächlichen Beziehungen in Gruppen und Menschenmassen beteiligt. Wegen ihrer vielfältigen vergangenen Erfahrungen ist sie die geborene Anstifterin und Werberin, vielseitig und gewandt in ihren Umgangs- und Kommunikationsformen. Mit wenig Information über eine Vielzahl von Dingen unterliegt sie dem Wunsch, mal hierhin, mal dorthin zu gehen und ihr Wissen an den Mann zu bringen. Die 5 zieht wegen ihrer unwiderstehlichen Anziehungskraft das andere Geschlecht an. Diese Anziehung bildet die Grundlage für die häusliche Verantwortung, die auf natürliche Weise unter der 6 folgt.

Stichworte: Beweglichkeit, Erfindungsreichtum, Anpassungsfähigkeit, Wandel, Aktivität, Reisen, Abenteuer, Werbung, Spekulation.

6 ist gewissenhaft. Sie sehnt sich nach Harmonie, Wahrheit, Gerechtigkeit und einem Gefühl der Ausgeglichenheit in ihrer Umgebung. Liebe und Mitgefühl sind ihre höchsten geistigen Werte. Sie kann daher ein erfolgreicher Lehrer, Therapeut oder Heilkundiger sein. Andere werden von ihr wegen des verständnisvollen Eindrucks, den sie macht, angezogen. Die Ionen hatten unter der 5 die Gelegenheit, vieles zu erleben und emotionale Bewegungen durchzumachen. Sie sind nun unter der Schwingung der 6 bereit, soziale und familiäre Verantwortung zu übernehmen. Die 6 ist eine häusliche und künstlerische Schwingung, und die Ionen müssen sich unter ihr den Bedürfnissen anderer anpassen. Die 6 erfordert einen engen Begleiter. Sie wünscht sich die Ehe, ein Heim und ein Familienleben, in dem Schönheit und Harmonie vorherrschen. Daraus folgt auf natürliche Weise ein Bedürfnis nach Gruppenharmonie und Dienst an der Gesellschaft. Die 6 läßt sich nieder, freundet sich mit den konservativen Elementen in der Gesellschaft an, wo sie bessere Lebensumstände erzeugen kann. Weil sie künstlerisch begabt ist, ist sie in der Lage, ihr schöpferisches Potential durch ihren hochentwik-

kelten Sinn für Ausgewogenheit auszudrücken und auf ihre eigene persönliche Weise künstlerisch tätig zu werden.
Stichworte: familiäre und gesellschaftliche Verantwortung, Dienst, Liebe, Mitgefühl, Rat, Heilung, Kreativität.

7 sucht Anworten. Sie versucht, eine Philosophie aufzubauen, nach der sie leben kann und die Mysterien ihrer Existenz zu entschlüsseln, denen sie bis jetzt noch niemals wirklich auf den Grund gegangen ist. Weil für diese Analyse ein Zurückziehen in die Abgeschiedenheit nötig ist, verspürt die 7 das Bedürfnis, eine gewisse Zeit allein zu verbringen, fern von den Massen, in Kontakt mit der Natur. Sie sucht nach Freundschaft mit jemandem, dessen erweitertes Bewußtsein sich mit ihrem eigenen messen kann. »Und am siebenten Tage ruhte Gott.« Alle Dinge kommen unter der 7 zur Ruhe, weil Zeit gebraucht wird, um nachzudenken. Die Ionen fühlen sich unter der 7 ausgeglichen und ruhig. Sie merken, daß sie nun ruhig sein und in einen Erkenntnisprozeß eintreten müssen. Sie haben ihre Energien kanalisiert, nun beginnt die Analyse. Die 7 führt ohne sichtbare Anstrengung den Zyklus zu physischer Vollendung. Ziele, die schon seit langer Zeit angestrebt werden, werden nun auf magische Weise erreicht. Freizeit steht zur Verfügung, in der philosophischen und metaphysischen Interessen nachgegangen werden kann. Vollendetes Denken ist das Ziel der 7, daher nennt man sie die »heilige Zahl«, und daher stehen auch Wissenschaftler, Philosophen, Lehrer, Mystiker und die Priesterschaft unter ihrem Einfluß. Der physische Aspekt der 7 beinhaltet körperliche Gesundheit, der Körper wird durch ihre Schwingung stark sensibilisiert.
Stichworte: ruhig, introvertiert, intuitiv, analytisch, inspiriert, zurückgezogen, philosophisch, mystisch.

8 wird Macht bekommen, denn sie hat nun Kontrolle und Verantwortung auf ihrem Gebiet. Anerkennung und finanzielle Belohnungen werden ihr zuteil, und in der Geschäftswelt gibt es Expansion und Wachstum. Unter der 8 ist das Karma König. Die Ionen werden ernten, was sie gesät haben. Macht ist eine Eigenschaft, die mit der 8 in Verbindung gebracht wird. Leidenschaft,

Begeisterung, Standfestigkeit und die Fähigkeit zu weitsichtigem Handeln geben ihr den Ehrgeiz und die zusätzlichen Fähigkeiten, die sie braucht, um materielle Ziele zu erreichen. Die 8 hat den Antrieb, alle Hindernisse zu überwinden, um schließlich durch Fähigkeit und Beharrlichkeit Erfolg zu haben. Die 8 kann sich nun mit ihren Ideen und Plänen, die Schritt für Schritt während der vergangenen sieben Zyklen formuliert worden sind, ganz an die Spitze setzen. Mit fairen und ethischen Maßstäben, Urteilskraft und Organisationstalent wird sie Anerkennung, Macht und finanzielle Entlohnung erlangen.

Stichworte: Macht, Verantwortung, finanzielle Belohnung, Urteilskraft, Anerkennung.

9 ist Selbstlosigkeit und Mitgefühl. Indem sie alle in ihre Liebe einschließt, macht sie den Versuch, ihre Energien universell dienstbar zu machen. Sie verleiht eine unpersönliche, aber gerechte Sicht des Lebens, geprägt von Großzügigkeit, gutem Willen und Geduld. Sie ist die Künstlerin und Denkerin, die während der vorangegangenen Zyklen Erfahrungen gesammelt hat und nun bereit ist, ihr Wissen mit dem Rest der Welt zu teilen. Die Ionen sind im Stadium ihrer Vollendung. Sie haben den gesamten Zyklus von neun Teilen durchlaufen und auf ihrem Weg viele Erfahrungen gesammelt. In diesem letzten Zyklus erlangen sie vollkommenes Verständnis und Toleranz gegenüber den Sichtweisen und Vorurteilen anderer. Die 9 ist bereit, dem Universum etwas von dem, was es während der acht vorangegangenen Stufen des Zyklus gelernt hat, zurückzugeben. Das Gesetz der Zyklen gestattet keine Verschwendung. Was abgegeben wird, muß auch wieder zugeführt werden. Wenn dies bewußt getan wird, bringt die unter der 9 erfahrene Vollendung reine Freude an dem Geschenk des Lebens und die Freiheit, mit der man unbeschwert in den nächsten Zyklus eintreten kann.

Stichworte: Liebe, Mitgefühl, Geduld, Universalität, Toleranz, selbstloser Dienst, Abschlüsse.

2 Deine persönlichen Zahlen und Jahre

Du bist von Geburt an mit deinen eigenen vier persönlichen Zahlen ausgestattet. Diese Zahlen geben dir Aufschluß über die Lektionen, die du in deinem Leben zu lernen hast, sowie über das spirituelle Wachstum und die Entwicklung, deren du fähig bist.

Die vier persönlichen Zahlen sind: die *Lebensaufgabenzahl*, die *Seelenzahl*, die *Äußere Persönlichkeitszahl* und die *Schicksalszahl*.

Deine persönlichen Zahlen werden durch die Zahlen deines Geburtsdatums und die Buchstaben des Namens bestimmt, der dir bei der Geburt verliehen wurde. Um die numerische Schwingung eines Namens herauszufinden, wird jedem Buchstaben des Alphabets ein Zahlenwert zugeordnet: A = 1, B = 2, C = 3 und so weiter bis Z = 26.

Um mit dem Wert der Buchstaben zu arbeiten, die auf 1 folgen und größer sind als 9, reduzieren wir den Wert auf eine einstellige Zahl. Der Buchstabe L zum Beispiel entspricht der Zahl 12. Wir reduzieren die 12, indem wir die erste Stelle zur zweiten hinzuzählen: 1 + 2 = 3. Die Zahl 12 wird dann geschrieben: 12/3. Der Buchstabe T entspricht der Zahl 20. Wir reduzieren die 20, indem wir die erste Stelle zur zweiten addieren: 2 + 0 = 2. Die Zahl 20 wird dann als 20/2 geschrieben.

Der Zahlenwert aller Buchstaben des Alphabets

Folgende Tabelle gibt den Zahlenwert aller Buchstaben des Alphabets an:

A	1	H	8	O	15/6	V	22/4
B	2	I	9	P	16/7	W	23/5
C	3	J	10/1	Q	17/8	X	24/6
D	4	K	11/2	R	18/9	Y	25/7
E	5	L	12/3	S	19/1	Z	26/8
F	6	M	13/4	T	20/2		
G	7	N	14/5	U	21/3		

Lerne diesen Code gründlich auswendig, damit du nicht jedesmal, wenn du den Zahlenwert eines Buchstabens herausfinden willst, die Tabelle aufschlagen mußt. Je häufiger du mit dem Code arbeitest, desto leichter wird es dir fallen. Achte darauf, daß es einige einfache Regeln gibt, nach denen du dich richten kannst. Beispielsweise reduzieren sich A, J und S auf 1; B, K und T auf 2; C, L und U auf 3 und so weiter. Du kannst dir das leicht einprägen, wenn du diese Kombinationen auswendig lernst: AJS, AJS, AJS, BKT, BKT, BKT, CLU, CLU, CLU und so weiter. Es gibt einige Eselsbrücken, die du dir bauen kannst, die Zahl 3 zum Beispiel ist »CLU«, was so ähnlich klingt wie »Clou«, oder die 6 ist »FOX«. Finde deine eigenen Erinnerungshilfen, damit du ohne viel Aufwand die Zahlenwerte ganzer Wörter ausrechnen kannst.

Wir können mit Hilfe unserer Tabelle jedes Wort auf eine Zahlenschwingung reduzieren. Machen wir also erst einmal ein paar Experimente, bevor wir darangehen, Namen umzuwandeln. Schreibe über jeden Buchstaben den Zahlenwert, zähle die Werte zusammen und reduziere sie auf eine einstellige Zahl, wenn nötig.

4 + 1 + 2 + 5 + 9 = 21/3
V A T E R

Wir reduzieren die 21, indem wir die Quersumme bilden:
2 + 1 = 3, was dann 21/3 geschrieben wird.

8 + 1 + 3 + 1 = 13/4
H A U S

Wir reduzieren die 13, indem wir die Quersumme bilden:
1 + 3 = 4, was dann 13/4 geschrieben wird.

8 + 9 + 4 + 4 + 5 + 3 = 33
H   I   M   M   E   L

Es gibt vier zweistellige Zahlen, die üblicherweise nicht reduziert werden: die *Leitzahlen*. Leitzahlen bieten mehr Ausdrucksmöglichkeiten und erfordern daher auch mehr Anstrengungen von der Person oder Sache, um die es geht. Leitzahlen sind: 11, 22, 33 und 44. Immer wenn die Summe eines Wortes eine dieser Zahlen bildet, behält man den Wert der Leitzahl bei. Beispiel:

2 + 5 + 9 + 3 + 9 + 5 = 33
B   E   R   L   I   N

Berlin schwingt zur Leitzahl 33. Die 6 ist zwar immer noch die Grundzahl, aber das Wort oszilliert zwischen den Schwingungen der 6 und der 33.

Jeder Mensch, dessen Name eine Leitzahl bildet, wird zwischen der Leitzahl und der Grundzahl hin und her schwingen, weil die Schwingung der Leitzahl so intensiv und machtvoll ist, daß man nicht ständig unter ihr leben kann. In diesem Fall kann ein Leben unter der Grundzahl einen kurzen Moment der Erholung bilden, man kann seine Kräfte sammeln, um anschließend wieder mit der Leitzahl zu arbeiten. Leitzahlen erfordern das höchste Leistungsniveau einer Person und bieten die größten Gewinnmöglichkeiten. Ein Name, der zu einer Leitzahl schwingt, ist:

4 + 5 + 3 + 1 + 5 + 9 + 5
M   E   L   A   N   I   E

4 + 1 + 5   3 + 3 + 1 + 9 + 2 + 5 = 65/11
M   A   E   C   L   A   R   K   E

Auch in diesem Fall wird die Zahl nicht weiter reduziert, weil sie eine Leitzahl ist. Mae wird jedoch zwischen ihrer Leitzahl 11 und der Grundzahl 2 hin und her schwanken.

Wir gebrauchen in diesem System der Zahlenmystik nur die Zahlen von 1 bis 78, aus Gründen, die wir in der Einleitung beschrieben haben. Wenn ein Wort oder ein Name eine Quersumme von mehr als 78 bildet, wird diese Zahl einfach auf die nächstniedrigere ein- oder zweistellige Quersumme reduziert. Wenn beispielsweise eine Persönlichkeitszahl 86 ergibt, zählt man die 8 der 6 hinzu und arbeitet mit der Schwingung 14/5. Wenn die Zahl 106 ergibt, arbeitet man entsprechend mit der Schwingung 7 (1+0+6=7). Dabei ist zu beachten, daß alle zweistelligen Zahlen, die sich auf dieselbe Grundzahl reduzieren lassen, dieselbe grundlegende Bedeutung haben. Die zweistellige Zahl stellt eine Variation der einstelligen dar. Das ist etwa so, wie man in derselben Stadt, aber in einer anderen Straße wohnt. Die Zahlen 12/3, 21/3, 30/3, 39/3, 48/3, 57/3, 66/3 und 75/3 reflektieren alle die Grundzahl 3.

Du weißt nun, wie du jedes beliebige Wort auf seine Grundzahl reduzieren kannst. Wir werden im folgenden demonstrieren, wie du deine vier persönlichen Zahlen finden kannst und erklären, was diese Zahlen zu bedeuten haben.

Die Lebensaufgabenzahl

Die erste unserer vier persönlichen Zahlen ist die *Lebensaufgabenzahl*. Sie ist die Darstellung dessen, was du in deinem Leben zu lernen hast und spielt eine große Rolle bei deiner Berufswahl (Siehe Kapitel 5). Sie wird aus dem vollen Geburtsdatum abgeleitet. Auch ein Geschäft oder eine Idee hat einen Moment der »Geburt« und kann daher auf dieselbe Weise behandelt werden.

Wir werden Ada Wynn Lunt, geboren am 12. November 1940, als ein Beispiel nehmen. Adas Geburtstag schreibt sich: 12. 11. 1940. Achte darauf, das Geburtsjahr auszuschreiben und nicht einfach mit den letzten zwei Ziffern abzukürzen. Als nächstes reduziere das Jahr zu einer zweistelligen Zahl, indem du die

Quersumme bildest: 1 + 9 + 4 + 0 = 14. Anschließend addieren wir den Geburtstag:

12 + 11 + 1940
12 + 11 + 14 (1 + 9 + 4 + 0)
12 + 11 + 14 = 37/1

37 wird reduziert, indem die erste der zweiten Stelle hinzugezählt wird: 3 + 7 = 10. Reduziere die 10 auf dieselbe Weise: 1 + 0 = 1. Die 37 wird dann geschrieben: 37/1. Das ist Adas Lebensaufgabenzahl.

Die Lebensaufgabenzahl ist eine Konstante und kann nicht verändert werden, weil sie auf dem Geburtsdatum beruht. Sie zeigt die Berufung an sowie die Lektion, die zu lernen oder zu überwinden du in diese Inkarnation gekommen bist. Sie stellt gleichzeitig das kosmische Geschenk dar, das du erhalten hast, um dein Schicksal zu erfüllen.

Finde nun deine Lebensaufgabenzahl, indem du wie beschrieben vorgehst. Im folgenden findest du die Beschreibung der Eigenschaften der einstelligen Zahl. Eine genauere Beschreibung der zweistelligen Zahl findet sich im zweiten Teil des Buches.

Ada zum Beispiel hat die Lebensaufgabenzahl 37/1. Im folgenden würde sie unter 1 als Lebensaufgabenzahl nachschlagen und dann im zweiten Teil auf Seite 325 die Beschreibung der Zahl 37 finden, eine eingehendere Betrachtung der Grundzahl 1.

1 *als Lebensaufgabenzahl:* Du mußt lernen, originell, willensstark, schöpferisch und innovativ zu sein. Du solltest den Mut und den Antrieb besitzen, ein Pionier zu sein und dich auf neue Gebiete wagen, auf denen du dich ausdrücken kannst. Du solltest immer vorwärtsgehen und dich niemals zurückwenden. Vielleicht bist du manchmal dickköpfig oder diktatorisch, denn du magst es nicht, wenn du Beschränkungen oder Befehlen unterliegst. Du bist eine gute Führungskraft und kannst am besten allein arbeiten. Normalerweise bist du effektiv und gut organisiert. Du bist nicht von Natur aus häuslich, aber kannst dich in jeder Situation zurechtfinden. Gewöhnlich magst du Sport und

Leichtathletik und liebst den Reiz des Gewinnens. Du bist klug, kultiviert, nicht romantisch und erscheinst immer an der Spitze von gesellschaftlichen oder geschäftlichen Gruppen. Wenn du deine Lebensaufgabe bewältigst, wirst du aufs engste vertraut mit der göttlichen Energie, dem erforschenden, suchenden, unabhängigen Funken, der die gesamte Schöpfung bewegt. Du bist schöpferisch auf der physischen Ebene, weil dein Pioniergeist alle anderen übertrifft und deine einzigartige Individualität zum Ausdruck bringt.

2 *als Lebensaufgabenzahl:* Du bist hier, um zu lernen, gesellig zu sein. Du bist ein guter Geschäftsmann, eher überzeugend als autoritär. Es ist dir möglich, Führungspersonen zu unterstützen und ihnen zu helfen, ihren Lebensinhalt zu finden. Dabei bleibst du, wenn nötig, im Hintergrund. Diese Eigenschaft kann dir im Geschäftsleben sehr zugute kommen, denn diejenigen, die aus deinen Talenten Nutzen ziehen, werden dir im Gegenzug helfen, deine Fähigkeiten nutzbringend einzusetzen. In Partnerschaften und Gruppen wirst du die Aufgabe deines jetzigen Lebens finden. Du hast auf diese Weise eine gute Chance zum Erfolg. Du mußt auf andere Rücksicht nehmen und solltest Menschen für einen guten Zweck zusammenbringen. Dir stehen die verschiedensten Berufe offen, weil du lernen kannst, dich auf die meisten Dinge, die getan werden müssen, einzustellen. Du solltest beruflich auf den Gebieten Finanzen, Musik, Medizin, Religion, statistische Analyse oder Forschung tätig werden.

3 *als Lebensaufgabenzahl:* Deine Stärken liegen auf intellektuellem, künstlerischem und schöpferischem Gebiet. Du hast das Bedürfnis, dich auszudrücken, zu verwirklichen und die Ergebnisse deiner Arbeit zu sehen. *Schönheit, Fruchtbarkeit, Luxus* und *Vergnügen* sind deine Stichworte. Du kannst sehr ehrgeizig und stolz sein. Du mußt dir über die Gesetze des Lebens bewußt werden und wirst, weil du sehr diszipliniert arbeiten kannst, Autorität über andere erhalten. Die 3 vereinigt das Wagnis der 1 mit der Vorsicht der 2. Sie ist eine Zahl der Selbstverwirklichung und Freiheit und geht verschwenderisch mit ihren Energien um, um frei zu werden. Du solltest davor auf der Hut sein, zu einem »Hansdampf in allen Gassen« zu werden und dich statt dessen spezialisieren. Erst dann kannst du mit künstlerischen, religiösen oder erfinderischen Unternehmungen Erfolg haben. Du solltest niemals in einen alltäglichen Trott verfallen, denn alle Arten von Beschränkungen sind dir zuwider. Du solltest allein arbeiten, um die besten Ergebnisse zu erzielen. Bei einem Geschäftspartner müßtest du dich zu sehr anpassen, was deinem freiheitsliebenden Wesen widersprechen würde. Du kannst schreiben, Vorträge halten, lehren oder deine Nische im Journalismus finden. Worin auch immer du dich spezialisierst, du solltest auf jeden Fall von deinen kreativen Talenten und deiner Inspiration Gebrauch machen.

4 *als Lebensaufgabenzahl:* Du mußt dein Leben auf ein solides Fundament stellen. Das beinhaltet ein wohlgeordnetes System des Verhaltens und der Moral. Die beste Art von unselbständiger Tätigkeit für dich findet sich im Bereich der Verwaltung oder im Management. Du möchtest, daß dein Privatleben mit der Kultur, in der du lebst, konform geht. Du sorgst gut für alle, die deiner Obhut anvertraut sind, und erwartest, daß sie dir mit Achtung und Respekt begegnen. Du kannst ein eifriger Arbeiter sein und auf ehrliche Weise deinen Erfolg verdienen. Du bist sparsam und hast immer ein ausreichendes Guthaben als Sicherheit vor eventuellen Verlusten. Du solltest lernen, kein Risiko einzugehen, wenn du dir nicht ganz sicher bist. Du solltest nach hohen Zielen streben. Du neigst dazu, schnell etwas erreichen zu wollen, daher solltest du bewußt versuchen, geduldig und ausdauernd zu sein. Lerne, dich der Wirklichkeit zu stellen, und mache die praktische Vernunft zur Grundlage deines Handelns.

5 *als Lebensaufgabenzahl:* Dein Stichwort ist *Freiheit*. Wenn dir die Zügel losgelassen werden, kannst du Wunder vollbringen, aber wenn du dich gebunden oder eingeschränkt fühlst, verlierst du deine Begeisterung und erreichst wenig. Du könntest ein guter Forschungsreisender oder Entwicklungshelfer sein, denn du lernst gut durch Reisen und Erfahrung. Du bist ein fleißiger

Student, wenn dir ein Thema liegt, aber wenn du keinen Nutzen in etwas sehen kannst, wirst du daran scheitern. Du solltest nach neuen Erfahrungen streben und Monotonie vermeiden. Auf deiner Suche nach Wissen wirst du daran interessiert sein, Antworten in Büchern und Zeitschriften zu finden. Als eifriger Leser, gewandter Redner und vielseitiger Macher bist du ein anregender Gesprächspartner, und jede Gesellschaft wird durch deine bloße Anwesenheit belebt. Du bist hier, um den Wert der Freiheit schätzen zu lernen und deine Erfahrungen zu machen und solltest dich nicht zu sehr binden lassen. Deine Talente bereiten dich, wenn du sie richtig nutzt, auf eine literarische Karriere oder eine Laufbahn als Verkäufer vor, immer in Kontakt mit der Öffentlichkeit.

6 *als Lebensaufgabenzahl:* Du bist hier, um zu lernen, wie du verantwortungsvoll mit deiner Familie und der Gesellschaft umzugehen hast. 6 ist die Schwingung der Liebe und Häuslichkeit. Sie erfordert, daß du auf die sozialen Bedürfnisse anderer reagierst. Ein feiner Gerechtigkeitssinn muß ausgebildet werden, damit du eventuellen Ungerechtigkeiten entgegenwirken kannst. Dein scharfes Gespür verleiht dir sowohl künstlerische Talente wie auch ein gutes Urteilsvermögen, das dir in Rechtsberufen sehr zunutze kommen kann. Du solltest einfühlsam und verständnisvoll genug sein, um allen, die sich auf natürliche Weise zu dir hingezogen fühlen, mit Rat und Tat zur Seite zu stehen und ihr Leben zu erleichtern. Du gehörst zu denen, die dienen, lehren und der Menschheit Trost spenden. Dir steht ein weites Berufsfeld offen, als Erzieher, Lehrer, Sozialarbeiter, Pfarrer, Mediziner, Restaurantinhaber, im Rechtswesen und möglicherweise als Tierarzt oder -züchter. Du kannst ebenso den Beruf eines Künstlers, Innenarchitekten oder Frisörs ergreifen.

7 *als Lebensaufgabenzahl:* Du bist hier, um deinen Verstand zu gebrauchen und auszubilden. Wenn du deine Stimme erhebst, sollen deine Worte wohl gesetzt und voller Weisheit sein. Deine stark ausgebildete Intuition hilft dir bei allen deinen Unternehmungen und verleiht dir die nötige Einsicht. Vielleicht bist du für andere ein Rätsel, manchmal sogar für dich selbst. Du redest gerne, denkst nach und meditierst. Oft mußt du dich auf die Kraft deiner Seele verlassen, um schwierige materielle Probleme zu lösen. Vielleicht beschäftigst du dich mit dem Okkulten, mit der mysteriösen und gespenstischen Seite des Lebens. Die Musik und andere Künste befinden sich in Harmonie mit deinen Leitgedanken. Vielleicht bist du von Kirche oder wissenschaftlicher Forschung und Analyse angezogen. Eine Laufbahn als Mathematiker oder Statistiker könnte dein Interesse erwecken. Du solltest lernen, allein mit dir zu sein, durch die Wälder zu streifen oder ans Meer zu fahren, wo du mit deinem tiefen Selbst und deinen innersten Gedanken in Verbindung kommen kannst, denn dein Schicksal will, daß du von deinem Geist Gebrauch machst.

8 *als Lebensaufgabenzahl:* Dies ist die Zahl der Macht und des Ehrgeizes, die Zahl des leitenden Angestellten, des Vorgesetzten, der mit Verstand und Muskelkraft seine Position verteidigt. Du willst lernen zu arbeiten und selbst sehen, wie alle anderen arbeiten. Du kannst Menschen dazu bringen, das Beste aus sich zu machen und Erfolg zu haben. Du solltest eine Leitfigur sein und durch dein Beispiel zeigen, wie man im Geschäftsleben Erfolg haben kann. Du bist hier, um zu lernen, wie man mit Macht, Autorität und Geld umzugehen hat. Du kannst ein Geschäftsimperium aufbauen und solltest dies auch anstreben. Du möchtest Erfolg haben, um auf deine Familie und den Namen deiner Familie stolz sein zu können. Du möchtest, daß deine Nachkommen deinen Namen mit Würde und Stolz tragen können. Auch die Welt des Sportes steht dir offen, denn die Schwingung dieser Zahl verleiht große Stärke und Ausdauer. Viele berühmte Sportler stehen unter dieser Schwingung.

9 *als Lebensaufgabenzahl:* Du kannst ein großer Menschenfreund sein, geduldig, liebenswürdig und verständnisvoll. Du verkörperst den Höhepunkt der Entwicklung des Lebens und mußt dich umwenden, um anderen den Weg zu zeigen. Du scheinst dein Wissen von oben zu erhalten und weißt daher auch, daß das wahre Glück im Dienst am Nächsten liegt. Du bist der ideale Ehekandidat, voller Leidenschaft und Mitgefühl. Du erwirbst mit Leichtigkeit ein Vermögen und große Besitztümer und weißt, wie du sie erhalten kannst. Du bist niemals kleinlich, sondern denkst weitsichtig und großzügig und kannst selbst angesichts schwieriger Verhältnisse Erfolg haben. Du bist hier, um anderen durch die Großzügigkeit deines Denkens den Weg zu weisen. Du hast die Wahl zwischen vielen Berufen, besonders im Bereich von Erziehung und Medizin. Du kannst mit der gleichen Leichtigkeit Sprecher einer großen Organisation wie Schriftsteller oder Lehrbeauftragter an einer Universität werden. Kommunikation, Dienst im Ausland, die hohe Politik und die Arbeit als Führungskraft kommen dir sehr entgegen und bereiten dir keinerlei Schwierigkeiten.

11 *als Lebensaufgabenzahl:* Die Stichworte hier sind *Altruismus* und *Gemeinschaft*. Du bist in eine interessante und herausfordernde Inkarnation gekommen. Du mußt Nächstenliebe praktizieren, nach dem Motto: »Liebe deinen Nächsten wie dich selbst!«. Mach dies zur Grundlage deines Lebens. Deine starke Intuition ist wertvoll für ein Wachstum in Weisheit und Inspiration. Die 11 ist eine der schwierigsten Schwingungen, weil ständig das Bedürfnis nach einem gehobenen Standard besteht. Du mußt lernen, geduldig zu sein und gleichzeitig in der Lage, schnelle Entscheidungen zu treffen. Suche nach einem Gleichgewicht zwischen dem materiellen, physischen Leben, das seine eigenen Gesetze und Bedürfnisse hat, und dem inspirierten, spirituellen Leben, das die eigentliche Grundlage deines Selbstverständnisses ist. Du kannst in der Wissenschaft Erfolg haben, weil alle neuen Erfindungen, wie etwa Laserstrahlen, Forschungen mit Antigravitätsfeldern, Kirlian-Photographie und alle Bereiche der Elektronik eine Anziehung auf dich ausüben. Du kannst wählen, ob du Astrologe, Astronom oder Theologe sein möchtest. Vielleicht wirst du auch Lehrer oder Philosoph. Du hast deine eigenen Gedanken, bist schöpferisch und könntest ein inspirierter Redner sein. Die 11 ist eine esoterische Leitzahl mit spiritueller Bedeutung. Sie verleiht Mut, Kraft, Talent und eine starke Neigung zur Führernatur. Du darfst dir diese Macht nicht zu Kopfe steigen lassen, weil du wahrscheinlich viel Ruhm und Anerkennung ernten wirst, und solltest statt dessen erkennen, daß die wirkliche Meisterung des Lebens im Dienen besteht.

22 *als Lebensaufgabenzahl:* Du hast ein sehr starkes Bedürfnis, etwas aufzubauen, Dinge im großen Stil durchzuführen, und mit großen Gruppen- oder Geschäftsinteressen umzugehen und solltest dem nachgehen. Du könntest am Import-Export-Geschäft und den damit verbundenen langen Reisen sowie an Treffen mit wichtigen Personen Freude haben. Du nimmst gern eine plötzliche inspirierte Eingebung zum Anlaß, etwas in der Praxis durchzuführen. Selbsterkenntnis ist für dich sehr wertvoll. Die 22 verspricht großen Erfolg. Du weißt, wie du von deiner Fähigkeit Gebrauch machen kannst, dich den physikalischen Gesetzen des Lebens im Großen und im Kleinen anzupassen und damit mehr exoterische als esoterische Weisheit an den Tag zu legen. Du kannst leitender Angestellter im Bank- oder Finanzwesen auf staatlicher Ebene werden oder anderen als Unternehmensberater helfen, ihr Geschäft zu organisieren. Als Botschafter in einem fremden Land würdest du staatsmännisches Denken unter Beweis stellen. Du bist gerne mit großen Unternehmungen beschäftigt, um deine Macht zu erproben, Großes zu erreichen. Deine Lebensaufgabe besteht darin, in großen Organisationen und Konzernen die Verantwortung zu übernehmen, effizient und nutzbringend mit Geld umzugehen, zum Nutzen großer Gruppen von Menschen.

33 *als Lebensaufgabenzahl:* Du kannst standfest und zuverlässig sein und ein starkes Bedürfnis entwickeln, andere zu beschützen. Du führst gerne ein naturnahes Leben und beschäftigst dich daher vielleicht mit der Landwirtschaft. Es wäre dabei dein Ziel, in großem Stil Nahrungsmittel anzubauen, um zur Versorgung der hungernden Weltbevölkerung beizutragen. Niemals würde man dich in einem Beruf finden, der für die Menschheit zerstörerisch sein könnte. Deine Begabungen können auf künstlerischem Gebiet liegen: Musik, um Harmonie zu erzeugen, Malerei wegen ihrer Schönheit und Literatur, um zur Bildung beizutragen. Ein

Leben im Dienst der Medizin und Heilkunde könnte dich ebenfalls anziehen. Möglicherweise wählst du auch das Rechtswesen, um anderen zu ihrem Recht zu verhelfen. Da das Bewußtsein der 33 fast über das der übrigen Menschheit hinausgeht und beinahe messianische Züge trägt, könnte ein Platz in der Priesterschaft oder als Pastor dich deinen Träumen von der Errettung der Welt ein Stück näher bringen. Es kann gut sein, daß du deine eigenen Bedürfnisse für die anderer opfern mußt, um deine Lebensaufgabe zu erfüllen.

44 *als Lebensaufgabenzahl:* Diese Zahl steht für Stärke und vollständige geistige Kontrolle über dein Leben auf der Erde. Sie erfordert Disziplin auf allen Gebieten des Lebens, damit es dir gelingen kann, den materiellen Fortschritt der Welt voranzutreiben. Dein Verstand muß geübt werden, um die höheren Kräfte durch ihn wirken zu lassen, und du mußt deinen Körper und deine Umwelt in Ordnung halten, damit du jede Gelegenheit nutzen kannst, um dies auch für andere zu erreichen. Dein hohes Energiepotential ist für eine weitergehende Evolution bestimmt, indem du anderen hilfst, ihre Welt in Ordnung zu bringen. Du solltest versuchen, dich im Geschäftsleben für mehr Ethik und Gerechtigkeit einzusetzen. Du mußt die Realitäten anerkennen und dann von dem Gebrauch machen, was du gelernt hast. So kann es dir gelingen, die Last anderer mitzutragen. Du bist das Instrument, durch das Veränderung stattfindet. Indem du Tapferkeit, Erfindungsreichtum, Mut und Disziplin zeigst, kannst du anderen ein Beispiel sein. (Siehe auch Edgar Cayce [Kapitel 6] als Beispiel für die Schwingung der 44.)

Die Seelenzahl

Deine *Seelenzahl* ergibt sich durch die Summe der Vokale deines Namens. Nimm immer deinen *vollen Vornamen*, nicht nur den Rufnamen zur Grundlage. Anhängsel wie Jr., Dr., M.A., II., III. oder andere gelten nicht als ein Teil des kosmischen Namens und werden im vollen Geburtsnamen ausgelassen. Schreibe den Zahlenwert der Vokale *über* die entsprechenden Buchstaben im Namen. Die Vokale sind A, E, I, O und U sowie Y und die Umlaute Ä, Ö, und Ü, die wie A, O und U behandelt werden.

Als Beispiel wollen wir Ada Wynn Lunt, geboren am 12. November 1940, nehmen. Um Adas Seelenzahl zu erhalten, zählen wir die Vokale in ihrem Namen zusammen:

1 + 1 + 7 + 3 = 12/3
Ada Wynn Lunt

Die Zahl 12 wird reduziert, indem die erste Stelle der zweiten hinzugezählt wird (1 + 2 = 3). Die Zahl wird dann wie 12/3 geschrieben.

Entdecke deine Seelenzahl, indem du wie beschrieben vorgehst. Schlage dann die Erklärung der einstelligen Seelenzahl nach. Eine eingehendere Erklärung der zweistelligen Zahlen findest du im zweiten Teil.

In unserem Beispiel hat Ada die Seelenzahl 12/3. Im folgenden Abschnitt würde sie unter der Nummer 3 nachlesen. Anschließend würde sie sich dem zweiten Teil des Buches zuwenden und die Zahl 12/3 unter der Schwingung der Persönlichkeitszahl nachschlagen, die einen tieferen Einblick in ihr wahres Selbst ermöglicht.

Deine Seelenzahl ist deine wahre Persönlichkeit, der Teil von dir, der nur dir selbst bekannt ist. Wenn man der Philosophie der Reinkarnation folgt, dann zeigt die Seelenzahl gleichzeitig an, was du in vorangegangenen Lebenszyklen verkörpert hast. Dieser Teil deiner Persönlichkeit wird außer von dir nur von wenigen anderen Menschen, die dich sehr gut kennen, gesehen. Die Seelenzahl weist auf etwas hin, das du in deinem innersten Wesen sein willst. Dieser Drang kann so stark sein, daß er andere Schwingungen deiner vier Hauptzahlen übertönt. Weil die Seelenzahl etwas von dem Wachstum, das du in vergangenen Leben gesammelt hast, enthüllt, wird sie zu deiner unterschwelligen Kraft, die die Handlungen deines gegenwärtigen Lebens beeinflußt. Wenn jedoch das Wollen der Seele von äußeren Umständen unterdrückt wird und die Seele ihre Aufgabe nicht erfüllen kann,

kann sie gezwungen sein, dasselbe Wollen derselben Schwingung in zukünftigen Lebenszyklen zu wiederholen, so lange, bis sie ihren wirklichen Ausdruck gefunden hat.

1 *als Seelenzahl:* Die Führungsrolle, die du in vergangenen Leben erworben hast, erzeugt den inneren Drang weiterzugehen und nach einem höheren Bewußtsein zu streben. Du bist in deinen Ansichten unabhängig. Deine tiefste Sehnsucht ist und bleibt das Streben nach Freiheit und Unabhängigkeit im Denken. Laß dich nicht von diesem starken Bedürfnis abhalten, in deinem gegenwärtigen Leben etwas Praktisches zu erreichen. Du bist dir immer deiner inneren Stärken bewußt und hättest Schwierigkeiten, eine nachgeordnete Rolle unter deinen Zeitgenossen einzunehmen. Wenn du über Heirat oder Partnerschaft nachdenkst, solltest du die inneren Bedürfnisse deines möglichen Partners genau untersuchen, um einen guten Verlauf der Beziehung sicherzustellen. Wenn deine Individualität zu ausgeprägt ist, könntest du dich als herrschsüchtig erweisen und damit deinem persönlichen Glück selbst im Weg stehen. Du bist so fest auf deine inneren Ziele fixiert, und deine glorreichen Erinnerungen an die Vergangenheit sind so stark, daß du höchstwahrscheinlich immer auf deinen Ansichten beharren wirst, selbst wenn du damit eine wichtige Beziehung zerbrechen solltest. Deine innere Stärke gibt dir etwas, auf das du dich verlassen kannst, selbst wenn es einmal schwer für dich wird. Du kannst in bewegten Zeiten immer ein inspirierender Ruhepol sein.

2 *als Seelenzahl:* Du hast ein starkes Bedürfnis nach Frieden und Harmonie. Du bist überlegt und taktvoll, sensibel und höflich. Du bist eher ein Nachfolger als ein Anführer. Rücksichtnahme ist ein wichtiger Faktor deiner Persönlichkeit. Du bist daher ein guter Vermittler oder Agent, der dabei helfen kann, zwischen opponierenden Kräften Frieden zu stiften. Es ist für dich so wichtig, die Gefühle anderer nicht zu verletzen, daß du dich sogar ihrem Willen unterwirfst. Es kann daher sein, daß du schüchtern und ohne Selbstvertrauen erscheinst. Versuche deine Unentschlossenheit zu überwinden. Während du zögerst, könnten andere sich vordrängen und sich das, was eigentlich dir zusteht, aneignen. Du solltest zu tun wagen, was du für richtig hältst und dich nicht durch deine Gefühle von deinem Ziel abbringen lassen. Deine Sensibilität kann von Nutzen sein, wenn du sie einsetzt, um dich in die ausgleichenden Kräfte des Universums einzustimmen und Wahrheiten zu verbreiten, die allen Menschen helfen, zu einem tieferen Verständnis zu gelangen.

3 *als Seelenzahl:* Du bist sehr gewissenhaft, was deine Pflichten anbelangt. Du bist dir sehr wohl des Gesetzes der Dreiheit bewußt und weißt, daß Inspiration und Phantasie die besten Ergebnisse hervorbringen, wenn sie eingesetzt werden, um anderen zu helfen. Das kann gut zu deiner Lebensphilosophie werden. Folge deinem schöpferischen Drang und dehne die Aktivitäten aus, die dich interessieren. Du möchtest glücklich sein und findest dein Glück, indem du andere glücklich machst. Wenn jemand deprimiert ist, kann ein Besuch von dir ihm Hoffnung und Mut machen. Verwirkliche deine Ideale, indem du dich ganz der Verbreitung von guter Laune und Optimismus widmest. Arbeite, um dir deine Träume erfüllen zu können, aber bleibe dabei mit den Füßen auf der Erde. Liebe ist wichtig für dich sowohl zu geben wie zu nehmen. Du solltest jedoch darauf achten, in deiner liebenden Aufgeschlossenheit nicht zu überschwenglich zu werden. Du wirst selbst glücklich und ausgeglichen, indem du andere glücklich machst.

4 *als Seelenzahl:* Du bist ordentlich, was dir leicht materiellen Erfolg einbringen kann. Dein praktisches Denken durchdringt dein gesamtes Wesen. Andere können sich in ihrer Lebensplanung an deinem wohlorganisierten Leben orientieren. Deine Treue, Ausgeglichenheit und Zuverlässigkeit bedeuten denen, die um dich sind, sehr viel. Sie wissen immer Bescheid, was dein Standpunkt zu einem Thema ist und haben das Gefühl, daß eine Zusammenarbeit mit dir immer ehrlich ist. Du nimmst die Dinge ernst, sowohl im Geschäftsleben wie in der Liebe, und kannst dir daher deine Träume auf eine planmäßige und praktische Weise erfüllen.

5 *als Seelenzahl:* Du beanspruchst ein Recht auf Freiheit und wirst nicht zulassen, daß deine Ideale und Vorstellungen auf irgendeine Weise eingeschränkt werden. Vielfalt im Selbstausdruck ist für dich absolut wesentlich. Du wärst ohne die anregende Wirkung von Veränderungen und neuen Perspektiven im Leben gelangweilt und lustlos. Es ist dein Herzenswunsch zu reisen, denn du bist der Meinung, daß Reisen bildet und den Horizont erweitert. Engstirnigkeit ist für dich unerträglich. Wenn du das Gefühl hast, du bist in eine Sackgasse geraten, kann eine Reise, neue Kleidung oder ein Urlaub deine Schwingung wieder zum Besseren wenden und neue Wege für ein fortgesetztes inneres Wachstum eröffnen.

6 *als Seelenzahl:* Du sprichst auf das Schöne, auf Harmonie und Frieden an. Du bist gefühlvoll, sympathisch und denen, die du liebst, treu. Deine Botschaft kann darin bestehen, andere zu lehren, wie sie in ihrem Leben Frieden und Harmonie bewahren und das biblische Ideal der Goldenen Sittenregel verbreiten können. Du arbeitest hart, um den häuslichen Frieden als deinen idealen Lebensstil beizubehalten. Von allen Zahlen ist deine, was dein Liebesleben angeht, am meisten gefährdet, denn du neigst dazu, mit deiner Liebe besitzergreifend zu sein, so groß ist dein Bedürfnis, ganz für deine Familie zu leben. Du mußt lernen, deiner Familie zu erlauben, ihr eigenes Leben zu leben, selbst wenn du mit ihren Ansichten nicht übereinstimmst.

7 *als Seelenzahl:* Du bist ruhig und zurückhaltend, ein guter Denker, Analytiker und Vermittler. Du brauchst eine friedfertige Umgebung und wirst leicht gereizt, wenn es zu lautstark in deiner Umgebung zugeht. Du bist kultiviert, sensibel, verschwiegen und oft übersinnlich veranlagt. Vielleicht bist du allein und bleibst unverheiratet. Du kannst im Zölibat leben und dich dem inneren mystischen Kreis der Menschheit anschließen. Deine wahre Natur ist es, sanft zu sein, einen tiefen Charakter zu entwickeln und der Menschheit mit Hilfe der Philosophie nützlich zu sein.

8 *als Seelenzahl:* Ehrgeiz ist dein Stichwort. Du glaubst an Leistung, und kein Hindernis kann dich beim Verfolgen deiner Ziele aufhalten. Es ist nicht leicht, mit deiner Zahl umzugehen, aber die Ergebnisse sind der Mühe wert. Du bist jemand, der eine große Aufgabe in Angriff nimmt, um sich über die Masse zu erheben und an die Spitze zu gelangen. Du besitzt die Fähigkeit, große Gruppen zu leiten und große Unternehmungen erfolgreich zu Ende zu führen. Die Psychologie hilft dir dabei, die Massen, mit denen du vielleicht arbeitest, zu verstehen. Deine Mitmenschen erwarten mehr von dir als von einer Durchschnittsperson, du mußt dich daher auf dein Inneres verlassen können, um an der Spitze zu bleiben. Die 8 ist die Zahl vieler berühmter Sportler.

9 *als Seelenzahl:* In deinem Leben spielt die Intuition eine große Rolle. Du bist sensibel, einfallsreich und kannst in abstrakten Begriffen denken. Obwohl du bisweilen etwas vage erscheinst, bist du sehr empfänglich für Eindrücke, mitfühlend und großzügig. Du brauchst Liebe und mußt Liebe geben. Du bist freundlich, nicht nachtragend, aufgeschlossen und widmest dich mit ganzer Kraft dem Fortschritt der Menschheit. Die 9 kann die Zahl eines Meisters oder eines Adepten aus einem vergangenen Leben sein.

11 *als Seelenzahl:* Du bist seit sehr langer Zeit auf dem spirituellen Weg, vielleicht schon länger als eine Inkarnation. Du hast durch spirituelle Evolution vieles über die Mysterien des Lebens und Sterbens gelernt. Du besitzt Mut, Talent und Führungsqualität. Du bist verständig, weise, intuitiv und oft hellsichtig, mit extrem empfindlichen außersinnlichen Wahrnehmungsfähigkeiten und einem starken Hang zum Spirituellen. Gleichzeitig besitzt du die Kraft, um es mit vielen Veränderungen und unvorhergesehenen Ereignissen aufzunehmen.

22 *als Seelenzahl:* Mit der Kraft der 22 besitzt du den Antrieb, die materiellen Errungenschaften vorangegangener Lebenszyklen fortzusetzen. Du strebst nach materieller Erfüllung. Du bist der Baumeister. Das Ziel deiner Seele ist es, die Welt durch deine Anwesenheit als einen merklich besseren Ort zu hinterlassen, als du ihn vorgefunden hast, folglich mußt du bei der praktischen Verwirklichung deiner Ideale psychisch und intellektuell sehr ausgeglichen sein. Du hast höhere Ziele als eine durchschnittliche Person und solltest mit den Füßen auf der Erde bleiben, wenn deine Gedanken sich entfalten.

33 *als Seelenzahl:* Du bist bereit, für die Menschheit Opfer zu bringen. Du hast eine klare Vision von den Lebensbedingungen der Welt der Zukunft und fühlst dich bereit, auf jede dir mögliche Weise dabei zu helfen, zum Weltfrieden beizutragen. Manchmal können sich die Schwingungen deiner Lebensaufgabe in Widerspruch mit den Bedürfnissen deiner Seele befinden. Dennoch wirst du Großzügigkeit walten lassen und versuchen, den Standpunkt anderer Menschen zu verstehen. Dieser Umstand kann dich vorübergehend dazu zwingen, eine Position im Hintergrund einzunehmen, es bleibt aber Hoffnung, daß du eine Position erreichst, in der du deine Ideale verfolgen kannst. Du bist allzeit bereit, anderen zu helfen.

44 *als Seelenzahl:* Allumfassende Konzepte sind Teil deines Bewußtseins. Sie finden nun ihren Ausdruck in dem inneren Bedürfnis, in der Kultur dieser Welt Großes zu vollbringen. Du hast den Wunsch, das Praktische mit dem Philosophischen zu vereinigen. Eine Laufbahn in der Regierung oder den Vereinten Nationen könnte dir die Gelegenheit geben, diese Ideale unter allen Völkern zu fördern. Du bist gewillt, große Verantwortung auf dich zu nehmen. Dein inneres Selbst erkennt, daß es bestimmte Fähigkeiten hat. Das Problem besteht darin, ob und wie es sich in der äußeren Welt durchsetzen kann. Du glaubst, daß deine Seele dich auf Gebiete führen kann, in denen deine großen Erwartungen erfüllt werden können. Du hast die angeborene Fähigkeit, alltägliche Probleme zu lösen und kannst mit anderen arbeiten, um ihnen zu helfen, ihre eigenen Probleme zu lösen.

Die Äußere Persönlichkeitszahl

In der Seelenzahl hast du Aspekte deines wahren Selbst entdecken können. Nun wollen wir bestimmen, wie andere Menschen dich sehen. Deine *Äußere Persönlichkeitszahl* zeigt an, wie du anderen erscheinst, jedoch nicht unbedingt, wie du in Wirklichkeit bist. Die Äußere Persönlichkeitszahl zeigt ebenfalls an, was die Menschen aufgrund des Bildes, das sie von dir haben, von dir erwarten.

Um die Äußere Persönlichkeitszahl zu finden, addierst du die Werte der Konsonanten des vollen Geburtsnamens. Konsonanten sind alle Buchstaben außer den Vokalen. Schreibe die Werte *unter* die Buchstaben und zähle alle Ziffern zusammen. In unserem Beispiel:

Ada Wynn Lunt
4 + 5 + 5 + 5 + 3 + 5 + 2 = 29/11

29 wird reduziert, indem man die erste Stelle der zweiten hinzuzählt: 2 + 9 = 11. 11 ist eine Leitzahl und wird daher nicht weiter reduziert. Andere sehen Ada Wynn Lunt als 29/11, obwohl sie dies nicht notwendigerweise ist.

Wie in dem vorhergehenden Abschnitt werden die Grundzahlen hier nacheinander beschrieben. Ada würde für ihre Äußere Persönlichkeitszahl unter 11 nachlesen, um dann im zweiten Teil eine eingehendere Beschreibung der 11 als 29/11 nachzulesen.

Wenn deine Äußere Persönlichkeitszahl beispielsweise 49/4 wäre, dann würdest du unter 4 als Äußere Persönlichkeitszahl in diesem Kapitel nachlesen und dich dann dem zweiten Teil zuwenden, um dort unter 49/4 als persönlicher Zahlenschwingung die genauere Beschreibung der einfachen 4 nachzuschlagen.

Das Wort »Persönlichkeit« hat seine Wurzel in dem Wort »persona«, was soviel bedeutet wie Maske, d. h. das Erscheinungsbild, das wir anderen bieten. Die Maske ist wichtig, weil durch sie andere elementare Bestrebungen der Schwingung zum Ausdruck kommen. Eine gefällige Persönlichkeit ist von großem

Wert auf allen Gebieten des Lebens, um spirituelle, geistige oder physische Ziele zu erreichen. Unsere Körpersprache, unsere Manieren und persönlichen Eigenarten, selbst die Art und Weise, wie wir uns anziehen, enthüllt mehr als wir glauben. Sie sind der Schlüssel, mit dessen Hilfe andere unsere Einstellungen und Wesensmerkmale bestimmen können.

1 *als Äußere Persönlichkeitszahl:* Du präsentierst dich der Welt als ein unabhängiger, fähiger Managertyp. Andere sehen dich als einen einzigartigen Menschen, der sich von der Masse abhebt, vielleicht in mancher Weise ein Einzelgänger, auf jeden Fall anders. Sie setzen voraus, daß du in der Lage bist, jede Situation zu beherrschen und eine Organisation oder einen Verein effektiv zu leiten. Sie werden von dir erwarten, daß du deine Aufgabe bewältigst, weil du offenbar die leitende Persönlichkeit, der Anführer bist. Du giltst als der Pionier, der die Ideen liefert und immer weiß, wo es lang geht und was zu tun ist. Das Wichtigste für dich ist, den richtigen Eindruck zu machen. Es hängt von der Macht deiner Persönlichkeit ab, ob du Zugang zur Gesellschaft erhältst oder nicht. Vielleicht erscheinst du übermäßig aggressiv oder dominant. In diesem Fall geht dein egoistisches Bedürfnis, deine Persönlichkeit zu etablieren, auf Kosten der freien Entfaltung anderer. Du bist die Nummer 1 und kleidest dich entsprechend. Du magst eine exklusive Erscheinung und möchtest niemals aussehen wie jemand anders. Auf der negativen Seite kannst du dich etwas exzentrisch kleiden oder in einer Mode, die die Grenzen des guten Geschmacks überschreitet.

2 *als Äußere Persönlichkeitszahl:* Du erscheinst ruhig und bescheiden und scheinst eine friedliche Umgebung zu bevorzugen, in der du in Ruhe leben kannst. Du bist kleinlich im Detail. Reinlichkeit und Ordnung sind für dich unerläßlich. Anstatt einen großen Auftritt zu machen, bleibst du lieber im Hintergrund, arbeitest hinter den Kulissen oder in Zusammenarbeit mit anderen. Du bist attraktiv und beim anderen Geschlecht beliebt. Das liegt teilweise an deinem Bedürfnis nach Gesellschaft und Harmonie, die dazu führen, daß du andere verwöhnst. Allein auf dich selbst gestellt, scheint dir etwas zu fehlen. Du kannst bisweilen ruhelos und unzufrieden mit deinen Lebensumständen erscheinen, weil du in jeder Situation nach Perfektion und Balance strebst. Es kann dir schwerfallen, Entscheidungen zu treffen, weil dir der Standpunkt beider Seiten einleuchtend vorkommt. Gelegentlich legst du ein launisches Verhalten an den Tag, bist aufbrausend und fängst an zu schimpfen. Du kleidest dich ordentlich und unauffällig und bevorzugst ein ausgeglichenes, angenehmes Äußeres. Du solltest dich locker und bequem kleiden, um dein eher passives und künstlerisches Wesen zu unterstreichen.

3 *als Äußere Persönlichkeitszahl:* Du bist außerordentlich charmant, umgänglich und liebst es, in Gesellschaft zu sein. Du hast ein attraktives Auftreten und das Bedürfnis nach Spaß und Erholung. Treue und Ehrlichkeit steigern dein idealistisches Wesen, Kommunikation ist ein wesentlicher Bestandteil deiner Persönlichkeit, und du hast eine unbeschwerte Art, dich auszudrücken. Du bist ein eifriger Unterhalter und glänzt in jeder Runde. Du bist wie die Sonne, machst die Welt für alle, denen du begegnest, etwas freundlicher, verbreitest Sonnenschein und Optimismus, wo immer du hingehst. Andere fühlen sich auf natürliche Weise von deiner Wärme angezogen. Deine extravertierte Popularität kann dir so den Kopf verdrehen, daß du vor Eingebildetheit und Eifersüchteleien deinen eigenen Niedergang herbeiführst. Dann kann dein Konversationstalent leicht zu Klatsch, Übertreibung und Oberflächlichkeit degenerieren. Wenn du eine Frau bist, kannst du schön, von angenehm rundlicher Gestalt sein. Du schmückst dich gern mit Juwelen, Tüchern und Make-up und hast eine kunstvolle Art, deine Kleidung auszusuchen. Wenn die Schwingung einen negativen Ausdruck bei dir findet, kannst du eine etwas schlampige Schönheit besitzen und sorglos mit Stil und Pflege deiner Kleidung umgehen.

4 *als Äußere Persönlichkeitszahl:* Du stellst der Welt gegenüber eine entschlossene, arbeitsame Haltung zur Schau. Du erscheinst konservativ, selbstdiszipliniert und praktisch. Du sehnst dich nach einer geordneten Existenz, durch die deine Fähigkeit zu eifriger körperlicher und geistiger Arbeit konventionelle und nützliche Ergebnisse hervorbringt. Du bist der ehrliche, hart arbeitende Typ mit einem Gefühl für den Wert der Arbeit. Du bist ein Freund der Erde, liebst die Natur, deine Heimat und dein Land. Du kannst so diszipliniert erscheinen, daß nicht einmal mehr Zeit für eine Pause ist. Das kann dazu führen, daß du dich von anderen isolierst. Du bist übermäßig vorsichtig und bescheiden, was bewirken kann, daß du verschlossen und geizig wirst. Plumpheit und Übellaunigkeit können dich noch weiter von sozialen Kontakten entfremden. Als Gegenreaktion kannst du völlig undiszipliniert und faul erscheinen. Gute, sportliche Kleidung kleidet dich, weil sie pflegeleicht ist und auch bei starkem Gebrauch nicht so schnell verschleißt. Du wählst deine Kleidung nach ihrem Gebrauchswert, bestehst auf guten Materialien und läßt dir gern maßschneidern. Du möchtest immer ordentlich und gepflegt aussehen und bist sowohl in deiner Kleidung wie in deinem Verhalten konservativ.

5 *als Äußere Persönlichkeitszahl:* Du bist ein guter Unterhalter, klug, brillant und witzig und wirst daher oft ein Publikum um dich scharen. Du hast auf das andere Geschlecht eine magnetische Anziehungskraft und besitzt einen ausgeprägten Appetit für das Sinnliche. Weil Abwechslung und Freiheit für dich so wichtig sind, kann es in deinen Beziehungen einen schnellen Wechsel geben. Du bist gern ständig in Bewegung, liebst Vielfalt und Wandel und glaubst, daß Wandel zugleich Fortschritt ist. Du mußt tun können, was du willst und wann und wie du es willst, um deine volle Kapazität auszuschöpfen. Du hast eine angeborene Neugier und gehst bisweilen Risiken ein. Andere sehen in dir den geborenen Kaufmann oder Werbefachmann. Übertriebene Geselligkeit und das Bedürfnis nach sinnlichen Ausschweifungen kann zu übermäßigem Essen, Trinken, Drogenmißbrauch oder einem ausschweifenden Sexualleben führen. Du kannst nervös, ruhelos und unzuverlässig werden. Du bist gern einer der Bestgekleideten, immer in der neuesten Mode, hebst dich von der Masse ab und trägst auffallende Farben.

6 *als Äußere Persönlichkeitszahl:* Du hast eine beschützende Ausstrahlung und Verantwortungsgefühl für deine Mitmenschen. Andere kommen zu dir, um Rat, Belehrung und Heilung zu suchen, denn du bist eine mütterliche bzw. väterliche Erscheinung, die Sicherheit und Geborgenheit ausstrahlt. Dein Heim scheint dir sehr wichtig zu sein. Du bist optimistisch, freundlich und zuverlässig. Du scheinst alles Schöne sowie alles, was mit Kunst zu tun hat, zu lieben und hast einen ausgeprägten Sinn für Ausgewogenheit und Symmetrie. Daher kannst du alle Dinge als eigenständig und doch Teil eines Ganzen sehen. Dein soziales Gewissen treibt dich, nach Wahrheit und Gerechtigkeit zu streben. Du bist gefährdet, dich anderen zu versklaven, besonders in deinem eigenen Heim, und deine soziale Verantwortlichkeit kann zur Verantwortungslosigkeit oder zur Einmischung in Dinge, die dich nichts angehen, verkommen. Bei der Auswahl deiner Kleidung bist du vorsichtig, aber du beweist eine künstlerische Ader, indem du bei allem, was du trägst, auf eine geschmackvolle Farbkombination achtest. Du ziehst komfortable, unauffällige Sachen exklusiven Modellen vor, aber legst Wert auf fließende, weiche Materialien. Im negativen Bereich der Schwingung kannst du im Haushalt sowie in deiner Kleidung etwas nachlässig sein.

7 *als Äußere Persönlichkeitszahl:* Du erscheinst als Einzelgänger, erfreust dich an Momenten der Einsamkeit, fern von den Massen. Die Natur, häufige Ausflüge in Wald und Feld oder ein Aufenthalt an der See liefern dir die richtige Atmosphäre für dein philosophisches Temperament. Du bist von einem Geruch des Mystischen und Geheimnisvollen umgeben. Du scheinst ein Philosoph, Mystiker, Poet, Denker, Wissenschaftler und Forscher zu sein. Zeitweilige Zurückgezogenheit gibt dir die Zeit für weitergehende Forschungen. Deine scharfe Beobachtungsgabe hilft dir bei der geistigen Analyse jeder Situation. Du hast eine Aura des Aristokratischen um dich, eine persönliche Würde und verfeinerte Lebensart und scheinst einen unerschütterlichen Glauben an die Zukunft zu haben. Wenn du dich im Materialismus verfängst, wirst du wahrscheinlich nur enttäuscht werden, deine

Sicherheit verlieren und dich frustriert und traurig zurückziehen. Verwirrung, Angst und Pessimismus gewinnen dann die Oberhand. Du bist ordentlich, wohlerzogen und neigst dazu, Pastelltöne oder dunkle Schattierungen zu tragen. Du vermeidest grelle und leuchtende Farben und kleidest dich geschmackvoll. Wenn du einmal unglücklich bist, ist es dir egal, wie du angezogen bist, und du vernachlässigst vermeintliche Nebensächlichkeiten wie Farbe, Ausgewogenheit und passende Kleidung.

8 *als Äußere Persönlichkeitszahl:* Du besitzt eine dynamische Persönlichkeit, und andere erkennen deine Autorität an, weil du überlegen und wohlhabend erscheinst. Du hast die Ausstrahlung einer Führungsperson, bist jemand, der in der Geschäftswelt ganz oben mitmischt und die Zügel in der Hand hält. Du strahlst persönliche Macht und Stärke aus, die dir überall, wo du hingehst, Anerkennung einbringt. Du scheinst Autorität zu besitzen, unparteiisch zu sein, hohe ethische Maßstäbe zu haben sowie über einen schier endlosen Vorrat an physischem Durchhaltevermögen und Vitalität zu verfügen. Deine persönliche Macht kann dich in Situationen führen, in denen du versucht bist, diese Macht zu mißbrauchen. Schnöder Materialismus gewinnt dann die Oberhand, und du kannst rachsüchtig und grausam werden, wenn dir jemand in die Quere kommt. Es ist für dich selbstverständlich, daß du ein erfolgreiches Auftreten hast, und du bestehst darauf, daß deine Kleidung aus hochwertigen Materialien besteht und gut geschnitten ist. Niemals würdest du etwas Billiges tragen. Im Extremfall erscheinst du als protzig, als Spieler oder Genießer, der andere beeindrucken möchte, indem du dich auffällig kleidest und dicke Bündel von Geldscheinen mit dir herumträgst. Als Frau neigst du dazu, zuviel Schmuck zu tragen und teure Kleidung zur Schau zu stellen, selbst wenn sie aus dem Secondhandladen stammt.

9 *als Äußere Persönlichkeitszahl:* Du scheinst außerordentlich verständig zu sein und einen allumfassenden persönlichen Magnetismus zu besitzen. Dein warmes, freundliches und charmantes Gebaren erfreut jeden, der in Kontakt mit dir kommt, und die

Selbstlosigkeit, die von dir ausgeht, macht dich bei vielen beliebt. Du scheinst anderen gegenüber tolerant und mitfühlend zu sein, was dir ermöglicht, nicht nachtragend zu sein und niemandem etwas übelzunehmen. Du bist Bedürftigen gegenüber großzügig und beispielhaft in deinen humanitären Bestrebungen. Andere sehen dich als einen emotionalen und romantischen Menschen, als einen Idealisten, der der Überzeugung ist, daß der Fortschritt der Welt persönliche Opfer rechtfertigt. Du kannst leicht gefühlsduselig werden, was dich für jede traurige Geschichte, die dir über den Weg läuft, empfänglich macht. Wenn es erst einmal soweit gekommen ist, vergeudest du deine Energien und Emotionen. Verbitterung kann die Folge sein. Du kleidest dich kunstvolldramatisch, verlangst aber, daß deine Kleidung gut paßt und bequem ist.

Dein Gesicht und deine Figur machen einen gefälligen Eindruck, und du achtest sehr auf die Pflege deiner Haut und auf deine Körperhaltung, was dazu führt, daß du auch im Alter noch jung aussiehst.

11 *als Äußere Persönlichkeitszahl:* Du bist anderen eine Inspiration, die in dir eine Kultiviertheit und künstlerische Begabung sehen, die sie im tiefsten Inneren ihrer Seele berührt. Du bevorzugst avantgardistische Kunst und scheinst die Verkörperung ungewöhnlicher und innovativer Techniken zu sein. Es ist sehr wahrscheinlich, daß du irgendwann wegen deines künstlerischen oder humanitären Engagements Ruhm und Anerkennung ernten wirst. Du erscheinst als der Visionär, der an das gleiche Recht für alle glaubt, unabhängig von Geschlecht, Rasse, Religion oder Hautfarbe. Dein Idealismus kann leicht in Egozentrik umschlagen, was zur Zerstreuung oder zum Brachliegen deiner Talente führen würde. Dein Verstand sucht sich dann ungesunde Betätigungsfelder für deine Begabungen, was dir einen schlechten Ruf einbringen kann. Deine Augen strahlen ein spirituelles Leuchten aus, das andere dazu inspirieren kann, ihr eigenes Potential auszuschöpfen, wenn sie sehen, zu was du fähig bist. Deine Kleidung ist eigenständig im Stil, vielleicht entwirfst du sie sogar selbst, denn du besitzt die künstlerische Begabung und den

Erfindungsreichtum dazu und ziehst es vor, anders als die anderen zu sein.

22 *als Äußere Persönlichkeitszahl:* Du erscheinst als der überlegene, diplomatische Typ, der alle Situationen auf praktische, effektive Weise bewältigt. Du scheinst die materielle Welt im Griff zu haben und fähig zu sein, tiefgreifende Veränderungen zu bewirken, die den Lauf der Geschichte nachhaltig beeinflussen können. Du bist die Supermacht, die in der Lage ist, freizügig finanzielle Mittel an wohltätige Organisationen zu verteilen, die großen Gruppen in der Gesellschaft zugute kommen. Deine Macht kann sich auf internationaler Ebene erstrecken, du solltest deine materiellen Dienste der ganzen Welt zugute kommen lassen. Die beispiellose Macht in deinen Händen kann dazu führen, daß du machthungrig wirst und, anstatt anderen zu dienen, sie gierig ausbeutest. Du wirst dann den Bedürfnissen anderer gegenüber gleichgültig und bist nicht mehr dagegen gefeit, auf unlautere Weise bei der Verfolgung deiner Ziele vorzugehen. Du achtest gewöhnlich auf deine Kleidung, wählst qualitativ hochwertige Materialien aus und kleidest dich konservativ. Deine Kleider passen dir, als wären sie maßgeschneidert. Du trägst deine Kleider, nicht sie tragen dich.

33 *als Äußere Persönlichkeitszahl:* Du bestichst durch deinen einfachen, bescheidenen und gütigen Charakter. Du scheinst dich immer dorthin gezogen zu fühlen, wo du gebraucht wirst und mehr geben kannst als du empfängst. Du bist immer großzügig und suchst niemals belohnt zu werden; es liegt in deinem Wesen, zu geben. Du liebst Kinder und Tiere und drückst ihnen gegenüber deine Freundlichkeit und Milde aus. Die Menschen spüren, daß du für ihre Probleme empfänglich bist und sie verstehst. Deine Empfindlichkeit gegenüber den Leiden anderer kann dich zu sinnloser Selbstaufopferung verleiten, wobei du dich für andere hingibst, die oft keinerlei Absicht haben, sich zu bessern. Dein Martyrium ist dann nutzlos, es fällt auf unfruchtbaren Boden. Du kleidest dich gediegen und suchst mit Bedacht deine Kleider aus. Dein Auftreten ist angemessen und gepflegt.

44 *als Äußere Persönlichkeitszahl:* Deine Haltung ist diszipliniert, fast militärisch, du gehst aufgerichtet, die Schultern hochgezogen. Andere sind geneigt, dir zu vertrauen, wo immer sie dir begegnen. Du scheinst zu wissen, wo du hinzugehen hast, was du zu tun hast und wie du es zu tun hast. Du hast eine sehr praktische und realistische Art, die für andere vertrauenerweckend ist. Sie spüren, daß dein gesunder Menschenverstand geeignet ist, ihre Probleme zu lösen und die Welt für sie wieder in Ordnung zu bringen. Du kannst mitunter so weltgewandt sein, daß du dich in Kleinigkeiten und Verantwortlichkeiten verzettelst. Du verlierst dann die Quelle, aus der du stammst, aus den Augen, und dein spiritueller Fortschritt wird ins Hintertreffen geraten. Du trägst gern uniformartige Kleidung und kaufst oft handgefertigte Sachen. Vielleicht verleihst du deiner Kleidung einen militärischen Anstrich, indem du auf geschmackvolle Weise Streifen, Bänder oder besondere Knöpfe hinzufügst.

Die Schicksalszahl

Du hast bis zu diesem Punkt deine Lebensaufgabenzahl (dein Geburtsdatum), deine Seelenzahl (die Vokale deines Namens) sowie deine Äußere Persönlichkeitszahl (die Konsonanten deines Namens) erkundet. Wir werden nun deinen Namen als Ganzes verwenden, indem wir die unreduzierte Seelenzahl und die unreduzierte Äußere Persönlichkeitszahl addieren. Das ergibt deine *Schicksalszahl.* Sie zeigt an, was du in deinem Leben tun mußt, wozu du auf die Welt gekommen bist.

Wenn wir in Ada Wynn Lunts Namen die unreduzierte Seelenzahl zur unreduzierten Äußeren Persönlichkeitszahl hinzuzählen, kommen wir auf 41/5.

1 + 1 + 7 + 3 = 12/3 Seelenzahl
Ada Wynn Lunt
4 + 5 + 5 + 5 + 3 + 5 + 2 = 29/11 Äußere Persönlichkeitszahl
41/5 Schicksalszahl

Ada Wynn Lunts Schicksalszahl ist 41/5, sie zeigt an, was sie in ihrem Leben zu verfolgen hat. Ada würde als erstes unter Grundzahl 5 als Schicksalszahl nachschlagen und sich dann dem zweiten Teil zuwenden, um unter 41/5 als persönlicher Zahlenschwingung nachzulesen, wo eine eingehendere Beschreibung der Grundzahl 5 zu finden ist.

Die Zahl stellt dein Ziel im Leben dar. Sie zeigt den Weg auf, den du zu gehen hast, was du erreichen solltest, was du zu sein hast. Durch Namensänderungen kannst du das zwar etwas variieren, das Schicksal des Geburtsnamens ist jedoch immer die der Veränderung übergeordnete Kraft, die in ihrem Streben nach Ausdruck bis zum Ende deines Lebens nicht nachlassen wird.

1 *als Schicksalszahl:* Du stellst das wahre »Ich bin« dar, das Selbst-Bewußtsein ist der Mittelpunkt deiner Welt, und du bist mit deinen eigenen individuellen Bedürfnissen, vor allem mit deiner Selbsterhaltung, beschäftigt. Du benutzt deine Fähigkeiten zu deinem eigenen Vergnügen und hast auch kein großes Interesse an den Bedürfnissen anderer. Das ist nicht unbedingt etwas Schlechtes, denn du bist hier, um dein eigenes Selbst zu entfalten. Das darf jedoch nicht soweit gehen, daß du ins Extrem verfällst und selbstsüchtig wirst. Vielleicht bist du ein Neuling auf der irdischen Ebene, auf der jeder das ABC des Kosmos erst einmal lernen muß. Die Worte, von denen du am meisten Gebrauch machst, sind »Ich« und »Ich bin«. *Führung* ist dein Stichwort, und du mußt es akzeptieren, daß dein Schicksal darin besteht, daß du führst und andere folgen. Deine eigene, unabhängige Initiative wird dir durch deine Entschlossenheit, für deine Überzeugungen einzutreten, zum Erfolg verhelfen, selbst wenn du äußeren Zwängen ausgesetzt bist. Indem du dein Selbstvertrauen und deine Fähigkeit zu gewinnen demonstrierst, wirst du unter allen Umständen Erfolg haben.

2 *als Schicksalszahl:* Deine Sehnsucht nach Frieden verschafft dir die Rolle eines Friedensstifters. Dein Schicksal kann dich dazu führen, in anderen Ländern als Botschafter des guten Willens zu agieren und damit der gesamten Menschheit unerhörten Nutzen zu bringen. Nutze dein angeborenes Taktgefühl und deine diplomatische Begabung, um schwierige Situationen im Leben zu bewältigen. Eine diplomatische Mission als Botschafter ist ein magisches Geschenk für eine bessere und lebenswertere Welt.

Du besitzt gleichzeitig einen scharfen Sinn für Gegensätze, der es dir erlaubt, deine Talente auf schöpferische Weise einzusetzen. Indem du diese Fähigkeit weiter ausbaust, kannst du nicht nur dein künstlerisches Potential, sondern auch deine Fähigkeiten als Vermittler und nützlicher Begleiter maximieren. Du wirst zum unersetzlichen Bestandteil jeder Gruppe oder Organisation, der du angehörst.

3 *als Schicksalszahl:* Du besitzt Talente, die dir in deiner Wahl von Beruf oder Hobby freie Hand lassen. Dein Schicksal besteht darin, andere zu erfreuen und zu inspirieren. Du solltest dein Licht nicht unter den Scheffel stellen und deine Begabung fördern, dich mit Hilfe von Theater, Redekunst oder Fremdsprachen auszudrücken und mitzuteilen. Erforsche die Künste und studiere die Religionen der Welt, so kannst du deine Energien auf schöpferische Weise ausleben, denn du hast eine natürliche Neigung für alles Geistige und die Philosophie. Du kannst dich beruflich als Therapeut betätigen, sowohl für andere wie zu deinem eigenen Nutzen.

Wenn du Erfolg haben willst, mußt du deine Zeit klug einteilen. Verschwende deine Energien nicht in zu viele verschiedene Richtungen auf einmal, das könnte dazu führen, daß die Erfüllung eines lohnenden Schicksals auf sich warten läßt. Fördere die Freundschaft unter deinen Mitmenschen, indem du ein Freund bist, wenn ein Freund gebraucht wird. Durch deine Fähigkeit, dich frei auszuleben, verbreitest du Sonnenschein und Freude. Behalte deinen Optimismus als Markenzeichen.

4 *als Schicksalszahl:* Dein Schicksal ist es, greifbare und nützliche Produkte hervorzubringen. Du mußt sehen, was du geschaffen hast. Die 4 ist die Erbauerin der Welt, der Eckstein, auf dem sich alle irdische Substanz gebildet hat. Du bist in deinem Denken wohlgeordnet und kannst das, was du erbaut hast, gut verwalten.

Du strahlst die Qualität des Stabilen aus. Daher verlassen sich andere darauf, daß du effizient und ordentlich alles, was zu tun ist, erledigst. Du kannst gut mit Geld umgehen und findest daher in der Finanzwelt einen fruchtbaren Ort für deine Talente.

Deine Stichworte sind: Ungeduld, Ehrlichkeit, Entschlossenheit und Zuversicht. Du verlangst in deiner Familie Gehorsam und kannst dich selbst verleugnen, um deine Pflichten zu erfüllen, seien sie real oder eingebildet. Dein ausgeprägtes Gefühl für Werte führt dazu, daß du alles Mittelmäßige verabscheust. Du weißt, daß es Dinge gibt, auf die es sich zu warten lohnt.

5 *als Schicksalszahl:* In deinem Leben gibt es viele Veränderungen, und es ist gut möglich, daß deine Mission darin besteht, daß du durch die Bereitschaft, Veränderungen zu akzeptieren, eine fortschrittliche Entwicklung förderst. Du bist keinesfalls auf eine alte Ordnung, auf verbrauchte Ideen und starre Prinzipien eingeschworen. Du bist gewillt, neue Konzepte und Gesichtspunkte anzunehmen. Das geht soweit, daß du dir sogar die Freiheit nimmst, neue Methoden aufzuzeigen, wie bestimmte Dinge zu tun sind, gleichzeitig hast du die Fähigkeit, das Neue auf logische und annehmbare Weise aufzuzeigen. Du machst aus einer Veränderung ein Sprungbrett in neue Dimensionen und erzielst durch sie auf geschickte Weise Wachstum. Dabei verlierst du jedoch niemals die Konventionen aus dem Auge, denn ein Rebell bist du nicht. Statt dessen vertrittst du neue Gedanken und ermöglichst neue Erkenntnisse. Du hast den Mut und bist gewillt, das Alte loszulassen und mit Neuem zu experimentieren. Du bist sehr beredt und ausdrucksstark und könntest durch Schreiben, Vorträge und Verkaufsgespräche diese Talente auf optimale Weise einsetzen.

6 *als Schicksalszahl:* Dies ist eine häusliche Zahl. Du liebst dein Zuhause und dein Familienleben. Du bist jemand, der wahrscheinlich heiraten wird, eine Familie zu haben ist dein Hauptinteresse. Du bist moralisch gut und angesehen, vertrauenswürdig und großzügig. Du hast Freude an Bequemlichkeiten und Luxus im Leben. Du bist gesellig und ein guter Gastgeber. Du begrüßt jeden und unterhältst dich mit jedem in einer Gesellschaft. Du bist stolz auf deine Besitztümer und schneidest sogar bisweilen mit den Talenten und Errungenschaften deiner Familie etwas auf.

Du solltest deine künstlerischen Fähigkeiten erweitern, damit du deinen Sinn für Ästhetik und dein Gefühl für das Schöne mit anderen teilen kannst. Viele berühmte Künstler arbeiteten unter dem Einfluß dieser Schwingung und brachten durch ihre Arbeit ihre tiefe und ungeteilte Liebe für ihre Mitmenschen zum Ausdruck.

7 *als Schicksalszahl:* Deine Charakterstärke und dein Ernst machen dich zu einem Menschen, der die Eignung besitzt, ein Lehrer für ethisches Verhalten zu sein. Du hast ein inneres Gespür dafür, was wahr und was unwahr ist und kannst der Welt, die im Grunde schon darauf wartet, einige Geheimnisse des Lebens zeigen. Du solltest der Denker, der Philosoph, der Wissenschaftler, der Mystiker oder der religiöse Eiferer werden, dessen Bestimmung der menschliche Geist ist. Andere sehen dich vielleicht als seltsam oder undurchschaubar an, aber sie folgen deinen Belehrungen und suchen deinen Rat, wenn sie in Bedrängnis sind. Dein Beispiel und das Bild, das du in der Öffentlichkeit abgibst, kann einer ganzen Gesellschaft und damit irgendwann auch der ganzen Welt zugute kommen.

Du findest in der Einsamkeit deine Stärke, in Momenten der Stille deine Weisheit und in deinem eigenen Wissen deine Kraft. In der Antike wurden alle, die unter der 7 geboren wurden, in den Tempel gebracht, um Priester oder Priesterinnen zu werden, weil die Gesellschaft sich ihrer geistigen Kräfte bewußt war. Entwickle deine eigenen geistigen Kräfte, die Welt wird daraus ihren Nutzen ziehen.

8 *als Schicksalszahl:* Du verfügst über ein hohes Maß von Mut und Vitalität und wirst deine Ziele durch eigene Anstrengung erreichen. Anerkennung, Erfolg und Reichtum sind deinem Schicksal angemessen. Durchhaltevermögen in deiner beruflichen Laufbahn und viele Stunden intensiver Arbeit, unterstützt durch deinen Ehrgeiz, werden dich in dem von dir gewählten

Bereich in eine Spitzenposition bringen. Du würdest dich niemals mit einer untergeordneten Position zufriedengeben. Du mußt jedoch deine materiellen Kräfte mit den spirituellen kombinieren und lernen, dich selbst zu beherrschen, um in die Position zu kommen, die du dir als Lebensaufgabe gestellt hast, und diese Position dann auch zu halten.

Einige Menschen mit dieser Zahlenschwingung setzen ihre enorme Kraft und Ausdauer im Sport ein, werden hervorragende Athleten und bringen statt im Geschäftsleben auf diesem Gebiet ihren Leistungswillen zum Ausdruck. Viele erfolgreiche Sportler landen schließlich doch im Geschäftsleben, nachdem ihre sportliche Karriere beendet ist.

9 *als Schicksalszahl:* Vollkommenheit ist dein Ziel, aber es wird auf dieser Ebene kaum jemals erreicht. Deine Mission ist die Wohltätigkeit. Du wirst vielleicht viele Prüfungen und Rückschläge erdulden müssen, aber indem du lernst zu vergeben, werden diese Situationen für dich nicht ganz so unerträglich sein. Je höher du dich entwickelst, desto mehr Prüfungen wirst du begegnen, du solltest dich also davor hüten, die Balance zu verlieren. Du strebst danach, ein ideales Leben zu leben und hoffst, andere dazu zu inspirieren, dasselbe zu tun. Du willst durch Philosophie und Menschenliebe die Welt verbessern und wirst leicht ungeduldig, wenn die Erfolge auf sich warten lassen. Du mußt erkennen, daß die Evolution sich in der Zeit in langen Zyklen vollzieht.

Du wirst in deinem Leben viele berühmte Menschen treffen, die von der Großzügigkeit deines Denkens beeindruckt sind. Du solltest lernen, dich nicht an alte Beziehungen zu binden. Wenn du deine Rolle mit einem bestimmten Menschen erfüllt hast, mußt du weitergehen. Du kannst dich nicht auf einen kleinen Kreis von Freunden beschränken. Deine großzügige Philosophie muß das Leben vieler berühren und erhellen.

11 *als Schicksalszahl:* Deine prophetische Gabe bringt dich in eine Position, in der du die Möglichkeit hast, der Menschheit völlig selbstlos zu dienen, ein schwieriges Ziel, dessen volle

Erfüllung im Leben kaum zu erreichen ist. Du kannst als eine führende Persönlichkeit in öffentlichen oder städtischen Diensten arbeiten und dich für bessere Lebensbedingungen oder zugunsten Minderbemittelter einsetzen. Dein Karrieredrang kann sich in einer Bühnenlaufbahn oder als dynamischer Prediger oder Lehrer verwirklichen. Deine Haltung im Leben sollte sich immer vom Durchschnitt abheben.

Du wirst wahrscheinlich auf irgendeine Weise Ruhm oder Anerkennung ernten, und da diese Schwingung ein großes schöpferisches Potential verleiht, wirst du dich vermutlich für eine künstlerische Laufbahn oder einen anderen kreativen Beruf entscheiden. Du hast die Fähigkeit, kreative Quellen zu erschließen und deine Arbeit mit Inspiration zu füllen, was die Seelen aller berühren wird, die mit etwas, das du geschaffen hast, in Berührung kommen. Du bist wahrhaftig inspiriert.

22 *als Schicksalszahl:* Du hast Vertrauen in deine Führungsfähigkeit und übernimmst daher von Natur aus große Verantwortung. Dadurch erfüllt sich dein Drang, Großes zu erreichen. Wenn du erst einmal eine Position großer Macht und großen Reichtums erreicht hast, wirst du dich an neuen Bewegungen und wichtigen Projekten in Staat und Gesellschaft beteiligen wollen. Du bist der »Super-Materialist«, dessen Einfluß sich weltweit erstrecken kann. Du bist der Macher auf der materiellen Ebene, der in großem Stil baut. Brücken, Krankenhäuser, Museen und andere Gebäude sind deine sichtbaren Hinterlassenschaften an die Welt, Produkte, die der Menschheit helfen und sie erleuchten. Dein Einfluß ist so weitreichend, daß du dich vor unethischen Motiven in acht nehmen mußt, denn du wirst unweigerlich im Leben vieler Menschen eine Rolle spielen. Wenn du dein Leben als Dienst an der Menschheit siehst, wird die entsprechende Belohnung nicht ausbleiben.

33 *als Schicksalszahl:* Deine Mission ist Selbstaufopferung und Dienst am Nächsten. Emotional durchlebst du viele Kreuzigungen und leidest für die Nöte der Menschheit mit. Deine Handlungen sind von Mitgefühl geprägt, das von deinem Verständnis von

Recht und Gesetz getragen wird. Du wirst oft merken, daß du ein unpersönliches Leben mit einer losgelösten, aber keinesfalls sorglosen Einstellung zu führen hast und mußt erkennen, daß die Art und Weise, wie du mit den Lasten, die dir auferlegt werden, umgehst, ein hervorragendes Beispiel für andere ist. Andere spüren dein verständnisvolles Wesen und sind auf natürliche Weise von dir angezogen, um bei dir Unterstützung und Trost zu suchen. Indem du auf ihre Nöte eingehst, findest du die Erfüllung, die diese Zahl von dir verlangt. Wenn du in deinem Leben nicht auf die hohe Schwingung der Leitzahl 33 eingehen kannst, kannst du sie als 6 leben. Es kann dir dann passieren, daß du einen Märtyrerkomplex bekommst und für die Opfer, die du bringst, wenig Anerkennung findest.

44 *als Schicksalszahl:* Diese Leitzahl verlangt von dir große Disziplin, Durchhaltevermögen und die Fähigkeit, das Beste aus jeder Situation zu machen. Du bist sehr einfallsreich und kannst auf einen reichen Vorrat an gesundem Menschenverstand und logischem Denken zurückgreifen, um jedes Problem, das auf dich zukommt, zu lösen. Es ist deine Bestimmung, die materiellen Nöte der Menschheit mit Hilfe produktiver und vernünftiger Methoden zu lindern. Edgar Cayce, der unter der 44 als Schicksalszahl stand, löste die gesundheitlichen Probleme von Tausenden seiner Mitmenschen. Er diente ihren materiellen Bedürfnissen. Du mußt hier in deinem Erdenleben Geist und Körper vollkommen beherrschen. Es sollte dein Bedürfnis sein, andere an deinem allumfassenden Wohlstand teilhaben zu lassen, und du solltest beginnen, Situationen zu schaffen, in denen dies möglich ist. Du strebst danach, die Welt auf eine physische Weise zu verbessern.

Die Bedeutung des ersten Vokals des Vornamens

Im Altertum wurden die Vokale als geheiligte Elemente des Alphabetes betrachtet. Man glaubte, daß der erste Vokal die Schwingung war, auf der die Seele in den Körper eintrat. Tatsächlich hat der erste Vokal einen tiefgreifenden Einfluß auf jeden Menschen. Wenn dieser Vokal mehrmals im Namen auftaucht, wird seine Qualität noch verstärkt.

Es gibt drei Dinge, auf die du achten mußt, wenn du den ersten Vokal in deinem Namen deutest: die Bedeutung des Vokales selbst, wie oft dieser Vokal im ganzen Namen auftaucht und was diesem Vokal, wenn überhaupt, vorausgeht.

Wenn der Vokal mehr als dreimal im ganzen Namen auftaucht, bedeutet das, daß die jeweilige Besonderheit im Übermaß vorhanden ist, und die Person kann zu stark zu dieser Eigenschaft neigen.

Die folgende Erklärung der Vokale ist sehr allgemein gehalten und sollte lediglich als Hilfe dienen, um die Besonderheiten einer Person im Rahmen der gesamten numerologischen Analyse zu bestimmen.

A *als erster Vokal des Vornamens:* Du bist kühn, unabhängig, wißbegierig und interessiert an Forschungen. Du weißt, was du willst und warum du es willst. Wenn A der erste Vokal ist und sich in dem gesamten Namen zwei As befinden, bist du ein klarer Denker. Wenn A der erste Vokal ist und es mehr als zwei As gibt, kannst du egoistisch, zynisch oder überkritisch sein.

E *als erster Vokal des Vornamens:* Du hast ein ereignisreiches, aufregendes Leben. Du bist vielseitig und hast eine gute Auffassungsgabe, kannst jedoch leicht nervös und launisch sein. Wenn E der erste Vokal ist und es mehr als drei Es im gesamten Namen gibt, kannst du ein etwas wankelmütiger Charakter sein.

I *als erster Vokal des Vornamens:* Du bist intuitiv und interessiert an der Kunst, an Theater und/oder Wissenschaft. Wenn ein I der erste Vokal des Namens ist und es mehr als drei Is im Namen gibt, bist du empfindlich, scheu und emotional.

O *als erster Vokal des Vornamens:* Du bist aufrichtig, methodisch und glaubst an Gesetz, System und Ordnung. Wenn O der erste Vokal ist und es mehr als drei Os im Namen gibt, kannst du dickköpfig, langsam und eintönig sein.

U *als erster Vokal des Vornamens:* Du hast einen universellen Verstand, der großer Gedanken und weitreichender Standpunkte fähig ist. Du liebst es, materielle Dinge anzuhäufen. Als Symbol betrachtet, ist das U ein Kelch, der etwas enthält. Du hast daher die Neigung, zu einem Sammler zu werden. Wenn das U der erste Vokal ist und es in deinem Namen mehr als drei Us gibt, könntest du oft das Gefühl haben, etwas zu verlieren, weil dein Kelch überläuft und sein Inhalt verlorengeht und daher etwas selbstsüchtig werden.

Y *als erster Vokal des Vornamens:* Das Y übernimmt, wenn es wie ein I oder ein Ü ausgesprochen wird, auch deren Bedeutung. Die Aussprache bestimmt, wann das Y als selbständiger Vokal gilt. Wenn das Y Teil eines Diphtonges ist, etwa in Namen wie Wayne oder May, dann gilt es nicht als Vokal. In einem Namen Wie Wynn oder Lynn, in dem das Y der *einzige* Vokallaut ist, wird es hingegen als Vokal gezählt. In Yvonne oder Yvette wird es als Vokal angesehen, weil es wie ein I klingt. Auch in Harry oder Mary zählt das Y als Vokal, weil es als I ausgesprochen wird.

Eine letzte Bemerkung zum Buchstaben Y: Seine gabelförmige Endung könnte symbolisch auf die zweifache Verwendung als Vokal und Konsonant hindeuten. Als Vokal könnte das Y als siebenundzwanzigster Buchstabe des Alphabets gelten und damit die Lücke in der neunten Schwingung füllen (I = 9, R = 18/9, Y = 27/9). Pythagoras hielt das Y für einen so hochmystischen Buchstaben, daß er sich einmal den Namen Yarancharya gab, um die Schwingung an sich selbst zu erfahren.

Wenn der Name zwei aneinandergereihte Vokale enthält, wie in Faith, schau unter den Qualitäten beider Vokale nach. Der Name Faith deutet zum Beispiel auf eine Person hin, die selbständig ist, an eigenständigen Forschungen interessiert (A), gleichzeitig sehr intuitiv und die Musik und Künste liebt (I).

Wir zählen die Vokale in dem Namen, die auf die erste Kombination folgen, nicht mehr, es sei denn, es sind noch einmal dieselben Diphtonge. In dem Namen Faith May Winter betrachten wir das AI als den ersten Vokal. Weil die Kombination AI in dem Namen nicht noch einmal auftaucht, steht das erste AI als das einzige des ganzen Namens. Das A in May und das I in Winter werden getrennt betrachtet. Wenn der Name andererseits etwa Faith Daisy Waite lauten würde, hätten wir es mit drei AIs zu tun. Im folgenden findest du eine Liste mit Diphtongen, die in Namen gebräuchlich sind.

aa	Aaron	ea	Jean	ia	Diana	oa	Joan	ua	Luanna
ae	Mae	ee	Lee	ie	Pierre	oe	Joel	ue	Sue
ai	Faith	ei	Eileen	ii		oi	Lois	ui	Guido
ao	Lao	eo	Leo	io	Viola	oo	Oona	uo	Quomodo
au	Audrey	eu	Eunice	iu	Lium	ou	Roulo	uu	
ay	Wayne	ey	Heydon	iy		oy	Floyd	uy	Guy

Dreifache Vokale, wie in Louise, vereinigen ebenfalls die Eigenschaften der drei enthaltenen Vokale.

Weitere Bedeutungen der Vokale finden sich in der Liste der ABCs in Kapitel 5, in dem die Bedeutungen der einzelnen Buchstaben des Alphabets aufgeführt werden.

Dein persönliches Jahr

Wir leben unser Leben in Neunjahreszyklen und verkörpern damit die universalen Prinzipien der Zahlen von 1 bis 9. Wenn wir den neunten Zyklus vollendet haben, beginnen wir wieder bei 1 und gehen wiederum durch die neun Zahlen hindurch. Dieser Zyklus erscheint in unserem Leben immer wieder. Wenn du einmal neun Jahre in deinem Leben zurückschaust, wirst du sehen, daß du zwar nicht dasselbe noch einmal erlebst, aber eine Schwingungslage durchläufst, die der vor neun Jahren sehr ähnlich ist. Du hast beispielsweise vor neun Jahren vielleicht etwas Geld gespart, um ein Haus zu bauen, während du heute vielleicht sparst, um deinem Kind eine Universitätsausbildung zu finanzieren. Der Anlaß ist verschieden, aber das übergeordnete Thema ist dasselbe: sparsam mit Geld umgehen. Wenn du weißt, was dich in jedem Zyklus zu erwarten hat, kannst du dich innerlich darauf einstellen. Dein Leben wird dadurch leichter, glücklicher und produktiver.

Um dein gegenwärtiges persönliches Jahr herauszufinden, zähle einfach Tag, Monat und Jahr deines zuletzt erlebten Geburtsdatums zusammen. Ada Wynn Lunts Geburtstag zum Beispiel ist der 12. November 1940. Um Adas gegenwärtige Schwingung zu erhalten, zählen wir 12 + 11 + 1975 zusammen. (1975 ist das Jahr ihres letzten Geburtstages, bevor dieses Buch geschrieben wurde.) Achte darauf, nicht das Geburtsjahr zu nehmen, sondern das Jahr ihres letzten Geburtstages. Wenn du am 29. Februar geboren bist, verwende auf jeden Fall dieses Datum, gleich ob das Jahr davor einen 29. Februar hatte oder nicht.

12 + 11 + 1975
12 + 11 + 22 (1 + 9 + 7 + 5)
12 + 11 + 22 = 45/9

Ada war 1975 in einem persönlichen 45/9-Jahr. Das persönliche Jahr geht vom Geburtstag eines Jahres bis zum Geburtstag des kommenden Jahres und nicht von Januar bis Dezember wie das Kalenderjahr. Daher war Ada vom 12. November 1975 bis zum 12. November 1976 in ihrem persönlichen 45/9-Jahr, obwohl der größte Teil ihres persönlichen Jahres im Kalenderjahr 1976 lag.

Ada würde sich dann dem zweiten Teil zuwenden und in Kapitel »9 als temporäre Schwingung« nachschlagen. Danach würde sie unter »45/9 als temporäre Schwingung« finden, daß dort die zugrundeliegende 9 als temporäre Schwingung noch näher bestimmt wird. Beachte dabei, daß wir diese Zahl nicht als persönliche Zahl betrachten. Die numerische Bedeutung einer persönlichen Zahl ist dieselbe wie die einer temporären Schwingung, du mußt sie jedoch im richtigen Zusammenhang sehen. Wenn eine Zahl deine persönliche Zahl ist, begleitet sie dich ein Leben lang. Wenn sie hingegen deine temporäre Zahl ist, erfährst du sie nur für eine kurze Zeit. Ada wird also ihre temporäre 45/9-Schwingung nur von ihrem Geburtstag am 12. November 1975 bis zu ihrem Geburtstag ein Jahr später erfahren.

Du kannst auf diese Weise in jedem Jahr deines Lebens herausfinden, was geschieht und was geschehen wird. Wähle einfach die Zeit, die du befragen willst, zum Beispiel den Sommer 1946 oder den Herbst 1987, und bestimme von da aus deinen letzten Geburtstag. Dann zähle zu diesem Jahr Tag und Monat deines Geburtsdatums hinzu, und du erhältst deine persönliche Jahresschwingung.

Zahlen für bestimmte Zeiträume

Wir können das persönliche Jahr in drei gleiche Blöcke einteilen, um zu bestimmen, was in der jeweils folgenden viermonatigen Periode des Jahres geschehen wird. Wir tun dies auf die folgende Weise:

Schreib die persönliche Jahreszahl in die erste Spalte. In der zweiten Spalte gib den Monat deines Geburtstages und den vierten darauffolgenden Monat an. In unserem Beispiel sind es November und März. In der nächsten Spalte gib die folgenden vier Monate an (z. B. März und Juli), und in der letzten Spalte die übrigen vier Monate (Juli und November).

Persönliches Jahr	November bis März	März bis Juli	Juli bis November
12 + 11 + 1975	1975	1975	1975
12 + 11 + 22 = 45/9	35	37	12
	2010 = 3	2012 = 5	1987 = 25/7
	Addiere Alter	Addiere Lebensaufgabenzahl	Addiere Seelenzahl

Wenn der Geburtsmonat Juni wäre, müßtest du Juni und Oktober in die erste Reihe der zweiten Spalte schreiben, Oktober bis Februar in die dritte Spalte und Februar bis Juni in die vierte. So teilst du einfach das Jahr in drei gleiche Blöcke mit jeweils vier Monaten auf, beginnend mit deinem Geburtsmonat.

Um Adas Erfahrungen im ersten Viermonatszeitraum 1975 zu bestimmen, addieren wir ihr Alter zum Jahr 1975 hinzu. Sie war am 12. November 1975 fünfunddreißig Jahre alt, wir zählen also 1975 + 35 = 2010. Wir reduzieren dann 2010 (2 + 0 + 1 + 0 = 3). Sie wird also vom November 1975 bis zum März 1976, in ihrem persönlichen 45/9-Jahr unter einer 3-Schwingung stehen.

Im zweiten Block, von März bis Juli, zählen wir die zweistellige Zahl ihrer Lebensaufgabenzahl 37 dem Jahr 1975 hinzu (1975 + 37 = 2012 oder 2 + 0 + 1 + 2 = 5). Von März bis Juli wird sie also unter der Schwingung der 5 stehen.

In der vierten Spalte, von Juli bis November, werden wir die zweistellige Zahl ihrer Seelenzahl dem Jahr 1975 hinzuzählen (1975 + 12 = 1987). 1 + 9 + 8 + 7 ergibt die 25/7-Schwingung.

Zähle in der dritten Spalte immer die unreduzierte zweistellige Lebensaufgabenzahl und in der vierten Spalte die unreduzierte zweistellige Seelenzahl zur Jahreszahl hinzu.

Die Erläuterungen dieser Zahlen befinden sich im zweiten Teil in dem Abschnitt über die temporären Schwingungen jeder einzelnen Zahl.

Verfahre bei jedem Jahr auf dieselbe Weise. Wenn du zum Beispiel Ada Wynn Lunt, geboren am 12. November, untersuchst, wirst du ihr Jahr vom 12. November bis zum 12. November des darauffolgenden Jahres zur Grundlage nehmen.

Persönliches Jahr	November bis März	März bis Juli	Juli bis November
12 + 11 + 1976	1976	1976	1976
12 + 11 + 23 = 46/1	36	37	12
	2012 = 5	2013 = 6	1988 = 26/8

Warum machst du nicht selbst die Probe und ermittelst dein vergangenes persönliches Jahr und die Zahlen für einen bestimmten Zeitraum mit deinen eigenen Daten?

Der persönliche Monat

Es ist sogar möglich, die persönliche Schwingung eines bestimmten Monats zu ermitteln, die die Trends aufzeigen, denen jeder einzelne Monat des persönlichen Jahres unterliegt. Zähle dazu einfach die Zahl des befragten Monats (Januar = 1, Februar = 2 und so weiter bis Dezember = 12) zur zweistelligen persönlichen Jahreszahl hinzu.

Ada befand sich 1975 in einem persönlichen Jahr unter dem Einfluß von 45/9. Wenn wir ihre persönliche Monatsschwingung für Mai finden wollen, zählen wir 5 (für Mai) zur 45 ihrer persönlichen Jahresschwingung hinzu und kommen damit auf 50/5 für diesen Monat. Der Mai wird für sie unter der Schwingung der 50/5 stehen. Suche dann die Erklärungen der Zahl 5 und der 50/5 im zweiten Teil unter den temporären Schwingungen auf, um dich eingehender über diese Zahlen zu informieren. Sie deuten auf die Energien hin, mit denen Ada im Mai 1975 zu arbeiten hatte.

Weil ihr Geburtstag der 12. November ist, würden wir bis zu diesem Datum mit 45/9 als persönlicher Jahresschwingung rechnen. Dann würden wir den Zahlenwert von November (11) oder Dezember (12) zur 46 addieren und nicht etwa zur 45, denn Ada ist ja an ihrem Geburtstag in das nächste Lebensjahr eingetreten.

Ada ist in einer Phase der 6 von März bis Juli. Das zeigt eine Veränderung in ihrem Zuhause an. Vielleicht zieht sie in dieser Zeit um. Wir können dadurch auf den Mai schließen, denn die Grundzahl 5 deutet auf Veränderung, Bewegung und Freiheit hin.

Diese persönlichen Monatsschwingungen sind von geringerer Bedeutung und können lediglich dabei behilflich sein, die wichtigeren Ereignisse des Jahres genauer zu lokalisieren.

Stichworte für Zahlen bestimmter Zeiträume und persönlicher Monatsschwingungen:

1 Neubeginn, Aktivität, Eigenständigkeit, Entscheidungsfindung
2 Harmonie, Zusammenarbeit, Vermittlung, Passivität
3 Zerstreuung, Freiheit, Unterhaltung, Selbstverwirklichung
4 Praxis, Arbeit, Ordnung, Grundlagenbildung
5 Veränderung, Freiheit, neue geistige Interessen, Reisen
6 Familie, Gesundheit, Dienst, auf die Probleme anderer hören
7 Selbstanalyse, Errungenschaften, Gesundheitsprobleme
8 Geschäft, Macht, Verantwortung, Geld
9 Hingabe, Vollendung, Dienst
11 Rampenlicht, Inspiration, Religion
22 Materialismus, große Vorhaben
33 Opfer, Mitgefühl für andere
44 Hilfe für andere bei der Bewältigung ihrer täglichen Probleme, Beratung

3 Die Geometrie Gottes

Die Symbolik der Zahlen ist ein universelles Phänomen. Zahlen sind wie Naturgesetze; sie sind ewig und nicht dem menschlichen Willen unterworfen. Alles, was ist, ist auf irgendeine Weise das Produkt der natürlichen Zahlen von 1 bis 9. Die Geometrie ist das sichtbare Werkzeug der geistigen Welt, mit dessen Hilfe wir jede Information erhalten können, die wir brauchen, um uns selbst und die Welt, in der wir leben, »unsere Evolution« besser zu verstehen. Alle Antworten sind da. Die esoterische Weisheit der Antike basiert auf dem Grundsatz, daß die göttliche Hand mit geometrischer Präzision den Schöpfungsakt vollzieht. Im folgenden Kapitel werden wir erklären, was damit gemeint ist.

Durch eigene Forschungen und Schlußfolgerungen, durch Arbeit, Meditation und Intuition sind die Autorinnen zu den folgenden Konzepten gelangt. Viele der hier vorgestellten Gedanken sind seit vielen Jahren bekannt, einige sind jüngeren Datums, und die restlichen sind völlig neu und werden hier zum ersten Mal vorgestellt. Sie erscheinen uns sinnvoll, und deshalb wollen wir sie hier darlegen.

Die grundlegenden geometrischen Formen

Am besten fangen wir an, indem wir einmal die vier grundlegenden geometrischen Formen aufzeigen, die eine numerische Grundlage für alle Zahlen und Formen sind.

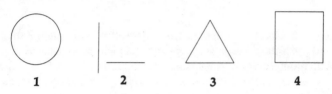

Der Kreis repräsentiert die Gottheit, alles, was war, was ist und was jemals sein wird: den Geist, das »Ich bin«; die Liebe, die alles umfaßt, entfaltet und enthält; die Balance, denn, gleich wie man ihn dreht und wendet, immer behält der Kreis seine Gestalt bei; und die Gerechtigkeit, denn er befindet sich immer im Zustand völliger Ausgewogenheit. Ein Kreis enthält dreihundertsechzig Grad: $3+6+0=9$. 9 ist die höchste, die endgültige Zahl der natürlichen, einstelligen Zahlen. Jede Zahl, die mit 9 multipliziert wird, ergibt in der Quersumme wiederum 9 (2 mal $9=18/9$, 3 mal $9=27/9$, 4 mal $9=36/9$ usw.). Ein Kreis hat keinen Anfang und kein Ende. Er ist unbegrenzt und unendlich. Und Gott sprach: »Ich bin das Alpha und das Omega« (Offenbarung 1:8), der Anfang und das Ende.

Der Kreis symbolisiert Ewigkeit und Unsterblichkeit der Seele. Sie wird sichtbar durch die Gesetze der Natur und ihrer Kreisläufe. Die Planeten kreisen um die Sonne, die gesamte Natur spielt sich in Zyklen ab, und wenn wir weit genug ins All vorstoßen, kommen wir irgendwann wieder am selben Ort an, von dem wir ausgegangen sind (so behaupten es zumindest die Wissenschaftler). Die göttliche Energie ist elliptisch oder rund. Sie fährt ewig fort und ist niemals zu Ende. Thomas von Aquin hat einmal gesagt: »Gott ist wie ein Kreis, dessen Mittelpunkt überall und dessen Umfang nirgendwo ist.« Über dem Altar hängt in vielen Kirchen das Symbol des Kreuzes, umrahmt von einem Kreis, dem Symbol Gottes.

|

Die aufrechte Vertikale stellt auf symbolische Weise den Abstieg des Geistes in die Materie oder die von der Gottheit ausgehende Energie dar. Sie hat männliche Eigenschaften, sie ist extravertiert, dynamisch, energetisch, feurig, aufrecht und befehlend.

———

Jede Energie hat eine polar entgegengesetzte Energie, und die horizontale Linie stellt relativ zur vertikalen eine solche Polarität dar. Sie repräsentiert die Energie der Seele, das Weibliche, die empfangenden und aufnehmenden Qualitäten der Mutter Erde. Diese Linie ist das alte Symbol für die Materie und die materielle Welt.

Das Dreieck ist die erste geschlossene Form, die mit einzelnen Linien gebildet werden kann. Es repräsentiert die Dreieinigkeit, Vater – Sohn – Heiliger Geist, Vater – Mutter – Gott, Vater – Mutter – Kind, Geist – Seele – Verstand, Überbewußtsein – Unterbewußtsein – Bewußtsein.

In den zwei übereinandergelagerten Dreiecken, dem »Stein der Weisen« oder dem Davidsstern, wird auf geometrische Weise der

Grundsatz »wie oben, so auch unten« ausgedrückt. Wir sind nach dem Abbild Gottes geschaffen. Das obere Dreieck des Steins der Weisen ist die Dreiheit Vater – Mutter – Gott, die von dem nach unten gerichteten Dreieck, Vater – Mutter – Kind, aufgenommen wird. Das obere Dreieck symbolisiert die Welt des Geistes und das untere die Welt der Materie. Die Gottheit von oben wird reflektiert in der materiellen Welt unten. Was wir also in der materiellen Welt sehen, ist lediglich eine Reflektion der Wahrheit. Es ist, als würden wir auf die Oberfläche eines kühlen Waldsees schauen. Wir glauben, daß alles, was sich auf der Wasseroberfläche spiegelt, die Wahrheit ist, obwohl die Bilder, die wir sehen, vielleicht von den Wellen des Windes auf dem Wasser verzerrt sind. Wir sind in unserem materiellen Körper lediglich Beobachter der Schatten, die auf die Wände in Platos Höhle geworfen werden. Wir leben in einer Welt von Illusionen und sehen die Dinge auf den Kopf gestellt.

Die Geometrie bestätigt die Theorie, daß wir nur die halbe Wahrheit sehen. Das Folgende sind mathematische Regeln:
Die Summe der Winkel in einem Dreieck beträgt einhundertachtzig Grad, die Summe der Winkel in einem Rechteck beträgt dreihundertsechzig Grad, und ein Kreis enthält ebenfalls dreihundertsechzig Grad.

Wenn wir das nach unten gerichtete Dreieck etwas weiter nach unten verschieben, bekommen wir eine Figur, *wie sie oben abgebildet ist*. Jedes dieser Dreiecke hat nur einhundertachtzig Grad bzw. halb so viele Winkel wie ein Kreis oder ein Quadrat (dreihundertsechzig Grad). Wie wir gezeigt haben, verkörpert ein Kreis die Gesamtheit des Wissens und der Wahrheit; er ist die Gottheit. Aber im Dreieck haben wir nur die halbe Wahrheit. Indem wir diese beiden Dreiecke addieren, einhundertachtzig Grad und einhundertachtzig Grad, erhalten wir wieder dreihundertsechzig Grad oder die ganze Wahrheit. Symbolisch gesehen, sind wir im nach unten gerichteten Dreieck lokalisiert. Wir müssen uns nach dem Geist des oberen Dreiecks ausrichten, um die ganze Wahrheit zu finden, ansonsten bleiben wir im Schattenland, wo der Wind unsere Spiegelbilder verwischt und unsere Vision der Wahrheit verzerrt.

Wenn die zwei Dreiecke zur Seite geneigt werden, bilden sie ein Parallelogramm mit vier Seiten bzw. ein leicht verändertes Quadrat.

Das Quadrat ist die zweite vollkommene Form, die mit einfachen Linien gezeichnet werden kann. Es ist das Symbol der Erde. Die 4 erscheint auf vielfältige Weise: die vier Himmelsrichtungen, die vier Elemente, Feuer, Wasser, Luft und Erde, die vier Enden des Kreuzes, die vierzig Tage in der Wüste (eine 4 auf einer höheren Ebene), in denen Christus den irdischen Versuchungen widerstanden hat, das Salz, das sich in Würfeln kristallisiert (die Form gewordene 4). Schließlich sind wir alle, als das Salz der Erde, Beispiele für die 4.

Die vier Seiten des Quadrates repräsentieren die vier Teile des Menschen: der physische Körper plus das Dreieck von Verstand, Seele und Geist. Nun hat der Geist eine Seele, einen Verstand und einen Körper, mit dem er in der materiellen Welt arbeiten kann.

Durch die Vereinigung der beiden Dreiecke des Steins der Weisen erhalten wir ein Parallelogramm, das, genau wie der Kreis, dreihundertsechzig Grad oder alle Wahrheiten enthält. Das zeigt, daß vollständige geistige Verwirklichung und Erfüllung hier auf Erden im physischen Körper möglich sind, denn sowohl Kreis wie Quadrat enthalten die vollen dreihundertsechzig Grad.

Du solltest jedoch niemals vergessen, daß der Geist im Körper enthalten ist, ebenso wie das Dreieck dem Quadrat vorausgegangen und in ihm enthalten ist. Unser Körper gehört zur Erde, aber unsere Seele gehört dem Geist. Geist ist unsterblich, weil, wie wir gezeigt haben, das Dreieck *vor* und *unabhängig vom* Quadrat existiert hat. Aber das Quadrat ist völlig *vom Dreieck abhängig*, weil es in der natürlichen Ordnung der Dinge darauf aufbaut. Der Geist kann in der physischen Welt nicht ohne einen materiellen Körper existieren, sondern nur in anderen Welten und Dimensionen. Der materielle Körper enthält das Göttliche und sollte eine Reflektion des Göttlichen sein, um sich in der materiellen Welt vollenden und erfüllen zu können: »Wie oben, so unten.«

Eine nähere Untersuchung des Steins der Weisen enthüllt noch tiefergehende Wahrheiten. Die esoterische Tradition lehrt, daß das obere Dreieck Feuer und das untere Wasser ist. Wir bringen das Feuer mit dem Geist in Verbindung, wenn wir von der »lebendigen Flamme« oder dem »ewigen Licht« sprechen. Biblische Beispiele sind der brennende Dornbusch und der flammende Finger, der die Zehn Gebote auf Moses' Gesetzestafeln schrieb.

Symbolisch sind Wasser und Emotionen ein und dasselbe. Wenn wir von Gefühlen ergriffen sind, sei es Glück oder Traurigkeit, läuft uns Wasser in Form von Tränen aus den Augen. In unserer Umgangssprache sprechen wir davon, daß wir »von Wellen des Gefühls ergriffen werden«, wenn uns etwas nahegeht, oder »das Wasser uns über dem Kopf zusammenschlägt«. Der überwiegende Teil unseres Planeten besteht aus Wasser, das bekanntlich unter dem Einfluß des Mondes steht, der ebenfalls die Stabilität der menschlichen Emotionen beeinträchtigt.

Der Geist steht mit dem Verstand in Verbindung, dem Kopf, in dem auch Schilddrüse und Hypophyse, das väterliche und das mütterliche Zentrum ihren Ort haben. Die wässrigen Emotionen haben ihren Mittelpunkt im Herzen. In der Bibel heißt es, daß »der Löwe sich mit dem Lamm zur Ruhe legen« wird. Damit wird prophezeit, daß Leo, der Löwe, der Herrscher des Herzens, an der Seite des Lammes bzw. des Widders, des Herrschers des Kopfes, liegen wird. Wir werden Frieden haben, wenn Herz und

Kopf in vollkommene Balance gebracht werden, wenn wir mit dem Herzen denken und mit dem Kopf fühlen.

Die vorangegangene Analyse der geometrischen Grundformen ist die Vorbereitung für die Darlegung des Göttlichen Dreiecks, das auf dem Satz des Pythagoras beruht. Die Erklärung dieses Planes kann die Großartigkeit oder das Schicksal unseres Lebens beschreiben.

Der Lebensplan wird durch das Dreieck der drei Teile des Geistes (Verstand, Seele, Geist) gebildet, das dem Quadrat aus physischem Körper und Materie hinzugefügt wird.

Wie du aus dem Lebensplan sehen kannst, ist das Kreuz ebenfalls Bestandteil des Göttlichen Dreiecks. Der Geist steigt in die Materie hinab, wie es in der Abbildung illustriert ist.

Als Menschen stehen wir im Schnittpunkt der beiden Linien, die zusammen das Kreuz bilden. An diesem Punkt sind wir die Empfänger der kosmischen Energie. Diese Punkte repräsentieren daher einen Aspekt des Bewußtseins.

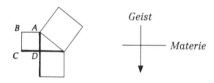

Die Seele tritt bei Punkt A in den Körper ein und beginnt unverzüglich ihre Reise auf dem Pfad, der die ersten neun Jahre auf der Linie AB verlaufen wird. Sie wendet sich an der Ecke B und fährt im Alter von neun bis achtzehn Jahren auf der Linie BC fort. Wenn sie die Achtzehn erreicht hat, wendet sie sich wieder um und fährt weitere neun Jahre auf der Linie CD fort, bis zum Alter von siebenundzwanzig Jahren. Das erste Quadrat ABCD hat sich gebildet.

In diesem Zeitabschnitt, vom Alter null bis siebenundzwanzig Jahren, bilden sich Verstand und Charakter. Das fällt in den Zuständigkeitsbereich von Psychologie und Medizin. Plato hat einmal gesagt, daß man im Alter von achtundzwanzig Jahren seine Seele bildet, und die Astrologen unter euch werden merken, daß dies in etwa der ersten vollständigen Wiederkehr des Saturn entspricht, der zirka im neunundzwanzigsten Lebensjahr einmal die Geburtskonstellation vollständig durchlaufen hat, dabei jeden Planeten einmal berührt und den Energien, die von jedem Planeten ausgehen, Struktur und Form verliehen hat. Wie du sehen kannst, berührt die Seele an Punkt D, zum ersten Mal seit sie in den physischen Körper eingetreten ist, das Feuer des Geistes. Daher sind wir im Alter von siebenundzwanzig bis neunundzwanzig in einer sehr heiklen Phase. Dies ist das erste Mal, daß die Seele in Kontakt mit dem Feuer des Geistes kommt, dessen Bewußtsein verlorenging ist, als es in den Körper eingetreten ist.

Je nachdem wie wir in der Vergangenheit mit unseren persönlichen Energien umgegangen sind, werden wir in diesem Alter entweder vom Feuer der Zerstörung verbrannt oder vom Feuer des Geistes verwandelt. Dies kann für alle, die an die Vergangenheit und an vergangene Konditionierungen gebunden sind und ihre Angewohnheiten, Meinungen und Überzeugungen, die sie einschränken und in der Vergangenheit festhalten wollen, nicht loslassen können, eine schmerzhafte, brennende Erfahrung sein. Diejenigen aber, die die Erfahrungen und Lehren der Vergangenheit als ein solides Fundament sehen, auf dem sie die Zukunft bauen können, werden dann von der feurigen Flamme des Geistes berührt, die in ihr Leben hineinreicht und sie dazu inspiriert, dem wahren Weg ihres Schicksals zu folgen. Wenn man einmal die Ereignisse im Leben eines siebenundzwanzig- bis neunundzwanzigjährigen Menschen verfolgt, kann man viel darüber lernen, wie Feuer verbrennen und zerstören oder beleben und verwandeln kann.

Wir haben festgestellt, daß das *Jugend-Quadrat* des Göttlichen Dreiecks den Zeitabschnitt umfaßt, in dem der Vorgang der Bildung einer gesunden geistigen Struktur abgeschlossen wird.

Im ursprünglichen Satz des Pythagoras war das Seitenverhältnis der drei Seiten des rechtwinkligen Dreiecks 3:4:5.

In Abb. 1 kann man sehen, daß das Jugend-Quadrat auf der Seite errichtet wird, die den Wert 3 hat, was in der Astrologie dem Planeten Jupiter entspricht. Mit Jupiter als der Basis der ersten siebenundzwanzig Jahre des Lebens, sind die Prinzipien gedanklicher und geistiger Entwicklung am Werk. Das Jugend-Quadrat ist der Eckstein, der Verstand, auf dem der Tempel, der Geist, gebaut ist. Salomon, ein weiser Zahlenmystiker, sprach von diesem Eckstein als dem Grundstein, auf den das Macht-Quadrat des Alters, von siebenundzwanzig bis vierundfünfzig Jahren, gestellt wird.

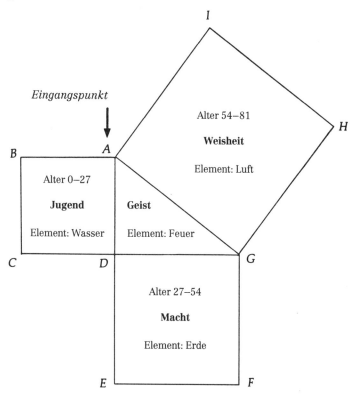

Abb. 1: Der Lebensplan

Das Macht-Quadrat hat seine Grundlage auf der horizontalen Linie des rechtwinkligen Dreiecks mit dem Wert 4, der Zahl der Erde. Das beinhaltet, daß zwischen siebenundzwanzig und vierundfünfzig unser Leben mit der materiellen Ebene und allem, was dazugehört, beschäftigt ist. Niemand wird leugnen wollen, daß die meisten von uns diesen Zeitabschnitt unseres Lebens damit verbringen, alle Macht, die uns zur Verfügung steht, dazu zu gebrauchen, nach materiellen Gewinnen und Vorteilen in Form von Karriere, Verdienst, Haus und persönlichem Besitz zu streben. Alle diese Dinge sind verschiedene Aspekte der materiellen Ebene. Es ist richtig und passend, daß wir das tun. Wir haben uns entschieden, in einem materiellen Körper zu wohnen, um die Lektion des Erdenlebens zu lernen. Im Macht-Quadrat kommen wir diesem Lernprozeß am nächsten.

Du wirst jedoch merken, daß dieses Quadrat das Ergebnis des *Verstandes-Quadrates* ist. Die irdische Ebene ist die Grundlinie dieses Quadrates, aber der Verstand führt die Oberaufsicht, und mit seiner Hilfe gestalten wir unsere Umwelt. In dieser Zeitspanne von siebenundzwanzig bis vierundfünfzig Jahren sind wir frei von den psychologischen Beschränkungen und kindlichen Konditionierungen des Jugend-Quadrates. Wir können frei darüber entscheiden, welche Richtung unser Leben einschlagen soll. Diese Entscheidung ist ausschließlich dem Verstand jedes einzelnen überlassen.

Die Bibel sagt: »Was der Mensch denkt, das ist er«. Wir können die tiefgreifende Wirkung nicht verneinen, die eine positive Einstellung auf die Richtung hat, in der sich unser Leben entwickelt. Schau dich doch einmal um: Was du siehst, ist das Ergebnis der Art und Weise deines Denkens. Es hat nicht das Geringste mit irgend jemand anderem zu tun, einzig und allein mit dir. Wenn du mit deiner Situation zufrieden bist, ist deine Einstellung in Ordnung und du bist geistig ausgeglichen. Wenn du nicht glücklich bist, dann bist nur du es, der die Macht hat, deine gegenwärtige Umgebung und deine Beziehungen zu verändern, indem du dich entschließt, daß du ein besseres Leben und alle materiellen Bequemlichkeiten, die du möchtest, verdient hast und daß du sehr wohl geliebt und respektiert werden solltest. Erst wenn du selbst davon überzeugt bist, daß du all das wirklich verdienst und bekommen wirst, wird es zu dir kommen. Im Römerbrief heißt es: »Macht euch nicht die Art dieser Welt zu eigen, sondern wandelt euch um durch Erneuerung eures Denkens, um zu prüfen, was der Wille Gottes ist.« (Römer 12:2)

Im Alter von vierundfünfzig Jahren ist der zweite Grundstein vollendet, und der Mensch hat Körper und Geist voll entwickelt. Man kann uns daran erkennen, wie wir aussehen und wie wir denken. Es ist jedoch bemerkenswert, daß wir im Alter von vierundfünfzig Jahren noch einmal dieselbe innere Veränderung durchmachen wie im Alter von siebenundzwanzig. Dieser Wendepunkt stimmt in etwa überein mit der zweiten kompletten Saturn-Rückkehr und bringt dieselben Möglichkeiten und Ergebnisse mit sich, die uns im Alter von siebenundzwanzig bis neunundzwanzig Jahren begegnet sind.

Mit vierundfünfzig kommen wir zum zweiten Mal in unserem Leben in direkten Kontakt mit dem inneren Dreieck des Geistes, unserem wahren tiefen Selbst. Wird unser tiefes Selbst mit unseren vorangegangenen Bemühungen zufrieden sein und uns mit den Früchten unserer Arbeit belohnen? Oder wird es uns statt dessen vertrocknete Früchte reichen, vom Feuer der Zerstörung versengt? Wir können mit Sicherheit davon ausgehen, daß wir nur das in unserem Leben ernten, was wir selbst gesät haben. Das Gesetz des Ausgleichs im Kosmos bringt nichts als Gerechtigkeit. Auch hier gilt das physikalische Gesetz, daß es für jede Aktion eine ebenbürtige Gegenreaktion gibt. Der Ausgleich findet ohne Verzögerung, mit absoluter Gewißheit und ohne Emotionen statt, die pure Gerechtigkeit ist am Werk, aber alles, was geschieht, ist das Ergebnis unserer eigenen Handlungen in der Vergangenheit. Wir haben es in der Hand. Selbst wenn wir in der Vergangenheit nicht weise gesät haben, können wir uns spätestens jetzt entschließen, eine andere Richtung einzuschlagen. Die Zukunft liegt in unseren Händen.

Das Quadrat der Weisheit, das die Struktur der Seele ist, baut auf der Linie auf, der der Wert 5 zugemessen wird; in der Astrologie ist dies die Zahl des Merkur. Das Alter von vierundfünfzig bis einundachtzig, das das Quadrat der Weisheit umfaßt, ist daher eine Lebensphase, in der der Mensch in sich gehen kann. Wir denken über die Vergangenheit nach, über ihre Fehler und Erfolge, über die Gegenwart, darüber, bei welchem Stadium wir in unserem Leben angekommen sind und über die Zukunft, über Themen wie Tod und Unsterblichkeit der Seele.

In der Mythologie ist Merkur der Götterbote. Er stellt die Kommunikation zwischen den Göttern des Himmels und den Sterblichen der Erde her. Der Götterbote mit den Flügeln an den Füßen gilt als Symbol des menschlichen Verstandes, die Verbindung zwischen Seele und Körper, die sich nun, in der Phase zwischen vierundfünfzig und einundachtzig, von der materiellen Welt abwenden und die Brücke schlagen muß zwischen der physischen Welt und der Welt des Geistes. Das erreicht er durch Reflektion, Vernunft, Ordnung, Logik und Einsicht, sämtlich Qualitäten des Merkur. Diese Brücke zwischen dem Körperlichen und dem Geistigen wird durch eine Synthese der Ergebnisse der vorangegangenen Zyklen gebildet.

Im Quadrat der Jugend wurde der Verstand gebildet, konditioniert und erweitert. Im Quadrat der Macht mußte er in der Welt, ganz auf sich gestellt, als einzelne, unabhängige Kraft arbeiten. Jetzt, im Quadrat der Weisheit, muß der Verstand die Ergebnisse der Evolution der Seele analysieren, wie sie sich bis zu diesem Punkt entwickelt hat. Was er in dieser Analyse findet, kann er mit Hilfe des Wachstums der Seele zu verarbeiten beginnen, bis schließlich der Übergangsprozeß des Todes eintritt.

Alle, die dieses Quadrat durchleben und das magische Alter von einundachtzig Jahren erreichen, kommen an einen Scheideweg, an dem sich drei mögliche Wege für die Zukunft auftun.

Wir können uns dazu entschließen, unseren Körper zu verlassen, zu sterben und dem aufsteigenden Pfeil aus dem Lebensplan hinauszufolgen, zurück zu der Quelle, aus der wir stammen.

Vielleicht entschließen wir uns auch, im Körper zu bleiben, was zur Folge haben wird, daß wir in eine der beiden anderen Richtungen weitergehen, je nachdem, welche Saat wir in der Vergangenheit gelegt haben. Das Leben nach dem Alter von einundachtzig Jahren ist entschieden karmisch. Wenn wir unsere Lebensenergien verschwendet und nichts als Unglück und

Zerstörung hinterlassen haben, kann es sehr gut sein, daß wir denselben Pfad, den wir bei der Geburt aufgenommen haben, wieder einschlagen, die erste horizontale Linie des Quadrates der Jugend im Alter von null bis neun. Weil diese Linie die Kindheit umfaßt, werden auch wir wieder kindlich (senil), und man muß sich um uns kümmern wie um ein kleines Kind.

Der dritte Pfad ist für diejenigen, die weise gesät, die kostbaren gottgegebenen Lebensenergien genutzt und den Tempel des Körpers geehrt haben, indem sie der materiellen Welt durch Verständnis, Mitgefühl und Nächstenliebe gedient haben. Die wenigen, die diesen heiligen Pfad gehen, werden verehrt und gewürdigt, denn ihre bloße Präsenz ist ein Segen für alle, die ihnen nahe sind. Ihre Berührung ist heilsam, und ihre Worte sind wie Sphärenmusik, sie inspirieren und erheben alle müden Herzen. Gesegnet sind alle, die diesen Pfad beschreiten, denn ihnen wird das Schicksal der höchsten Hingabe an das Leben zuteil.

In Kapitel 4 kannst du lernen, wie du deinen Geburtsnamen und dein Geburtsdatum im Göttlichen Dreieck plazieren kannst, um mit dem Plan deines persönlichen Lebens zu arbeiten.

4 Das Göttliche Dreieck

In diesem Kapitel werden wir erklären, wie du deinen Geburtsnamen und deinen Geburtstag auf dem Göttlichen Dreieck plazieren und die Erfahrungen ermitteln kannst, die du in deinem Leben machen wirst. Der Satz des Pythagoras, oder »Satz des Lebens«, ist die Basis des Göttlichen Dreiecks, und, wie du aus dem Lebensplan (Abb. 1) ersehen kannst, bildet das rechtwinklige Dreieck die Basis für jedes der drei Quadrate.

Wir werden im folgenden einige völlig neue Informationen enthüllen, die unseres Wissens nach noch niemals publiziert worden sind. Höchstwahrscheinlich wurden diese Informationen in dem großen Feuer verbrannt, das vor vielen Jahrhunderten die berühmte Bibliothek von Alexandrien völlig vernichtet hat. Unbezahlbare Pergamente sind in diesem Feuer verlorengegangen, die die Weisheit vieler Meister enthielten.

Faiths Lehrer lernte die Methode, diesen Plan zu gebrauchen, von einem »Meister K. H.«, der einigen Quellen zufolge früher einmal Pythagoras war. Vielleicht hat Pythagoras selbst seine Schüler diese Methode gelehrt. Der Lebensplan funktioniert immer, ganz gleich, ob man an derartige Dinge glaubt oder nicht. Wir sind daher der Überzeugung, daß er seinen Wert hat. Versuch es selbst und sieh, was dabei herauskommt.

Die Erstellung des Lebensplanes

Der Aufbau des Lebensplanes ist folgendermaßen: Das rechtwinklige Dreieck des Pythagoras nimmt die Mitte ein. Auf jeder der drei Seiten steht ein Quadrat. Jede der drei Linien, die gezogen werden müssen, um das Quadrat zu vervollständigen, symbolisieren neun Lebensjahre.

Wir beginnen auf der Linie AB am Eingangspunkt, wie er durch den Pfeil in der Abbildung angedeutet wird. Die Linien repräsentieren die Lebensalter nach folgendem Muster:

Linie	Alter
AB	0– 9
BC	9–18
CD	18–27
DE	27–36
EF	36–45
FG	45–54
GH	54–63
HI	63–72
IA	72–81

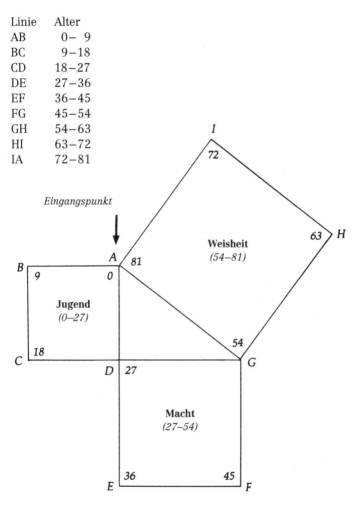

Abb. 2: Der Lebensplan

Auf dem Lebensplan in Abbildung 2 sehen wir, daß das Quadrat der Jugend das Lebensalter von der Geburt bis zum siebenundzwanzigsten Lebensjahr umfaßt. Das Quadrat der Macht umfaßt das Alter von 27 bis 54, das Quadrat der Weisheit von 54 bis 81. Nach dem Alter von 81 beginnen wir wieder beim Quadrat der Jugend, diesmal jedoch auf einer höheren Schwingungsebene. (Siehe Seite 101 f.)

Du solltest dich mit diesem Plan gründlich vertraut machen, bevor du weiter fortfährst. Wenn du dich jetzt mit dem Vorgang bekanntmachst, werden die folgenden Auswertungen für dich wesentlich leichter zu verstehen sein.

Die persönliche Auswertung

Das Geburtsdatum: Wir nehmen wieder unser Beispiel von Ada Wynn Lunt und legen ihr Geburtsdatum, den 12. November 1940, auf das Dreieck in der Mitte des Lebensplanes. Der Geburtstag (12/3) kommt auf die horizontale Linie DG, der Geburtsmonat (11/2) auf die vertikale Linie AD und das Geburtsjahr (1946 = 14/5) auf die Hypotenuse AG.

Wir reduzieren die zweistelligen Zahlen. Hier wird die Zahl 11 ausnahmsweise zur 2, und die 12 zur 3, und das Jahr 1940 wird auf 14 und weiter auf 5 reduziert. Wenn Geburtstag und Geburtsmonat einstellige Zahlen sind, wie beim 4. Mai, brauchst du einfach nur die 4 für den Tag auf die Linie DG und die 5 für den Monat Mai auf die Linie AD zu legen.

Der Name: Die Summe aus den Werten der Buchstaben in deinem Namen wird auf die Linien der Quadrate geschrieben. Plaziere den Buchstaben und seinen Wert auf jede Linie.

In unserem Beispiel, Ada Wynn Lunt, ist der erste Buchstabe des Vornamens ein A mit dem Wert 1 und wird auf die Linie AB des Quadrates der Jugend gelegt.

Plaziere den zweiten Buchstaben, das D mit seinem Wert 4, auf die Linie BC.

Plaziere den dritten Buchstaben des Namens, das A mit seinem Wert 1, auf die Linie CD.

Damit hast du dein Quadrat der Jugend, das das erste Lebensalter von der Geburt bis zum siebenundzwanzigsten Lebensjahr umfaßt, vervollständigt.

Wenn du mit dem Vornamen fertig bist, schreibe ein X an die Ecke, um damit einen wichtigen Punkt in deiner Entwicklung zu markieren. Veränderungen werden eintreten, oder ein bestimmtes Ereignis wird auf irgendeine Weise deinen Horizont verändern. Wir schreiben ein X an Punkt D, weil wir Adas Vornamen vervollständigt haben.

Fahre fort mit dem Quadrat der Macht. Plaziere den nächsten Buchstaben deines Namens, in diesem Fall das W mit seinem Wert 23/5, auf die Linie DE.

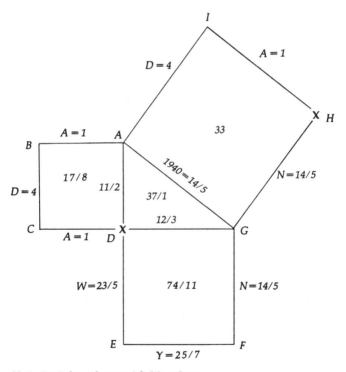

Abb. 3: Der Lebensplan von Ada Wynn Lunt

Plaziere den folgenden Buchstaben, das Y mit dem Wert 25/7, auf die Linie EF.

Plaziere den nächsten Buchstaben, das N mit seinem Wert 14/5, auf die Linie FG. Damit wird das Quadrat der Macht vervollständigt, das das Lebensalter von siebenundzwanzig bis vierundfünfzig Jahren repräsentiert.

Auf dem Quadrat der Weisheit plazierst du den nächsten Buchstaben des Namens, das N, mit seinem Wert 14/5 auf die Linie GH. Diesen Punkt markieren wir mit einem weiteren X, weil hier der zweite Vorname endet.

Der Nachname wird auf dem Lebensplan niemals verwendet, weil er eine Schwingung der Familie ist und damit nicht allein zu dir gehört. Beginne daher, wenn du nicht genügend Buchstaben in deinem Namen hast, wieder mit dem ersten Buchstaben. In unserem Beispiel fangen wir mit dem Vornamen wieder an.

Plaziere den ersten Buchstaben des Vornamens, das A mit dem Wert 1, auf die Linie HI.

Plaziere den zweiten Buchstaben des Vornamens, das D mit dem Wert 4, auf die verbleibende Linie IA.

Das vervollständigt das Quadrat der Weisheit, das das Lebensalter von 54 bis 81 umfaßt.

Wenn du oder der Gegenstand deiner Untersuchung älter bist als 81, fang wieder von vorn auf dem neuen Quadrat an.

Die Summen: Wir haben nun Namen und Geburtstag auf dem Lebensplan eingetragen und wollen jetzt die Summe der vier Seiten jedes Quadrates bilden und sie in die Mitte schreiben. Dabei solltest du immer die höhere unreduzierte Zahl addieren.

Im Quadrat der Jugend zählen wir $1+4+1+11$ zu einer Summe von 17/8 zusammen. Schreibe die Zahl 17/8 in die Mitte des Quadrates der Jugend.

Im Quadrat der Macht zähle $23+25+14+12$ zusammen und schreibe die Summe 74/11 in die Mitte des Quadrates. 74/11 ist eine Leitzahl und wird nicht weiter reduziert.

Im Quadrat der Weisheit zähle $14+1+4+14$ zusammen und schreibe die Summe 33 in die Mitte des Quadrates. 33 ist eine Leitzahl und wird nicht weiter reduziert.

Wir zählen nun die drei Seiten des Dreiecks zu einer vierten Summe zusammen, die in die Mitte des Dreiecks geschrieben wird. Zähle immer die höheren Zahlen zusammen: 11+12+14=37/1. Schreibe die 37/1 in die Mitte des Dreiecks. Achte darauf, daß 37/1 die Lebensaufgabenzahl ist. Die Zahl in der Mitte des Dreiecks ist immer die Lebensaufgabenzahl.

Abbildung 3 zeigt, wie der Lebensplan aussieht, wenn alle Summen eingetragen sind.

Die Zahl in der Mitte des Quadrates der Jugend ist eine grundlegende Schwingung, die die Phase von der Geburt bis zum Alter von siebenundzwanzig Jahren bestimmt, die in der Mitte des Quadrates der Macht ist die Basisschwingung, die die Jahre von

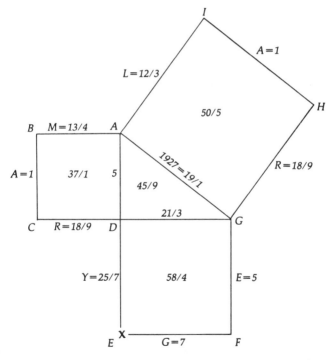

Abb. 4: Der Lebensplan von Mary Geraldine Charles

siebenundzwanzig bis vierundfünfzig beeinflußt, und die in der Mitte des Quadrates der Weisheit ist die Basisschwingung, die die Jahre von vierundfünfzig bis einundachtzig beeinflußt. Um herauszufinden, was jede einzelne Schwingung für die jeweiligen Phasen zu bieten hat, wende dich an den zweiten Teil und lies dort unter der temporären Schwingung für diese Zahl nach. Hier ein weiteres Beispiel:

1 7 5 1 9 5   1 5 = 34/7 Seelenzahl
Mary Geraldine Charles
4 9 7 9 345 38 931 = 65/11 Äußere Persönlichkeitszahl
99/18/9 Schicksalszahl

65/11 ist eine Leitzahl und wird nicht weiter reduziert.

Wie wir in der Einleitung dargelegt haben, werden wir keine Zahlen verwenden, die größer sind als 78. Wir reduzieren 99 also auf 18/9.

21. Mai 1927
21 + 5 + (1 + 9 + 2 + 7)
21 + 5 + 19 = 45/9 Lebensaufgabenzahl

Die Bestimmung der äußeren Linien

Wir wissen, daß es neun einstellige Zahlen gibt und daß sich jede zweistellige Zahl auf eine einstellige reduzieren läßt. Entsprechend gibt es neun Phasen, die du im Leben durchlaufen kannst. Jede dieser Phasen dauert neun Jahre. Das heißt, es dauert einundachtzig Jahre, um die neun Phasen vollständig zu durchlaufen.

Jede der neun Linien außerhalb des Dreiecks repräsentiert neun Lebensjahre. Die Zahl jeder dieser Linien beeinflußt die jeweilige Periode von neun Jahren. Ada Wynn Lunt zum Beispiel hat eine 4 auf Linie BC, die das Alter von neun bis achtzehn Jahren beeinflußt. Sie wird während dieser Jahre unter Schwingung der 4 stehen.

Jede Linie des Lebensplanes enthält acht verschiedene Arten von Erlebnissen. Zwei verschiedene Methoden werden verwendet, um die Erlebnisse und Erfahrungen, mit denen man konfrontiert wird, zu berechnen. Nach der ersten Methode, die traditionell *das große Verfahren* genannt wird, erhält man sechs Arten von Erlebnissen, die sich über siebenundzwanzig Jahre erstrecken und eine umfassende Perspektive bieten. Die zweite Methode oder *das kleine Verfahren* unterscheidet zwei Arten von Erlebnissen und bezieht sich auf eine Periode von neun Jahren mit einer spezifischer gefaßten Erklärung. Die Worte »groß« und »klein« beziehen sich hier nur auf die Länge des erfaßten Zeitraumes. Die Erfahrungen, die durch das kleine Verfahren enthüllt werden, können ebenso bedeutend sein wie die durch das große Verfahren enthüllten. Die »kleineren« Erfahrungen haben jedoch eine eher aktuelle Wirkung, während die »größeren« Erfahrungen eher langfristige Bedeutung haben.

Wenn du einundachtzig Jahre alt bist, wirst du die neun Linien des Lebensplanes mit zweiundsiebzig verschiedenen Arten von Erfahrungen durchlaufen haben. Wir wollen nun die Methoden untersuchen, mit denen man zu diesen Erfahrungstypen sowie dem Alter, in dem sie auftauchen, gelangt. Die Beschreibung dieser Erfahrungen kann im zweiten Teil unter den Erläuterungen zu den temporären Schwingungen einzelner Zahlen nachgelesen werden.

Das große Verfahren

Wenn wir das Dreieck umlaufen, um die Erfahrungen zu ergründen, die im großen Verfahren enthüllt werden, werden wir drei verschiedene Zahlengruppen gebrauchen, eine Gruppe auf jeder Stufe:

Stufe 1: die Zahlen in der Mitte des Quadrates
Stufe 2: die Zahlen an der Seite des Dreiecks
Stufe 3: die Zahlen in der Mitte des Dreiecks

Diese Zahlen werden zu dem Alter an jedem Ende der Linie, an der wir arbeiten, addiert oder davon subtrahiert.

Wir nehmen immer eine einstellige Zahl, die wir vom Alter auf der Linie addieren oder subtrahieren. Wenn du eine Leitzahl hast, reduziere sie zu ihrer Grundzahl. Die Leitzahl 33 würde hier zum Beispiel zur 6.

Anhand des Lebensplans von Ada Wynn Lunt (Abb. 3) können wir feststellen, welche Art von Erfahrungen sie zu den verschiedenen Zeiten ihres Lebens haben kann.

Linie AB: Verwende 0 und 9, das Alter an beiden Enden der Linie AB.

Stufe 1: Verwende die Zahlen in der Mitte des Quadrates: 17/8. Zum Alter 0 *addiere* die einstellige Zahl; vom Alter 9 *subtrahiere* die einstellige Zahl: $0+8=8$; $9-8=1$. Im Alter von einem und acht Jahren gab es eine 17/8-Erfahrung.

Stufe 2: Verwende die Zahlen neben dem Dreieck: 11/2. Zum Alter von 0 *addiere* die einstellige Zahl; vom Alter 9 *subtrahiere* die einstellige Zahl: $0+2=2$; $9-2=7$. Im Alter von zwei und sieben Jahren gab es eine 11/2-Erfahrung.

Stufe 3: Verwende die Zahlen im Zentrum des Dreiecks: 37/1. Zum Alter 0 *addiere* die einstellige Zahl; vom Alter 9 *subtrahiere* die einstellige Zahl: $0+1=1$; $9-1=8$. Im Alter von einem und acht Jahren gab es eine 37/1-Erfahrung.

Linie BC: Verwende 9 und 18, das Alter an beiden Enden der Linie.

Stufe 1: Verwende die Zahlen in der Mitte des Quadrates: 17/8. Zum Alter 9 *addiere* die einstellige Zahl; vom Alter 18 *subtrahiere* die einstellige Zahl: $9+8=17$; $18-8=10$. Im Alter von zehn und siebzehn Jahren gab es eine 17/8-Erfahrung.

Stufe 2: Verwende die Zahlen neben dem Dreieck: 11/2. Zum Alter 9 *addiere* die einstellige Zahl; vom Alter 18 *subtrahiere* die einstellige Zahl: $9+2=11$; $18-2=16$. Im Alter von elf und sechzehn Jahren gab es eine 11/2-Erfahrung.

Stufe 3: Verwende die Zahlen im Zentrum des Dreiecks: 37/1. Zum Alter 9 *addiere* die einstellige Zahl; vom Alter 18 *subtrahiere* die einstellige Zahl: $9+1=10$; $18-1=17$. Im Alter von zehn und siebzehn Jahren gab es eine 37/1-Erfahrung.

Linie CD: Verwende 18 und 27, das Alter an beiden Enden der Linie.

Stufe 1: Verwende die Zahlen in der Mitte des Quadrates: 17/8. Zum Alter 18 *addiere* die einstellige Zahl; vom Alter 27 *subtrahiere* die einstellige Zahl: 18 + 8 = 26; 27 – 8 = 19. Im Alter von neunzehn und sechsundzwanzig Jahren gab es eine 17/8-Erfahrung.

Stufe 2: Verwende die Zahlen neben dem Dreieck: 11/2. Zum Alter 18 *addiere* die einstellige Zahl; vom Alter 27 *subtrahiere* die einstellige Zahl: 18 + 2 = 20; 27 – 2 = 25. Im Alter von zwanzig und fünfundzwanzig Jahren gab es eine 11/2-Erfahrung.

Stufe 3: Verwende die Zahlen im Zentrum des Dreiecks: 37/1. Zum Alter 18 *addiere* die einstellige Zahl; vom Alter 27 *subtrahiere* die einstellige Zahl: 18 + 1 = 19; 27 – 1 = 26. Im Alter von neunzehn und sechsundzwanzig Jahren gab es eine 37/1-Erfahrung.

Die Tabelle auf der nächsten Seite faßt die Informationen zusammen, die wir aus Ada Wynn Lunts Quadrat der Jugend gewonnen haben.

Wir wollen jetzt sehen, was wir über Ada Wynn Lunts Macht-Jahre, 27–54 herausfinden können, indem wir ihr Quadrat der Macht untersuchen.

Linie DE: Verwende 27 und 36, das Alter an beiden Enden der Linie.

Stufe 1: Verwende die Zahlen in der Mitte des Quadrates: 74/11. Zum Alter 27 *addiere* die einstellige Zahl; vom Alter 36 *subtrahiere* die einstellige Zahl. (Merke: Weil wir immer eine einstellige Zahl verwenden, um die Erfahrung der Linie zu berechnen, reduzieren wir die Leitzahl 11 auf ihre Grundzahl 2): 27 + 2 = 29; 36 – 2 = 34. Im Alter von neunundzwanzig und vierunddreißig Jahren gab es eine 74/11-Erfahrung.

Stufe 2: Verwende die Zahlen neben dem Dreieck: 12/3. Zum Alter 27 *addiere* die einstellige Zahl; vom Alter 36 *subtrahiere* die einstellige Zahl: 27 + 3 = 30; 36 – 3 = 33. Im Alter von dreißig und dreiunddreißig Jahren gab es eine 12/3-Erfahrung.

	Alter bei Ecke	**einstellige Zahl**	**Alter, in dem die Erfahrung eintritt**	**Art der Erfahrung**
		Linie AB: Alter 0–9		
Stufe 1:	0	+8	= 8	17/8
	9	−8	= 1	17/8
Stufe 2:	0	+2	= 2	11/2
	9	−2	= 7	11/2
Stufe 3	0	+1	= 1	37/1
	9	−1	= 8	37/1
		Linie BC: Alter 8–18		
Stufe 1:	9	+8	= 17	17/8
	18	−8	= 10	17/8
Stufe 2:	9	+2	= 11	11/2
	18	−2	= 16	11/2
Stufe 3:	9	+1	= 10	37/1
	18	−1	= 17	37/1
		Linie CD: Alter 18–27		
Stufe 1:	18	+8	= 26	17/8
	27	−8	= 19	17/8
Stufe 2:	18	+2	= 20	11/2
	27	−2	= 25	11/2
Stufe 3:	18	+1	= 19	37/1
	27	−1	= 26	37/1

Stufe 3: Verwende die Zahlen im Zentrum des Dreiecks: 37/1. Zum Alter 27 *addiere* die einstellige Zahl; vom Alter 36 *subtrahiere* die einstellige Zahl: 27+1=28; 36−1=35. Im Alter von achtundzwanzig und fünfunddreißig Jahren gab es eine 37/1-Erfahrung.

Linie EF: Verwende 36 und 45, das Alter an beiden Enden der Linie.

Stufe 1: Verwende die Zahlen in der Mitte des Quadrates: 74/11. Zum Alter 36 *addiere* die einstellige Zahl; vom Alter 45 *subtrahiere* die einstellige Zahl. (Merke: Reduziere die Leitzahl 11 auf ihre Grundzahl 2): 36 + 2 = 38; 45 – 2 = 43. Im Alter von achtunddreißig und dreiundvierzig Jahren gibt es eine 74/11-Erfahrung.

Stufe 2: Verwende die Zahlen neben dem Dreieck: 12/3. Zum Alter 36 *addiere* die einstellige Zahl; vom Alter 45 *subtrahiere* die einstellige Zahl: 36 + 3 = 39; 45 – 3 = 42. Im Alter von neununddreißig und zweiundvierzig Jahren gibt es eine 12/3-Erfahrung.

Stufe 3: Verwende die Zahlen im Zentrum des Dreiecks: 37/1. Zum Alter 36 *addiere* die einstellige Zahl; vom Alter 45 *subtrahiere* die einstellige Zahl: 36 + 1 = 37; 45 – 1 = 44. Im Alter von siebenunddreißig und vierundvierzig Jahren gibt es eine 37/1-Erfahrung.

Linie FG: Verwende 45 und 54, das Alter an beiden Enden der Linie.

Stufe 1: Verwende die Zahlen in der Mitte des Quadrates: 74/11. Zum Alter 45 *addiere* die einstellige Zahl; vom Alter 54 *subtrahiere* die einstellige Zahl. (Merke: Reduziere die Leitzahl 11 auf ihre Grundzahl 2): 45 + 2 = 47; 54 – 2 = 52. Im Alter von siebenundvierzig und zweiundfünfzig Jahren gibt es eine 74/11-Erfahrung.

Stufe 2: Verwende die Zahlen neben dem Dreieck: 12/3. Zum Alter 45 *addiere* die einstellige Zahl; vom Alter 54 *subtrahiere* die einstellige Zahl: 45 + 3 = 48; 54 – 3 = 51. Im Alter von achtundvierzig und einundfünfzig Jahren gibt es eine 12/3-Erfahrung.

Stufe 3: Verwende die Zahlen im Zentrum des Dreiecks: 37/1. Zum Alter 45 *addiere* die einstellige Zahl; vom Alter 54 *subtrahiere* die einstellige Zahl: 45 + 1 = 46; 54 – 1 = 53. Im Alter von sechsundvierzig und dreiundfünfzig Jahren gibt es eine 37/1-Erfahrung.

	Alter bei Ecke	einstellige Zahl	Alter, in dem die Erfahrung eintritt	Art der Erfahrung
	Linie DE: Alter 27–36			
Stufe 1:	27	+2	=29	74/11
	36	−2	=34	74/11
Stufe 2:	27	+3	=30	12/3
	36	−3	=33	12/3
Stufe 3:	27	+1	=28	37/1
	36	−1	=35	37/1
	Linie EF: Alter 36–45			
Stufe 1:	36	+2	=38	74/11
	45	−2	=43	74/11
Stufe 2:	36	+3	=39	12/3
	45	−3	=42	12/3
Stufe 3:	36	+1	=37	37/1
	45	−1	=44	37/1
	Linie FG: Alter 45–54			
Stufe 1:	45	+2	=47	74/11
	54	−2	=52	74/11
Stufe 2:	45	+3	=48	12/3
	54	−3	=51	12/3
Stufe 3:	45	+1	=46	37/1
	54	−1	=53	37/1

Obenstehende Tabelle faßt die Informationen zusammen, die wir aus Ada Wynn Lunts Quadrat der Macht gewinnen konnten. Die zwei Spalten auf der rechten Seite geben das Alter an, in dem die Erfahrung auftreten wird, sowie die Zahl, die die Qualität der Erfahrung repräsentiert. Um herauszufinden, welche Qualität die jeweilige Erfahrung hat, sollten wir jede der Zahlen als temporäre Schwingung im zweiten Teil nachlesen. Im Alter von neunundzwanzig Jahren hat Ada zum Beispiel eine 74/11-Erfahrung. Zu 74/11 als temporäre Schwingung siehe Seite 422.

Als nächstes betrachten wir Ada Wynn Lunts Quadrat der Weisheit und sehen, was wir über ihr Leben im Alter von vierundfünfzig bis einundachtzig herausfinden können.

Linie GH: Verwende 54 und 63, das Alter an beiden Enden der Linie.

Stufe 1: Verwende die Zahlen in der Mitte des Quadrates: 33. Zum Alter 54 *addiere* die einstellige Zahl 6 (33 reduziert); vom Alter 63 *subtrahiere* die einstellige Zahl 6: 54 + 6 = 60; 63 – 6 = 57. Im Alter von siebenundfünfzig und sechzig Jahren gibt es eine 33-Erfahrung.

Stufe 2: Verwende die Zahlen neben dem Dreieck: 14/5. Zum Alter 54 *addiere* die einstellige Zahl; vom Alter 63 *subtrahiere* die einstellige Zahl: 54 + 5 = 59; 63 – 5 = 58. Im Alter von achtundfünfzig und neunundfünfzig Jahren gibt es eine 14/5-Erfahrung.

Stufe 3: Verwende die Zahlen im Zentrum des Dreiecks: 37/1. Zum Alter 54 *addiere* die einstellige Zahl; vom Alter 63 *subtrahiere* die einstellige Zahl: 54 + 1 = 55; 63 – 1 = 62. Im Alter von fünfundfünfzig und zweiundsechzig Jahren gibt es eine 37/1-Erfahrung.

Linie HI: Verwende 63 und 72, das Alter an beiden Enden der Linie.

Stufe 1: Verwende die Zahlen in der Mitte des Quadrates: 33. Zum Alter 63 *addiere* die einstellige Zahl 6 (33 reduziert); vom Alter 72 *subtrahiere* die einstellige Zahl 6: 63 + 6 = 69; 72 – 6 = 66. Im Alter von sechsundsechzig und neunundsechzig Jahren gibt es eine 33/6-Erfahrung.

Stufe 2: Verwende die Zahlen neben dem Dreieck: 14/5. Zum Alter 63 *addiere* die einstellige Zahl; vom Alter 72 *subtrahiere* die einstellige Zahl: 63 + 5 = 68; 72 – 5 = 67. Im Alter von siebenundsechzig und achtundsechzig Jahren gibt es eine 14/5-Erfahrung.

Stufe 3: Verwende die Zahlen im Zentrum des Dreiecks: 37/1. Zum Alter 63 *addiere* die einstellige Zahl; vom Alter 72 *subtrahiere* die einstellige Zahl: 63 + 1 = 64; 72 – 1 = 71. Im Alter von vierundsechzig und einundsiebzig Jahren gibt es eine 37/1-Erfahrung.

Linie IA: Verwende 72 und 81, das Alter an beiden Enden der Linie.

Stufe 1: Verwende die Zahlen in der Mitte des Quadrates: 33. Zum Alter 72 *addiere* die einstellige Zahl 6 (33 reduziert); vom Alter 81 *subtrahiere* die einstellige Zahl 6: 72 + 6 = 78; 81 − 6 = 75. Im Alter von fünfundsiebzig und achtundsiebzig Jahren gibt es eine 33-Erfahrung.

Stufe 2: Verwende die Zahlen neben dem Dreieck: 14/5. Zum Alter 72 *addiere* die einstellige Zahl; vom Alter 81 *subtrahiere* die einstellige Zahl: 72 + 5 = 77; 81 − 5 = 76. Im Alter von sechsundsiebzig und siebenundsiebzig Jahren gibt es eine 14/5-Erfahrung.

Stufe 3: Verwende die Zahlen im Zentrum des Dreiecks: 37/1. Zum Alter 72 *addiere* die einstellige Zahl; vom Alter 81 *subtrahiere* die einstellige Zahl: 72 + 1 = 73; 81 − 1 = 80. Im Alter von dreiundsiebzig und achtzig Jahren gibt es eine 37/1-Erfahrung.

Das beendet unsere Diskussion der Erfahrungen, die durch das große Verfahren enthüllt werden können. Vielleicht ist dir aufgefallen, daß Ada in bestimmten Lebenszeiträumen mehr Erfahrungen macht als in anderen, zum Beispiel im Alter von einem und acht Jahren. Es ist üblich, daß sich innerhalb eines Jahres verschiedene Einflüsse auf dem Lebensplan manifestieren. Oft passiert vieles gleichzeitig und wenn dies der Fall ist, geht es aus dem Lebensplan hervor.

Weil Ada auf ihrem Lebensplan mehrmals die Zahl 1 hat (A = 1, ihre Lebensaufgabenzahl ist ebenfalls 1), kommt die 1 in Addition und Subtraktion häufiger vor, wodurch in einem bestimmten Alter eine Fülle von Ereignissen auftritt. Das weist darauf hin, daß, wie wir ja aus Erfahrung wissen, einige Jahre unseres Lebens aktiver sein werden als andere.

Du wirst außerdem feststellen, daß die Zahlen in der Mitte und an der Seite des Dreiecks oft aktiviert werden, aber die Lebensaufgabenzahl, die in der Mitte des Dreiecks steht, wird auf jeder Seite des Lebensplanes aktiviert. Die Lebensaufgabe deutet die Lektion an, die im Leben gelernt werden muß; sie wird daher öfter als alle anderen Zahlen auf dem Lebensplan wiederholt.

Die folgende Tabelle faßt die Erfahrungen aus Adas Weisheitsjahren zusammen.

	Alter bei Ecke	**einstellige Zahl**	**Alter, in dem die Erfahrung eintritt**	**Art der Erfahrung**
		Linie GH: Alter 54–63		
Stufe 1:	54	+6	=60	33
	63	−6	=57	33
Stufe 2:	54	+5	=59	14/5
	63	−5	=58	14/5
Stufe 3:	54	+1	=55	37/1
	63	−1	=62	37/1
		Linie BC: Alter 63–72		
Stufe 1:	63	+6	=69	33
	72	−6	=66	33
Stufe 2:	63	+5	=68	14/5
	72	−5	=67	14/5
Stufe 3:	63	+1	=64	37/1
	72	−1	=71	37/1
		Linie IA: Alter 72–81		
Stufe 1:	72	+6	=78	33
	81	−6	=75	33
Stufe 2:	72	+5	=77	14/5
	81	−5	=76	14/5
Stufe 3:	72	+1	=73	37/1
	81	−1	=80	37/1

Das kleine Verfahren

Diesmal haben wir drei Stufen und zwei Reihen von Zahlen. Wir verwenden wieder das Alter an jedem Ende der Linie, aber diesmal nehmen wir die Zahlenwerte der Buchstaben des Namens, der zur Diskussion steht.

Stufe 1: Verwende die einstellige Zahl auf der Linie, um die zwei Lebensalter festzustellen, in denen die Erfahrung stattfinden wird.
Stufe 2: Verwende die höheren Zahlen in der Mitte des Quadrates, um die Erlebnisse in der Jugend zu ermitteln.
Stufe 3: Verwende die höheren Zahlen neben dem Dreieck, um die Erfahrungen im Alter zu ermitteln.

Da wir im kleinen Verfahren den Namen zur Grundlage nehmen, sind die Erfahrungen persönlicher. Zwei Menschen können zwar denselben Geburtstag haben, daß sie dazu auch noch denselben Namen tragen, ist jedoch höchst unwahrscheinlich.

Dein Geburtstag ergibt die Zahlen auf deinem Dreieck und gleichzeitig deine Lebensaufgabenzahl. Du verwendest immer die Zahlen des Dreiecks, um die Erfahrung im Alter herauszufinden, weil du, je älter du wirst, immer stärker von deiner Lebensaufgabenzahl bestimmt wirst. Wir können zudem annehmen, daß du mit zunehmendem Alter lernst, mit dieser Zahl besser umzugehen. Vergiß nicht, daß *die Zahlen, die aus deinem Geburtsdatum abgeleitet werden, deine wichtigsten Zahlen sind.*

Wir wollen nun das kleine Verfahren auf Ada Wynn Lunts Quadrat der Jugend anwenden und sehen, was wir dabei finden.

Linie AB: Verwende 0 und 9, das Alter an beiden Enden der Linie.
Stufe 1: Verwende die einstellige Zahl auf der Linie AB: 1. Zum Alter 0 *addiere* die einstellige Zahl; vom Alter 9 *subtrahiere* die einstellige Zahl: $0 + 1 = 1$; $9 - 1 = 8$.

Stufe 2: Für die früheren Erfahrungen (Alter 1) *addiere* die höhere Zahl auf der Linie zur höheren Zahl in der Mitte des Quadrates. 1 + 17 = 18/9. Im Alter von einem Jahr gab es eine 18/9-Erfahrung.

Stufe 3: Für die späteren Erfahrungen (Alter 8) *addiere* die höhere Zahl auf der Linie zu der höheren Zahl neben dem Dreieck: 1 + 11 = 12/3. Im Alter von acht Jahren gab es eine 12/3-Erfahrung.

Linie BC: Verwende 9 und 18, das Alter an den beiden Enden der Linie.

Stufe 1: Verwende die einstellige Zahl auf der Linie BC: 4 Zum Alter 9 *addiere* die einstellige Zahl; vom Alter 18 *subtrahiere* die einstellige Zahl: 9 + 4 = 13; 18 − 4 = 14.

Stufe 2: Für die früheren Erfahrungen (Alter 13) *addiere* die höhere Zahl auf der Linie zur höheren Zahl in der Mitte des Quadrates: 4 + 17 = 21/3. Im Alter von dreizehn Jahren gab es eine 21/3-Erfahrung.

Stufe 3: Für die späteren Erfahrungen (Alter 14) *addiere* die höhere Zahl auf der Linie zu der höheren Zahl neben dem Dreieck: 4 + 11 = 15/6. Im Alter von vierzehn Jahren gab es eine 15/6-Erfahrung.

Linie CD: Verwende 18 und 27, das Alter an den Enden der Linie.

Stufe 1: Verwende die einstellige Zahl auf der Linie CD: 1. Zum Alter 18 *addiere* die einstellige Zahl; vom Alter 27 *subtrahiere* die einstellige Zahl: 18 + 1 = 19; 27 − 1 = 26.

Stufe 2: Für die früheren Erfahrungen (Alter 19) *addiere* die höhere Zahl auf der Linie zur höheren Zahl in der Mitte des Quadrates: 1 + 17 = 18/9. Im Alter von neunzehn Jahren gab es eine 18/9-Erfahrung.

Stufe 3: Für die späteren Erfahrungen (Alter 26) *addiere* die höhere Zahl auf der Linie zu der höheren Zahl neben dem Dreieck. 1 + 11 = 12/3. Im Alter von sechsundzwanzig Jahren gab es eine 12/3-Erfahrung.

Als nächstes untersuchen wir Adas Quadrat der Macht und wenden dabei das kleine Verfahren an.

Linie DE: Verwende 27 und 36, das Alter an den beiden Enden der Linie.

Stufe 1: Verwende die einstellige Zahl auf der Linie: 5. Zum Alter 27 *addiere* die einstellige Zahl; vom Alter 36 *subtrahiere* die einstellige Zahl: 27 + 5 = 32; 36 − 5 = 31.

Stufe 2: Für die früheren Erfahrungen (Alter 31) *addiere* die höhere Zahl auf der Linie zur höheren Zahl in der Mitte des Quadrates: 23 + 74 = 97/16/7. Im Alter von einunddreißig Jahren gab es eine 16/7-Erfahrung.

Stufe 3: Für die späteren Erfahrungen (Alter 32) *addiere* die höhere Zahl auf der Linie zu der höheren Zahl neben dem Dreieck: 23 + 12 = 35/8. Im Alter von zweiunddreißig Jahren gab es eine 35/8-Erfahrung.

Linie EF: Verwende 36 und 45, das Alter an beiden Enden der Linie.

Stufe 1: Verwende die einstellige Zahl auf der Linie EF: 7. Zum Alter 36 *addiere* die einstellige Zahl; vom Alter 45 *subtrahiere* die einstellige Zahl: 36 + 7 = 43; 45 − 7 = 38.

Stufe 2: Für die früheren Erfahrungen (Alter 38) *addiere* die höhere Zahl auf der Linie zur höheren Zahl in der Mitte des Quadrates: 25 + 74 = 99/18/9. Im Alter von achtunddreißig Jahren gibt es eine 18/9-Erfahrung.

Stufe 3: Für die Erfahrungen zu dem späteren Zeitpunkt (Alter 43) *addiere* die höhere Zahl auf der Linie zu der höheren Zahl neben dem Dreieck: 25 + 12 = 37/1. Im Alter von dreiundvierzig Jahren gibt es eine 37/1-Erfahrung.

Linie FG: Verwende 45 und 54, das Alter an beiden Enden der Linie.

Stufe 1: Verwende die einstellige Zahl auf der Linie: 5. Zum Alter 45 *addiere* die einstellige Zahl; vom Alter 54 *subtrahiere* die einstellige Zahl: 45 + 5 = 50; 54 − 5 = 49.

Stufe 2: Für die früheren Erfahrungen (Alter 49) *addiere* die höhere Zahl auf der Linie zur höheren Zahl in der Mitte des Quadrates: 14 + 74 = 88/16/7. Im Alter von neunundvierzig Jahren gibt es eine 16/7-Erfahrung.

Stufe 3: Für die späteren Erfahrungen (Alter 50) *addiere* die höhere Zahl auf der Linie zu der höheren Zahl neben dem Dreieck: 14 + 12 = 26/8. Im Alter von fünfzig Jahren gibt es eine 26/8-Erfahrung.

Abschließend werden wir das kleine Verfahren anwenden, um Ada Wynn Lunts Quadrat der Weisheit zu untersuchen und vorhersagen, welche Art von Erfahrungen sie im Alter von vierundfünfzig bis einundachtzig haben wird.

Linie GH: Verwende 54 und 63, das Alter an beiden Enden der Linie.
Stufe 1: Verwende die einstellige Zahl auf der Linie: 5. Zum Alter 54 *addiere* die einstellige Zahl; vom Alter 63 *subtrahiere* die einstellige Zahl: 54 + 5 = 59; 63 – 5 = 58.
Stufe 2: Für die früheren Erfahrungen (Alter 58) *addiere* die höhere Zahl auf der Linie zur höheren Zahl in der Mitte des Quadrates: 14 + 33 = 47/11. Im Alter von achtundfünfzig Jahren gibt es eine 47/11-Erfahrung.
Stufe 3: Für die späteren Erfahrungen (Alter 59) *addiere* die höhere Zahl auf der Linie zu der höheren Zahl neben dem Dreieck: 14 + 14 = 28/1. Im Alter von neunundfünfzig Jahren gibt es eine 28/1-Erfahrung.

Linie HI: Verwende 63 und 72, das Alter an beiden Enden der Linie.
Stufe 1: Verwende die einstellige Zahl auf der Linie: 1. Zum Alter 63 *addiere* die einstellige Zahl; vom Alter 72 *subtrahiere* die einstellige Zahl: 63 + 1 = 64; 72 – 1 = 71.
Stufe 2: Für die früheren Erfahrungen (Alter 64) *addiere* die höhere Zahl auf der Linie zur höheren Zahl in der Mitte des Quadrates: 1 + 33 = 34/7. Im Alter von vierundsechzig Jahren gibt es eine 34/7-Erfahrung.
Stufe 3: Für die späteren Erfahrungen (Alter 71) *addiere* die höhere Zahl auf der Linie zu der höheren Zahl neben dem Dreieck: 1 + 14 = 15/6. Im Alter von einundsiebzig Jahren gibt es eine 15/6-Erfahrung.

Linie IA: Verwende 72 und 81, das Alter an beiden Enden der Linie.

Stufe 1: Verwende die einstellige Zahl auf der Linie: 4. Zum Alter 72 *addiere* die einstellige Zahl; vom Alter 81 *subtrahiere* die einstellige Zahl: 72 + 4 = 76; 81 − 4 = 77.

Stufe 2: Für die früheren Erfahrungen (Alter 76) *addiere* die höhere Zahl auf der Linie zur höheren Zahl in der Mitte des Quadrates: 4 + 33 = 37/1. Im Alter von sechsundsiebzig Jahren gibt es eine 37/1-Erfahrung.

Stufe 3: Für die späteren Erfahrungen (Alter 77) *addiere* die höhere Zahl auf der Linie zu der höheren Zahl neben dem Dreieck: 4 + 14 = 18/9. Im Alter von siebenundsiebzig Jahren gibt es eine 18/9-Erfahrung.

Das vervollständigt die Diskussion der Erfahrungen auf der Lebenslinie einer bestimmten Person von der Geburt bis zum Alter von einundachtzig Jahren.

Wir schlagen an diesem Punkt vor, daß du die Namen und Geburtstage deiner Familie und deiner Freunde aufschreibst, sie auf einen Lebensplan plazierst und ihre Linien erarbeitest. Dadurch erreichst du zweierlei: Du machst dich mit dem Verfahren vertraut, und du kannst das, was du herausgefunden hast, mit der Vergangenheit der jeweiligen Person in Verbindung bringen und selbst herausfinden, wie aussagekräftig der Lebensplan tatsächlich ist.

Einundachtzig und darüber

Wer im Alter von einundachtzig nicht mehr im Vollbesitz seiner geistigen Kräfte ist, muß wieder beim Quadrat seiner Jugend anfangen, mit dem ersten Buchstaben seines Vornamens, wie in der Kindheit.

Angenommen Ada behält auch mit einundachtzig und darüber ihre geistigen Fähigkeiten, dann können wir die Berechnungen auf dieselbe Weise, aber mit neuen Buchstaben auf den Linien, fortführen. Weil Ada die Linie IA mit einem D beendet hat (siehe

Abb. 3), beginnen wir ihr neues Quadrat der Jugend mit dem zweiten A ihres Vornamens auf der Linie AB: A = 1. Das W = 23/5 kommt auf die Linie BC. Das Y = 25/7 auf die Linie CD. Die Zahl auf der Seite des Dreiecks (ihr Geburtsmonat) ist noch immer 11. Die Summe ihres neuen Quadrates der Jugend ist 1 + 23 + 25 + 11 = 60/6.

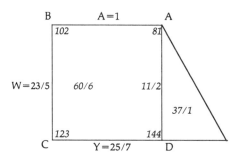

Abb. 5: Das neue Quadrat der Jugend für Ada Wynn Lunt

Nach einundachtzig, vorausgesetzt du bist noch im Vollbesitz deiner geistigen Kräfte, entspricht jede Seite deines neuen Quadrates der Jugend einundzwanzig Jahren, anstatt neun wie im ersten Quadrat der Jugend. Bis zum Alter von einundachtzig Jahren hast du neun Zyklen von jeweils neun Jahren vollendet. Nach einundachtzig durchlebst du drei spirituelle Zyklen, die jeweils sieben Jahre dauern. Du hast eine höhere Ebene des Bewußtseins erreicht, daher entspricht jede Linie einem Zeitraum von einundzwanzig Jahren.

Wenn du das große Verfahren auf die erste Linie des neuen Quadrates der Jugend anwendest, findest du folgendes heraus:

Stufe 1: Wir verwenden die 60/6 in der Mitte des Quadrates und das Alter an beiden Enden der Linie AB: 81 + 6 = 87; 102 – 6 = 96. Sie wird im Alter von siebenundachtzig und sechsundneunzig Jahren eine 60/6-Erfahrung haben.

Stufe 2: Wir verwenden die Zahlen auf der einen Seite des Dreiecks: 11/2 und das Alter an beiden Enden der Linie AB:

81+2=83; 102−2=100. Im Alter von dreiundachtzig und einhundert Jahren wird sie eine 11/2-Erfahrung haben.

Stufe 3: Wir verwenden die Zahlen in der Mitte des Dreiecks: 37/1 und das Alter an beiden Enden der Linie AB: 81+1=82; 102−1=101. Sie wird im Alter von zweiundachtzig und einhundertundeinem Jahr eine 37/1-Erfahrung haben.

Wir werden jetzt das kleine Verfahren auf Adas neues Quadrat der Jugend anwenden.

Stufe 1: Wir verwenden die einstellige Zahl auf der Linie AB: 1 und das Alter an beiden Enden der Linie: 81+1=82; 102−1=101.

Stufe 2: Um die frühere Erfahrung zu bestimmen, *addieren* wir die unreduzierte Zahl auf der Linie zur reduzierten Zahl in der Mitte des Quadrates: 1+60=61/7. Ada wird im Alter von zweiundachtzig Jahren eine 61/7-Erfahrung haben.

Stufe 3: Um die spätere Erfahrung zu bestimmen, *addieren* wir die unreduzierte Zahl auf der Linie zu der unreduzierten Zahl auf der Seite des Dreiecks: 1+11=12/3. Ada wird im Alter von hundertundeinem Jahr eine 12/3-Erfahrung haben.

5 Mehr Möglichkeiten mit Zahlen

In diesem Kapitel werden wir vier weitere Methoden vorstellen, mit deinen persönlichen Zahlen zu arbeiten. Es würde den Rahmen eines solchen Buches bei weitem sprengen, wollte man sämtliche möglichen Methoden beschreiben, um mit Zahlen und Zahlenkombinationen zu arbeiten. Hier ist nur eine kleine Auswahl. Wir hoffen, sie macht dir Freude.

Die ABC's

Du hast gesehen, wie man mit Hilfe der Zahlen, die aus deinem Namen und deinem Geburtsdatum gewonnen werden, mit Hilfe des Göttlichen Dreiecks eine Lebensanalyse aufbauen kann. Zusätzlich zu dieser Methode, in der die Zahlenwerte der Buchstaben deines Namens zur Schicksalszahl zusammengezählt werden, ist eine weitere Analyse möglich, indem man jeden einzelnen Buchstaben nacheinander und getrennt betrachtet. Die Zahlen, die von den einzelnen Buchstaben repräsentiert werden, haben einen grundlegenden Einfluß auf dein Leben und betreffen die Gesamtheit der Energien, die zu einem gegebenen Zeitpunkt wirksam sind. Du solltest die Beschreibung jedes einzelnen Buchstabens in deinem Namen studieren und in Zusammenhang mit den Informationen stellen, die dir dein Lebensplan liefert.

Wenn eine Zahl, die von einem Buchstaben in deinem Namen repräsentiert wird, gleichzeitig auf einer Linie in deinem Lebensplan zu finden ist, wird dieser Buchstabe besonders betont, er steht in einer *hervorgehobenen Position*, und der Lebensabschnitt wird ein *Spitzenzyklus* genannt. Ein Buchstabe ist ebenfalls betont, wenn er dreimal oder öfter in deinem Namen auftaucht, oder wenn er der erste Vokal oder der erste Buchstabe deines Namens ist. Ein Buchstabe wird zum heilenden Faktor, wenn er sich in einer hervorgehobenen Position befindet.

Die 1'er

A ist der Kopfbuchstabe, machtvoll und vollständig. Du bist klug und brauchst viele verschiedene Möglichkeiten, um deine Energien auszuleben. Du bist kein Handwerker, sondern eher ein Planer und möchtest, daß andere deine Pläne ausführen. Du hast viele Ideen, beginnst viele Projekte, aber führst sie nicht immer zu Ende. A ist ein Buchstabe von Initiative, Eigenständigkeit und Willenskraft.

A in hervorgehobener Position bringt Aktivität und die Möglichkeit für neue Anfänge. Du kannst es im geschäftlichen und gesellschaftlichen Leben zu einer Spitzenstellung bringen. Dies ist die Zeit, um zu lernen, dich auf dich selbst zu verlassen und deine Entschiedenheit zu verdoppeln, um durch deine eigenen Anstrengungen voranzukommen.

Was die Gesundheit anbelangt, deutet das A auf die Gefahr von Krankheiten der Lunge und des Atmungsapparates. Du solltest dein Leben sorgsam darauf ausrichten.

J ist gegenüber dem A um neun Grade erhöht und daher eine intensivere Schwingung. Materiell und spirituell ist das J voller hoher Erwartungen, was auch nötig ist, um zu größeren Kräften zu kommen. Du bist ehrlich, gutwillig, klug und oft erfinderisch.

J in hervorgehobener Position bedeutet fast immer Gewinn und Vorteil in irgendeiner Form. Du solltest allen, die nicht soviel Glück haben wie du, hilfreich zur Seite stehen und anderen mit deiner guten Laune ein Beispiel sein, wenn du dich der glückbringenden Schwingung des J erfreuen willst. Gewollt oder ungewollt gerätst du in Führungspositionen. Im Geschäftsleben kann daraus eine wiederholte Beförderung resultieren. Auch in Familienangelegenheiten kannst du eine führende Rolle spielen. Durch den Buchstaben J wirst du fast immer in der einen oder anderen Form Gewinn und Vorteil haben.

Bezüglich der körperlichen Gesundheit verleiht ein J das Gefühl von Gesundheit und Wohlergehen.

S ist ein Buchstabe der Ausdauer. In der Antike nannte man diesen Buchstaben auch den »Buchstaben der Hingabe«. Du bist von spiritueller Intensität und kannst sowohl verletzend wie auch charmant sein. Das S bringt Liebe und Neubeginn im Leben, und es zieht Geld an. Es ist jedoch nicht immer ein glücklicher Buchstabe.

S in hervorgehobener Position wird Hindernisse überwinden und ehrgeizige Ziele verwirklichen. Es wird viele Wendungen im Laufe deines Lebens geben. Wenn du negativ auf diesen Buchstaben reagierst, wird es viele emotionale Höhen und Tiefen, Fehlschläge und unkontrollierte Gefühlsausbrüche geben. Sei positiv.

S in gesundheitlicher Hinsicht kann eine Krankheit noch verschärfen, aber es neigt ebenfalls dazu, Heilung zu spenden, Komplikationen zu vermeiden und damit zu besseren Umständen beizutragen.

Die 2'er

B im Namen einer Frau weist auf mütterliche Liebe hin. B im Namen eines Mannes bedeutet Naturverbundenheit und Häuslichkeit. Es ist kein starker materieller Buchstabe. Du kannst durch große Höhen und gleichermaßen große Tiefen gehen. Du bist emotional und in deinen Meinungen festgelegt. Du folgst instinktiv anderen nach. Du bist gastfreundlich, wenn das B jedoch einen negativen Ausdruck findet, neigst du zum Egoismus.

B in hervorgehobener Position wird durch psychologische Untertöne beeinflußt. Dieser Buchstabe bringt ein starkes Bedürfnis nach Partnerschaft und Heirat mit sich. Man muß lernen, geduldig, ruhig und heiter zu sein. Entscheidungen sollten anderen überlassen werden. Dies ist ein Zyklus verborgener Entwicklungen, die vielleicht von anderen gar nicht bemerkt werden.

In gesundheitlicher Hinsicht kann das B zu Nervosität, Kopfschmerzen und emotionalen Störungen führen.

K bedeutet Extreme in Schicksal, Gesundheit und Spiritualität. Du bist sehr vielseitig, idealistisch und intuitiv. Du erfreust dich entweder großen Erfolges oder erleidest jämmerliches Elend. Die Lösung ist der Dienst am Nächsten. Du solltest deine Führungstalente zum Wohl der Menschheit und nicht zur Glorifizierung deiner eigenen Person einsetzen.

K in hervorgehobener Position bringt schöpferische Inspiration und Idealismus ans Tageslicht. Sie sollten auf ein positives Ziel hin gerichtet sein, ansonsten kann dieser Zyklus zum Streit führen. Es gibt hier eine große emotionale Kraft, die für intensive romantische Erfahrungen oder für spirituelle Höhenflüge genutzt werden kann. Sie bringt Reisen und Veränderungen und kann, wenn mit Vorsicht vorgegangen wird, zum Erfolg führen.

In gesundheitlicher Hinsicht zeigt das K auf Nervosität, die aus Überaktivität resultieren kann. Es ist jedoch eine gute Kraft, die Stärke und Ausdauer verleihen kann.

T wird entweder aufbauen oder einreißen. Es wird die Menschheit entweder retten oder sie vernichten. Du möchtest jeden in deinem Einflußbereich kontrollieren, um die Dinge nach deinem Geschmack zu gestalten. Du mußt lernen, dich zu beherrschen, denn du bist sehr gefühlsbetont und leicht zu beeinflussen. Positiv gesehen kannst du eine hohe Spiritualität entwickeln, denn die Qualität der 2 wird durch die 0 des göttlichen Schutzes verstärkt.

T in hervorgehobener Position bedeutet Umbau. Dieser Einfluß schafft ein Klima der Ruhelosigkeit, wenn die Ideen nicht in praktische Taten, die der Menschheit zugute kommen, umgesetzt werden können. Es sollte keine Zeit vergeudet und kein Leerlauf geduldet werden. Es ist an der Zeit, für eine bessere Welt zu arbeiten. Es ist ebenso Zeit für spirituelles Wachstum.

In gesundheitlicher Hinsicht deutet das T auf Streß durch Veränderungen oder Reisen hin. Wenn es mit einem A in Verbindung steht, kann es Unfälle und Operationen bedeuten.

Die 3'er

C ist verstreute Energie. Die 3 ist eine zerstreuende Schwingung, denn sie möchte in viele verschiedene Richtungen gleichzeitig gehen. Wenn das C der erste Buchstabe ist, hast du ein vergnügtes Wesen, aber neigst zu einem gefühlsbetonten Leben. Du findest es schwierig, Geld zu sparen. Du arbeitest gern auf verschiedenen Ebenen gleichzeitig. Du bist ein guter Redner, kannst dich für Dinge einsetzen und machst dir selten Sorgen. Du kannst bisweilen etwas ungeduldig, reizbar und aufbrausend sein und, wenn du negativ bist, sorglos und unmoralisch.

C in hervorgehobener Position begünstigt künstlerischen, politischen oder geschäftlichen Erfolg. Es ist gut für Selbstverwirklichung, Produktivität und Wachstum. Es sollte reichhaltige emotionale Erfahrungen und ein wohlhabendes und glückliches Leben begünstigen. Dies ist eine starke Heirats-Schwingung.

In gesundheitlicher Hinsicht kann es Probleme mit dem Hals, den Schilddrüsen und den Stimmbändern bedeuten.

L sammelt, wo C zerstreut. Du vollendest immer alles, was du anfängst. Du bist großzügig, aber möchtest etwas zurückhaben, wenn du gibst. Das L als Peitschensymbol weist auf Aktivität hin, und da du organisatorisches Talent hast, bist du eine Führungspersönlichkeit. Du bist moralisch, ausgeglichen, ehrlich und intellektuell und kannst auf ein hohes spirituelles Niveau kommen. L weist auf Reisen hin.

L in einer Spitzenposition bringt Dienst und Selbstaufopferung, aber ebenso reiche, erfüllende zwischenmenschliche Beziehungen. Schöpferische Ideen bringen Gewinn. Dieser Buchstabe kann Heirat und gesteigerte Beschäftigung auf dem finanziellen Sektor mit sich bringen.

In gesundheitlicher Hinsicht legt dieser Buchstabe nahe, auf den Hals zu achten, was für alle Dreierbuchstaben gilt. Zwei L's zusammen deuten auf eine Neigung zu Unfällen oder Stürzen hin.

U besitzt den allumfassenden Geist sowohl des C wie des L. Es hat die Form eines Behältnisses, das natürliche Begabungen,

Talent, Charme und Glück enthält. Wenn du jedoch gierig wirst und dein Behältnis zum Überlaufen bringst, kannst du leicht durch deinen eigenen Egoismus zum Verlierer werden. Du bist ein eifriger Sammler und hältst hartnäckig an dem, was du gesammelt hast, fest. Das U wird auch mit einer Schaukel verglichen, und du kannst die Neigung zur Unentschlossenheit entwikkeln. Während du noch mit deiner Entscheidung zögerst, nimmt vielleicht jemand anderer dir etwas weg. Du besitzt ein gutes Gedächtnis und solltest dich um eine positive Einstellung bemühen.

U in hervorgehobener Position weist auf eine Zeit mit Entwicklungen hin, die sich im Unterbewußtsein abspielen. Vielleicht gibt es Verzögerungen und Hindernisse, und die Verantwortung für die Familie kann zunehmen, aber mehr und mehr wird sich das Gefühl der Sicherheit und Geborgenheit durchsetzen. Ehe ist aktiv. Du solltest unter dem U große Vorsicht walten lassen, denn die Dinge können leicht außer Kontrolle geraten, oft sogar durch persönliches Versagen, eine Vergeßlichkeit oder eine verpaßte Gelegenheit. Alles sollte reiflich überlegt werden, und in geschäftlichen Angelegenheiten sollte im Zweifelsfall ein Anwalt hinzugezogen werden.

In gesundheitlicher Hinsicht bringt das U eine schwächliche Konstitution und innere Angst mit sich. Sorgen können weitere Krankheiten nach sich ziehen, beispielsweise hohen Blutdruck. Du solltest danach streben, innerlich ruhig und gelassen zu bleiben.

Die 4'er

D ist Gleichgewicht und kann ein fester Halt sein. Du bist in materieller Hinsicht gefestigt, entschieden und gelegentlich starrköpfig. Du bist ein guter Geschäftsmann, ein fleißiger Arbeiter, praktisch und zuverlässig, ein Baumeister, der gut Verantwortung übernehmen kann. Diese Qualitäten können dich in eine Position von Macht und Autorität bringen.

D in hervorgehobener Position steht für das Streben nach einer gesicherten Zukunft. Vorübergehende Rückschläge sind möglich, aber insgesamt kannst du lernen, geduldig zu sein. Du solltest es vermeiden zu spekulieren und solltest eher konservativ sein. Reisen sind möglich.

In gesundheitlicher Hinsicht spielt das D keine besondere Rolle, es sei denn, zwei D's stehen beieinander. In diesem Fall kann es Unglück beim Reisen oder unglückliche Einbrüche im Geschäfts- oder Privatleben bedeuten, was sich wiederum negativ auf deine Gesundheit auswirken könnte.

M vergeistigt die Attribute des D, es ist idealistischer. Du bist keine Führernatur, aber wirst dich intensiv um andere kümmern. Du besitzt übersinnliche Fähigkeiten. Selbst wenn du es in deinem Leben schwer hast, so gibt es doch niemanden, der sein Kreuz tapferer auf sich nimmt und sich so wenig über sein Schicksal beklagt wie du. Du bist von Natur aus sehr offen und empfänglich und neigst dazu, die Lasten anderer auf dich zu nehmen, denn deine Schwingung führt dich zur Opferbereitschaft. Mehr als alles andere magst du dein Zuhause und deine Sicherheit.

M in hervorgehobener Position strebt nach Regeneration und Erneuerung. In einer Periode des Wiederaufbauens werden die alten Ideen beseitigt, um neuen, besseren Raum zu machen. Unerwartete Veränderungen können nun auftreten. Sie sollten allerdings als Möglichkeiten zum Fortschritt gesehen werden, die zu einer neuen Phase der Zufriedenheit führen können.

In gesundheitlicher Hinsicht zeigt das M eine launische Natur an, die mitunter zu unberechenbaren Handlungen neigt und anderen Kopfschmerzen bereiten kann. Wegen ihrer Neigung zu drastischen Veränderungen kann die Anhäufung von M's gefährlich werden, wenn man nicht vorsichtig genug ist. Zweimal der gleiche Buchstabe bedeutet auch eine Verdoppelung der numerologischen Wirkung.

V ist der Baumeister. Du hast solide Ansichten, dauerhafte Freundschaften und bevorzugst klare Verhältnisse in bezug auf deine Mitmenschen. Du bist ein ausgezeichneter Arbeiter. Da du ebenso besitzergreifend wie gefühlsbetont bist, kannst du entweder sehr sachlich oder auch völlig unsachlich und unberechenbar sein. Dein zwiespältiges Wesen muß sich erst einmal stabilisieren. Du bist der Typ zum Heiraten.

V in hervorgehobener Position hat eine Neigung zur Unbeständigkeit in Verbindung mit übertriebener Großzügigkeit oder Spendierfreudigkeit im Umgang mit Geld. Wenn das V mit dem U zusammen auftaucht, kann das Verluste durch Spekulation oder Spiel bedeuten. Im schlimmsten Fall kann es Ausschweifung und Exzeß bedeuten, im besten Fall Unerschrockenheit angesichts von Schwierigkeiten.

In gesundheitlicher Hinsicht kann das V nervöse und emotionale Zusammenbrüche durch Überaktivität bedeuten. Du solltest den inneren Frieden finden und pflegen.

Die 5'er

E ist ein starker Vokal und wird von Merkur, dem kosmischen Boten, regiert. Es ist alles in bester Ordnung, solange du dich in harmonischen Verhältnissen befindest, wenn jedoch Zwietracht und Streit herrschen, bist du instabil, und viele deiner besten Eigenschaften wenden sich ins Gegenteil. Du bist mehr von weltlichen als von geistigen Dingen angezogen. Du bist gesellig, aber neigst dazu, impulsiv zu reagieren. Freiheit ist für dich eine Notwendigkeit, und du hast Schwierigkeiten, dich niederzulassen und dich zu spezialisieren. Deine Vielseitigkeit bedingt Wechselhaftigkeit und führt oft dazu, daß du viel reisen mußt. Deine ausgeprägte intellektuelle Veranlagung kann dir viel Ruhm bescheren, wenn du sie ernsthaft einsetzt. Wenn du dich zu Geistigem hingezogen fühlst, wirst du zu einem Idealisten, voller guter Hoffnung und Intuition.

E in hervorgehobener Position muß zwischen vielen verschiedenen Chancen, sich zu verändern, wählen. Es wird einen ständigen Wechsel von verschiedenen Menschen und ständig neuen Situationen geben. Wenn du alleinstehend bist, gibt es jetzt die Gelegenheit zur Heirat, aber du solltest dir sicher sein, daß es wirklich die wahre Liebe ist und nicht eine vorübergehende Gefühlsaufwallung.

Das E bedeutet eine gute gesundheitliche Konstitution. Das Herz fühlt sich frei, aber allzu impulsives Verhalten sollte unter Kontrolle gebracht werden.

N ist das alte Symbol für den Schreiber. Dieser Buchstabe steht daher für einen Menschen mit einer ausgeprägten Phantasie, die der Menschheit inspirierte Botschaften bringen kann. Du mußt positiv bleiben, ansonsten kannst du zur Instabilität neigen. Du erfreust dich an den schönen Dingen des Lebens, und wenn du dein Selbst überwunden hast, kannst du dich zu den höchsten Höhen emporschwingen. Neid, Eifersucht und Ehescheidung sind für jemanden, dessen Name ein N enthält keine Fremdworte.

N in hervorgehobener Position bringt Abwechslung, Veränderung und Lebenserfahrung. Es ist förderlich für kommerzielle oder politische Unternehmungen und kann viel Wettbewerb bedeuten.

In gesundheitlicher Hinsicht kann das N Empfindlichkeit mit sich bringen wegen der Gefühlsaufwallungen in Zusammenhang mit dem Gedanken an Heirat. Wenn das N in einem Namen mit G auftaucht, geht die Heirat gewöhnlich gut. Wenn N und T zusammenstehen, sind die Aussichten einer Heirat und die Harmonie in der Ehe gewiß.

W muß, um sich auszudrücken, dem göttlichen Gesetz der Liebe folgen. Du besitzt großes Durchhaltevermögen und haßt es, aufzugeben. Du bist ein guter Gastgeber, charmant, anziehend und ideenreich. Auf der negativen Seite kannst du selbstsüchtig, gierig und waghalsig sein.

W in hervorgehobener Position bezeichnet den Wechsel zwischen Höhen und Tiefen. Es ist eine Zeit der Selbstbewertung und der Erprobung deines Potentials. Dieser Zyklus kann eine Heirat mit sich bringen.

In gesundheitlicher Hinsicht kann das W entsprechend dem nervösen und impulsiven Charakter des Buchstabens Kopfschmerzen verursachen.

Die 6'er

F hat die starken Wesenszüge der Venus. Du bist liebenswürdig, häuslich, gastfreundlich und friedlich. Da du bereit bist, Verantwortung zu übernehmen, kannst du gut gesellschaftliche Angelegenheiten organisieren. Mitgefühl für deine Mitmenschen ist eines deiner hervorstechendsten Merkmale. Wenn das F sich negativ ausdrückt, neigst du zur Traurigkeit.

In hervorgehobener Position konzentriert das F deine Aufmerksamkeit auf Familienangelegenheiten und Pflichten deinen lieben Angehörigen gegenüber, gleich ob du verheiratet bist oder nicht. Es ist an der Zeit, die Bedeutung des Dienstes am Nächsten am eigenen Leib zu erfahren, denn die Alternativen können allesamt enttäuschend sein. Kluge Entscheidungen sind vonnöten.

Als Gesundheitsfaktor bedeutet das F viele Schwierigkeiten, einschließlich nervöser Herzbeschwerden. Wenn das F mit einem N zusammensteht, kann es Krankheit bedeuten. Wenn es mit einem U oder O zusammentrifft, solltest du auf deine finanziellen Angelegenheiten achten; Verluste können auftreten.

O ist geduldig, standfest und willensstark. Du bist ein guter Schüler, hast eine gute Auffassungsgabe und Erinnerungsvermögen. Eifersucht kann in der Ehe und in häuslichen Verhältnissen für Ärger sorgen, du mußt daher lernen, deine Gefühle zu beherrschen. O bedeutet entweder Tugend oder Laster, da gibt es keinen Mittelweg. Du bist entweder ein Heiliger oder ein Sünder.

O in hervorgehobener Position steht für die Möglichkeit des Fortschritts durch das Auflösen bestehender Einschränkungen. Es ist möglich, daß sich deine Einstellung radikal ändert und alte Ängste wegfallen. Wenn das O mit einem G zusammensteht, bedeutet das Gewinn. Wenn es mit einem U steht, sind Verluste möglich, und wenn es mit einem D steht, gibt es Ausgaben, die durch notwendige Reisen bedingt sind, sowie die Möglichkeit von Veränderungen zu Hause.

In gesundheitlicher Hinsicht kann das O Sorgen und Depressionen verursachen, wenn du auf seine negative Seite ansprichst.

Eine etwas langsamere Gangart kann Unregelmäßigkeiten des Herzens und Mutlosigkeit verhindern. O verträgt sich gut mit religiösen Angelegenheiten; Gebet kann daher helfen und inspirieren.

X ist ein zweischneidiger Buchstabe. Die obere Hälfte ist offen für die besseren Dinge des Lebens; die untere Seite ist offen für Schwelgereien, besonders im Bereich der Sexualität. Positiv genommen, kannst du dich geistig und seelisch vervollkommnen; negativ kannst du zu Zorn, Ungläubigkeit und Sinnlichkeit neigen.

In hervorgehobener Position ist das X ein Warnsignal an einer Kreuzung, eine Warnung vor Betrug. Wenn die positive Seite zum Ausdruck kommt, werden sich die finanziellen Verhältnisse gut entwickeln, und gute Kontakte zu einflußreichen Menschen werden entstehen.

In gesundheitlicher Hinsicht weist das X auf die Gefahr von Stürzen und Verletzungen des Rückens hin. Es empfiehlt sich in dieser Zeit, nicht auf einem Pferd zu reiten oder sich auf hochgelegene Orte zu begeben. Bergsteigen sollte lieber verschoben werden.

Die 7'er

G ist religiös mit einem Hang zu tiefgehendem mystischem Verständnis. Du bist erfinderisch, intuitiv und außerordentlich methodisch. Weil dein Wille sehr stark ist, bist du schwer von etwas zu überzeugen. Außerdem magst du es nicht, wenn man dir Ratschläge erteilt.

G in hervorgehobener Position bedeutet eine Zeit des Wachstums, der Produktivität und des materiellen Erfolges. Es ist günstig für Kunst, Musik, Theater und Literatur.

In gesundheitlicher Hinsicht bedeutet das G immer Gutes. Sollte einmal eine Krankheit auftreten, dann wird es Hilfe zur Genesung geben. In Zusammenhang mit einem D oder F weist das G auf finanziellen Gewinn hin.

P verleiht Kraft des Ausdruckes, sei es in der Rede oder im Geschriebenen. Du bist klug, klarsichtig und intelligent. Du kannst dich dominant verhalten und neigst, wenn du behindert wirst, zur Ungeduld. Wenn du auf die negative Seite dieser Schwingung reagierst, kannst du selbstsüchtig sein.

P in hervorgehobener Position weist großartige Möglichkeiten für die Zukunft auf. Aufgrund deiner schöpferischen Talente sieht die Zukunft für dich rosig aus. Kluge Planung und Zielstellung für die Zukunft empfehlen sich in diesem Zyklus.

In gesundheitlicher Hinsicht bedeutet das P, daß du dich unter dem Einfluß dieses Buchstabens nicht überarbeiten solltest. Wenn das P mit dem G steht, ist die Gesundheit gut. Mit einem T oder B kann es Nervosität bedeuten.

Y braucht Freiheit, körperlich, geistig und seelisch. Du haßt jeglichen Zwang. Du liebst das Schöne und die Philosophie, und du strebst nach Höherem. Pythagoras bezog sich auf den Buchstaben Y als eine Wegegabelung, an der eine Entscheidung getroffen werden muß.

Y in hervorgehobener Position bewirkt eine plötzliche Veränderung, und da es sich um eine Wegegabelung handelt, sind Entscheidungen erforderlich. Triff eine sichere Entscheidung und weigere dich, zurückzuschauen oder Vergangenes zu bereuen. Mach das Beste daraus, wenn du dich einmal entschieden hast.

In gesundheitlicher Hinsicht gibt das Y das Gefühl der Gesundheit und des Schutzes, wenn man sich auf dem Wasser befindet.

Die 8'er

H muß schöpferisch tätig sein und Dinge vollenden. Du ziehst wie ein Magnet Erfolg und Geld an, wirst jedoch entweder sehr reich oder sehr arm sein, weil es dir bisweilen an gesundem Urteilsvermögen mangelt. Du bist von Natur aus ein guter Liebhaber, zum Glücklichsein bist du nicht auf andere angewiesen. H ist ein Buchstabe der Macht, der sich selbst genügt. Auf der negativen Seite neigst du dazu, selbstsüchtig zu sein.

H in hervorgehobener Position hat die Funktion eines Tores zum Lebensweg, ein Tor, das entweder ein Hindernis oder eine Öffnung sein kann. Dies ist eine Zeit, in der die kosmischen Gesetze auf eine Vollendung des Karmas hinwirken. Man muß sich um finanzielle oder rechtliche Angelegenheiten und um die physische und materielle Seite des Lebens kümmern.

In gesundheitlicher Hinsicht kann das H persönlichen Streß bringen. Wenn das H mit einem N steht, kann es nervösen Streß bis hin zur Krankheit bringen.

Q ist origineller als H und gefühlsintensiver. Du bist eine Führernatur. Du bist intelligent und redest gern. Eine Beziehung mit unbekannten Mächten verleiht dir eine geheime Kraft und den Hauch des Mysteriösen. Du besitzt Tiefe.

Q in hervorgehobener Position gewährt große geistige Beweglichkeit, intuitive Kraft und schöpferische Leistungsfähigkeit. Es gibt in deiner beruflichen Laufbahn die Gelegenheit zu außergewöhnlichen Führungspositionen und Ehrungen. Dies ist eine gute Zeit für öffentliche Aktivitäten und Reisen. Du solltest andere aus selbstloser Motivation heraus ermutigen.

In gesundheitlicher Hinsicht zeigt das Q eine Periode an, in der man keine Krankheit zu fürchten hat.

Z vereinigt alle Qualitäten von H und Q, ist jedoch spiritueller. Du besitzt Ambitionen und Inspiration, Hoffnung und innere Gewißheit. Weil du intuitiv und feinfühlig bist, verstehst du die Natur des Menschen. Du besitzt die Kraft, dich durchzusetzen. Diplomatie und Diskretion machen dich zu einem guten Vermittler.

Z in hervorgehobener Position bewegt sich auf einem Zickzackkurs in einem Zyklus des Fortschritts im Verborgenen. Obwohl es Rückschläge gibt, geht es vorwärts auf eine höhere Ebene. In dieser Zeit solltest du lernen, geduldig davon zu profitieren.

In gesundheitlicher Hinsicht verleiht dir das Z die Kontrolle über Krankheiten. Vielleicht zeigt sich eine Tendenz, Gewalt über andere Menschen zu erhalten, um einer geheimen Mission zur Heilung nachzukommen.

Die 9'er

I ist völlig autonom. Du neigst dazu, alles zu vollenden, was du angefangen hast. Wenn sich dir etwas in den Weg stellt, kannst du sehr hartnäckig sein, und Diktaturen machen dir schwer zu schaffen. Weil das I ein künstlerischer Vokal ist, benutzt du gerne einen Stift oder eine Nadel (Schreiben, Mode, Design), um dich auszudrücken. Du hältst gute Vorträge, aber kannst dich ebensogut um Kleinigkeiten im Büro kümmern. Du kannst liebevoll, mitfühlend, intuitiv und humanitär sein. Glücks- oder Pechsträhnen verfolgen dich. Auf der negativen Seite bist du nervös und leicht reizbar.

I in hervorgehobener Position erzeugt ein Wechselspiel von Höhen und Tiefen. Wenn du deinen Überzeugungen treu bleibst, ergeben sich großartige Eingebungen. Wankelmütigkeit erzeugt Fluktuationen in deinem Schicksal, Neuanfänge können daraus entstehen. In dieser Zeit sind persönliche Gefühle von überragender Bedeutung. Sensibilität, Mitgefühl und Intuition sind auf hohem Niveau.

In gesundheitlicher Hinsicht bringt das I Nervosität, vielleicht infolge von Überanstrengung, mit sich. Intensive Gefühle können zur Erschöpfung führen.

R beinhaltet alle Möglichkeiten des I, repräsentiert jedoch auch noch die hellere Seite der 9'er Buchstaben. Du bist tolerant und hilfst gern der gesamten Menschheit. Du bist sehr aktiv. Auf der negativen Seite solltest du dich vor Verlust in acht nehmen. Wenn auf das R ein I folgt, kann es sein, daß du überempfindlich und reizbar bist.

R in hervorgehobener Position ermöglicht eine Öffnung für neue Pläne und Ideen, die eine neue berufliche Stellung in deinem Leben erforderlich machen können. Entscheide dich, während dieser Zeit deinen Status beizubehalten. Alles geht sehr schnell, du solltest also dein Tempo etwas zügeln.

In gesundheitlicher Hinsicht nennt man das R den »Knurrbuchstaben«, was ein untergründiges Grummeln andeutet, das allerdings nicht sehr gefährlich ist, es sei denn, zwei R's wirken gleichzeitig. Im Negativen können sich durch Eile oder Unvorsichtigkeit Unfälle ereignen, was wiederum Krankheiten mit sich bringt.

Deine berufliche Laufbahn

Die Entscheidung für einen Beruf ist ein wichtiger Schritt in deinem Leben. Wenn du mehr als ein Talent besitzt, kann es dir schwerfallen, dich für einen Beruf zu entscheiden. An dieser Stelle kann das Studium der Zahlen und ihrer jeweiligen Schwingungen hilfreich sein. Deine Zahlen zeigen deine Fähigkeiten an, nutze sie, um deine Zukunft zu planen!

Deine Lebensaufgabe-Zahl ist deine Berufszahl. Um sie zu errechnen, mußt du die Zahlen deines Geburtstages addieren. Nimm dabei immer die vollständigen Zahlen des Tages und des Monats, ohne sie in Einzelziffern aufzuteilen. Bilde die Quersumme deines Geburtsjahres und zähle dann Monats- und Tageszahl hinzu. Zum Beispiel: $1945 = 1+9+4+5 = 19$. Verwende die 19 für das Jahr 1945.

Der 12. November 1940 ergibt die Berufszahl 1: $12+11+14$ $(1+9+4+0=14) = 37/1$.

Wenn die Quersumme deines Geburtstages eine Leitzahl ergibt, reduziere sie nicht noch weiter.

Oft findet sich unter verschiedenen Zahlen dieselbe Berufung. In diesem Fall schau dir die anderen Berufe in dieser Berufszahl an, um zu bestimmen, wie du am besten diese bestimmte Berufung nutzen kannst. Rechtsberufe erscheinen zum Beispiel unter den Zahlen 2, 3, 6, 7, 8 und 9. Bei der Zahl 3 ist die Arbeit an Gerichten gemeint, bei der Zahl 7 die Arbeit als Scheidungsanwalt, bei der Zahl 8 die Arbeit in Firmen, beim Patentamt, als Finanzberater oder ähnliches.

Lies nun die folgenden Beschreibungen und finde die Berufe, für die du am besten geeignet bist.

1 *als Berufszahl:* Erfinder, Designer, Pilot, Gruppen-, Abteilungs- oder Firmenleiter, Botschafter, Regisseur, Programmplaner, Ladenbesitzer, Offizier der Streitkräfte. Film-, Fernseh- oder Bühnenproduzent. Lehrbeauftragter, Werbefachmann, Verkaufsmanager, Ingenieur, Manager, Forscher. Alle Arten von schöpferischer Tätigkeit.

2 *als Berufszahl:* Diplomat, Agent, Delikatessenhändler, Sekretärin, Schadenssachverständiger, alles, was mit Vergleichen und Vermittlung zu tun hat. Architekt, Buchhalter, Gerichtsvollzieher, Vermögensverwalter, Parlamentsabgeordneter, Bibliothekar, Minister, Außenminister, Politiker, Lehrer.

3 *als Berufszahl:* Künstler, Musiker, Krankenschwester, Diätassistentin, Arzt. Schriftsteller, Moderator, Kosmetikerin, Kosmetik- oder Künstlerzubehörverkäufer. Jegliches Kunsthandwerk. Rechtsanwalt, Richter, Ingenieur, Pastor, Priester, Hausmeister in einer Schule, Sporttrainer, Pfadfinderführer, Berufsschullehrer, Philosoph. Die 3 sollte Positionen vermeiden, in denen sie für viele Stunden am selben Ort bleiben muß. Um glücklich zu sein und gute Arbeit zu vollbringen, muß sie sich ausleben können.

4 *als Berufszahl:* Alle Berufe, die mit Bauen und Konstruktion zu tun haben, Numerologe, Bauer, Arbeit im Bergwerk oder in der Industrie, Maurer, technischer Zeichner, Mechaniker, Buchhalter, Leichenbestatter, Unternehmensberater, Manager, Berufsboxer, Ingenieur, Drogist, Labortechniker.

5 *als Berufszahl:* Verkäufer, Anzeigenverkäufer, Detektiv oder Ermittler, Schriftsteller, Lehrer, Lehrbeauftragter, Texter, Journalist, Lektor, alles, was mit Medien zu tun hat. Graphologe, Korrektor, Verleger, Bühnenschriftsteller, Berufe bei Radio oder Fernsehen, Schauspieler, Sekretär, Therapeut, Psychologe oder Sprachlehrer, Übersetzer, Import-Exportkaufmann.

6 *als Berufszahl:* Schauspieler, Hosteß, Hausfrau, Lehrer, Schriftsteller, Krankenschwester, Arzt. Innenarchitekt, Künstler, Florist, Sänger, Gesangslehrer, Tutor. Kosmetikerin, Schneider oder Designer, Modespezialist, Musiker, Parfümier, Spezialist für

Räucherwerk und Kräuter. Alle Sparten des Theaters. Eheberater, Scheidungsanwalt. Die 6 muß anderen dienen.

7 *als Berufszahl:* Archäologe, Astrologe, Ingenieur, Heilpraktiker, Prediger, Autor, Zahnarzt, Bauer, Anwalt, Fotograf, Parapsychologe, alle Arten von Nachforschungen. Könnte gut in einer Bibliothek in der Katalogabteilung arbeiten. Die 7 scheut körperliche Arbeit und fühlt sich am wohlsten in einer kultivierten und gehobenen Atmosphäre.

8 *als Berufszahl:* Bankier, Finanzberater, Ingenieur, Leichenbestatter, Drogist, Schreiner, Kriminalpolizist, Apotheker, Kammerjäger, Experte für Feuerwaffen und Dynamit. Anwalt, Organisator, Aufseher, Fabrikant, Architekt, Makler.

9 *als Berufszahl:* Wissenschaftler, Elektriker, Forschungsreisender, Magier, Drogenfahnder, Arzt, Lehrer, Prediger, Lehrbeauftragter, Chirurg, Diplomat. Stahlarbeiter, Künstler, Musiker, Anwalt, Geistheiler, Gärtner, Landschaftsgärtner.

11 *als Berufszahl:* Inspirierter Schriftsteller, Lehrer, Gelehrter, Anzeigenkaufmann, Verkaufsmanager, Führungspersönlichkeit im öffentlichen Leben. Professioneller Parapsychologe, Astrologe, Astronom, Numerologe. Elektriker, Raumfahrt-Elektronikexperte, Astronaut.

22 *als Berufszahl:* Führungsmanager, Diplomat, Botschafter, Regierungsbeamter, Gutachter, Vermittler, Gelehrter, Bibliothekar, Schulleiter. Eine 22 gehört auf irgendeine Weise in den öffentlichen Dienst oder in eine beratende Funktion.

33 *als Berufszahl:* Professor der Bibelkunde, Dienst am Nächsten. Die Bestimmung von Menschen mit 33 als Berufszahl ist gewöhnlich mit Aufopferung verbunden. Sie sollte ein Leben sein, das der Pflege gewidmet ist oder durch die Aufgabe der eigenen Karriere dazu dient, Vater oder Mutter, der Gesellschaft oder der ganzen Welt behilflich zu sein.

44 *als Berufszahl:* Bauer, Baumeister, Arzt, Krankenschwester, Koch, Soldat, Politiker, Bankier, Geschäftsmann, Sozialarbeiter. Eine 44 muß der Welt auf eine substantielle, materielle Weise zuträglich sein.

Verträglichkeit von Zahlen

Viele Menschen versuchen herauszufinden, ob sie sich mit anderen vertragen und ergänzen können. Wir können dies tun, indem wir die Lebensaufgabenzahlen miteinander vergleichen. Dies ist die Zahl, die den größten Einfluß auf unser Leben ausübt.

An dieser Stelle werden wir nur die einstellige Lebensaufgabenzahl anwenden. Wenn du eine Leitzahl hast, dann reduziere sie auf eine einstellige Zahl und arbeite mit dieser Zahl. Jemand, der seinen Geburtstag nicht gern preisgeben möchte, soll einfach selbst seine Lebensaufgabenzahl ermitteln und dir die Zahl dann geben.
Das folgende Kapitel listet sämtliche Kombinationsmöglichkeiten von Lebensaufgabenzahlen auf. Verträgt sich eine 3 mit einer 5? Schauen wir einfach nach!

1 mit 1: Da ihr beide starke Führernaturen seid, könnt ihr zusammen eine dynamische Kombination ergeben. Wenn ihr beide dasselbe zur selben Zeit anstrebt, seid ihr damit einer eventuellen Konkurrenz gegenüber sehr wettbewerbsfähig. Es könnte sein, daß ihr daran arbeiten müßt, eure Persönlichkeiten aufeinander einzustellen, weil ihr beide dazu neigt, aggressiv zu sein. Diese Kombination erfordert Kooperationsfähigkeit und das notwendige Durchhaltevermögen, um ein Projekt bis zu seiner Vollendung durchzuführen.

1 mit 2: Die 1 hat die Pläne, die Initiative und die Führungsqualitäten, während die 2 die Rücksichtnahme, die Fähigkeit zur Zusammenarbeit und Unterstützung besitzt, um die Pläne und Ideen, die von der 1 begonnen wurden, auszuführen. Die 1 ist Neuem gegenüber aufgeschlossen, und die 2 unterstützend, sie ist das beste Werkzeug, die beste Förderung, um diese Erneuerungen durchzusetzen. Als Partner, Liebhaber oder Kollegen seid ihr unschlagbar, weil der eine hat, was dem anderen fehlt.

1 mit 3: Durch die Kombination der Originalität und der Führungsqualitäten mit der 1 mit dem Charme, der Anziehungskraft und der Geschicklichkeit der 3 bei der Realisierung einer Idee und ihrer Umwandlung in einen Erfolg, kann diese Konstellation ebensoviel Ruhm und Anerkennung wie persönliches Glück bringen. Die einzige wirkliche Gefahr dabei besteht darin, daß die 1 sehr impulsiv sein kann und die 3 dazu neigt, ihre Energien zu verschwenden. Mit Hilfe ihrer vereinigten Talente jedoch können sie fast alles erreichen.

1 mit 4: Diese Kombination ist eine gesunde Basis zum geschäftlichen Erfolg. Die 1 handelt dabei als der Entscheidungsträger und liefert das kreative, erfinderische und ursprüngliche Talent. Die 1 braucht jedoch die Praxisorientiertheit, Gründlichkeit und beständige Unterstützung der 4, um ihre Spontaneität etwas zu zügeln. Die 1 kann die 4 durch ihr impulsives Verhalten leicht durcheinanderbringen, während die 4 die 1 durch ihre extreme Vorsicht auf die Palme bringen kann. Insgesamt gesehen ist es jedoch eine günstige Kombination.

1 mit 5: Ihr seid beide aktiv, innerlich beweglich und originell, bisweilen sogar vielseitig. Beide zusammen könnt ihr die Welt erobern, eine Menge lernen und einen Haufen Geld verdienen. Die 5 kann die Ideen der 1 verkaufen. Ideal für euch als ein Team sind erzieherische Aufgaben, wobei die 5 den Part der Arbeit an der Öffentlichkeit übernehmen sollte.

1 mit 6: Die Zahl 6 ist ein Freund der Künste, sie ist gern in Gesellschaft und liebt das Schöne und den Luxus. Diese Welten können ihr von der 1 geöffnet werden, die den Glanz, sowie die Antriebs- und Führungskraft für fruchtbare Unternehmungen mitbringt. Wenn die 1 jedoch auf ihrer Art und Weise, die Dinge zu tun, besteht, kann es zu Spannungen kommen. Eine gemeinsame Unternehmung im kulturellen Bereich, wie Innendekoration, Landschaftsgärtnerei, eine Feinschmeckerküche oder ähnliches kann für dieses Team sehr lohnend sein.

1 mit 7: In dieser Kombination kann eine spirituelle oder metaphysische Beziehung funktionieren. Die 1 darf dabei nicht zu hastig oder fordernd sein, denn die 7 braucht ihre Zeit der Abgeschiedenheit, um alles genau zu analysieren und über alles nachzudenken. Wo die 1 extravertiert ist, ist die 7 introvertiert; beide sollten sich über das Bedürfnis des anderen nach Unabhängigkeit im klaren sein. Die 7 sollte ihre Ideen mitteilen, sich der Führung durch die 1 fügen und damit als eine Bremse für das impulsive Wesen der 1 dienen. Dies kann eine machtvolle Kombination sein.

1 mit 8: Ihr versteht es beide, euch durchzusetzen, und seid es gewöhnt, eure eigenen Entscheidungen zu treffen. Die Alternative ist also, entweder freiwillig zusammenzuarbeiten oder Rivalen zu werden und gegeneinander zu arbeiten. Wenn ihr euch in Ruhe zusammenfindet, eine verschworene Gemeinschaft bildet und eure vereinten Kräfte nach sorgfältiger Analyse der Lage auf kluge Weise einzusetzen lernt, könnt ihr selbst angesichts von Schwierigkeiten große Kräfte entwickeln und außerordentlichen Mut an den Tag legen. Legt eure Energien und Talente zusammen und seid gemeinsame Gewinner, sonst werdet ihr euch gegenseitig zerstören. Dies ist eine starke Kombination in geschäftlicher Hinsicht.

1 mit 9: Die visionäre Tiefe und das umfassende Verständnis der 9, in Verbindung mit der Originalität und dem Schwung der 1, kann eine geniale und erfindungsreiche Kombination sein. Die 1 ist in dieser Partnerschaft die treibende Kraft, die die verschiedensten Ideen dazu beiträgt, die hier auf kluge und erfahrene Ohren stoßen. Der Mut und die Weisheit dieser Kombination kann mit vereinten Kräften sehr weit auf der Erfolgsleiter vorankommen.

2 mit 2: Vollkommenes Gleichgewicht und gerechte Teilung sind hier die Schlagworte. Beide macht ihr gern eure Erfahrungen und seid beide in der Lage, verständnisvolle Worte zu geben und zu nehmen. Ihr solltet lernen, miteinander zu arbeiten, anstatt euch gegenseitig zu befehlen, dann werdet ihr beide die materiellen Früchte eurer Partnerschaft ernten können. Ihr habt beide einen sehr wachen Blick in bezug auf die Standpunkte des anderen, dürft euch aber nicht gegenseitig so weit blockieren, daß ihr selbst keine Entscheidungen mehr treffen und nicht mehr handeln könnt.

2 mit 3: Dies ist eine Kombination, die auf der Beliebtheits-Skala sehr weit oben steht. Die 2 weiß, wie man Freunde und Verträge macht und wie man die Dinge auf harmonische Weise vorantreibt. Die 3 kann auf Freundschaften aufbauen und sie mit Leben und Spontaneität füllen. Die 2 hat die Fähigkeit, im Hintergrund zu bleiben und sich um die praktischen Aspekte zu kümmern, um die Dinge auf dem rechten Weg zu halten. Das kann die schöpferischen Talente der 3 auf effektive Weise steuern und ausgleichen.

2 mit 4: In dieser Zahlenkombination gibt es keinen Wettbewerb und keine Reibung. Im Gegenteil: Ihr zeigt euch zusammen nur von eurer besten Seite. Was auch immer ihr unternehmt, es herrscht große Harmonie und Verständnis. Die 2 erzeugt Harmonie und koordiniert, und die 4 plant die praktische Basis für ein solides Fundament. Ihr könnt beide gut ein Haus bauen, mit Immobilien handeln, einen Bauernhof betreiben und andere ähnliche Berufe ausüben.

2 mit 5: Diese Partnerschaft wird etwas hervorbringen, das man mit »Alles oder Nichts« umschreiben könnte. Dabei tut die 2 gut daran, an zweiter Stelle zu stehen und zu warten, bis ihre Stärke gebraucht wird. Die 5 kann für beide planen und sprechen, und es kann zu Reibereien kommen, wenn die 2 den Witz und die Brillanz der 5 zu dämpfen versucht. Wenn sie hingegen die Aufmerksamkeit und das Interesse der 5 gewinnen kann, dann kann die 2 die Ideen der 5 unterstützen und dabei helfen, sie erfolgreich in die Tat umzusetzen.

2 mit 6: Dies kann eine außerordentlich erfolgreiche Kombination sein. Der Anstand und der Magnetismus der 2 in Verbindung mit dem Schöngeist und dem Sinn für Heim und Familie, den die 6 mitbringt, kann das Vertrauen anderer gewinnen. Man wird diese beiden Menschen als sensibel, fürsorglich, künstlerisch begabt und kooperativ erleben. Die Öffentlichkeit wird auf euren vereinigten Charme ansprechen. Ihr könnt erfolgreich im Bereich der Wohlfahrt, beim Sammeln von Spenden oder beim Organisieren von Wohnungen, mit Kindern oder in anderen »inneren Angelegenheiten« arbeiten.

2 mit 7: Dies ist eine außerordentlich harmonische Kombination, in der keine Spannungen aufkommen. Im Gegenteil sollte man sich eher davor in acht nehmen, daß alles allzu rosig erscheint. Es gibt eine Übereinstimmung in okkulten, philosophischen und mystischen Studien und ein großes Potential, gemeinsam auf der spirituellen Ebene zu wachsen. Die 2 versteht es zu kooperieren, und die 7 braucht Zeiten, in denen sie allein ist, um die Ideen zu überdenken und über Dinge zu meditieren, die schließlich zum Nutzen beider geteilt werden können.

2 mit 8: Eure vereinten Energien können euch auf der materiellen Erfolgsleiter sehr weit bringen, denn hier handelt es sich um eine exzellente Geld- und Finanzkombination. Im Team könnt ihr Prestige gewinnen und wegen eurer Ehrlichkeit und eurer fairen Geschäftsmethoden einen guten Ruf erwerben. Ihr seid beide effiziente Arbeiter, und wenn die 8 sorgfältig darauf achtet, die 2 durch ihre Dynamik nicht zu stark zu vereinnahmen und zu übertrumpfen, kann sich eine schöne Freundschaft entwickeln. Die 8 kann sich auf die Diplomatie und das Taktgefühl der 2 in allen geschäftlichen Dingen verlassen.

2 mit 9: Die vermittelnden und ausgleichenden Fähigkeiten der 2 in Verbindung mit der Einsicht und Vision der 9 ergeben eine

Gewinner-Kombination. Jeder trägt auf harmonische Weise zum anderen bei, und wenn sich beide für dieselbe Sache einsetzen, wird der Schwung durch das gemeinsame Ziel noch verstärkt. Die Fähigkeit der 2, beide Seiten einer Situation zu sehen, verleiht der Vorstellungskraft und den humanitären Instinkten der 9 eine gute Basis. Zusammen können beide viel dazu beitragen, daß die Not in der Welt gelindert wird.

3 mit 3: Dies ist eine Kombination, bei der man auf der Hut sein muß. Da ihr beide ziemlich leichtfertig Risiken eingeht und davon ausgeht, daß es schon irgendwie klappen wird, was oft tatsächlich stimmt, könnt ihr es schnell zu weit treiben. Euer Drang nach großen Ideen und aufwendigen Methoden, mit denen ihr eure Geschäfte betreibt, kann zu Vergeudung und Leichtsinn führen. In beiden von euch steckt ein Spieler. Wenn diese Qualitäten gemäßigt und kontrolliert werden können, könnt ihr fast alles erreichen.

3 mit 4: Damit diese beiden Menschen eine friedliche Koexistenz führen können, müssen sie einen Kompromiß eingehen. Beide müssen aufeinander hören, denn die 3 ist großzügig und ein Freigeist, während die 4 sparsam und konservativ ist. Diese Qualitäten können sich leicht aneinander stoßen. Eine dauerhafte Verbindung kann entstehen, wenn die 3 sich des Bedürfnisses ihres Partners nach Stabilität und Vorsicht bewußt ist, und wenn die 4 sich auflockert und auf die horizonterweiternden Ideen der 3 hört. Zusammen können sie zündende Ideen verwirklichen, die auf einer soliden Basis stehen.

3 mit 5: Diese Schwingungen sind harmonisch und fast alles, was ihr zusammen in Angriff nehmt, wird gelingen. Ihr seid beide auf Volldampf eingestellt. »Tu's jetzt!« ist euer Motto. Die einzige Gefahr dabei ist, daß ihr zu überstürzten Handlungen neigt. Ihr seid beide voller guter Ideen, die die 3 wirksam darstellen und die 5 leicht verkaufen kann. Es kann durchaus sein, daß ihr mehr als ein Geschäft gleichzeitig betreibt, um der Vielzahl eurer Ideen ein Betätigungsfeld zu verschaffen.

3 mit 6: Dies müßte eigentlich eine sehr gute Beziehung ergeben, denn ihr seid beide einander ebenbürtig, und ihr liebt beide die Gesellschaft und das Vergnügen. Verständnis und Harmonie herrschen zwischen euch, denn ihr habt ähnliche persönliche Eigenarten, die sich zu einer lang andauernden Freundschaft entwickeln können, in der ihr euch sicher fühlt und Zukunfts- und Investitionspläne von langer Hand vorbereiten könnt. Ein Geschäft, das Freundschaft und Liebe fördert, wie beispielsweise die Ausrichtung von Verlobungs- und Hochzeitsfeiern, könnte für euch beide eine attraktive Aufgabe sein.

3 mit 7: Die 3 liefert in dieser Beziehung die Energie und die Inspiration, während die 7 das Verständnis und die tiefe Einsicht beiträgt. Dies ist eine auf Gewinn programmierte Kombination, in der die magische 7 von den lebendigen Zügen der 3 profitieren und die 3 lernen kann, ihre eigenen zerstreuten Tendenzen etwas kritischer zu sehen und auf produktivere Weise mit ihren eigenen Talenten umzugehen. Die 3 muß sich in Gesellschaft begeben, und die 7 braucht Zeit für sich allein. Bei gegenseitiger Berücksichtigung der Bedürfnisse des anderen kann diese Partnerschaft sich auf ideale Weise entwickeln.

3 mit 8: Wenn auf konstruktive Weise mit dieser Verbindung umgegangen wird, gibt es nichts, was sie stoppen könnte. Die 3 hat das Talent für Ideen, Kommunikation und effektive Werbung. Die 8 hat die Macht und den Antrieb für das große Geschäft und menschenfreundliche Projekte. Beide sind eine gute Ergänzung für die Bedürfnisse des anderen. Wenn eure Zielsetzungen in Einklang stehen, ist dies eine unschlagbare Kombination, und mit dem praktischen Geschäftssinn der 8 und den gesellschaftlichen Tugenden der 3 können eure nächsten Hoffnungen in Erfüllung gehen.

3 mit 9: In diesen beiden Zahlen steckt sehr viel Idealismus, und es besteht die Gefahr, daß die Arbeit in der materiellen Welt zugunsten der sozialen Freuden der 3 und der philanthropischen Neigungen der 9 vernachlässigt wird. Kooperation und Verständnis gibt es hier reichlich, vielleicht ist diese Kombination sogar etwas zu verträglich. Als Team müßt ihr euren Idealismus auf ein Ziel konzentrieren und erkennen, daß praktisches Verständnis unerläßlich ist und daß die materielle Welt ebenso wichtig ist wie die spirituelle.

4 mit 4: Dies kann eine extrem glückliche und verträgliche Kombination sein, die finanziellen Erfolg und materiellen Wohlstand mit sich bringt. Ihr seid beide Baumeister im materiellen Sinn und seht es gern, wenn am Ende eurer Unternehmungen ein sichtbares Produkt steht. Eure Arbeit muß einen praktischen Wert haben. Ihr müßt vorsichtig sein, euch nicht zu sehr von der physischen Seite des Lebens gefangennehmen zu lassen und dabei die spirituelle Seite eurer Entwicklung zu vernachlässigen. Diese Gefahr gilt für euch beide, da ihr euch sehr ähnlich seid.

4 mit 5: Dies kann eine gute Kombination sein, aus dem einfachen Grund, weil ihr so verschieden seid. Die 4 besitzt das Geschick und die Stabilität, um eure gemeinsamen Anstrengungen durchzusetzen. Die 4 ist das ausgleichende Element in dieser Partnerschaft. Die 5 sorgt für den Witz und die Abwechslung in den Ideen. Sie verfügt gleichzeitig über viele Kontakte, weil sie gut mit anderen kommunizieren kann. Die 5 kann sich leichter an eine Stimmung anpassen, um mit der 4 zu harmonisieren, und die Ergebnisse werden die Anstrengung wert sein.

4 mit 6: Ihr seid beide ernsthaft und praktisch eingestellt, habt aber genügend Freude am Leben, um zwischen Arbeit und Freizeit ein ausgewogenes Verhältnis zu wahren. Auf diese Weise könnt ihr eine Atmosphäre von Lebensglück und Freude erzeugen. Die 4 ist bereit, für Profit zu arbeiten, und die 6 liebt das Zuhause und die Künste. Eure vereinigten Talente können euch in Berufe führen, die die Verschönerung eurer Umwelt beinhalten. Eure Arbeit wird dann von anderen geschätzt, und alle können sich daran erfreuen.

4 mit 7: Die Begabung der 4 für gute praktische Planung und Gründlichkeit, in Verbindung mit der tiefen Einsicht und den phantasievollen Talenten der 7, kann eine Kombination von Kräften erzeugen, die zu großen Leistungen in der Lage ist. Es besteht ein gutes Gleichgewicht zwischen beiden, denn die 4 lebt in der materiellen Welt, während die 7 in einer geistigen Welt lebt. Durch eine kluge Kombination beider kann eine vollkommene Balance erzielt werden, die für beide sehr positive Effekte haben kann.

4 mit 8: Wo die 8 an große Macht und Riesengeschäfte denkt, kann die 4 mit ihrer Fähigkeit, kleine Details zu sehen und mit beiden Beinen auf der Erde zu stehen, eine Fähigkeit, die die Stütze jeder großen Firma ist, den vollkommenen Ausgleich darstellen. Ihr konzentriert euch beide auf physische und materielle Errungenschaften. Die 4 bewegt sich auf vorsichtigere und konservativere Weise, während die 8 auf großzügigere und ausschweifendere Art vorgeht. Als ein Team könnt ihr euch jedoch gut gegenseitig ausgleichen.

4 mit 9: Die 4 hat in dieser Partnerschaft die wertvolle Chance, die Lektionen des Lebens zu lernen, denn die 9 hat große Weisheit und Einsicht zu bieten, die die 4 aus der materiellen Welt erheben und ihr den Wert der Arbeit in einem höheren Sinn zeigen kann. Die 9 lernt von der 4 die Lektionen des praktischen Denkens und der Arbeit auf der materiellen Ebene. In dieser Kombination findet ein Austausch von Ideen und Philosophien sowie eine Verbindung von Brillanz mit Vernunft und Urteilskraft statt.

5 mit 5: Ihr seid beide temperamentvoll und erregbar. Wenn ihr zusammenarbeitet, kommen diese Eigenschaften zum Vorschein. Wenn ihr gut zusammenarbeiten wollt, werdet ihr die Ausbrüche, die in eurer nervösen Energie ihre Ursache haben, beherrschen müssen. Führt eure vereinten Energien der Arbeit zu, die allein schon ein erregendes Abenteuer darstellt, da sie vielleicht mit Reisen oder anderen Dingen verbunden ist, die für euch beide Abwechslung und geistige Anregung enthalten. Keiner von euch beiden möchte sich zu lange binden lassen. Wenn ihr im Duett erfolgreich sein wollt, müßt ihr für eure Energien Ventile finden.

5 mit 6: Die 5 ist für die 6 eine geistige Anregung und bringt ihre häuslichen und künstlerischen Qualitäten zum Tragen. Die 6 verleiht der Vielfalt der Ideen und der impulsiven Natur der 5 Form, Schönheit und Ordnung. Das Heim wird gut versorgt und geschmackvoll dekoriert und kann der Ort für vielerlei Aktivitäten sein. Dies ist eine anregende und wohltuende Kombination, die andere beruhigen kann.

5 mit 7: Zuviel Gerede und Aufregung von seiten der 5 können die 7 abstoßen. Die 7 braucht Phasen ruhiger Selbstbeobachtung und Meditation. Sie kann für die 5 ein beruhigender Einfluß sein. Die 5 dagegen kann den Schwung und die Durchsetzungskraft besitzen, die der 7 fehlen. Durch gegenseitigen Respekt und Verständnis der angeborenen Qualitäten des anderen kann diese Kombination in der Welt der Ideen extrem erfolgreich sein.

5 mit 8: Diese Kombination könnte man als »geölten Blitz« beschreiben, wenn ihr es versteht, eure Schwingungen auf kluge Weise zu vereinigen. Ihr seid beide höchst energiegeladen, die 5 auf dem Gebiet der Ideen und der Kommunikation, und die 8 in der Geschäfts- und Finanzwelt sowie im Sport. Es gibt ein großes Bedürfnis nach Abenteuer, und die 8 liefert die zugrundeliegende Kraft, um die entsprechenden Projekte an Land zu ziehen. Beide könnt ihr im geeigneten Moment auf eine innere Botschaft hören und euren Eifer, wenn es nötig ist, einmal etwas bremsen.

5 mit 9: Dies kann eine Kombination von Gewinnern sein, in der die 5 die Vielseitigkeit und die Darstellungsqualitäten einbringt, die den Einblick der 9 in das Gebiet von Wissenschaft und Forschung sowie in die Welt als Ganzes im rechten Licht erscheinen läßt. Die 5 besitzt die Energie, die Kontakte und das Knowhow, um das Fachwissen und die Weisheit der 9 zu präsentieren, während die 9 die ausgleichenden Qualitäten mitbringt, um die

Abenteuer der 5 zu verläßlichen und dauerhaften Ergebnissen zu führen.

6 mit 6: Schönheit, Kunst und Behaglichkeit sind von großer Wichtigkeit im Wesen der 6, aber zuviel Süße und eine rosarote Brille kann auch ermüdend sein, wenn es nicht gleichzeitig wirklich konstruktive Impulse gibt. Die Gefahr hier ist, daß die Ähnlichkeiten in eurem Wesen die Dinge zu friedlich vor sich hinlaufen lassen und gleichzeitig die Arbeit umgangen wird. Wenn ihr eure Talente klug kombiniert, könnt ihr in eurem Heim oder eurer gesellschaftlichen Umgebung eine Atmosphäre von unglaublicher Schönheit erzeugen. In dieser Kombination zeigt sich große Sanftheit und liebevolle Häuslichkeit.

6 mit 7: Dies kann eine schwierige Kombination sein, in der die 6 fast ausschließlich mit heimischen und künstlerischen Belangen beschäftigt ist und darüber anderes vernachlässigt, während die 7 auf ihre Weise in der entrückten Welt der Gedanken und des Geistes versinkt. Die Gefahr liegt hier darin, daß eure Kommunikation droht, völlig zu scheitern. Kooperation und der Wille zur gegenseitigen Verständigung muß von vornherein als Ziel festgelegt werden.

6 mit 8: Diese Kombination hat starke Möglichkeiten. Die 6 bietet die liebevolle Unterstützung und den Funken Phantasie, der der 8 in allen Berufen, die sie sich zum Ziel setzt, nutzen wird. Die 8 wird höchstwahrscheinlich in dieser Partnerschaft die Führungsrolle übernehmen, weil sie die stärkeren finanziellen und kommerziellen Neigungen hat. Die 6 hingegen verfügt über die kreativen Methoden, um mit den Ideen der 8 umzugehen und sie zu präsentieren. Außerdem kann sie ein Zuhause bieten, das das Ende eines Arbeitstages zu einem Vergnügen machen kann.

6 mit 9: Hier ist eine Chance für eine bleibende Freundschaft oder Partnerschaft. Über die meisten Themen erfreut ihr euch übereinstimmender Ansichten. Ihr seid beide der Überzeugung, daß eine Ehe das Geben ebenso beinhaltet wie das Nehmen. Die 6 liefert die Schönheit, die 9 die Wahrheit. Zusammen könntet ihr viel voneinander lernen, auf der Ebene der »häuslichen« 6, der mikrokosmischen Einheit, und der »universalen« 9, der makrokosmischen Einheit. Jeder lehrt den anderen die Bedeutung der »kleinen« bzw. »großen« Dinge und Zusammenhänge.

7 mit 7: Frieden ist hier das Schlüsselwort. Beide seid ihr emotional gereift, und keine Mißstimmigkeit und kein Streit währt lange zwischen euch. Ihr habt beide die Neigung, in einer Welt der Ideen zu leben und seid euch über die vorübergehende Natur der materiellen Welt im klaren. Die Gefahr besteht hier darin, daß ihr die physische Welt allzu schnell als Illusion abtut und folglich all eure Zeit in euren Gedanken verbringt. Es gibt jedoch niemanden, der eure Rechnungen bezahlt und euch über Wasser hält.

7 mit 8: Dies könnte eine ausgezeichnete Partnerschaft sein. Das Feuer und die Stärke, die Hitze und die Kraft der 8 können für die stille 7 zu überwältigend sein, aber die organisatorischen und verwalterischen Fähigkeiten der 8 können dazu beitragen, die Einsicht und Weitsicht der 7 enorm zu vergrößern. Die 8 liefert so die Stärke, während die 7 den Ausgang vorhersagt und die ruhige Klugheit einbringt, die den waghalsigen Qualitäten der 8 den richtigen Nachdruck verleiht. Zusammen kann dies eine sehr effektive Partnerschaft ergeben.

7 mit 9: Große Tiefe und Sympathien gibt es in diesem Paar. Inneres Wachstum ist ein Ziel, das ihr beide anstrebt, und die Universalität eurer Ideen erzeugt Harmonie, Verständnis und Frieden für euch beide. Dies ist eine fast vollkommene Kombination, da hier eine harmonische Begegnung von Geist, Herz und Seele stattfindet. Eine mystische Beziehung kann sich entwickeln, eure kombinierten Talente können der gesamten Menschheit zugute kommen und eure Weisheit kann eine Bereicherung für das Leben aller sein, denen ihr begegnet.

8 mit 8: Dies ist ein perfektes Paar für eine Revolution. Bei euch trifft eine mächtige Kraft auf eine andere, so daß die Funken fliegen. Auf der anderen Seite könnt ihr euch gegeneinander richten und euch gegenseitig vernichten. Wie alle Energien kann diese Kombination klug oder unklug genutzt werden. Wenn ihr mit großer Vorsicht vorgeht, können eure kombinierte Kraft und eure organisatorischen Fähigkeiten der Welt gemeinsam die Stirn bieten und so mit gewöhnlichen Mitteln von keiner Opposition besiegt werden. Diese Partnerschaft kann beinahe alles in der Welt erreichen.

8 mit 9: Dies ist eine gute Partnerschaft für wissenschaftliche oder philanthropische Forschungen und Aktivitäten. Die kreativen Qualitäten der 9 in Verbindung mit der Macht und dem praktischen Verstand der 8 können dies zu einer unerhört erfolgreichen Kombination machen, sowohl in wissenschaftlicher Forschung wie in finanziellen oder wirtschaftlichen Kreisen. Gleichzeitig könnt ihr euch gegenseitig sehr in spiritueller Weise fördern, denn die 8 trägt die Stabilität und die Werte der materiellen Welt bei, während die 9 ein Beispiel für einen universellen Philosophen ist.

9 mit 9: Man kann sagen, daß dies eine Schicksalskombination ist, denn ihr seid beide intuitiv, einsichtig, phantasievoll und kreativ. Ihr kennt beide den Wert, den eure lehrende Tätigkeit und die Sorge um andere Menschen für euer eigenes Leben hat. So kann sich aus dieser Partnerschaft ein großer Nutzen für die gesamte Menschheit ergeben. Eine tiefe Bande wird zwischen euch wachsen, und ihr werdet einander viel Verständnis und Erleuchtung zuteil werden lassen.

Fehlende Zahlen in deinem Namen

Die fehlenden Zahlen in deinem Namen, manchmal die »karmischen« Zahlen genannt, zeigen an, was du in diesem Leben für Eigenschaften entwickeln mußt. Sie stehen stellvertretend für die Eigenschaften und Eigenarten, die wir auf uns nehmen müssen, um die Unzulänglichkeiten unserer vorangegangenen Leben zu sühnen.

In unserem Beispiel hat Ada Wynn Lunt die folgenden Zahlenschwingungen:

1 + 1 + 7 + 3= 12/3 Seelenzahl
ADA WYNN LUNT
4 + 5 + 5 + 5 + 3 + 5 + 2 = 29/11 Äußere Persönlichkeitszahl
41/5 Schicksalszahl
11 + 12 + 14 (1 + 9 + 4 + 0) = 37/1 Lebensaufgabenzahl

Zu diesen Zahlen werden wir eine Zahlenschwingung hinzufügen. Dazu addieren wir die zweistellige Schicksalszahl zu der zweistelligen Lebensaufgabenzahl. Das Ergebnis ist die *Machtzahl*.

41/5 Schicksalszahl
37/1 Lebensaufgabenzahl
78/15/6 Machtzahl

Die Machtzahl steht für eine Schwingung, die im Alter von dreißig bis vierzig Jahren zum Tragen kommt. Sie ist eine Kombination aller deiner Talente.

Wenn wir die Zahlenschwingungen in Adas Namen betrachten, sehen wir, daß die Zahlen 6, 8 und 9 bei ihr nicht auftauchen. Wenn eine dieser drei Zahlen in ihren vier persönlichen Zahlen, ihrer Machtzahl oder in einem ihrer Spitznamen auftaucht, dann ist die Schwingung in ihrem Leben bereits gegenwärtig. Ihre vier persönlichen Zahlen sind 12/3, 29/11/2, 41/5, 37/1 und ihre Machtzahl 78/15/6. Von der Gruppe der fehlenden Zahlen 6, 8 und 9 scheidet die 6 aus, weil sie ihre Machtzahl ist. So fehlen Ada nur die Zahlen 8 und 9. Die Eigenschaften, die von diesen Zahlen repräsentiert werden, muß sie in ihrem Leben auf sich nehmen.

Beachte, daß zusätzlich zu den persönlichen Zahlen und der Machtzahl ein Spitzname oder ein anderer zusätzlicher Name die Schwingung einer fehlenden Zahl erfüllen kann. Du solltest daher alle möglichen Namen und Zahlenkombinationen überprüfen, bevor du entscheidest, daß eine bestimmte Zahl oder mehrere Zahlen bei einer Person nicht auftauchen. In diesem Fall können

Leitzahlen auf einstellige Zahlen reduziert werden, um fehlende Schwingungen zu erfüllen. Eine 11 erfüllt die Schwingung einer 2, eine 22 die einer 4, eine 33 die einer 6 und eine 44 die einer 8.

Ermittle, falls vorhanden, deine fehlenden Zahlen und lies die folgenden Beschreibungen, um zu bestimmen, welche Eigenschaften in deine Persönlichkeit integriert werden müssen. Um weitere Details zu erfahren, schlage unter der jeweiligen Zahl im zweiten Teil des Buches nach.

1 *als fehlende Zahl:* Du mußt Führungsqualität, Mut und Risikobereitschaft in dein Leben integrieren. Es ist wichtig, daß du lernst, Entscheidungen zu treffen und jede Situation, die dein Eingreifen erforderlich macht, unter Kontrolle bekommst. Du mußt dich selbst behaupten, so daß man dir zuhört und auf dich hört. Du mußt lernen, auf irgendeinem Gebiet der Erste und Beste zu sein und dich in neue und noch nicht erprobte Situationen vorzuwagen. Übe deine Pionierinstinkte und wage es, du selbst zu sein.

2 *als fehlende Zahl:* Du mußt die hohe Schule der Kommunikation, des Takts und der Diplomatie erlernen. Wenn du mit jemandem eine Partnerschaft eingehen willst, mußt du bereit sein zu geben und lernen, wenn nötig, im Hintergrund zu bleiben. Wenn du verstehst, wie eine andere Person denkt und fühlt, kannst du deine eigenen Gedanken und Gefühle besser verstehen, weil du die Reaktion sehen kannst, die du bei anderen hervorrufst. Indem du ein Bewußtsein für Gegensätzlichkeiten entwickelst, kannst du dein eigenes kreatives Potential entfalten.

3 *als fehlende Zahl:* Du mußt lernen, dich selbst auszudrücken. Entwickle dein schöpferisches Potential, indem du dich in der Kunst des Sprechens bildest, durch Schauspiel, Sprechunterricht und Fremdsprachen, damit du auf das Leben anderer einen Einfluß ausüben kannst. Du solltest dir eine glückliche und optimistische Perspektive angewöhnen und auf allen deinen Wegen Enthusiasmus und Sonnenschein verbreiten. Gesellschaft und Freunde sollten in deinem Leben eine größere Rolle spielen. Du solltest reisen, deinen Horizont erweitern und neue Möglichkeiten erkunden. Achte immer auf dein Äußeres, denn das ist entscheidend für den Eindruck, den du auf die Menschen machst, denen du begegnest.

4 *als fehlende Zahl:* Du mußt einen ordentlichen, systematischen Lebensstil entwickeln, der deiner Existenz eine feste Struktur verleiht. Du mußt deine Energien mit Hilfe schwerer Arbeit und Disziplin in eine greifbare Form bringen. Gehe mit deinen Ausgaben sparsam um und halte deine Finanzen in Ordnung. Lebe kostenbewußt und praktisch, sei zuverlässig und beständig. Laß dich in deinen Entscheidungen von Vernunft leiten. Lerne, was es heißt, »das Salz der Erde« zu sein, denn dein Leben braucht ein starkes Fundament, das auf den Ecksteinen von Ordnung, Logik und harter Arbeit ruht.

5 *als fehlende Zahl:* Du mußt lernen, dich an veränderte Verhältnisse anzupassen und flexibler zu werden. Du solltest deine Freiheit bewahren, physisch, geistig und seelisch, damit deine abenteuerlichere Seite ihren Ausdruck finden kann. Pflege mit vielen verschiedenen Menschentypen Kontakt und reise, damit deine eigene Lebensperspektive sich erweitern und verbessern kann. Schule deinen Verstand und lerne, effektiv zu kommunizieren. Dein Verstand ist dein wichtigstes Kapital, und er sollte von dir auf die bestmögliche Weise nutzbar gemacht werden.

6 *als fehlende Zahl:* Du mußt mehr Liebe für deine Mitmenschen zum Ausdruck bringen. 6 ist die häusliche Schwingung, und die fehlende 6 weist auf das Bedürfnis hin, die gefühlsmäßigen Bindungen zu deiner Familie und deiner unmittelbaren Umgebung zu vertiefen. Du solltest einen persönlichen Sinn für Verantwortung für diejenigen entwickeln, die von dir abhängig sind und einen sozialen Sinn für Verantwortung für das Wohlergehen der Mitglieder der Gesellschaft, in der du dich befindest. Indem du dir der Bedürfnisse anderer bewußt wirst, vergrößerst du deine Fähigkeit, beide Seiten eines Problems zu sehen und entwickelst dein Talent, sichere Entscheidungen zu treffen. Dieses verfeinerte ästhetische Empfinden fördert deine künstlerische Ader und hilft dir, verborgene kreative Fähigkeiten freizusetzen. Der Künstler in dir kann sich dann entfalten.

7 *als fehlende Zahl:* Du mußt deinen Verstand gleichzeitig mit deiner intuitiven und deiner philosophischen Seite entwickeln. Du mußt die materielle Welt gelegentlich hinter dir lassen und lernen, in dich zu gehen, zu meditieren und dir Gedanken über das Wesen deiner Existenz zu machen. Eine Reise allein aufs Land oder an die See sollte jedes Jahr auf deinem Terminkalender stehen. Während dieser isolierten Perioden kannst du deine schöpferische Phantasie frei entfalten und die Welt der Gedanken erforschen. Schärfe deine Wahrnehmung, damit du nicht von Äußerlichkeiten an der Nase herumgeführt werden kannst. Studiere Philosophie, Religion und Metaphysik, um deinen Geist zu erweitern.

8 *als fehlende Zahl:* Du solltest deine Energien auf die materielle Welt lenken, um eine Führungsposition zu erkämpfen. Entwickle deinen Geschäftssinn. Deine Rolle sollte die des »Big Boss« sein, der Chef, der das große Geschäft organisiert und managt. Dein Ehrgeiz sollte es dir ermöglichen, dir in der Finanzwelt eine Nische zu schaffen, in der sich leicht Reichtum ansammeln kann. Diese Zahl versieht dich mit Stärke und Willenskraft, und durch den Gebrauch dieser Eigenschaften kannst du leicht ein hervorragender Sportler werden. Die richtige Nutzung dieser Schwingung wird dir Anerkennung entweder in der Finanzwelt oder im Sport bringen, denn durch ein Annehmen der Geschenke dieser Schwingung bekommst du die Stärke und Entschlußkraft, um alle Hindernisse zu überwinden und deine Ziele zu erreichen.

9 *als fehlende Zahl:* Du mußt zu einem Universalisten, einem Menschenfreund werden, dessen wichtigstes Anliegen im Wohlergehen seiner Mitmenschen besteht. Du solltest Großzügigkeit im Denken und universelle Liebe für andere entwickeln. Enge persönliche Bindungen müssen vielleicht zurücktreten neben deiner obersten Priorität, dem Teilen deines spirituellen Wissens und deiner Inspiration mit allen, die in Dunkelheit und Hoffnungslosigkeit leben. Du mußt durch deine einfühlsame und sympathische Natur für andere ein Beispiel sein. Erlaube deinem Denken keine Grenzen. Wage, den höchsten Traum zu träumen und die unmöglichsten Aufgaben zu vollbringen. Sei hilfreich, liebend und verständnisvoll.

6 Das Leben des Edgar Cayce

Wir werden anhand des Lebens des berühmten Hellsehers und Lehrers Edgar Cayce (sprich: Käi-ßie) beschreiben, wie die verschiedenen Verfahren, die in den vorangegangenen Kapiteln vorgestellt wurden, angewendet werden können, um das Leben eines Menschen zu skizzieren. Anstatt bei der Geburt zu beginnen und sein gesamtes Leben durchzuarbeiten, haben wir nur einige der wichtigsten Ereignisse in Edgar Cayces Leben ausgesucht. Durch sie werden wir die Aussagefähigkeit des Göttlichen Dreiecks als Grundmuster seines Lebens demonstrieren. Wir werden ausschließlich die wichtigsten biographischen Informationen erwähnen, denn Edgar Cayce ist weitgehend bekannt, und es gibt eine Fülle von Veröffentlichungen zu seinem Leben (siehe Bibliographie im Anhang).

Edgar Cayce wurde nahe Hopkinsville in Kentucky am 18. März 1877 geboren. Obwohl er aus ärmlichen und ungebildeten Verhältnissen stammte, erlangte er große Popularität und wurde als der »schlafende Prophet« berühmt. Er war ein tiefreligiöser Mensch und lebte als frommer Christ. Immer setzte er seine bemerkenswerten übersinnlichen Gaben zum Nutzen anderer Menschen ein. Er versetzte sich selbst in Trance, um die Krankheiten derer zu diagnostizieren, die seinen Rat suchten, um Behandlungen und Kuren zu empfehlen. Er besaß außerdem die Gabe, die sogenannten »akashischen Aufzeichnungen« zu entschlüsseln. Es heißt, daß jeder Lauf, jeder Gedanke und jede Schwingung seit dem Anfang der Zeit in diesen Aufzeichnungen enthalten sind, einschließlich des ersten Tones, der die Schöpfung in Gang gesetzt hat. Gemäß der »akashischen Aufzeichnungen« der Personen, die eine solche Analyse von ihm erbaten, erschloß er Informationen über ihre vergangenen Leben, die für sie in ihrer gegenwärtigen Inkarnation hilfreich sein konnten. Auf diese Weise half er Tausenden von Menschen dabei, ihre Gesundheit wiederzuerlangen und ihr Leben in konstruktivere Bahnen zu lenken.

Edgar Cayce war überzeugt, daß der Name eines Menschen die Stellung seiner Seele innerhalb der Evolution angibt. Er sagte in Vorlesung #281-31*:

Jedes Wesen, jede Seele ist uns erfahrungsgemäß bekannt durch ihre Aktivitäten, als Name, um sich von anderen zu unterscheiden. Dieser ist dann nicht mehr nur eine materielle Annahme, sondern deutet auf... eine bestimmte Periode in der Evolution der Erfahrung des Wesens auf der materiellen Ebene hin.

In Vorlesung #261-15 sagt er:

Was die einzelnen Menschen anbelangt, schwingen diese zu bestimmten Zahlen, entsprechend ihrem Namen, ihrem Geburtstag... Wenn sie dann erscheinen, werden sie entweder als Stärken oder als Verluste oder als Hilfen oder als Veränderung... aber... sind eher als Zeichen, oder als Omen; und können als Warnungen gegeben werden... auf jegliche Weise, die in der Erfahrung des Individuums konstruktiv sein kann.

In Vorlesung #311-3 sagt er:

In jedem Einfluß ist der Wille... ein Selbst, das Ego, das »ICH BIN«... der größere Einfluß, mit dem man fertig werden muß, aber da die Zahlen einen Einfluß ausüben... kann ein Wissen um dieselben sicherlich einem Menschen einen Einblick in Beziehungen geben...

---

* Alle Zitate stammen aus den Aufzeichnungen der Vorlesungen, die Cayce gab. Diese werden von der Edgar Cayce Foundation verwaltet, einer Filiale der Association for Research and Enlightenment (A.R.E.) in Virginia Beach, Virginia. 1971 by Edgar Cayce Foundation. All rights reserved.

Wir haben das Beispiel des Edgar Cayce ausgewählt, um die Anwendung der zweistelligen Numerologie und des Göttlichen Dreiecks zu demonstrieren, denn sein Leben zeigt deutlich die Wahrheit dieser Zitate. Indem wir Edgar Cayces Namen und sein Geburtsdatum auswerten, erhalten wir seine vier persönlichen Zahlen: die Seelenzahl 12/3, die Äußere Persönlichkeitszahl 33, die Schicksalszahl 45/9 und die Lebensaufgabenzahl 44.

5 + 1 + 1 + 5 = 12/3 Seelenzahl
EDGAR CAYCE
4 + 7 + 9 + 3 + 7 + 3 = 33 Äußere Persönlichkeitszahl
45/9 Schicksalszahl
18. März 1877
18 + 3 + 23 = 44 Lebensaufgabenzahl

Seelenzahl 12/3: Dies ist eine sehr hohe spirituelle Schwingung. Sie steht für einen bewußten Menschen, der ein angeborenes Gefühl für unsere seelische Verbindung zu Gott sowie ein großes Bedürfnis hat, anderen zu helfen. Durch seine Ideale wurde Edgar Cayce inspiriert, sein Leben der Verbesserung der Menschheit zu widmen. Er hatte ein genuines Interesse an allen, die seinen Rat suchten, und sein größter Wunsch war es, ihnen zu helfen, Gesundheit und Glück zu finden. Er lehrte den Wert des Gebetes und der Meditation und praktizierte ihn in seinem eigenen Leben. Für viele war er ein lebendes Beispiel für einen wahrhaft spirituellen Menschen.

Äußere Persönlichkeitszahl 33: 33 ist eine Leitzahl, die eine Schwingung trägt, die an Jesus Christus erinnert. In seinem äußeren Leben arbeitete Edgar Cayce unablässig und gab Diagnosen und Lebensanalysen, mit deren Hilfe er die Theorie der Reinkarnation erarbeitete und uns sein Wissen um Astrologie und Numerologie und ihre Bedeutung für die Menschen vermittelte. Er interpretierte überdies die Bibel. Weil er von vielen als eine Art Retter betrachtet wurde, fühlte er die Notwendigkeit und die Verpflichtung, zum Nutzen anderer zu arbeiten, selbst wenn das bedeutete, daß sein eigenes Wohlergehen dabei Schaden erlitt.

Schicksalszahl 45/9: Diese Zahl deutet an, daß die Mission seines Lebens höchst spirituell und mystisch war. Er war nicht allein mit materiellem Erfolg zufrieden. Diese Schicksalszahl kennzeichnet jemanden, der liebend gern andere belehrt und ihnen dient. Sie verlieh Edgar Cayce den Mut und die Kraft, sein wandlungsvolles und oft von Notfällen heimgesuchtes Leben auf sich zu nehmen, und gab ihm das Vertrauen, daß mit Gottes Hilfe und Führung alles gutgehen würde. Diese Zahl weist gleichzeitig auf jemanden hin, der willens ist, hart zu arbeiten, selbst auf Kosten seiner Gesundheit. Edgar Cayces Motto war offenbar: »Laß mich allzeit ein Werkzeug des Segens sein, heute, jetzt, für alle, gleich wie ich ihnen begegne.« (#262 – 3)

Die Lebensaufgabenzahl 44: Diese Zahl, die sich aus dem Geburtsdatum ableitet, zeigt an, was ein Mensch in seinem Leben zu lernen hat. Die Leitzahl 44 nennt man »Atlas«. In der Mythologie ist Atlas jemand, der die »Welt auf seinen Schultern trägt«. (Siehe auch unser Buch 13 – *Birth or Death?*) Das heißt, daß Cayce jederzeit die Verantwortung für andere übernahm, sich getreu an seine Pflichten hielt und das Beste aus jeder Situation machte, die sich ihm stellte. Er besaß gesunden Menschenverstand und Weitsicht, um gerechte Urteile zu treffen. Er war im Umgang mit anderen sehr verständnisvoll und bemüht, es allen recht zu machen und auf jede mögliche Weise zu helfen. Er glaubte, daß der Dienst am Menschen der Weg zur Meisterschaft ist. Sein Leben und seine Arbeit sind der großartigste Beweis dafür.

Um zu bestimmen, welche Zahlen in der Charakterisierung der Ereignisse eines Lebens wichtig sind, wählt man diejenigen aus, die mit den vier persönlichen Zahlen übereinstimmen. In unserem Beispiel sind dies: 12/3, 33, 45/9 und 44. Die persönlichen Zahlen werden immer dann aktiviert, wenn sie von korrespondierenden Zahlen Energie bekommen. Ein 12/3-Ereignis würde dementsprechend Cayces 12/3-Seelenzahl aktivieren, wie dies auch jede andere 3, jede 21/3, 30/3, 39/3 usw. tun würde. Daher aktiviert jede Variation einer 3, 6, 8 oder 9 die entsprechende persönliche Zahl, jedoch immer entsprechend der zweistelligen Variation. Darüber hinaus scheint es, daß oft die Leitzahlen (bei

Cayce die 33 und die 44) von jeder der vier Leitzahlen, 11, 22, 33 oder 44 oder von ihren Grundziffern 2, 4, 6 und 8 aktiviert werden können.

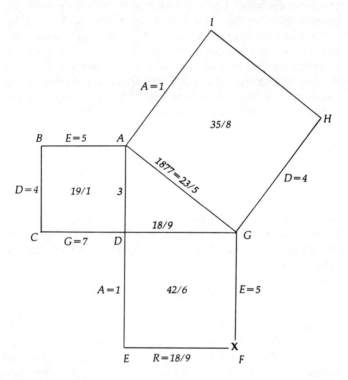

Abb. 6: Edgar Cayce

Um zu sehen, wie Edgar Cayces Leben auf seinem numerologischen Lebensplan reflektiert ist, untersuchen wir jeden Neunjahreszyklus auf zweierlei Weise. Als erstes sehen wir uns die Übereinstimmungen von Ereignissen in seinem Leben mit den Erfahrungen an, die sich aus den Berechnungen für diese Zyklen im großen bzw. kleinen Verfahren ergeben. Als zweites können wir sehen, ob irgendwelche dieser Ereignisse mit dem persönlichen Jahr und den Zahlen der drei Viermonatsperioden, die ebenfalls zu dieser Zeit aktiv sind, übereinstimmen.

Wir werden hier ausschließlich die wichtigsten Ereignisse in Cayces Leben besprechen. Dennoch werden wir alle Erfahrungen unter dem großen und kleinen Verfahren für jeden Neunjahreszyklus auflisten. Zusätzlich werden wir jedes persönliche Jahr und die Aufteilung dieser Jahre in drei Viermonatsperioden auflisten. Du wirst dann sämtliche temporäre Zahlen, die Cayce in seinem Leben beeinflußt haben, vor dir haben, selbst wenn wir an dieser Stelle nur die wichtigsten Ereignisse in seinem Leben eingehend besprechen.

Alter: Geburt bis neun Jahre: Um die Erfahrungen in Edgar Cayces ersten neun Lebensjahren mit dem großen Verfahren (siehe Abb. 6) zu berechnen, werden wir mit der Zahl in der Mitte des Quadrates, 19/1, arbeiten, mit der Zahl auf der Seite des Dreiecks, 3, der Zahl in der Mitte des Dreiecks, 44, und mit den Lebensaltern an den Enden der Linie AB, 0 und 9. $0+1=1$. $9-1=8$. Im Alter von 1 und 8 Jahren hatte Edgar Cayce eine 19/1-Erfahrung. $0+3=3$. $9-3=6$. Im Alter von 3 und 6 Jahren hatte er eine 3-Erfahrung. $0+8=8$. $9-8=1$. Im Alter von 8 und 1 Jahr hatte er eine 44-Erfahrung.

Um die Erfahrungen mit Hilfe des kleinen Verfahrens auszurechnen, arbeiten wir mit den Zahlen in der Mitte des Quadrates, 19/1, auf der Seite des Dreiecks, 3, und auf der ersten Linie, 5, sowie mit den Lebensaltern an beiden Enden der Linie AB. $0+5=5$. $5+3=8$. Im Alter von 5 Jahren hatte Edgar Cayce eine 8-Erfahrung. $9-5=4$. $5+19=24/6$. Im Alter von 4 Jahren hatte er eine 24/6-Erfahrung.

Wir wissen nicht viel über die ersten neun Lebensjahre Edgar Cayces. Laut seiner Mutter sah er schon als kleines Kind unsichtbare Spielkameraden und redete mit ihnen. Im Alter von vier Jahren starb sein Großvater, was sich für ihn als emotional einschneidendes Erlebnis erwies. Einige Monate später behauptete er, daß sein Großvater ihm erscheine und mit ihm spreche. Dies geschah unter dem Einfluß einer 24/6-Erfahrung im kleinen Verfahren, eine Liebes- und Familienschwingung. Auf der Periodentabelle finden wir im Alter von vier Jahren alle vier Leitzahlen aktiviert.

Hier sind die vollständigen Berechnungen für die Jahre von seiner Geburt bis zum Alter von neun Jahren.

Persönliches Jahr	März bis Juli	Juli bis November	November bis März
3 + 18 + 1877 = 44	1877 0 ――― 1877 = 23/5	1877 44 ――― 1921 = 13/4	1877 12 ――― 1889 = 26/8
3 + 18 + 1878 = 45/9	1878 1 ――― 1879 = 25/7	1878 44 ――― 1922 = 14/5	1878 12 ――― 1890 = 18/9
3 + 18 + 1879 = 46/1	1879 2 ――― 1881 = 18/9	1879 44 ――― 1923 = 15/6	1879 12 ――― 1891 = 19/1
3 + 18 + 1880 = 38/11	1880 3 ――― 1883 = 20/2	1880 44 ――― 1924 = 16/7	1880 12 ――― 1892 = 20/2
3 + 18 + 1881 = 39/3	1881 4 ――― 1885 = 22	1881 44 ――― 1925 = 17/8	1881 12 ――― 1893 = 21/3
3 + 18 + 1882 = 40/4	1882 5 ――― 1887 = 24/6	1882 44 ――― 1926 = 18/9	1882 12 ――― 1894 = 22

Persönliches Jahr	März bis Juli	Juli bis November	November bis März
3 + 18 + 1883 = 41/5	1883 6 1889 = 26/8	1883 44 1927 = 19/1	1883 12 1895 = 23/5
3 + 18 + 1884 = 42/6	1884 7 1891 = 19/1	1884 44 1928 = 20/2	1884 12 1896 = 24/6
3 + 18 + 1885 = 43/7	1885 8 1893 = 21/3	1885 44 1929 = 21/3	1885 12 1897 = 25/7

Alter: neun bis achtzehn Jahre: Um die Erfahrungen dieser Jahre durch das große Verfahren zu berechnen, arbeiten wir mit der Zahl in der Mitte des Quadrates, 19/1, der Zahl auf der Seite des Dreiecks, 3, und der Zahl in der Mitte des Dreiecks, 44, sowie mit dem Alter an beiden Enden der Linie BC, 9 und 18. 9 + 1 = 10. 18 – 1 = 17. Im Alter von 10 und 17 Jahren hatte Edgar Cayce eine 19/1-Erfahrung. 9 + 3 = 12. 18 – 3 = 15. Im Alter von 12 und 15 Jahren hatte er eine 3-Erfahrung. 9 + 8 = 17. 18 – 8 = 10. Im Alter von 10 und 17 Jahren hatte er eine 44-Erfahrung.

Um die Erfahrungen mit dem kleinen Verfahren zu berechnen, arbeiten wir mit der Zahl in der Mitte des Quadrates, 19/1, der Zahl auf der Seite des Dreiecks, 3, der Zahl auf der Linie, 4, und dem Alter an beiden Enden der Linie BC, 9 und 18. 9 + 4 = 13. 4 + 19 = 23/5. Im Alter von 13 Jahren hatte Edgar Cayce eine 23/5-Erfahrung. 18 – 4 = 14. 4 + 3 = 7. Im Alter von 14 Jahren hatte er eine 7-Erfahrung.

Im Alter von zehn Jahren, in einem persönlichen 45/9-Jahr, begann Edgar Cayce in einer Kirche als Küster zu arbeiten. Dieses Jahr entspricht seiner Schicksalszahl, 45/9. Die Erfahrungen dieser Zeit sind richtungsweisend für seinen zukünftigen Lebensweg.

Im Alter von zwölf oder dreizehn Jahren spielte Edgar Cayce am Bach, an einem seiner Lieblingsorte. Er setzte sich nieder, um in der Bibel zu lesen, die er ständig bei sich trug. Er schlug das Buch der Richter auf (13:2–22), um über die Vision des Manoah zu lesen. Als er über dieser Stelle saß, hörte er einen seltsamen Ton, sah ein helles Licht und hörte eine Stimme sagen: »Deine Gebete sind erhört worden. Was würdest du dir wünschen, wenn ich dir einen Wunsch gewähre?«

Cayce antwortete: »Nur daß ich anderen helfen kann, besonders Kindern, die krank sind, und daß ich meine Mitmenschen liebe.«

Am nächsten Tag konnte er sich nicht auf seine Schularbeiten konzentrieren. Weil seine Rechtschreibung zu wünschen übrigließ, ließ der Lehrer ihn nachsitzen und ein falsch buchstabiertes Wort fünfhundertmal an die Tafel schreiben. Am selben Abend beschloß sein Vater, ihm die Regeln der Rechtschreibung einzupauken. Trotzdem wurde Edgar nicht besser. Es war schon spät, und er wurde müde. Plötzlich schien er eine innere Stimme zu hören, die sagte: »Schlaf ein wenig, und wir werden dir helfen.«

Er legte seinen Kopf auf das Rechtschreibbuch und schlief für ein paar Minuten. Als er aufwachte, wußte er, wie man jedes einzelne Wort in dem gesamten Buch richtig schreibt. Auf diese Weise wurde Edgar Cayce das universelle Bewußtsein zuteil.

Einige Tage später wurde er von einem Baseball getroffen. Er ging nach Hause, döste ein wenig und bat seine Mutter, ihm eine bestimmte Packung für seinen Hinterkopf zu machen. Sie machte ihm die Mischung, um die er gebeten hatte. Am nächsten Morgen war er geheilt. Dies war sein erster Einblick in erfolgreiche Heilmethoden.

Während dieser zwei Jahre war seine zugrundeliegende Seelenzahl, 12/3, aktiv. Im Alter von zwölf Jahren steht auf seinem Lebensplan nach dem großen Verfahren eine 3-Erfahrung, und im Alter von dreizehn Jahren war er in einem persönlichen 39/3-Jahr. Während dieses persönlichen 39/3-Jahres unterlag er einem zeitweiligen Einfluß der 12/3 zwischen November und März, die wiederum seine Seelenzahl aktivierte und deutlich werden ließ, wie seine geistigen Talente und Fähigkeiten aus früheren Lebenszyklen in sein Bewußtsein einflossen.

Im Alter von fünfzehn beendete Edgar Cayce die Schule, um auf einer Farm zu arbeiten. Zu dieser Zeit stand er unter einer 3-Erfahrung aus dem großen Verfahren auf dem Lebensplan, die zeigte, daß seine verborgenen Talente allmählich erweckt wurden. Vielleicht hätte eine weitere Schulbildung dieses Wachstum geistiger und übersinnlicher Talente gestört. Auf der Periodentabelle tritt dies ebenfalls unter einer viermonatigen Periode unter dem Einfluß der 17/8 in Erscheinung. Dies steht in Verbindung mit der Lebensaufgabenzahl 44. Im Grunde bedeutet die 8 (die reduzierte Leitzahl 44), daß es ernst wird und die Lebensaufgabe aktiviert und in Angriff genommen werden muß. 8 ist die Zahl der Disziplin, und sie bedeutet, daß Arbeit und Verantwortung angenommen werden müssen, damit etwas erreicht wird.

Hier sind die Berechnungen für die jährlichen Perioden neun bis achtzehn, die den gerade beschriebenen Abschnitt in Edgar Cayces Leben reflektieren.

Persönliches Jahr	**März bis Juli**	**Juli bis November**	**November bis März**
3 + 18 + 1886 = 44	1886 9 ―――― 1895 = 23/5	1886 44 ―――― 1930 = 13/4	1886 12 ―――― 1898 = 26/8
3 + 18 + 1887 = 45/9	1887 10 ―――― 1897 = 25/7	1887 44 ―――― 1931 = 14/5	1887 12 ―――― 1899 = 27/9
3 + 18 + 1888 = 46/1	1888 11 ―――― 1899 = 27/9	1888 44 ―――― 1932 = 15/6	1888 12 ―――― 1900 = 10/1

Persönliches Jahr	März bis Juli	Juli bis November	November bis März
3 + 18 + 1889 = 47/11	1889 12 ――― 1901 = 11	1889 44 ――― 1933 = 16/7	1889 12 ――― 1901 = 11
3 + 18 + 1890 = 39/3	1890 13 ――― 1903 = 13/4	1890 44 ――― 1934 = 17/8	1890 12 ――― 1902 = 12/3
3 + 18 + 1891 = 40/4	1891 14 ――― 1905 = 15/6	1891 44 ――― 1935 = 18/9	1891 12 ――― 1903 = 13/4
3 + 18 + 1892 = 41/5	1892 15 ――― 1907 = 17/8	1892 44 ――― 1936 = 19/1	1892 12 ――― 1904 = 14/5
3 + 18 + 1893 = 42/6	1893 16 ――― 1909 = 19/1	1893 44 ――― 1937 = 20/2	1893 12 ――― 1905 = 15/6
3 + 18 + 1894 = 43/7	1894 17 ――― 1911 = 12/3	1894 44 ――― 1938 = 21/3	1894 12 ――― 1906 = 16/7

Alter: achtzehn bis siebenundzwanzig: Um die Erfahrungen mit Hilfe des großen Verfahrens zu berechnen, arbeiten wir mit der Zahl in der Mitte des Quadrates, 19/1, der Zahl auf der Seite des Dreiecks, 3, und der Zahl in der Mitte des Dreiecks, 44, sowie mit dem Alter an beiden Enden der Linie CD, 18 und 27. 18 + 1 = 19. 27 − 1 = 26. Im Alter von 19 und 26 hatte Edgar Cayce eine 19/1-Erfahrung. 18 + 3 = 21. 27 − 3 = 24. Im Alter von 21 und 24 hatte er eine 3-Erfahrung. 18 + 8 = 26. 27 − 8 = 19. Im Alter von 19 und 26 hatte er eine 44-Erfahrung.

Um die Erfahrungen mit dem kleinen Verfahren zu berechnen, arbeiten wir mit der Zahl in der Mitte des Quadrates, 19/1, der Zahl auf der Seite des Dreiecks, 3, und dem Alter an beiden Enden der Linie CD, 18 und 27, sowie mit der Zahl auf der dritten Linie, 7. 18 + 7 = 25. 7 + 3 = 10/1. Im Alter von 25 Jahren hatte Edgar Cayce eine 10/1-Erfahrung. 27 − 7 = 20. 7 + 19 = 26/8. Im Alter von 20 hatte er eine 26/8-Erfahrung.

Mit achtzehn traf Edgar Cayce Dwight L. Moody, einen Wanderprediger, dessen Ratschläge Edgars Leben eine neue Richtung gaben. Das Ereignis fand in einem persönlichen 44-Jahr statt. Mit Hilfe des kleinen Verfahrens finden wir, daß er im Alter von 20 Jahren eine 26/8-Erfahrung gemacht haben muß, das Jahr, in dem er sich verliebte und Gertrude Evans einen Heiratsantrag machte. Die 8 korrespondiert nicht nur mit der Lebensaufgabenzahl, 44, sondern auch mit der fehlenden Zahl (Karmazahl) 26/8. Diese Heirat hatte mit Sicherheit etwas Karmisches, wie in späteren Trance-Sitzungen, in denen sie ihre vergangenen Inkarnationen gemeinsam sahen, enthüllt wurde. Es war die Bestimmung für beide, vergangene Leben in ihrer gegenwärtigen Beziehung aufzuarbeiten.

Hier sind die Berechnungen für die jährlichen Perioden im Alter von achtzehn bis siebenundzwanzig, die diesen Abschnitt in Cayces Leben reflektieren.

Persönliches Jahr	März bis Juli	Juli bis November	November bis März
3 + 18 + 1895 = 44	1895 18 ――― 1913 = 14/5	1895 44 ――― 1939 = 22	1895 12 ――― 1907 = 17/8
3 + 18 + 1896 = 45/9	1896 19 ――― 1915 = 16/7	1896 44 ――― 1940 = 14/5	1896 12 ――― 1908 = 18/9
3 + 18 + 1897 = 46/1	1897 20 ――― 1917 = 18/9	1897 44 ――― 1941 = 15/6	1897 12 ――― 1909 = 19/1
3 + 18 + 1898 = 47/11	1898 21 ――― 1919 = 20/2	1898 44 ――― 1942 = 16/7	1898 12 ――― 1910 = 11
3 + 18 + 1899 = 48/3	1899 22 ――― 1921 = 13/4	1899 44 ――― 1943 = 17/8	1899 12 ――― 1911 = 12/3
3 + 18 + 1900 = 31/4	1900 23 ――― 1923 = 15/6	1900 44 ――― 1944 = 18/9	1900 12 ――― 1912 = 13/4
3 + 18 + 1901 = 32/5	1901 24 ――― 1925 = 17/8	1901 44 ――― 1945 = 19/1	1901 12 ――― 1913 = 14/5

Persönliches Jahr	März bis Juli	Juli bis November	November bis März
3 + 18 + 1902 = 33	1902 25 —— 1927 = 19/1	1902 44 —— 1946 = 20/2	1902 12 —— 1914 = 15/6
3 + 18 + 1903 = 34/7	1903 26 —— 1929 = 21/3	1903 44 —— 1947 = 21/3	1903 12 —— 1915 = 16/7

Im Alter von zweiundzwanzig Jahren nahm Edgar Cayce einen Job als Handlungsreisender an. Das war in einer 12/3-Periode. Nach einigen Monaten wurde er krank und entschloß sich, nach Hopkinsville zurückzukehren. Er verlor seine Stimme und konnte nur noch flüstern, so heißt es, und ein reisender Hypnotiseur, der von dem Fall hörte, schlug vor, daß man unter Hypnose den Grund für diese Behinderung herausfinden solle. Cayce verfiel mit Leichtigkeit in Hypnose und gewann darin seine normale Stimme wieder. Er beschrieb seinen eigenen Zustand als eine teilweise Lähmung der Stimmbänder und verschrieb sich selbst die Heilung. Er sagte: »Der Körper soll seinen Blutkreislauf in Richtung der betroffenen Teile für eine Weile verstärken.«

Zur Verwunderung aller rötete sich sein Hals, wurde immer röter, bis schließlich Edgar Cayce mit klarer Stimme sagte: »Schlage vor, der Blutkreislauf normalisiert sich wieder und der Körper wacht auf.«

Dies war der Durchbruch für eine Technik, die er noch weiterentwickeln und unzählige Male einsetzen sollte, um anderen zu helfen. Er war nun vierundzwanzig Jahre alt. Er arbeitete unter einer 3-Erfahrung des großen Verfahrens und aktivierte seine Seelenzahl 12/3. Gleichzeitig war eine 17/8-Periode aktiv, die mit der Lebensaufgabenzahl 44 korrespondiert.

Mit fünfundzwanzig zog er nach Bowling Green, Kentucky und fing an, in einem Buchladen zu arbeiten. Geschichten über seine seltsamen Fähigkeiten machten die Runde. Zu dieser Zeit wurde er gebeten, für die fünfjährige Tochter des Schulleiters eine Trance-Heilung zu geben. Ihr Verstand hatte aufgehört, sich zu entwickeln und sie litt unter diversen anderen Behinderungen. Viele Ärzte waren konsultiert worden, aber keiner von ihnen konnte einen Weg finden, dem Kind zu helfen. Cayce stimmte einer Heilsitzung zu und versetzte sich in Trance. In seiner Trance stellte er die Verbindung zu diesem Fall her und verschrieb eine Behandlung für ihre Krankheiten. Er fand heraus, daß das Mädchen ihre Wirbelsäule beschädigt hatte, als sie aus einer Kutsche gestiegen war. Dies hatte einige Nerven eingeklemmt. Nach ein paar Behandlungen konnte sie wieder sprechen und kehrte schließlich wieder zu ihrem Normalzustand zurück.

Dies war ein weiterer Wendepunkt in Edgar Cayces Leben, denn die Kunde von dieser bemerkenswerten Heilung verbreitete sich rasch. Man beachte, daß die 10/1 des kleinen Verfahrens eine Wende zum Besseren anzeigt. Gleichzeitig befand er sich in einem persönlichen 33-Jahr, das mit seiner Äußeren Persönlichkeitszahl korrespondierte. Gesteigerte gesellschaftliche Aufmerksamkeit bringt eine größere Verantwortung mit sich.

Edgar Cayce heiratete am 17. Juni 1903 Gertrude Evans. Er war damals sechsundzwanzig Jahre alt. Die Hochzeit fand während einer 21/3-Periode statt, mit Bezug auf seine Seelenzahl 12/3. Er befand sich gleichzeitig in einer 44-Erfahrung auf dem Lebensplan, eine Zahl, die sich mit seiner Lebensaufgabenzahl deckt. Darüber hinaus deckt sich das Datum seiner Hochzeit mit seiner Schicksalszahl 45/9 (17. Juni 1903: 17+6+13=36/9). Alle Neunen beziehen sich auf emotionale Erfahrungen, die 36/9 bringt darüber hinaus Verantwortung mit sich.

Alter: siebenundzwanzig bis sechsunddreißig: Um die Erfahrungen mit Hilfe des großen Verfahrens zu berechnen, arbeiten wir mit den Zahlen in der Mitte des Quadrates, 42/6, auf der unteren Seite des Dreiecks, 18/9, und in der Mitte des Dreiecks, 44, sowie mit dem Alter an beiden Enden der Linie DE, 27 und 36. 27+6=33. 36−6=30. Im Alter von 30 und 33 Jahren hatte Edgar Cayce eine 42/6-Erfahrung. 27+9=36. 36−9=27. Im Alter von

27 und 36 hatte er eine 18/9-Erfahrung. 27+8=35. 36−8=28. Im Alter von 28 und 35 hatte er eine 44-Erfahrung.

Um die Erfahrungen mit Hilfe des kleinen Verfahrens zu berechnen, arbeiten wir mit der Zahl in der Mitte des Quadrates, 42/6, mit der auf der unteren Seite des Dreiecks, 18/9 und mit der Zahl auf der Linie DE, 1, sowie mit dem Alter an beiden Enden der Linie DE, 27 und 36. 27+1=28. 1+42=43/7. Im Alter von 28 Jahren hatte Edgar Cayce eine 43/7-Erfahrung. 36−1=35. 1+18=19/1. Mit 35 hatte er eine 19/1-Erfahrung.

Am 16. März 1907, zwei Tage vor seinem dreißigsten Geburtstag, wurde Edgar Cayce ein Sohn geboren: Hugh Lynn. Dieses Datum fällt unter eine 19/1-Periode, eine Zahl, die als Zahl der Liebe bekannt ist. Die Grundzahl 1 zeigt hier einen Neubeginn in seinem Leben an. Mit dem dreißigsten Geburtstag trat er in ein persönliches 38/11-Jahr ein, an dessen Anfang eine 20/2-Periode stand. Diese zwei fundamentalen Zahlen aktivieren seine beiden Leitzahlen, die 33 als Äußere Persönlichkeitszahl und die 44 als Lebensaufgabenzahl. Dies war eine Zeit mit weitreichenden Konsequenzen, denn die Zahlen aktivierten die meisten Felder auf seinem Lebensplan und in der Zahlentabelle. Im großen Verfahren finden wir Edgar Cayce mit dreißig unter dem Einfluß einer 42/6-Erfahrung, wobei die 6 mit der Quersumme seiner Leitzahl 33 korrespondiert. Jede 6 bedeutet irgendeinen Wechsel oder eine Veränderung in den häuslichen Verhältnissen. Nicht nur die Schwingung 42/6 herrschte in der Beziehung Edgar Cayces zu seinem Sohn, sondern Hugh Lynn half dabei, die Reputation seines Vaters in der Welt aufzubauen und zu erhalten. Dadurch erfüllte er die äußeren persönlichen Verbindungen zwischen der Zeit seiner Geburt und der Periode, unter der sein Vater zu jener Zeit arbeitete. (Es sei an dieser Stelle angemerkt, daß es niemals eine scharfe Trennung zwischen einer Periode und der nächsten gibt, bestimmte Ereignisse der späteren Periode können noch kurz vor dem Schnittpunkt auftreten.)

Hugh Lynns Lebensaufgabenzahl, 36/9, paßte gut zur Schicksalszahl seines Vaters, 45/9. Dies bestätigte sich im Lauf der Jahre. Von 1940 bis zum heutigen Tag spielte Edgar Cayces Sohn die Hauptrolle bei der Förderung der Arbeit der Edgar Cayce

Foundation und bei dem Aufbau der Organisation zu dem erfolgreichen Gebilde, das es heute darstellt.

Im Alter von dreiunddreißig erschien ein Artikel in der New York Times, der Edgar Cayce in den gesamten Vereinigten Staaten bekannt machte. Sowohl sein Alter, 33, stimmte zum Zeitpunkt dieses Ereignisses mit seiner Äußeren Persönlichkeitszahl überein, wie auch die Periode, in der er zu dieser Zeit arbeitete, 17/8, mit der Quersumme seiner Lebenszahl 44 übereinstimmte. Gleichzeitig arbeitete er in einer 42/6-Erfahrung des großen Verfahrens und aktivierte auf diese Weise noch einmal seine Äußere Persönlichkeitszahl. Er arbeitete nun im Rampenlicht der Öffentlichkeit. Es wurde für sein Leben wichtig, wie er sich in der Öffentlichkeit darstellte. Er lernte die Lektionen, die sich aus dieser unerwarteten Publizität ergaben.

Im folgenden Jahr wurde ein weiteres Kind geboren, was jedoch gleich darauf starb. Edgar Cayces Frau Gertrude erkrankte an Tuberkulose. Seine Heilungen retteten ihr Leben und bestätigten die Heilkraft Cayces. Im selben Jahr, im Alter von vierunddreißig Jahren, wurde er von Dr. Munsterberg von der Harvard Universität untersucht. Diese Ereignisse fanden alle während seines persönlichen Jahres 33 statt, 33 ist gleichzeitig seine Äußere Persönlichkeitszahl. Er mußte die Rolle, die andere von ihm erwarteten, akzeptieren und erfüllen.

Es folgen die Berechnungen für die jährlichen Perioden im Alter von siebenundzwanzig bis sechsunddreißig Jahren, die sich auf diesen Abschnitt in Edgar Cayces Leben beziehen.

Persönliches Jahr	**März bis Juli**	**Juli bis November**	**November bis März**
3 + 18 + 1904 = 35/8	1904 27 ——— 1931 = 14/5	1904 44 ——— 1948 = 22	1904 12 ——— 1916 = 17/8
3 + 18 + 1905 = 36/9	1905 28 ——— 1933 = 16/7	1905 44 ——— 1949 = 23/5	1905 12 ——— 1917 = 18/9

Persönliches Jahr	März bis Juli	Juli bis November	November bis März
3 + 18 + 1906 = 37/1	1906 29 ――― 1935 = 18/9	1906 44 ――― 1950 = 15/6	1906 12 ――― 1918 = 19/1
3 + 18 + 1907 = 38/11	1907 30 ――― 1937 = 20/2	1907 44 ――― 1951 = 16/7	1907 12 ――― 1919 = 20/2
3 + 18 + 1908 = 39/3	1908 31 ――― 1939 = 22	1908 44 ――― 1952 = 17/8	1908 12 ――― 1920 = 12/3
3 + 18 + 1909 = 40/4	1909 32 ――― 1941 = 15/6	1909 44 ――― 1953 = 18/9	1909 12 ――― 1921 = 13/4
3 + 18 + 1910 = 32/5	1910 33 ――― 1943 = 17/8	1910 44 ――― 1954 = 19/1	1910 12 ――― 1922 = 14/5
3 + 18 + 1911 = 33	1911 34 ――― 1945 = 19/1	1911 44 ――― 1955 = 20/2	1911 12 ――― 1923 = 15/6
3 + 18 + 1912 = 34/7	1912 35 ――― 1947 = 21/3	1912 44 ――― 1956 = 21/3	1912 12 ――― 1924 = 16/7

Alter: sechsunddreißig bis fünfundvierzig: Um die Erfahrungen mit Hilfe des großen Verfahrens zu berechnen, arbeiten wir mit der Zahl in der Mitte des Quadrates, 42/6, der auf der unteren Seite des Dreiecks, 18/9, der in der Mitte des Dreiecks, 44, und dem Alter an beiden Enden der Linie EF, 36 und 45. 36+6=42. 45−6=39. Mit 39 und 42 Jahren hatte Cayce eine 42/6-Erfahrung. 36+9=45. 45−9=36. Mit 36 und 45 Jahren hatte er eine 18/9-Erfahrung. 36+8=44. 45−8=37. Mit 37 und 44 hatte er eine 44-Erfahrung.

Um die Erfahrungen mit Hilfe des kleinen Verfahrens zu berechnen, arbeiten wir mit der Zahl in der Mitte des Quadrates, 42/6, mit der auf der unteren Seite des Dreiecks, 18/9, mit dem Alter an beiden Enden der Linie EF, 36 und 45, sowie mit der Zahl auf der Linie EF, 18/9. 36+9=45. 18+18=36/9. Im Alter von 45 hatte Edgar Cayce eine 36/9-Erfahrung. 45−9=36. 18+42=60/6. Mit 36 Jahren hatte er eine 60/6-Erfahrung.

Als Edgar Cayce siebenunddreißig Jahre alt war, verletzte sein Sohn Hugh Lynn, damals sechs Jahre alt, seine Augen beim Spielen. Die Ärzte empfahlen ein Auge zu amputieren und hatten Sorge um die Erhaltung des anderen. Der kleine Junge bat seinen Vater um Hilfe, und dieser versetzte sich in Trance, um eine Geistheilung zu versuchen. Er verschrieb eine Methode, um die Augen seines kleinen Jungen zu retten und das Augenlicht wiederherzustellen. Hugh Lynn folgte den Anweisungen seines Vaters und gesundete vollständig, er verfügt bis auf den heutigen Tag über ausgezeichnete Augen. Im selben Jahr unterzog sich Edgar Cayce einer Blinddarmoperation. Diese Ereignisse fanden unter einer 44 des großen Verfahrens statt, die gleichzeitig seine Lebensaufgabenzahl ist.

In den letzten Tagen vor seinem Geburtstag 1918 wurde ein weiterer Sohn, Edgar Evans, geboren. Das Geburtsdatum war der 9. Februar 1918, eine Lebensaufgabenzahl für das Neugeborene von 30/3. Cayce selbst beendete zu diesem Zeitpunkt gerade ein persönliches 39/9-Jahr und eine 21/3-Periode und trat in eine 24/6-Periode ein, die sich in die Seelen- und Äußere Persönlichkeitszahl dieser Zeit einbindet. Mit einer 30/3-Lebensaufgabenzahl war das Schicksal des neuen Kindes mit der Seelenzahl des

Vaters verwoben. Wir haben festgestellt, daß recht häufig ganze Familien dieselben Zahlenmuster besitzen.

Hier sind die Berechnungen für die Jahresperioden im Alter von sechsunddreißig bis fünfundvierzig, die sich auf diesen Abschnitt in Edgar Cayces Leben beziehen.

Persönliches Jahr	März bis Juli	Juli bis November	November bis März
3 + 18 + 1913 = 35/8	1913 36 ――― 1949 = 23/5	1913 44 ――― 1957 = 22	1913 12 ――― 1925 = 17/8
3 + 18 + 1914 = 36/9	1914 37 ――― 1951 = 16/7	1914 44 ――― 1958 = 23/5	1914 12 ――― 1926 = 18/9
3 + 18 + 1915 = 37/1	1915 38 ――― 1953 = 18/9	1915 44 ――― 1959 = 24/6	1915 12 ――― 1927 = 19/1
3 + 18 + 1916 = 38/11	1916 39 ――― 1955 = 20/2	1916 44 ――― 1960 = 16/7	1916 12 ――― 1928 = 20/2
3 + 18 + 1917 = 39/3	1917 40 ――― 1957 = 22	1917 44 ――― 1961 = 17/8	1917 12 ――― 1929 = 21/3
3 + 18 + 1918 = 40/4	1918 41 ――― 1959 = 24/6	1918 44 ――― 1962 = 18/9	1918 12 ――― 1930 = 13/4

Persönliches Jahr	März bis Juli	Juli bis November	November bis März
3 + 18 +1919 = 41/5	1919 42 — 1961 = 17/8	1919 44 — 1963 = 19/1	1919 12 — 1931 = 14/5
3 + 18 + 1920 = 33	1920 43 — 1963 = 19/1	1920 44 — 1964 = 20/2	1920 12 — 1932 = 15/6
3 + 18 + 1921 = 34/7	1921 44 — 1965 = 21/3	1921 44 — 1965 = 21/3	1921 12 — 1933 = 16/7

Alter: fünfundvierzig bis vierundfünfzig: Um die Erfahrungen mit Hilfe des großen Verfahrens zu berechnen, arbeiten wir mit der Zahl in der Mitte des Quadrates, 42/6, der auf der unteren Seite des Dreiecks, 18/9, der in der Mitte des Dreiecks, 44, und dem Alter an beiden Enden der Linie FG, 45 und 54. 45+6=51. 54−6=48. Mit 45 und 51 Jahren hatte Cayce eine 42/6-Erfahrung. 45+9=54. 54−9=45. Mit 45 und 54 Jahren hatte er eine 18/9-Erfahrung. 45+8=53. 54−8=46. Mit 46 und 53 hatte er eine 44-Erfahrung.

Um die Erfahrungen mit Hilfe des kleinen Verfahrens zu berechnen, arbeiten wir mit der Zahl in der Mitte des Quadrates, 42/6, mit der auf der unteren Seite des Dreiecks, 18/9, mit dem Alter an beiden Enden der Linie FG, 45 und 54, sowie mit der Zahl auf der Linie FG, 5. 45+5=50. 5+18=23/5. Im Alter von 50 hatte Edgar Cayce eine 23/5-Erfahrung. 54−5=49. 5+42=47/11. Mit 49 Jahren hatte er eine 47/11-Erfahrung.

Mit sechsundvierzig, nach vielen Reisen, kehrte Edgar Cayce nach Selma, Alabama, zurück, um sich ganz seiner Lebensaufgabe, dem Heilen, zu widmen. Zu dieser Zeit gewann er die Dienste von Gladys Davis als Sekretärin. Im selben Jahr zog er nach Dayton, Ohio, um mit Arthur Lammers zu arbeiten und Vorträge und Deutungen über Geist und Seele sowie über Krankheiten zu geben. Auf diese Weise begannen seine Trance-Sitzungen, in denen er anhand von Informationen über Reinkarnation, Numerologie, Astrologie und verwandten Bereichen das Leben von Menschen, die seinen Rat suchten, analysierte. Dies war im Jahre 1923. Cayce arbeitete unter der Lebensaufgabenzahl 44, die noch durch eine 44-Erfahrung aus dem großen Verfahren auf dem Lebensplan aktiviert wurde.

Cayces Deutungen wiesen darauf hin, daß ein Umzug nach Virginia Beach, Virginia, in vielfacher Hinsicht hilfreich sein würde. Er konnte dort ein Krankenhaus gründen, in dem die von ihm verschriebenen Heilmethoden angewendet wurden. Immer mehr Menschen interessierten sich für Cayces Arbeit. Morton Blumenthal, ein einflußreicher Mann, kümmerte sich um den Umzug der Familie nach Virginia Beach. Cayce war achtundvierzig Jahre alt. Während dieser Periode war eine Erfahrung des großen Verfahrens auf dem Lebensplan aktiv, die seine Äußere Persönlichkeitszahl 33 aktivierte. Wegen der äußeren Sichtbarkeit seiner Fähigkeiten wurde er von einer angesehenen Person unterstützt.

Das Krankenhaus öffnete am 11. November 1928 seine Tore, an einem Tag mit einer 42/6-Schwingung. Cayce stand zu dieser Zeit gleichzeitig unter einer 42/6-Erfahrung des großen Verfahrens, die seine Äußere Persönlichkeitszahl 33 aktivierte. Die 42/6 ist eine stark religiöse Zahl, deren Ziel es ist, anderen zu helfen.

1931 stellte Cayce fest, daß das Krankenhausprojekt gescheitert war und folglich geschlossen werden mußte. Dies war eine der schwersten und traurigsten Zeiten seines Lebens, denn die Hoffnungen, die er an dieses Projekt geknüpft hatte, waren sehr hoch. Cayce befand sich in einem persönlichen Jahr unter der 35/8, was seine Lebensaufgabenzahl 44 aktivierte. Obwohl er in diesem Jahr einige Enttäuschungen erlebte, war dies doch ein Jahr, in dem ein Ereignis stattfand, das vielleicht wichtiger war, als er sich das anfänglich vorgestellt hatte: die Gründung der »Association for Research and Enlightenment« (A. R. E.) im Juli. Dieses Ereignis trat unter der 22 in Cayces Tabelle für dieses Jahr ein (die Zahl der Periode von Juli bis November 1931). Dies ist die Leitzahl der materiellen Ebene, die eine vernünftige und geschäftsmäßige Schwingung anzeigt. Obwohl 1931 nur einige hundert Mitglieder zu verzeichnen waren, gibt es heute über zehntausend aktive Teilnehmer.

Im folgenden findest du die Berechnungen für die jährlichen Perioden im Alter von fünfundvierzig bis vierundfünfzig, die sich auf diesen Abschnitt in Cayces Leben beziehen.

Persönliches Jahr	März bis Juli	Juli bis November	November bis März
3 + 18 + 1922 = 35/8	1922 45 ――― 1967 = 23/5	1922 44 ――― 1966 = 22	1922 12 ――― 1934 = 17/8
3 + 18 + 1923 = 36/9	1923 46 ――― 1969 = 25/7	1923 44 ――― 1967 = 23/5	1923 12 ――― 1935 = 18/9
3 + 18 + 1924 = 37/1	1924 47 ――― 1971 = 18/9	1924 44 ――― 1968 = 24/6	1924 12 ――― 1936 = 19/1
3 + 18 + 1925 = 38/11	1925 48 ――― 1973 = 20/2	1925 44 ――― 1969 = 25/7	1925 12 ――― 1937 = 20/2
3 + 18 + 1926 = 39/3	1926 49 ――― 1975 = 22	1926 44 ――― 1970 = 17/8	1926 12 ――― 1938 = 21/3

Persönliches Jahr	März bis Juli	Juli bis November	November bis März
3 + 18 + 1927 = 40/4	1927 50 ――― 1977 = 24/6	1927 44 ――― 1971 = 18/9	1927 12 ――― 1939 = 22
3 + 18 + 1928 = 41/5	1928 51 ――― 1979 = 26/8	1928 44 ――― 1972 = 19/1	1928 12 ――― 1940 = 14/5
3 + 18 + 1929 = 42/6	1929 52 ――― 1981 = 19/1	1929 44 ――― 1973 = 20/2	1929 12 ――― 1941 = 15/6
3 + 18 + 1930 = 34/7	1930 53 ――― 1983 = 21/3	1930 44 ――― 1974 = 21/3	1930 12 ――― 1942 = 16/7

Alter: vierundfünfzig bis dreiundsechzig: Um die Erfahrungen mit Hilfe des großen Verfahrens zu berechnen, arbeiten wir mit der Zahl in der Mitte des Quadrates, 35/8, der auf der Seite des Dreiecks, 23/5, der in der Mitte des Dreiecks, 44, und dem Alter an beiden Enden der Linie GH, 54 und 63. 54 + 8 = 62. 63 – 8 = 55. Mit 55 und 62 Jahren hatte Cayce eine 35/8-Erfahrung. 54 + 5 = 59. 63 – 5 = 58. Mit 58 und 59 Jahren hatte er eine 23/5-Erfahrung. 54 + 8 = 62. 63 – 8 = 55. Mit 55 und 62 hatte er eine 44-Erfahrung.

Um die Erfahrungen mit Hilfe des kleinen Verfahrens zu berechnen, arbeiten wir mit der Zahl in der Mitte des Quadrates, 35/8, mit der an der Seite des Dreiecks, 23/5, mit der Zahl auf der Linie GH, 4, sowie mit dem Alter an beiden Enden der Linie GH, 54 und 63. 54 + 4 = 58. 4 + 35 = 39/3. Im Alter von 58 hatte Edgar Cayce eine 39/3-Erfahrung. 63 – 4 = 59. 4 + 23 = 27/9. Mit 59 Jahren hatte er eine 27/9-Erfahrung.

Als Cayce fünfundfünfzig Jahre alt war, zog die Familie erneut um, diesmal in ein Haus am »Arctic Circle«. Dies wurde für den Rest seines Lebens zu seinem permanenten Heim. In diesem Haus wurde 1932 der erste Kongreß der A. R. E. abgehalten, ein jährliches Ereignis, das bis heute begangen wird. Wir können sehen, daß es eine karmische Erfahrung war, daß der erste Kongreß während eines 36/9-Jahres stattfand, das Cayces Schicksalszahl 9 aktivierte, sowie seine Lebensaufgabenzahl 44.

Mrs. Cayces Mutter starb im selben Jahr, als Edgar Evans Cayce ins College kam. Als Cayce sechzig war, starb sein Vater. Mit zweiundsechzig stieß ein Mann namens Thomas Sugrue zur Familie Cayce und lebte mit ihnen zusammen. Obwohl Mr. Sugrue krank war, schrieb er eine Biographie von Edgar Cayce, nachdem er zwei Jahre mit ihm zusammengelebt hatte. Dieses Buch heißt »There is a River« und wurde 1942 veröffentlicht.

Als Cayce dreiundsechzig Jahre alt war, wurde der Cayce-Residenz eine separate Praxis hinzugefügt, was ihm die für seine Heilungen nötige Ruhe ermöglichte. Es ist in diesem Zusammenhang bedeutsam, daß die Jahrestabelle seine Lebensaufgabenzahl 44 aufweist, die das gesamte Jahr überschattet, während die Periodenzahlen 5, 22 und 8 auf Veränderungen (5), großen materiellen Fortschritt (22) und schließlich das Austragen der Grundzahl 8 (die reduzierte Lebensaufgabenzahl 44) hinweisen. Die Schwingung der 8 durchdringt viele wichtige Phasen seines Lebens. Zu dieser Zeit hatte Hugh Lynn die Leitung der A. R. E. übernommen, und Cayce war sehr zufrieden damit, daß er nun von dieser Verantwortung befreit war.

Es folgen die Berechnungen für die jährlichen Perioden im Alter von vierundfünfzig bis dreiundsechzig Jahren, die sich auf diese Erfahrungen Edgar Cayces beziehen.

Persönliches Jahr	März bis Juli	Juli bis November	November bis März
3 + 18 + 1931 = 35/8	1931 54 ――― 1985 = 23/5	1931 44 ――― 1975 = 22	1931 12 ――― 1943 = 17/8
3 + 18 + 1932 = 36/9	1932 55 ――― 1987 = 25/7	1932 44 ――― 1976 = 23/5	1932 12 ――― 1944 = 18/9
3 + 18 + 1933 = 37/1	1933 56 ――― 1989 = 27/9	1933 44 ――― 1977 = 24/6	1933 12 ――― 1945 = 19/1
3 + 18 + 1934 = 38/11	1934 57 ――― 1991 = 20/2	1934 44 ――― 1978 = 25/7	1934 12 ――― 1946 = 20/2
3 + 18 + 1935 = 39/3	1935 58 ――― 1993 = 22	1935 44 ――― 1979 = 26/8	1935 12 ――― 1947 = 21/3
3 + 18 + 1936 = 40/4	1936 59 ――― 1995 = 24/6	1936 44 ――― 1980 = 18/9	1936 12 ――― 1948 = 22
3 + 18 + 1937 = 41/5	1937 60 ――― 1997 = 26/8	1937 44 ――― 1981 = 19/1	1937 12 ――― 1949 = 23/5

Persönliches Jahr	März bis Juli	Juli bis November	November bis März
3 + 18 + 1938 = 42/6	1938 61 — 1999 = 28/1	1938 44 — 1982 = 20/2	1938 12 — 1950 = 15/6
3 + 18 + 1939 = 43/7	1939 62 — 2001 = 3	1939 44 — 1983 = 21/3	1939 12 — 1951 = 16/7

Alter: dreiundsechzig bis zweiundsiebzig: Um die Erfahrungen mit Hilfe des großen Verfahrens zu berechnen, arbeiten wir mit der Zahl in der Mitte des Quadrates, 35/8, der auf der Seite des Dreiecks, 23/5, der in der Mitte des Dreiecks, 44, und dem Alter an beiden Enden der Linie HI, 63 und 72. 63+8=71. 72−8=64. Mit 64 (und 71, wenn er nicht gestorben wäre) hatte Cayce eine 35/8-Erfahrung. 63+5=68. 72−5=67. Mit 67 (und 68, wenn er nicht gestorben wäre) hatte er eine 23/5-Erfahrung. 63+8=71. 72−8=64. Mit 64 (und 71, wenn er nicht gestorben wäre) hatte er eine 44-Erfahrung.

Um die Erfahrungen mit Hilfe des kleinen Verfahrens zu berechnen, arbeiten wir mit der Zahl in der Mitte des Quadrates, 35/8, mit der an der Seite des Dreiecks, 23/5, mit der Zahl auf der Linie HI, 7, sowie mit dem Alter an beiden Enden der Linie HI, 63 und 72. 63+7=70. 7+23=30/3. Im Alter von 70 hätte Edgar Cayce eine 30/3-Erfahrung gehabt. 72−7=65. 7+35=42/6. Mit 65 Jahren hatte er eine 42/6-Erfahrung.

Entsprechend den Berechnungen des großen Verfahrens ist Cayces Grundzahl 8 (die reduzierte 44) zweimal aktiviert, was anzeigt, daß dies eine Zeit war, in der er seine Lebensaufgabe erfährt. Als er fünfundsechzig war, wurde die Buchreihe »Search for God« publiziert. Diese Bücher werden noch heute von A. R. E.-Gruppen in den Vereinigten Staaten und im Ausland verwendet.

Es folgen die Berechnungen für die jährlichen Perioden im Alter von dreiundsechzig bis siebenundsechzig.

Persönliches Jahr	März bis Juli	Juli bis November	November bis März
3 + 18 + 1940 = 35/8	1940 63 ――― 2003 = 5	1940 44 ――― 1984 = 22	1940 12 ――― 1952 = 17/8
3 + 18 + 1941 = 36/9	1941 64 ――― 2005 = 7	1941 44 ――― 1985 = 23/5	1941 12 ――― 1953 = 18/9
3 + 18 + 1942 = 37/1	1942 65 ――― 2007 = 9	1942 44 ――― 1986 = 24/6	1942 12 ――― 1954 = 19/1
3 + 18 + 1943 = 38/11	1943 66 ――― 2009 = 11	1943 44 ――― 1987 = 25/7	1943 12 ――― 1955 = 20/2
3 + 18 + 1944 = 39/3	1944 67 ――― 2011 = 4	1944 44 ――― 1988 = 26/8	1944 12 ――― 1956 = 21/3

Ein persönliches Jahr erstreckt sich von Geburtstag zu Geburtstag. Für Cayce war es also noch das Jahr 1944, als er starb. Sein kalendarisches Todesdatum war der 3. Januar 1945, eine 23/5-Erfahrung.

Cayce arbeitete zum letzten Mal als Heiler am 17. September 1944, während einer 26/8-Periode. Am 3. Januar 1945 war Edgar Cayces Arbeit in seinem physischen Körper vollendet. Er starb mit siebenundsechzig Jahren und zehn Monaten in einem persönlichen 39/3-Jahr und einer 21/3-Periode, was zeigt, daß sein Heimgang unter seiner Seelenzahl 12/3 stattfand.

Sogar nach seinem Tod wird Cayces Einfluß noch von vielen wahrgenommen. Einige seiner Weissagungen sind eingetroffen, einige sind noch nicht geschehen. Die A. R. E. floriert nach wie vor, 1956 konnte sie das alte Krankenhausgebäude in Virginia Beach wiedererwerben. Hier ist nun der Sitz der Organisation und für jedermann zugänglich. 1975 wurde eine schöne neue Bibliothek eröffnet, die der Arbeit der A. R. E. gewidmet ist. In dieser Bibliothek finden sich alle Informationen über die Arbeit Cayces, vollständig geordnet, wodurch eine enorme Fülle von Wissen zugänglich gemacht wird, das im wesentlichen durch die Arbeit eines Mannes erschlossen wurde: Edgar Cayce.

7 Die Symbolsprache der Bibel

Die Bibel ist eine wahre Fundgrube der Zahlensymbolik. Sowohl das Alte wie das Neue Testament enthüllen durch den Gebrauch von Zahlen tiefergehende Bedeutungen und verborgene Konzepte, die gewöhnlich übersehen werden, wenn man nicht besonders darauf achtet.

Der Zohar, eine Sammlung mystischer und kabbalistischer Schriften, stellt fest, daß »das Universum von drei Formen des Ausdrucks geschaffen wurde: Zahlen, Buchstaben und Worten«. Die Buchstaben des Alphabets repräsentieren bestimmte Kräfte. Den Schwingungswert von Zahlen und Buchstaben zu studieren, heißt die göttlichen schöpferischen Energien in verschiedenen Graden der Verwirklichung zu untersuchen. Jeder Name in der Bibel hat eine tiefere Bedeutung und beschreibt etwas, das mit der Person oder dem Ort, den er bezeichnet, in Zusammenhang steht. Auf ähnliche Weise gibt es eine Reihe von Wörtern, die neben ihrer wörtlichen Bedeutung noch einen tieferen, verborgenen Sinn haben.

Altes Testament

Wenn man im Alten Testament, in der Tora, der Kabbala und anderen heiligen hebräischen Schriften liest, merkt man, wie die Hebräer mit der Wissenschaft der Namen und Zahlen mit ihrem Zahlen-Buchstaben-Code umgingen. Mit seiner Hilfe wollten sie die geheimen Bedeutungen dieser Schriften vor den Uneingeweihten schützen und gleichzeitig den Eingeweihten enthüllen.

Jeder Buchstabe des hebräischen Alphabets hat verschiedene Bedeutungen. Zum Beispiel heißt *Aleph* (A) »Lebensatem, Macht,

Quelle«, *Beth* (B) »Haus, Zuflucht«. So hat jeder Buchstabe seine Bedeutung. Die Symbolik machte es möglich, daß verborgene Lehren und tiefere Bedeutungen, die in den Namen aller beschriebenen Personen und Orte enthalten waren, von denjenigen, die lesen konnten, erschlossen werden konnten. Zudem konnten die Gelehrten die Maske der Allegorie entschlüsseln und die göttliche Führung empfangen oder geben, die in den Zahlen und Buchstaben enthalten war.

Die Geschichte von Kain, der seinen Bruder Abel ermordet, dreht sich beispielsweise um die Rivalität zwischen zwei Brüdern. Der Name »Kain« jedoch bedeutet Körper und materialistische menschliche Begierden, während Abel für die Seele und die idealistische menschliche Natur steht. Diese Gestalten wurden so genannt, um davor zu warnen, daß der Materialismus spirituelle Ideen tötet, folglich sagte man, daß Kain Abel umgebracht hat (Genesis 4:8). Viele biblische Gestalten, die in ihrem Leben Zeiten des spirituellen Wachstums und der Entwicklung erreichten, erhielten durch die Führung Gottes neue Namen. Aus Abram wurde so Abraham (Genesis 17:5), und Saraj wurde Sarah (Genesis 17:15). In beiden Fällen wurde der Buchstabe *Heh* (H) hinzugefügt, der »Licht« bedeutet und die Zahlenschwingung 8 hat, um die Erlangung des spirituellen Lichtes anzudeuten.

Auch die Schreiber des Neuen Testaments verwendeten Namensänderungen, um spirituelles Wachstum anzudeuten. Beispielsweise wurde aus »Saulus« nach seiner Berufung zum Christentum »Paulus« (Apostelgeschichte 9:1–22 und 13:9). Dies symbolisiert die Entfernung des hebräischen Buchstaben Shin (S) und das Ersetzen durch den Buchstaben Peh (P); *Shin* heißt »Zahn oder Fänge einer Schlange«, und *Peh* heißt »Mund«. Nach dieser Namensänderung wurde Saulus zum Paulus, dem Sprecher für Christus (Apostelgeschichte 13:9). Wie schon im Buch der Sprüche (22:1) zu lesen ist, ist »ein guter Name großem Reichtum vorzuziehen, und hohe Achtung allem Gold und Silber«.

Eine weitere Anwendung von Zahlen in der Sprache der Bibel hängt mit der Zählweise der Jahre, die eine Person gelebt hat, Kinder gezeugt hat und gestorben ist, zusammen. Diese Zahlen beziehen sich nicht auf das Alter der genannten Personen in Jahren, sondern auf ihre spirituelle Entwicklung. Die Bedeutung des Namens der gezeugten Kinder wies auf die Entwicklung einer Eigenart hin. Entwicklungszyklen wurden durch Generationswechsel angedeutet. Von Adam zu Noe waren es beispielsweise neun Generationen und von Noe zu Abraham ebenfalls neun Generationen. Das machte Noe zum Neunten nach Adam und Abraham zum Neunten nach Noe. Adam hatte drei Söhne: Kain (Körper), Abel (Seele) und Seth (der Nachfolger von Adam als Träger des spirituellen Lichts). In einer parallelen Situation hatte Noe ebenfalls drei Söhne: Shem (Seele), Ham (physische Natur) und Japhet (geistige Natur). Diese Namen verdeutlichen das Wachstum der Menschheit im Bewußtsein nach neun Zyklen der Entwicklung.

»Abram« heißt »Vater«, während »Abraham« zusätzlich den Glauben an Gott beinhaltet, den er gewonnen hatte. Mit neunundneunzig Jahren zeugte Abraham Isaak, dessen Name bedeutet: »Freude an göttlicher Sohnschaft«. Isaak zeugte Jakob, dessen Name bedeutet: »Erleuchtung durch die Entfaltung der Seele«. Jakobs zwölf Söhne (Genesis 35:22–27) beziehen sich auf die zwölf Typen des Bewußtseins, die von den zwölf Persönlichkeitstypen in den Zeichen des Tierkreises repräsentiert werden.

Wenn man die gesamte Bibel in dieser Weise studieren will, kann man ein ganzes Leben lang auf Entdeckungsreise gehen. Man kann sagen, daß das Hebräische, mehr als jede andere Sprache, uns eine großartige Gelegenheit gibt, die erhebliche Macht und die Bedeutsamkeit von Namen zu studieren.

Hier in Kürze eine Liste von Stichworten zur Bedeutung von Zahlen in biblischer Zeit:

0. Quelle vor der Schöpfung
1. Gott, die eine, unveränderliche göttliche Einheit
2. Dualität – menschlich, nicht göttlich
3. Attribute der $1+2=3$-Einheit von göttlichen und menschlichen Eigenschaften
4. die Vorstellung von Solidität, Standfestigkeit
5. die Menschheit mit ihren fünf entwickelten Sinnen

6. Gleichgewicht, Gesundheit, Friede
7. die siebenfältige Natur des Menschen, zyklische Vollendung
8. Anhäufung, Stärke, Macht, Vergrößerung
9. Festigung, Erhaltung, Menschlichkeit (Die wahre Mission der 9 ist es, als Priester Gottes auf der Erde zu dienen.)
10. Gottheit und Menschheit, Vater-Mutter-Gottheit, Vollendung

Die moderne Numerologie ist teilweise aus diesen Konzepten hervorgegangen. Die Zahlen und Buchstaben reflektieren Bedeutungen aus der Vergangenheit in Verbindung mit vielen zusätzlichen spirituellen Interpretationen. Unsere heutigen Namen tragen ebenfalls tiefere Bedeutungen und können Buchstabe für Buchstabe und Ziffer für Ziffer analysiert werden, um ihre Signifikanz für die Zyklen unseres Lebens Jahr für Jahr zu entfalten. Diese Analyse ist in den vorangegangenen Kapiteln eingehend erläutert worden.

0 Genesis, das heißt der »erste Grund« und bezieht sich auf die Ur-Quelle. Die ersten Verse der Genesis beziehen sich nur auf den einen Gott als Schöpfer, der die Welt aus der Leere oder aus dem Nicht-Seienden erschafft.

1 »**Es werde Licht!**« (Genesis 1:3) Die erste spirituelle Wesensäußerung war das Licht. Wenn unsere Seele fortfährt, dem Licht zu folgen, werden wir zurück zur Quelle gehen. 1 steht für einen Anfang, einen neuen Start und für die Einheit.

2 »**... und Gott schied** das Licht vom Dunkel« (Genesis 1:4). In der 2 gibt es eine Dualität: Tag und Nacht, Himmel und Erde, Mann und Frau, alle Gegensatzpaare. Daher begann sich die Möglichkeit zu entwickeln, zwischen gut und böse, wahr und falsch, positiv und negativ *die Wahl* zu haben. Pythagoras sagt: »2 ist der unvollkommene Zustand, in den das Seiende fällt, wenn es von der Monade, Gott, getrennt wird.« Manly Hall schreibt in *The Mystical Christ*: »Wenn die Augen der Beiden geöffnet werden, verdunkelt sich der Blick der Seele.«

3 **Die erste Dreiheit** – Adam, Eva und das Kind. Die 3 heißt folglich *Verwirklichung* und *Ausdehnung*. Andere Dreiheiten überleben auch in unserer Welt: Körper, Geist und Seele und die Dreiteilung des Geistes in Bewußtsein, Unterbewußtsein und Überbewußtsein.

4 **Viele biblische Bezüge** stammen aus den Zyklen in der Natur. Die Symbolik der vier Jahreszeiten und der vier Windrichtungen ist in Ezechiels Vision der vier lebenden Kreaturen verkörpert – dem Gesicht eines Menschen, eines Löwen, eines Ochsen und eines Adlers (Ezechiel 1:5–14). Diese vier beziehen sich auf die fixen Tierkreiszeichen. Die vier Elemente erscheinen symbolisch als die Vögel der Luft, Fische des Meeres, das Feuer des Herrn und die Früchte der Erde. Genesis 2:10–14 spricht von einem Strom in Eden, der sich in vier Arme teilt. Die Flüsse heißen Pischon, Gichon, Tigris und Euphrat. Metaphysisch bedeuten diese Flüsse Geist (Feuer), Atem (Luft), Körper (Erde) und Blut (Wasser). Sie symbolisieren Geist, Verstand, Körper und Seele, die vier Prinzipien, die den materiellen Körper während seines Erdenlebens mit Leben füllen.

5 **Die metaphysische Bedeutung** des »Flusses« ist Lebensenergie. Menschen sind die Behältnisse dieser Energie, und der »Garten« symbolisiert den Körper. Der unter der 4 erwähnte Fluß in Genesis 2:10–14 steht für das Ausströmen der Menschheit über die ganze Erde, eine Menschheit, die sich (durch Fortpflanzung) immer wieder teilt und die gesamte Erde bedeckt. Die 5 ist die Zahl der Menschheit mit unseren fünf entwickelten Sinnen. Die fünf Sinne werden in der Schöpfungsgeschichte schon früh eingeführt, um anzudeuten, daß sie für die Erschaffung des Menschen ganz wesentlich sind. Die 5 spielt eine große Rolle in der Geschichte von David und Goliath: »Er nahm einen Stab in die Hand, suchte sich fünf glatte Steine aus dem Bachtal, nahm seine Schleuder zur Hand und ging dem Philister entgegen.« Und: »David griff mit der Hand in die Tasche, holte einen Stein heraus, schleuderte und traf den Philister auf die Stirn. Der Stein drang in die Stirn ein, und jener fiel mit dem Gesicht zur

Erde hin.« (1 Samuel 17:40, 49) Die fünf Steine repräsentieren die Vergeistigung von Davids Sinnen. David glaubte an den ihm innewohnenden Gott der Liebe und hatte gelernt, sich auf die spirituelle Kraft in sich selbst zu verlassen. Laut einer mystischen Legende wurden die fünf Steine, als David sie berührte, zu einem einzigen Stein und vereinigten auf diese Weise die totale Kraft seiner Sinne. Der Name Goliath bedeutet materielle Macht. Die Geschichte soll also die Macht des Geistigen über das Materielle demonstrieren.

6 Die Vorbereitungen für die Entwicklung der Menschheit waren schon abgeschlossen mit den fünf Tagen der Schöpfung, so daß Gott am sechsten Tage die Menschen erschaffen konnte. »So schuf Gott den Menschen nach seinem Abbild, nach Gottes Bild schuf er ihn, als Mann und Frau erschuf er sie.« (Genesis 1:27) Die 6 steht also in Zusammenhang mit Generation, Mutterschaft, Vaterschaft, Häuslichkeit und Dienst. Heim, Familie und Kinder sind die Sorge der 6, menschliche Beziehungen und Liebe im Überfluß. Moses, der erste Gesetzgeber, entwarf die Zehn Gebote nach dem gleichen Muster wie Gott in sechs Tagen das Universum erschaffen hatte. »Sechs Tage lang sollst du arbeiten und alle Geschäfte verrichten.« (Exodus 20:9) Daher steht die 6 in Verbindung mit Arbeit und Dienst, so wie es auch von dem sechsten Zeichen im Tierkreis demonstriert wird, von der Jungfrau. Durch Liebe ist der sechste Sinn zu entwickeln, indem die Menschen ihre Göttlichkeit unter Beweis stellen. Das Buch Ruth ist ganz auf die Zahl 6 und auf die Liebe eingestellt. In Ruth 3:15 gibt Boas Ruth sechs Maß Gerste, das Symbol von Liebe und Schutz.

7 ist die wichtigste Zahl in der Bibel, sie taucht unzählige Male auf (manche sagen mehr als dreihundertsechzig Mal), sowohl im Alten wie im Neuen Testament. »Doch der siebte Tag ist ein Ruhetag für den Herrn«, denn in sechs Tagen hat der Herr den Himmel, die Erde, das Meer und alles, was in ihnen ist, erschaffen – doch am siebten Tage ruhte er. Darum segnete der Herr den Sabbat und erklärte ihn für heilig.« (Exodus 20:10–11) Eines der tiefgründigsten Beispiele für den Gebrauch der symbolischen

Zahl 7 bezieht sich auf den Fall von Jericho im Buch Josua 6:1–20: *Da sprach der Herr zu Josua: »Siehe, ich gebe Jericho in deine Gewalt... ziehe nun... um die Stadt herum und kreise sie einmal ein. So sollt ihr sechs Tage lang tun! Sieben Priester sollen sieben Widderhornposaunen vor der Lade hertragen. Am siebten Tage aber zieht siebenmal um die Stadt, vom Posaunenschall der Priester begleitet.« Da schrieen die Leute, und man stieß in die Posaunen. Als das Volk den Posaunenschall vernahm, erhob es ein lautes Kriegsgeschrei, und die Mauer stürzte in sich zusammen.*

Es wird deutlich, daß der Fall von Jericho nicht durch einen Krieg stattfand, sondern durch das Prinzip der 7 verursacht wurde. Der Sieg wurde durch die positive Schwingung des Klanges der Posaunen errungen, der zu einer enormen Macht angewachsen war.

8 Das Mysterium der 8 besteht in der endlosen und beständigen Spiralbewegung, die im Universum konstant vorherrscht. Die Ströme der Lebenskraft bewegen sich durch den Körper in Form einer 8 und folgen dabei dem zerebro-spinalen und dem sympathischen Nervensystem, wie Lichtstrahlen. Das ist der Grund, aus dem man in tiefer Meditation ein wirkliches inneres Licht sehen kann. Das Symbol ∞, die horizontale 8, bedeutet »wie oben so auch unten«. Es ist ein Symbol der Macht. In Genesis 17:10 sollte das Ritual des Bundes der Beschneidung am achten Tag im Leben eines männlichen Kindes vollzogen werden. Dies galt als eines der wichtigsten Bundesrituale zwischen Gott und den Menschen.

9 ist das Endgültige. Die 9 enthält sämtliche Energien der anderen Zahlen. Sie steht für einen vollständigen Wachstumszyklus. Die neun Generationen von Adam bis Noe und von Noe bis Abraham zeigen Stufen des Wachstums und der Entwicklung an. Noe war der Neunte nach Abraham, und Abraham war der Neunte nach Noah. Als Abram von Gott die Bundeslade und seinen neuen Namen Abraham erhielt, war er »neunundzwanzig Jahre« alt (Genesis 17:1–5). Symbolisch reduziert sich sein Alter zu einer 9, um anzudeuten, daß dies zu einer Zeit geschah, in der ein geistiger Zyklus vollendet wurde. Die Hinzufügung des hebräischen Heh (H) zu Abrams Namen trägt ebenfalls die Schwingung einer 9.

Neues Testament

In den vier Evangelien des Neuen Testaments, Matthäus, Markus, Lukas und Johannes, drücken die Schreiber ihre christliche Lehre überwiegend in der Form von Allegorie und Parabel aus. Diese sind dazu gedacht, auf verschiedene Weise interpretiert zu werden. Einige beziehen sich auf die kosmische Welt als Ganzes, einige auf das Sonnensystem, einige auf die gesamte Menschheit und einige auf einzelne Menschen. Da jede Person ein eigenständiger Mikrokosmos innerhalb eines großen Makrokosmos ist, stellt der einzelne Mensch im Kleinen alles dar, was ist, war und sein wird. Ebenso wie im Alten Testament wird auch im Neuen Testament die Symbolik eingesetzt, um wesentliche verborgene Bedeutungen in Namen und Zahlen zu verschlüsseln. Die Kunst und Wissenschaft der Numerologie ist eine der naheliegendsten Methoden, die dazu angewandt werden; es ist jedoch ein eingehendes Verständnis der grundlegenden Bedeutungen von Zahlen vonnöten, um die verschlüsselten Bedeutungen zu enthüllen.

Das Neue Testament beschreibt den Pfad des Glaubens. Glaube ist die bewußte Annahme von Weisheit und Liebe. Wenn der Glaube stark ist, ist der Geist in Ruhe und der Körper frei von Spannungen. Glaube ist die mystische Überzeugung, daß Gott in der Gegenwart jedes einzelnen eine Macht darstellt. Der Instinkt zu glauben ist genauso stark wie der Instinkt zu überleben. Er treibt uns dazu an, nach einer Philosophie zu suchen, die unsere Hoffnungen und Wünsche auf unserer Fahrt durchs Leben aufrechterhalten kann. Es heißt, daß die Naturvölker vom Instinkt her Mystiker waren und der moderne Mensch von seiner Intuition her ein Mystiker ist.

In der Lehre des Christentums ist Christus die Offenbarung der Liebe und Vergebung Gottes. Die Bergpredigt (Matthäus 5:17) ist das Gesetzbuch der mystischen Christenheit, und sie kann nur von einem gläubigen Herzen verstanden werden. Die zwölf Apostel Jesu stehen für eine Erweiterung der zwölf Stämme Israels. Die zweiundsiebzig Jünger korrespondieren mit den sechs Ältesten, die von jedem der ursprünglichen zwölf Stämme erwählt wurden.

Das Dodekaeder des Pythagoras (eine zwölfseitige symmetrische Figur, die man mit den zwölf Linien des Göttlichen Dreiecks vergleichen kann) steht für das Universum im Verhältnis zur Menschheit. Es weist darauf hin, daß der Mensch in sich das Potential der zwölf Mächte hat, die in Beziehung zu den zwölf Attributen stehen, die den Tierkreiszeichen innewohnen. Die Suche nach Wissen ist von dem Bedürfnis motiviert, das eigene Wesen in Beziehung zu Gott zu verstehen.

Die Schreiber des Neuen Testaments verwendeten symbolisch alle Grundzahlen, um ihre Ideen auszudrücken, aber wiesen auf spezifische Zahlen gesondert hin, die sich auf den siebenfältigen menschlichen Körper, das göttliche Potential des menschlichen Geistes und der Seele sowie auf seine spirituelle Sendung beziehen. Viele Jahre liegen zwischen den Autoren des Alten und des Neuen Testaments, und in dieser Zeit konnte sich das menschliche Bewußtsein um vieles weiterentwickeln. Viele neue Bedeutungen hatten sich für die Zahlen ergeben. Der Gebrauch der Symbolik hatte sich weiterentwickelt und wurde freizügig als Mittel der Offenbarung eingesetzt.

1 ist die Null, die sich weiter verwirklicht hat. Sie ist das Selbst, die Unabhängigkeit und die Einheit. »Am Anfang war das Wort... und Gott war das Wort.« (Johannes 1:1) Die 1 ist die Basis oder der Grund für einen Anfang, sie ist der Start, eine schöpferische Idee, die ihren Ausdruck findet.

2 umfaßt alle Gegensatzpaare: männlich und weiblich, Geist und Materie, Himmel und Hölle. »Niemand kann zwei Herren dienen... ihr könnt nicht Gott dienen und dem Mammon.« (Matthäus 6:24) Es gibt immer die Wahl zwischen den beiden Gegensätzen, wir werden daher gewarnt, daß in der Dualität immer eine Gefahr liegt. »Jedes Reich, das entzweit ist mit sich selbst, wird verwüstet werden.« (Matthäus 12:25) Aber: »Wenn zwei von euch übereinstimmen... wird es ihnen zuteil werden.« (Matthäus 18:19)

3 symbolisiert die Dreifaltigkeit, die Trias oder Dreiheit – die drei Dimensionen. Im weiteren Sinn steht die 3 für Vervielfältigung und Wachstum. Drei der Apostel gingen mit Jesus in den Garten von Gethsemane. Diese drei waren Petrus, Jakobus und Johannes. Die Namen der drei stehen für Licht, Leben und Liebe. Jesus ließ die Apostel zurück, um zu wachen und ging auf den Berg, um zu beten. Dreimal kam er zurück und fand sie jedesmal schlafend. Die symbolische Bedeutung ist, daß Licht, Leben und Liebe ihn im Stich gelassen haben, wie er in seinem Gebet sagt: »Vater, alles ist dir möglich, laß diesen Kelch vorübergehen an mir; doch nicht was ich will, sondern was du willst!« (Matthäus 26:37–45, Markus 14:32–41) Jesus fragte Petrus dreimal: »Liebst du mich?« (Johannes 21:15–17) Diese drei Anfragen beziehen sich auf die Liebe der verschiedenen Ebenen des Bewußtseins – des bewußten Geistes, des Unterbewußtseins und des Überbewußtseins. »Denn wo zwei oder drei versammelt sind in meinem Namen, da bin ich mitten unter ihnen.« (Matthäus 18:20) Auch dies bezieht sich auf die drei Bestandteile des Geistes: Wenn alle drei übereinstimmen, wird die Macht Christi die Oberhand gewinnen.

Die Geschichte Jesu ist eine Geschichte der Dreiheiten. Er stand nach drei Tagen von den Toten auf und wurde dreimal von Petrus verleugnet. Die Tatsache, daß Jesus zwischen zwei Dieben gekreuzigt wurde, ist ein Symbol für ein geteiltes Glaubenssystem, in dem viele der wahren Lehren verlorengegangen sind. Christus setzte sich zu Tische mit den Zwölfen, einer höheren Schwingung der Drei. Judas handelte sich dreißig Silberlinge ein, ebenfalls eine Dreierschwingung.

4 steht für Recht und Ordnung, das Maß, die physische und materielle Ebene, Vernunft, Logik, Quadrat und Kreuz. Immer wenn eine Zahl aus geraden Linien zusammengesetzt ist, symbolisiert sie das göttliche Prinzip. Daher nennt man die 4 und die 7 die heiligen Zahlen. Ihre Symbole sind das Quadrat und das Kreuz. Das Kreuz ist immer ein heiliges Symbol, ganz gleich in welchem Zusammenhang. Traditionell symbolisierte das gleicharmige Kreuz den Menschen. Mit der Ankunft Christi hob sich die horizontale Linie des Kreuzes vom Nabelzentrum zum Herzzentrum. Das Kreuz ist nicht unbedingt ein christliches Symbol, auch andere religiöse Führer sind am Kreuz gestorben – Krishna in Indien, Thamus in Syrien, Hesus der Druide, Mithras in Persien und Quexalcotl in Mexiko. »Und er war in der Wüste vierzig Tage, wurde versucht vom Satan, lebte bei den wilden Tieren, und die Engel dienten ihm.« (Markus 1:13) Die 40 zeigt in der Bibel einen vollständigen Zyklus der Zurückgezogenheit von den Dingen der Welt an, um sich auf etwas Besseres vorzubereiten, das darauf folgt. Am Morgen des vierten Tages nachdem Lazarus (dieser Name bedeutet soviel wie »Mangel an spirituellem Verständnis«) gestorben war, lag er in seinem Grab, die Hände und Füße gebunden, in das Totenhemd gewickelt. Der Morgen des vierten Tages ist die Zeit, wenn uns höheres Verstehen aus dem Grab des Materialismus befreien und zu dem einen Licht erwecken wird. »Um die vierte Nachtwache jedoch kam er, auf dem See einhergehend, zu ihnen.« (Matthäus 14:25) Das Ende der Nachtwache bezieht sich allegorisch auf das Dämmern des Wassermann-Zeitalters, des Zeitalters der Gemeinschaft.

5 steht für Meditation, Verständnis und Urteilskraft. Die Urvölker stellten die Welt mit der Zahl 5 dar, mit der Erklärung, daß in der 5 die vier Elemente, Erde, Wasser, Feuer und Luft, repräsentiert sind, plus das fünfte Element, die Essenz, der Äther oder Geist. Fünf wurde zur Zahl der Menschheit mit ihren fünf entwickelten Sinnen. Es ist das Große Werk der Menschheit, die Kontrolle über die fünf Sinne zu gewinnen, wonach sich der sechste Sinn, die Intuition, entwickelt. Die fünf Wundmale Christi symbolisieren das Leiden des fleischgewordenen Menschen, das uns dazu führt, uns Gott zuzuwenden. In der Parabel von den fünf klugen und den fünf törichten Jungfrauen (Matthäus 25:3) heißt es: »Die törichten nahmen zwar ihre Lampen mit sich, aber kein Öl, die klugen hingegen nahmen Öl in den Gefäßen mit sich, zusammen mit ihren Lampen.« Das Öl bezieht sich auf die Gesalbten oder diejenigen, die das Licht hatten. Menschen können sich für das Licht entscheiden, oder sie können es durch ihre Taten zurückweisen. Auch das Wort »Öl« hat die Zahlenschwingung einer 9 und bedeutet einen vollständigen Zyklus einer vollendeten Aufgabe.

6 ist die Zahl des Gleichgewichts, der Harmonie, der Zusammenarbeit, der Heirat, des Ehestandes und der Schönheit. »Es standen sechs steinerne Wasserkrüge dort« (Johannes 2:6) für das Hochzeitsfest. Eine Heirat (und entsprechend auch die Zahl 6) bedeutet Liebe in ihrer höchsten und seligsten Form des irdischen Bewußtseins. Die 6 ist der Ausdruck universeller Liebe, denn aus den Sorgen persönlicher Liebe erwacht die Seele zu einem höheren Leben, das zur Erleuchtung oder Meisterschaft führt. Das erste Wunder Jesu verwandelte sechs Krüge Wasser in Wein.

7 ist die Zahl der Ruhe, die Unterbrechung, aber nicht des Beendens. Sie ist die Zahl der Sicherheit und des vollen Maßes der Dreiheit plus der Vierheit. Eine der großartigsten Traditionen der christlichen Überlieferung ist der siebenfältige Pfad des Vaterunser. Die sieben Aussagen bringen die Drei- und Vierheit zum Ausdruck. (Matthäus 6:9–13)

1. *Vater* unser im Himmel,
2. Geheiligt werde Dein *Name*,
3. Dein Reich komme, Dein *Wille* geschehe, wie im Himmel, so auf Erden.
4. Unser tägliches *Brot* gib uns heute
5. Und vergib uns unsere *Schuld*, wie auch wir vergeben unseren Schuldigern,
6. Und führe uns nicht in *Versuchung*,
7. Sondern erlöse uns von dem *Bösen*.

Der abschließende Vers (»Denn Dein ist das Reich und die Kraft und die Herrlichkeit in Ewigkeit«) wurde viel später hinzugefügt, um die Rückkehr in den himmlischen Zustand zu symbolisieren.

8 steht für Involution und Evolution, für die Zyklen von Ebbe und Flut, Unendlichkeit, Rhythmus, Fortschritt, Stärke und Vertrauen. Die 8 spielt im Neuen Testament keine große Rolle. Sie ist eher in dem Achtfachen Pfad des Buddhismus und in der okkulten Literatur zu finden.

9 bezieht sich auf Vollendung, Fertigstellung, Erfüllung, Erneuerung und Offenbarung. Viele Worte in der Bibel werden wegen ihres Symbolgehaltes und der in ihnen enthaltenen mystischen Lehren verwendet. Im Buch der Offenbarung gibt es zwei Zahlen, über die man sich viel gestritten hat. Diese Zahlen, die 666 und die 144 000, schwingen beide zu einer 9. Die 144 000 Menschen, die in der Mitgliedschaft zum Stamm Israel mit dem Siegel bezeichnet wurden, weisen auf eine entwickelte oder gerettete Menschheit. Das Siegel, mit dem sie bezeichnet wurden, bezieht sich auf das schützende »Zeichen auf ihrer Stirn« (Offenbarung 9:4). Die 666, die als die »Zahl des Tieres« beschrieben wird (Offenbarung 13:18), bezieht sich auf eine Menschheit, die auf einer materialistischen, noch nicht erneuerten Ebene funktioniert. Diese zwei Zahlen weisen mystisch auf die Evolution der Menschheit hin – entweder auf die Gruppe der »Verlorenen« (666) oder der »Geretteten« (144 000). Die Menschheit, symbolisch als die »Hand Gottes« bezeichnet, demonstriert dasselbe Prinzip. »Hand« ist ein Wort, das von einer Neunerschwingung seine Energie erhält und bezieht sich auf die Menschheit als einen der Helfer Gottes bei der Erbauung seines Reiches. Die neun Seligpreisungen der Bergpredigt, die einen vollständigen Zyklus bilden, stellen die Essenz des Neuen Testaments dar, das lehrt, daß die gewaltigste aller Mächte die Liebe ist. »Love«, das englische Wort für Liebe, schwingt nach einer 9. »Wer nicht liebt, hat Gott nicht erkannt, denn Gott ist Liebe« (1. Johannes 4:8), und: »Gott ist Liebe, und wer in der Liebe bleibt, der bleibt in Gott, und Gott bleibt in ihm.« (1. Johannes 4:16) In der neunten Stunde, der Stunde des Gebetes, sagte Christus am Kreuz: »Es ist vollbracht.« (Johannes 19:30).

Die Zahlen 12 und 13 haben im Alten wie im Neuen Testament einen besonderen Platz.

12 **Es gab zwölf Stämme** Israels, die aus Jakobs Söhnen hervorgegangen sind. Als Jakob seinen zwölf Söhnen seinen Segen gab, bezog er sich nicht nur auf die zwölf Individuen, sondern auf die Entwicklung der zwölf Attribute, die in der menschlichen Seele erweckt werden sollten. Diese haben ihre Parallele in den zwölf Charakteristiken der Tierkreiszeichen (Genesis 49:1–28). Die Arbeit dieser zwölf Söhne ist das Hauptthema eines Großteils des Alten Testaments. Jeder Stamm war der Ausdruck der Eigenschaften eines Tierkreiszeichens und stand in Beziehung zu einer bestimmten Zahl. Kein Stamm war völlig gut oder böse. Diese zwölf Zeichen und ihre entsprechenden Zahlen sind aktiv in jedem einzelnen, denn jede Person ist in der Tat ein kleines Universum.

Jesus hat sich zwölf Apostel erwählt. Diese stehen ebenfalls in Beziehung zu den zwölf Tierkreiszeichen und bilden gemeinsam eine vollständige Sammlung von Menschentypen in dem engsten Kreis von Jüngern Jesu. Die Schwingungsenergie der Zahl 12 gehört entsprechend zu einer entwickelten Seele, die durch viele verschiedene Erfahrungen ungewöhnliche innere Kräfte entwickelt hat.

13 **ist eine Zahl** von besonderer Bedeutung. Es gab zwar die zwölf Apostel, aber Jesus selbst war der Dreizehnte beim letzten Abendmahl. 12 ist die Zahl der Sonnenmonate des Jahres, aber 13 ist die Zahl der Mondmonate. Die Schwingungen der Sonne sind positiv-kreativ von ihrem Wesen, und die Schwingungen des Mondes sind negativ-empfänglich. Beide sind, als Reflektion des Göttlichen, von gleicher Wichtigkeit. 13 bedeutet entweder Tod durch Degeneration oder Leben und Erfolg durch Regeneration. Es gibt bei der 13 keine Halbheiten, sie erfordert alles oder nichts. Wenn die 13 deine Zahl ist, sieh den Tatsachen ins Auge und mach etwas daraus!

»Wählt euch heute aus, wem ihr dienen wollt.« (Josua 24:15) In Deuteronomium 30:19 sagt Moses: »Vorgelegt habe ich dir Leben und Tod, Segen und Fluch! So wähle denn das Leben, damit du samt deinen Nachkommen am Leben bleibst.« Die Inkarnation im Fleisch repräsentiert das Begrabensein der Seele in der Materie, wo sie ihre Macht verliert, die sie auf der ätherischen Ebene, auf der sie erschaffen wurde, um in der Gemeinschaft mit Gott zu sein, noch besaß. Das Essen vom Baum der Erkenntnis führt zu spirituellem, nicht physischem Tod. Wenn die Seele sich von Gott ab- und sich selbst zuwendet, stirbt sie gleichsam. Wir wandeln im Fleisch auf Erden, als verlorene Söhne und Töchter, Opfer spiritueller Amnesie. Der verlorene Sohn, ein Mensch wie du und ich, ist aus freien Stücken aus dem Haus des Vaters fortgegangen, der Vater hat ihn nicht gesendet. Das Alte wie das Neue Testament enthält zahlreiche Beispiele für den Gebrauch numerologischer Symbole in Form von Gleichnissen und Allegorien. Weil jede Zahl und jeder Buchstabe eine doppelte Bedeutung hat, sind für Leser, die den Buchstaben-Zahlen-Code, der in biblischen Zeiten verwendet wurde, entschlüsseln können, verborgene Bedeutungen erschließbar.

Darüber hinaus gibt es drei Ebenen des Verständnisses oder des Wissens, das der Leser erwerben kann. Die erste Ebene geht durch den bewußten Verstand und bezieht sich auf die materielle oder physische Welt. Die zweite Ebene wird vom Unterbewußtsein aufgenommen über Parabeln und Symbole. Die dritte beschäftigt sich mit Offenbarungen auf der überbewußten Gedankenebene und bestätigt, daß wir von innen heraus wiederentdecken müssen, wer wir sind.

Die Bibel ist die Geschichte der Menschheit und ihrer Generationen (Wachstum und Verwirklichung), ihrer Degeneration (der verlorene Sohn, der seines Vaters Haus verlassen und seine göttliche Herkunft vergessen hat) und ihrer Regeneration durch den möglichen Pfad der Rückkehr zu dem Bewußtsein, in dem wir sagen können: »Nicht mein, sondern Dein Wille geschehe«.

II Die Beschreibung der zweistelligen Zahlen

In deinem Namen versteckt findet sich dein persönlicher Weg zu Erfolg und Glück im Leben und zur Überwindung der Schwierigkeiten, denen du auf diesem Weg begegnest. Du mußt dich auf die Spur dieses Weges begeben, mußt ihn auskundschaften, verstehen und erklären, indem du deine Zahlentabellen und deinen Lebensplan studierst, denn der Weg zur Bewältigung von Hindernissen verläuft gleich neben den Wegen zu Erfolg und Glück. Ganz gleich, ob du den positiven oder den negativen Weg wählst, es gibt immer eine Ursache und eine Wirkung. Wenn du erst einmal verstanden hast, daß du die Wahl hast und weißt, worin sie besteht, dann kannst du dein Leben selbst in die Hand nehmen und jedes Ziel, das du dir selbst steckst, erreichen. Es ist wichtig, daß du dir ein Ziel setzt und dann den Weg auskundschaftest, den deine kosmische Mitgift dir zur Erfüllung deiner Ziele vorgezeichnet hat.

Die Bedeutungen einstelliger Zahlen sind eindeutig. Wenn einstellige Zahlen sich zu zweistelligen kombinieren, liefern sie ein vollständigeres Bild davon, wie du deine Talente zum Ausdruck bringen wirst. Die zweistelligen Zahlen zeigen Erfahrungsmuster. Sie geben Hinweise auf dein Schicksal und zeigen den Weg zum Erfolg. Diese Mosaiksteine deiner Persönlichkeit können in allen Details durch die sorgfältige Auswertung der zweistelligen Zahlen, die sich aus deinem Namen und Geburtstag ergeben, aufgedeckt werden.

Dies ist in erster Linie ein Buch über Numerologie, da wir aber ebenfalls alle zweistelligen Zahlen bis zur Zahl 78 »die Anzahl der Karten des Tarot« in Betracht ziehen, werden wir zusätzliche

Erläuterungen aus der Philosophie des Tarot geben, um eine weitere Dimension zum Verständnis der Zahlen hinzuzufügen. Die Tarotschlüssel symbolisieren Wege, um die Stärken und Schwächen der dynamischen Lebenskräfte zu bestimmen.

Das Tarot ist reich an Symbolen, die seit ewigen Zeiten verwendet wurden, um Menschen zu helfen, die Gesetze des Universums und unsere Beziehung zu diesen Gesetzen zu verstehen. Die zweiundzwanzig Schlüssel der großen Arkana enthalten die Geschichte unseres Lebens, unserer Verfassung und unserer Möglichkeiten. Wenn wir alle diese Gesetze studieren und uns nach ihnen richteten, würde unser Leben bewußter und innerlich gefestigter werden. Die sechsundfünfzig kleinen Schlüssel erklären die verschiedenen Phasen des menschlichen Lebens und symbolisieren Möglichkeiten, wie wir uns unserem Dilemma stellen können.

Das Tarot bezieht sich auch auf die Tierkreiszeichen, und so haben wir für alle, die die Tiefen der Astrologie ausloten möchten, die Erläuterungen der astrologischen Entsprechungen für jede der achtundsiebzig Zahlen eingefügt. Tatsächlich überschneiden sich Numerologie, Astrologie und Tarot und bestätigen einander auf so vollkommene Weise, daß wir es fast für unmöglich hielten, eine Tabelle zu analysieren, ohne Begriffe der anderen Gebiete zu verwenden, die unser Verständnis vervollständigen. In ihrer höchsten Form werden diese drei Wissenschaften das gesamte Wissen, das in ihrer reichen Symbolik enthalten ist, vereinigen, damit wir es in unserem Leben anwenden können, um unser Verhältnis zu Gott besser zu verstehen.

Wie du deine Zahl analysierst

Nehmen wir einmal an, deine Zahl ist 32/5, dann mußt du die Erläuterungen der zweistelligen Zahl zuerst lesen, dann die der einstelligen Zahl, die sich aus der Reduktion der zweistelligen ergibt. Dabei solltest du beachten, daß es die 2 ist, die durch das Zusammenwirken mit der 3 die Grundzahl 5 bildet, die in der Beschreibung der 32/5 zusammengefaßt wird. Eine 41/5 ist eine völlig andere Schwingung, die mit einer 1 durch eine 4 arbeitet, um zur Grundzahl 5 zu gelangen.

Eine Zahl hat immer dieselbe Bedeutung, ganz gleich, wo sie in deinem Plan auftaucht, aber der Ausdruck des entsprechenden Bewußtseins wird durch ihre Position als Seelenzahl, Äußere Persönlichkeitszahl, Schicksalszahl oder Lebensaufgabenzahl bestimmt. Daher ist es wichtig zu unterscheiden, wo genau eine Zahl ihre Wirkung ausübt. Wenn es die Schwingung deiner Seelenzahl ist, dann besitzt du bereits ihre Eigenschaften, wenn sie jedoch zu deiner Lebensaufgabe gehört, besitzt du sie noch nicht, aber bist auf der Welt, um sie zu lernen.

Die Zahlen auf den Linien des Lebensplanes repräsentieren die Energien, die zu den angegebenen Zeiten aktiviert werden. Das gleiche gilt für die persönliche Jahresschwingung, die Periodenschwingung und die persönlichen Monatsschwingungen. Diese Schwingungen sind eine Energie, die, wenn sie in deinem Leben aktiv wird, den Ort, an dem du dich befindest, sowohl innerlich wie äußerlich entscheidend prägt. Du kannst dann mit der Zahl dieses Ortes arbeiten und deine Möglichkeiten optimal ausschöpfen.

*Wenn die Zahl deine Seelenzahl ist, ist sie das,
was du bereits bist.
Wenn die Zahl deine Äußere Persönlichkeits-Zahl ist, ist sie das,
was andere in dir sehen.
Wenn die Zahl deine Schicksalszahl ist, ist sie das,
was du tun mußt.
Wenn die Zahl deine Lebensaufgabenzahl ist, ist sie das,
was du lernen mußt.*

Wenn die Grundzahl der Schwingung, unter der du arbeitest, die Grundzahl einer deiner vier persönlichen Zahlen ist, dann mußt du sowohl unter deiner Zahl wie unter der Variation nachsehen. Wenn zum Beispiel eine deiner persönlichen Zahlen 37/1 ist und du gerade unter einer 28/1-Schwingung stehst, dann solltest du die Kapitel beider Zahlen lesen.

1 Die Großen Arkana

1 *als persönliche Zahlenschwingung:* Du bist frei und unabhängig. Du haßt es, wenn du Zwängen unterworfen bist, und mußt dich allzeit unbelastet fühlen, damit du deine ausgeprägte Individualität zum Ausdruck bringen kannst. Du bist hier, um deine eigene, unverwechselbare Persönlichkeit zu entwickeln, was dir nur gelingt, wenn du deinen Willen bekommst. Das ist auch der Grund, warum du in jeder Gruppe, der du angehörst, eine dominierende Rolle spielst.

Deine Mitmenschen werden immer zu dir kommen, um Rat und Bestätigung zu finden, weil sie erkennen, daß du von Natur aus eine Führungspersönlichkeit bist. Es ist durchaus wahrscheinlich, daß du an der Spitze der Organisation stehst, der du angehörst, als Firmenchef, Aufseher oder Präsident eines Clubs.

Was auch immer du tust, du gibst dein Bestes und mußt immer an der Spitze stehen. Da du einen Pionierinstinkt besitzt, bist du gewöhnlich der Erste, und weil du den Mut hast, dich durchzusetzen, bist du oft der Beste.

In mancher Hinsicht wirst du ein Einzelgänger sein, denn dein Selbstbewußtsein ist für viele befremdlich, es sei denn, sie sind emotional außergewöhnlich robuste Menschen oder solche, die sich gern unterwerfen. Du wirst lernen, deine eigenen Entscheidungen zu treffen und hinter ihnen zu stehen, ganz gleich, was die anderen darüber denken.

Deine Führungsqualitäten unterscheiden dich von der Masse, und du bist dir des Gewichtes der Verantwortung, die du für andere trägst, voll bewußt. Du wirst in deinem Leben viele neue Menschen treffen, die anders sind als andere, weil du immer auf der Suche nach neuen Erfahrungen bist und dir ständig etwas Neues einfallen läßt.

Wenn du eine negative 1 bist, dann leidest du unter einem übermächtigen Ego, das dich zu Arroganz, Eigennutz und mangelnder Sorgfalt verleitet. Du hast kein Gefühl für die Bedürfnisse anderer und kannst die Standpunkte deiner Mitmenschen nicht akzeptieren. Deine Halsstarrigkeit in der Verfolgung von Zielen, die erwiesenermaßen falsch sind, kann zu einer Folge von Ereignissen führen, die dein Scheitern und deine Vereinsamung zur Folge haben.

Wenn du eine positive 1 bist und dich geistig entwickelst, bist du sehr eigenständig und originell. Dein scharfer und analytischer Verstand sucht und findet viele verschiedene Möglichkeiten, sich auszudrücken, und deine Talente können sich in einer Arbeit als Erfinder, Designer oder Führungskraft in allen schöpferischen Berufen qualifizieren. Dein Erfindungsreichtum gestattet es dir, Probleme kreativ und konstruktiv zu lösen. Dadurch wirst du zu einem geschickten Zeitgenossen, der seine gefestigten Ansichten auf positive Weise zum Ausdruck bringen kann. Du bist der Pionier, der sich auf den Weg in die Wildnis macht, um ein neues Leben für sich zu finden.

1 als temporäre Schwingung: Neue Anfänge, Entscheidungen, Unabhängigkeit. Die Phase, in die du nun eintrittst, ist eine Zeit des Neuanfangs, Zeit, nochmal von vorn anzufangen. Du hast die Fähigkeit, dich von deiner Umgebung zu lösen und deinen eigenen Weg einzuschlagen. Dazu kann es nötig sein, daß du lernst, auf eigenen Füßen zu stehen, dir selbständige Gedanken zu machen und unabhängig zu sein. Die Schwingungen der 1 setzen verborgene Kräfte in dir frei, du mußt nun die Zügel in die Hand nehmen und deinen zukünftigen Kurs selbst bestimmen. Wenn du dich in der Vergangenheit auf andere verlassen hast, wirst du erkennen, daß dies nun nicht mehr länger geht.

Du solltest dir langfristige Ziele setzen und Schritte unternehmen, um sie zu erreichen. Später, wenn du zurückblickst, wirst du sehen, daß die Erfahrung dieser Periode der Grundstein für dein neues Leben war.

Zögere nicht, deine Talente und Fähigkeiten zu entwickeln. Werbe für deine Ideen, glaube an dich selbst und laß dich durch ein »Nein« nicht entmutigen. Deine wichtigsten Erfahrungen werden von nun an diejenigen sein, die du selbst in Gang setzt. Du mußt daher entscheidungsstark und sicher sein. Überdurchschnittliche Stärke und Selbstdisziplin sind vonnöten. Wenn du deine Aufmerksamkeit auf ein Ziel fixierst, dann wirst du es auch erreichen, denn dein Bewußtsein ist zu einem offenen Kanal der Kommunikation zwischen deinem Unterbewußtsein und deinem Überbewußtsein geworden. Das Geheimnis ist Konzentration. Du kannst nun wahre Wunder vollbringen, denn du hast alles Materielle fest im Griff. Richte deine Gedanken auf fruchtbare Gebiete, damit deine geistigen Energien sich auf eine Weise formieren, in der sie auf dein Unterbewußtsein einwirken können. Die resultierenden unterbewußten Reaktionen werden dann die gewünschten Resultate hervorbringen. Unter einer 1 solltest du dir jederzeit darüber im klaren sein, daß alles, was du dir wirklich wünschst, auch in Erfüllung geht, und daher alles, was dir zustößt, auf dein Wünschen zurückzuführen ist.

Ein negativer Gebrauch der Energien der Zahl 1 kann dich auf einen störrischen Kurs bringen, auf dem du auf deinen eigenen Weg pochst, ohne die Konsequenzen zu beachten. Laß deiner Individualität freien Lauf, aber mit Klugheit und Maß.

Unter diesem Einfluß darfst du dich nicht von impulsiven Gefühlen leiten lassen. Mach deine eigenen Pläne, denn gleichberechtigte Partnerschaften sind im Augenblick nicht ratsam. Sei wählerisch mit deinen Freunden und vermeide oberflächliche Bekanntschaften. Vielleicht triffst du eine bestimmte Person, die sich in Zukunft für dich als wichtig herausstellen wird.

Experimentiere mit dem Neuen und Unerprobten. Bewahre deine Unabhängigkeit und Entscheidungsfreiheit, und »das Allerwichtigste«: besitze den Mut, nach deinen Träumen zu handeln.

Symbol im Tarot: Schlüssel 1, Der Magier. Der Magier steht für den bewußten Geist, dem durch Konzentration und ungeteilte Aufmerksamkeit auf eine bestimmte Idee oder ein Ziel höhere Kräfte zur Verfügung stehen können. Auf diese Weise kann eine Idee oder ein Ziel Gestalt annehmen und in der materiellen Welt verwirklicht werden.

Die Figur auf der Karte zeigt klar, daß sie lediglich ein Kanal ist, eine Durchgangsinstanz, durch die die Lebensenergie fließt. Die beiden identischen Enden des Stabes, den der Magier in der rechten Hand hält, repräsentieren bildhaft den Satz »Wie oben, so auch unten«. Die horizontale 8 symbolisiert den Heiligen Geist, Herrschaft, Stärke und Unendlichkeit. Da eine horizontale Linie ein altes Symbol für Materie ist, bedeutet dieses Bildzeichen die Kontrolle, die das Bewußtsein über irdische Dinge besitzt, wenn es die Lebensenergie durch fixierte Aufmerksamkeit auf ein bestimmtes Ziel richtet.

Das Untergewand des Magiers, dessen weiße Farbe das Licht vollkommener Weisheit symbolisiert, wird von der Schlange der Ewigkeit umwunden, die sich in ihren eigenen Schwanz beißt. Das Rot des Umhanges symbolisiert Leidenschaft und Verlangen, das Gewand ist völlig ungebunden, es kann willentlich an- und ausgezogen werden und unterliegt damit der Kontrolle des Bewußtseins.

Der Garten ist das Unterbewußte, das mit Hilfe von Aufmerksamkeit des Bewußtseins kultiviert wird. Rote Rosen deuten Wünsche an, während Lilien geläuterte, von Begierden ungetrübte Gedanken repräsentieren. Jeder Augenblick unseres Wachbewußtseins ist durch irgendeine Form von Begierde angetrieben und konditioniert, die auf eine höhere Ebene gebracht werden muß.

Dem Magier stehen alle Elemente und ihre menschlichen Entsprechungen zur Verfügung: der Kelch, als Wasser und Vorstellungskraft; das Schwert, als Luft und Intellekt; das Pentagramm, als Erde und Körper; und der Stab, als Feuer und Willenskraft. Diese vier Gegenstände repräsentieren die vier Buchstaben *IHVH*, das hebräische Wort für Gott, und *INRI (Iesus Nazarenus Rex Iudaeorum),* die auf dem christlichen Kreuz auftauchen. An diesem Punkt besteht die Möglichkeit, die Gottesenergie in die Welt der Materie zu übertragen, um vollkommene Schöpfung und Harmonie zu erzeugen.

Astrologische Entsprechung: Mars (und Merkur). Der Planet Merkur ist dem Magier zugeordnet, und Mars der Zahl 1. Diese beiden Energien müssen verbunden werden, damit der Magier seine Aufgabe vollenden kann.

Mars, der rote Planet, liefert die feurige Energie und das Bedürfnis nach Erschaffung. Merkur ist der Verstand, der Kanal, durch den die Wünsche geleitet werden und das Werkzeug, mit dessen Hilfe der Konzentration ihre lebendige Kraft verliehen wird. Ohne den Drang nach Vollendung ist der Verstand überflüssig und nutzlos. Er braucht die fordernde, treibende Kraft von Mars, um sich zu größeren Leistungen anzuspornen.

Wenn Merkur und Mars gemeinsam handeln, steht der 1 ein unendliches Reservoir von schöpferischer Energie und Courage zur Verfügung. Gemeinsam besitzen sie die visionäre Kraft, zu sehen, was getan werden kann, sowie das Durchsetzungsvermögen und die Energie, es zu tun.

2 *als persönliche Zahlenschwingung:* Die Zahl 2 bedeutet, daß es mehr als einen gibt, und du als jemand, der unter der 2 steht, bist dir am ehesten bewußt darüber, daß es andere gibt, die dir entgegenstehen. Da du den Menschen auf gesellschaftlicher Ebene begegnest, neigst du dazu, Ideen und Erfahrungen mit Hilfe anderer Menschen zu sammeln.

Du kannst ein guter Diplomat, Vermittler, Schlichter oder Friedensstifter sein. Deine Stärke liegt in der Zusammenarbeit mit anderen, denn deine sanfte und höfliche Art wird von allen Seiten geschätzt.

Du bist keine energische Persönlichkeit und ziehst es oft vor, im Hintergrund zu bleiben. Weil du sehr sensibel auf Gegensätze reagierst, hast du Schwierigkeiten, dich endgültig für etwas zu entscheiden. In deiner Unaufdringlichkeit und Vorsichtigkeit vermeidest du manche Entscheidung. Diese Eigenschaft kann dir zum Nachteil gereichen, doch du kannst sie auch zu deinem Vorteil nutzen, indem du die Rolle des Schiedsrichters spielst. Du besitzt die Fähigkeit, beide Seiten einer Situation zu sehen. Diese Fähigkeit, in Verbindung mit deiner Ehrlichkeit und Ernsthaftigkeit, ist für dich ein Erfolgsrezept.

Die Zahl 2 beinhaltet gleichzeitig Reflektion und Symmetrie. Dein Einfallsreichtum wird noch unterstützt von deiner Fähigkeit, im Leben verborgene Aspekte der Schönheit zu entdecken. Deine Fähigkeit, dich aus der Situation zu lösen und sie in Getrenntheit zu sehen, gibt deinem kreativen und erfinderischen Potential Raum zum Wachstum. Wenn wir hinaus in die Welt schauen, sehen wir, was vor uns liegt und was uns umgibt. Wir können jedoch nicht hinter uns sehen, ohne uns umzuwenden. Du aber scheinst in die Wirklichkeit wie in einen Spiegel hineinzuschauen. Du siehst jedes Detail, sogar das, was hinter dir liegt und was nur im Spiegel gesehen werden kann. Du besitzt den alles überschauenden Blick.

Wenn du eine negative 2 bist, mangelt es dir an Selbstvertrauen. Du bist daher unentschlossen und hast Angst vor Entscheidungen. Du kannst betrügerische Ambitionen haben und zur Doppelzüngigkeit neigen. Du bist überempfindlich und leicht deprimiert, wenn deine Umgebung unglücklich ist.

Wenn du eine positive 2 bist, kannst du für andere eine große Hilfe sein, weil du es verstehst, Situationen zur Zufriedenheit aller zu schlichten, und du kannst dich durchaus zu einer »grauen Eminenz«, einer einflußreichen Person im Hintergrund, entwickeln.

2 als temporäre Schwingung: Reifung, Zusammenarbeit, Diplomatie, Selbsterkenntnis. Du befindest dich in einer Reifungsperiode, in der du dich nicht durchsetzen, sondern lieber auf Ergebnisse warten solltest. Dies ist eine Zeit des Sammelns und der Verarbeitung vergangener Erfahrungen. Du mußt ihnen Zeit lassen, in dir zu wachsen. Es ist eine eher zurückgezogene Periode, in der deine persönlichen Angelegenheiten, die Situationen, in die du gerätst, und deine Beziehungen das Element des Unbekannten einschließen. Es kann passieren, daß du nicht alle Umstände einer Situation kennst, in die du gerätst, und du kannst leicht ins Schwimmen geraten. Daher solltest du darauf achten, deine Balance beizubehalten und ausgeglichen zu sein. Bleibe gelassen.

Es kann Besprechungen, Unterhaltungen, ein Kommen und Gehen geben. Du solltest vorsichtig sein mit dem, was du über deine Hoffnungen und Ambitionen verlauten läßt, denn deine Worte könnten dir »bewußt oder unbewußt« von anderen im Munde herumgedreht werden. Sei diplomatisch in allem, was du tust und vorsichtig, über wen du redest und wem du traust. Unvorsichtigkeit und Taktlosigkeit können in deinen Beziehungen Schaden anrichten, was Wutausbrüche und Täuschungsmanöver nach sich ziehen kann.

Sei geduldig, bedächtig, taktvoll und bewahre dir ein offenes Ohr für die Ideen anderer. Sei versöhnlich, jedoch nicht auf Kosten deiner eigenen Integrität. Dies ist eine passive, aufnehmende Zeit, in der du viel nachdenken und auf die Stimme deines Unterbewußtseins hören kannst, denn das Unterbewußtsein sammelt und ordnet jedes Stück Information, dem es begegnet, sorgfältig ein. Es ist jetzt dabei, die Saat zu legen für Streit, Zwietracht, Auseinandersetzungen und Trennungen oder für Frieden, Kooperation, Schönheit und Begegnungen.

Wenn du die positive Seite lebst, wirst du anderen Menschen gegenüber Wärme ausstrahlen und mit ihnen Verbindungen eingehen können. Du hast das Zeug, ein guter Vermittler, ein Überbringer von Botschaften oder ein Agent für den Frieden zu sein. Dies ist eine gute Schwingung für Liebesaffären, du solltest jedoch in dieser Hinsicht vorsichtig sein, denn du bist emotional verletzbar. Unter einer 2 können Liebesaffären kommen und gehen, bleibe also ausgeglichen und stabil.

Die Zukunft kann während dieser Periode ungewiß erscheinen, denn verborgene Energien wirken jetzt, die erst später zum Vorschein kommen. Da unter einer 2 die Wahl nicht leicht fällt, solltest du wichtige Entscheidungen lieber verschieben, bis du dir der Angelegenheit sicherer geworden bist. Dies ist wegen deiner Unentschlossenheit nicht unbedingt eine gute Zeit für Geschäfte.

Die Handlungen sind im Moment in erster Linie durch Erinnerungen geprägt. Es besteht die Gefahr, daß du in unglücklichen Erinnerungen gefangen bleibst oder von unbewußten Konditionierungen aus der Vergangenheit geleitet wirst. Statt dessen solltest du die Erfahrungen, die du in der Vergangenheit gemacht hast, nutzen, um Knoten in einer Beziehung zu lösen, zu vermitteln oder zur Zusammenarbeit beizutragen. Wir kommunizieren mit anderen durch unser Unterbewußtsein. Erinnerungen, die im Unterbewußtsein gespeichert sind, bestimmen unsere Reaktionen auf äußere Umstände, Situationen und Menschen. Du solltest deine Reaktionen auf andere jetzt genau untersuchen, denn diese Periode ist der Test für deine Fähigkeit zur Koexistenz.

Telepathische Kommunikation kann in dieser Phase sehr intensiv sein, denn du besitzt ein unbewußtes Wissen über die wahre Bedeutung von Ereignissen, die dem bewußten Verstand rätselhaft bleiben. Daher mußt du dich in das, was sich in deinen Gedanken während dieser Zeit formuliert, einstimmen, sonst wirst du immer im Dunklen bleiben. Die Zahl 2 ist keine Einbahnstraße, Gedanken fließen zwischen den inneren und äußeren Bestandteilen deines Wesens hin und her.

Der negative Gebrauch einer 2 verleitet dich zur Kleinlichkeit gegenüber den unbedeutenden Dingen des Alltags. Du reagierst emotional auf Konfrontationen, ziehst dich lieber zurück, anstatt Probleme auf friedliche Weise zu lösen. Deine Emotionen unterwandern dein Selbstbewußtsein und bringen dich aus dem Gleichgewicht.

Dies ist die beste Zeit für kreative Menschen, Künstler, Komponisten, Erfinder und Mystiker, um ihr Bewußtsein durch vielfältige Methoden zu erweitern, denn die 2 enthält viele verborgene kreative Kräfte. Eine Periode des Abwartens findet statt, in der die Saat der Kreativität im Unterbewußtsein gelegt wird und zu wachsen und sich zu entfalten beginnt. Dies ist gleichzeitig eine Phase der Reifung, in der du dein wahres »Ich bin« erkennen kannst, indem du über dein inneres Wesen reflektierst.

Du solltest passiv und für die gegenwärtig aktiven schöpferischen Kräfte aufnahmebereit bleiben, ohne wankelmütig, überempfindlich oder zurückgezogen zu werden. Ruhige, gelassene Kontemplation deines inneren schöpferischen Potentials wird dir helfen, künstlerische Produkte von außergewöhnlicher Schönheit, innovative Ideen sowie einzigartige Lösungen alltäglicher Probleme hervorzubringen.

Symbol im Tarot: Schlüssel 2, Die Hohepriesterin. Die Hohepriesterin symbolisiert das Unbewußte, die empfängliche, reproduktive und formbildende Kraft im menschlichen Organismus. Der Vorhang hinter der Figur auf der Karte verbindet die beiden Säulen von Licht und Dunkelheit. Sie ist die ausgleichende Kraft zwischen zwei Gegensätzen und bevorzugt weder das eine noch das andere. Sie wartet lediglich darauf, daß das Bewußtsein auf konzentrierte Weise aktiv wird. Der kelchförmige Halbmond stellt die Empfänglichkeit und Zurückhaltung des Unbewußten dar.

Alle Erinnerungen, persönliche und kollektive, sind in der Schriftrolle der Hohepriesterin aufgezeichnet, die zum Teil verborgen ist, denn dieses Wissen liegt noch im Verborgenen. Gott hat noch viel zu enthüllen. Der würfelförmige Stein, auf dem sie sitzt, repräsentiert die Prinzipien der Ordnung, nach dem das Unbewußte funktionieren muß, um zur Vollkommenheit zu gelangen. Das weiße Kreuz steht für den richtigen Gebrauch der vier magischen Gegenstände auf dem Tisch des Magiers. Der bewußte Verstand formuliert die Ideen, die das Unbewußte als Vorschläge aufnimmt und sich dann an die Arbeit begibt, um sie auf geregelte, allmähliche Weise zur Realität zu machen.

Die Hohepriesterin ist das Bindeglied zum Unbewußten, durch das wir hindurchgehen müssen, um unser bewußtes Potential zu nutzen und damit die Macht des Magiers ins Spiel zu bringen, den bewußten Verstand.

Astrologische Entsprechung: Vulkan (und Mond). Die Hohepriesterin, der Schlüssel 2 des Tarot (beherrscht vom Mond) und die Zahl 2 (beherrscht von Vulkan) vereinen ihre Kräfte, um eine innere Entwicklung in Gang zu setzen. (Vulkan ist der Schmied der Götter, der Bewahrer der Flamme und der Feuerstelle. Viele Astrologen sind der Auffassung, daß in Wirklichkeit Vulkan das Sternbild der Jungfrau beherrscht). Nachdem von der 1 der Same für eine Idee gelegt worden ist, muß diese einen warmen, dunklen Platz finden, an dem sie sich richtig entwickeln kann, fern von dem hellen Licht und dem Lärm der Außenwelt. Die Idee findet Zuflucht in den Tiefen des vom Mond beherrschten Unbewußten, wo sie darauf wartet, von Vorstellungskraft und Phantasie genährt zu werden. Der Bildungsprozeß ist, wie der Planet Vulkan, unsichtbar, er geht jedoch weiter, genährt vom Feuer der Entschlossenheit. Vulkan, der mythologische Hüter des Feuers, unterstützt die nährenden und beschützenden Einflüsse, indem er sicherstellt, daß das Feuer und damit der Wille, diesen Samen wachsen zu lassen, nicht wankt und stirbt.

Ein Mensch unter der 2 besitzt eine ruhige und empfängliche Persönlichkeit, in der der Same von Kooperation, Geduld und Klugheit genährt wird. Dieser Same wird sich schließlich in nützlichen Produkten und schönen Gegenständen manifestieren, die der ganzen Welt zugute kommen.

3 *als persönliche Zahlenschwingung:* Die 3 ist die Zahl der darstellenden Künste, und du bist ein Darsteller. Du liebst das Leben, hast Freude an gesellschaftlichen Kontakten, an Unterhaltung und neuen Erfahrungen. Deine freundliche, aktive Art strahlt wie die Sonne und wärmt das Leben anderer, und deine unbeschwerte Art, mit Menschen umzugehen, macht dich anziehend wie einen Magneten. Du wirst immer eine Schar von Bewunderern um dich haben.

Du bist eine extrem ausdrucksstarke Person und solltest deine Fähigkeit, mit Sprache umzugehen, schulen und die Kunst der Konversation pflegen. Du kannst durch deine Fähigkeit, in grandioser Weise über das Leben zu sprechen, andere beeinflussen. Entwickle deine Talente und mach sie im Bereich der Unterhaltung und Kommunikation nutzbar. Du kannst Erfolg als Lehrer, Künstler, Rechtsanwalt, Richter, Schriftsteller, Krankenschwester, Pastor oder Priester haben.

Das Reisen wird wahrscheinlich ein wichtiger Teil deines Lebens sein, denn du mußt viel erleben und neue Möglichkeiten erforschen. Deine vielseitigen Interessen erweitern deinen Horizont und dein Denken allumfassend.

Du stehst gern im Rampenlicht, spielst den Alleinunterhalter und läßt es dir im Leben gutgehen. Anerkennung ist wichtig für dich, du möchtest gern wissen, daß man dich schätzt. Du trägst gern schöne Kleidung und bist dir deines Äußeren bewußt (oder solltest es sein), denn als Darsteller bist du darauf angewiesen, daß du gut aussiehst und durch deine Ausstrahlung andere in deinen Bann schlägst.

Eine negative 3 macht alles in großem Stil – Essen, Trinken, Lieben und Leben. Du kannst zur Hemmungslosigkeit neigen, und Verschwendungssucht kann dein Untergang sein. Du neigst zur Überreaktion und zum Übertreiben von Situationen, machst aus einer Mücke einen Elefanten. Freundschaften werden dadurch immer an der Oberfläche bleiben. Du versuchst vielleicht, Verantwortung zu meiden und von der Hand in den Mund zu leben. Zuviel Gerede macht dich zu einer Klatschbase.

Als eine 3 solltest du lernen, deine Oberflächlichkeit zu überwinden, was dir wegen deiner vielen Interessen und Talente nicht leicht fällt. Du solltest mindestens *ein* Talent zur Meisterschaft entwickeln.

Als positive 3 wirst du in spekulativen Angelegenheiten Glück haben, beim Geldanlegen, beim Spiel und immer wenn du ein Risiko eingehst. Du wirst durch deine Freunde viele glückliche Zufälle erleben, und alle sind sehr darauf bedacht, dich in jeglicher Weise zu unterstützen. Dein Glück ist bedingt durch deine positive, extrovertierte Art, die Menschen dazu bringt, dir helfen zu wollen.

Du solltest Berufe vermeiden, die dich räumlich beschränken oder viele Stunden der Isolation nötig machen, weil du dich bewegen und ausdrücken mußt, um dein Bestes zu geben und glücklich zu sein.

3 als temporäre Schwingung: Wachstum, Reisen, Unterhaltung, Selbstverwirklichung. Dies ist normalerweise eine glückliche Zeit, in der vorangegangene Schwierigkeiten bewältigt und gelöst werden. Du verströmst Lebensfreude, und deine optimistische Einstellung führt dazu, daß du deiner Persönlichkeit Ausdruck verleihen und deine Bedürfnisse und Wünsche befriedigen möchtest. Viele Ereignisse, die jetzt stattfinden, verstärken noch deinen Enthusiasmus. Du wirst mit Sicherheit während dieses Zyklus zu Geld kommen. Vielleicht bekommst du eine Gehaltserhöhung, ein verloren geglaubter Verwandter macht dir eine Erbschaft, oder du gewinnst im Lotto. Das Glück scheint auf deiner Seite zu stehen. Denke jedoch daran, daß dein gegenwärtiges Glück nur das Ergebnis deiner positiven Einstellung ist. Du bist der Schöpfer deines eigenen Glücks.

Es gibt in dieser Zeit auf allen Gebieten deines Lebens Wachstum und Erweiterung. Für einige heißt das Heirat und die Geburt von Kindern. Für andere findet die Geburt in Form der Schöpfung eines Kunstwerkes oder der Erweiterung des Bewußtseins statt. Eine Anerkennung deiner Talente beim Schreiben, Malen, Bildhauern oder Schauspielen ist möglich, es ist daher jetzt die richtige Zeit, den Artikel zu schreiben, das Bild zu malen oder das Projekt vorzustellen, das du so lange vor dir hergeschoben hast. Publikation und Anerkennung von höherer Stelle findet unter der 3 statt. Lerne eine Fremdsprache, nimm Sprechunterricht oder mach von anderen Methoden Gebrauch, deine Ausdrucksfähigkeit auszubauen.

Du solltest Zeit und Geld auf deine äußere Erscheinung verwenden, denn es ist jetzt besonders wichtig, wie andere dich sehen. Vielleicht ist es an der Zeit, etwas zu tun, um abzunehmen oder an einem Yogakurs teilzunehmen, um deinen Körper in Form zu bringen. Lege besonderes Augenmerk darauf, wie du dich kleidest und gehe deine Garderobe durch, um abgetragene und altmodische Kleidung loszuwerden. Wahrscheinlich mußt du eine Menge Geld ausgeben.

Es ist eine gute Zeit, um geschäftliche Angelegenheiten mit privatem Vergnügen zu verbinden, du solltest dich daher dem gesellschaftlichen Leben zuwenden. Die Menschen, denen du begegnest, werden von deinen Manieren und deiner Beredsamkeit beeindruckt sein, und einige von ihnen werden in einer Position sein, dir bei deiner Karriere kräftig unter die Arme zu greifen. Gib Parties, geh in Vereine, nimm an Lehrgängen teil und nimm jede Gelegenheit wahr, andere Menschen zu treffen und mit ihnen zusammen zu sein.

Du solltest jetzt jedoch keine Verpflichtungen eingehen, die dich in irgendeiner Weise binden oder behindern. Du brauchst Freiheit und die Zeit, um deinen persönlichen Weg zu finden, dich zu verwirklichen und auszudrücken.

Wenn du schon immer reisen wolltest, ist dies vielleicht die Gelegenheit. Fernreisen stehen unter der 3, du hast also die Gelegenheit, deinen Horizont durch den Kontakt mit anderen Kulturen und Lebensweisen zu erweitern.

Du stehst jetzt mitten auf der Bühne, genieße es, sonne dich in der Aufmerksamkeit der anderen, strahle die Freude aus, die du empfindest, und mach damit das Leben derer, die du berührst, lebenswerter.

Hör auf deine Träume, denn sie können hellsichtige Botschaften enthalten und dich auf Möglichkeiten aufmerksam machen, die sich in der Zukunft für dich ergeben könnten. Dies ist für alle Bereiche deines Lebens eine produktive Phase.

Die negativen Aspekte der 3 führen zur Verschwendung deiner Energien und zur Schwelgerei in allen Lebensphasen. Zuviel Gerede kann in Tratsch und Heimtücke ausarten. Verschwendungssucht führt in den Untergang. Unnötige Risiken führen zu Verlusten. Eifersucht schafft Einsamkeit. Unmäßigkeit beim Essen und Trinken und Drogenmißbrauch können katastrophale Folgen haben. Sei dir darüber im klaren, daß die Erschöpfung wertvoller Ressourcen in dieser Phase in eine Sackgasse führt und potentiell fruchtbare Erde in eine Wüste verwandeln kann.

Es gibt ein altes Sprichwort: »Achte auf deine Wünsche, denn sie könnten Wirklichkeit werden.« Wenn du dir etwas stark genug wünschst, dann wird dieser Wunsch Wirklichkeit. Und wenn er dann zur Wirklichkeit geworden ist, könnte dir plötzlich einfallen, daß du es eigentlich gar nicht gewollt hast. Während dieser Zeit können deine Wünsche Wirklichkeit werden, du solltest anfangen, sie zu überprüfen. Stelle sicher, daß das, was du wünschst, für dich und alle Betroffenen das Richtige ist, und dann erfreue dich dieser glücklichen und produktiven Phase deines Lebens.

Symbol im Tarot: Schlüssel 3, Die Herrscherin. Die Herrscherin ist ebenfalls ein Aspekt des Unbewußten. Die Hohepriesterin, die 2, war die Erinnerung, das Gedächtnis, und in der Herrscherin, der 3, finden wir die unbewußte Reaktion auf dieses Gedächtnis, die mit Hilfe der Vorstellungskraft Wachstum bewirkt.

Im Gegensatz zur jungfräulichen Hohepriesterin erscheint die Herrscherin als ebenso fruchtbar wie die Landschaft im Hintergrund. Die Herrscherin erschafft etwas. Sie ist die große Mutter, umgeben von Liebe, Schönheit und Wachstum. Das Bewußtsein, die 1, kann nichts hervorbringen; das Unbewußte, die 2, kann nicht rational denken. Es bedarf einer Kombination von 1 und 2, um die Schöpfung (die 3) zu erschaffen.

Die Bäume, das Kleid und der Weizen symbolisieren die Reifung, die im Unbewußten stattfindet. Der Fluß ist der Strom des Lebens, der Fluß des Bewußtseins. Der Wasserfall in den Teich symbolisiert die Vereinigung der Geschlechter oder die Einheit von Bewußtem und Unbewußtem. Das goldene Haar der Herrscherin symbolisiert das Überbewußte, es wird von grünem Blattwerk umwunden bzw. von Sonnenstrahlen, denn das Grün der Bäume hat die Sonnenstrahlen eingefangen. Die zwölf Sterne auf ihrer Krone sind die zwölf Tierkreiszeichen oder die zwölf Monate, sie stehen stellvertretend für die Zeit an sich. Es braucht Zeit, um unsere Wünsche Wirklichkeit werden zu lassen.

Ihr Szepter repräsentiert die Herrschaft über die Welt der Schöpfung durch die Liebe, das Zeichen der Venus. Sie ist das Sinnbild von Schöpfung und Überfluß und erinnert uns an die Stelle in der Bibel:»Ein großes Zeichen erschien am Himmel: eine Frau, mit der Sonne umkleidet, der Mond unter ihren Füßen und auf ihrem Haupt ein Kranz von zwölf Sternen. Sie war gesegneten Leibes und schrie in Wehen und Schmerzen des Gebärens.« (Offenbarung 12:1–2) Ältere Versionen der Herrscherin zeigen sie mit dem Halbmond unter ihren Füßen.

Astrologische Entsprechungen: Jupiter (und Venus). Aus den vorangegangenen Erläuterungen der 3 (Jupiter) und Schlüssel 3 (die Herrscherin, Venus) kann man sehen, wie die Eigenschaften von Venus und Jupiter gemeinsam wirken, um Produktivität zu erzeugen. Venus strebt nach Harmonie und Schönheit in jeder Umgebung, in der sie erscheint. Ihr scharfer Sinn für Gerechtigkeit verwirklicht sich in einer feinen Symmetrie, und ihr liebevolles Wesen strebt danach, nicht nur sich selbst, sondern auch anderen ein angenehmes Leben zu ermöglichen.

Wenn Venus sich mit Jupiter vereint, der danach strebt, den Dienst an der Menschheit durch geordnetes Wachstum zu vergrößern, entsteht eine außergewöhnlich produktive und fruchtbare Situation. Diese Produktivität ist deutlich erkennbar in Menschen, die der 3 unterstehen. Sie sind extrem gesellig und verwöhnen nicht nur sich selbst, sondern auch ihre Familie und Freunde. Sie arbeiten für eine soziale Harmonie, indem sie ihre sehr ausdrucksstarken und schöpferischen Talente im Bereich des Schauspiels, der Sozialarbeit, der Beratung und des Rechtswesens ausleben. Ihre Ehrlichkeit, Großzügigkeit und Leutseligkeit machen sie bei fast allen Mitmenschen sehr beliebt.

4 *als persönliche Zahlenschwingung:* Symbolisch sind das Quadrat oder das Rechteck und die Zahl 4 als synonym zu betrachten. Als Kind verbrachtest du viel Zeit in einer rechteckigen Krippe und im Laufställchen. Als du älter wurdest, begannst du mit ungelenker Hand rechteckige Häuser zu zeichnen, in denen du mit deiner Familie lebtest. Du spieltest mit rechteckigen Bauklötzchen und ranntest höchstwahrscheinlich in einem rechteckigen Hof umher. Obwohl der Umfang deiner Welt sich mit fortschreitendem Alter vergrößerte, definieren diese Grenzen immer noch den Bereich, in den hinein du dich ausbreiten kannst. Weil diese Grenzen dich gleichzeitig auch vor möglichen Gefahren beschützen, setzte sich das Rechteck in deinem Unterbewußtsein als Symbol von Sicherheit und Strukturiertheit fest, ein bequemes, produktives und organisiertes System der Existenz.

Am vierten Tag der Schöpfung wurde die Erde geschaffen. Alle irdischen Dinge stehen daher symbolisch unter einer 4. Als Empfänger dieser Schwingung bist du ein überaus kreativer Baumeister, ein Mensch, der Form und Struktur ins Leben bringt. Du baust greifbare Gegenstände, weil du deine Anstrengungen durch sichtbare Resultate abgeschlossen sehen willst. Schreiner, Maurer, technischer Zeichner und alle Berufe am Bau stehen unter der 4.

Du bist ein guter Arbeiter. Ein Arbeitgeber kann sich auf deine Zuverlässigkeit, Standfestigkeit, Ehrlichkeit und auf dein Gefühl für Verantwortung verlassen. Du stehst mit beiden Beinen auf der Erde und erkennst die Notwendigkeit, daß die Zukunft auf einem soliden Fundament stehen muß. Durch das Bewahren der Traditionen der Vergangenheit bestärkst du deinen Sinn für Sicherheit in Gegenwart und Zukunft.

Deine sparsame, fleißige Natur macht dich zu einem Sparer. Du bist ein geduldiger Planer und bestehst darauf, daß deine Finanzen wohlgeordnet sind. Wegen deiner Vorliebe für Preisgünstiges, Praktisches und gut Organisiertes kannst du ein guter Bankier oder Finanzmakler sein.

Gesetz, Ordnung und Regulierung sind für die 4 die Stichworte. Du besitzt einen angeborenen Respekt vor Aufsichtspersonen und Kontrolleuren. Viele Vieren arbeiten in der Regierung oder im Rechtswesen, den Stützen der Gesellschaft. Solche Berufe erfordern Einsicht und die Fähigkeit, Situationen richtig einzuschätzen, sowie Urteile zu fällen, die auf Vernunft basieren – alles Eigenschaften, die du als 4 extrem gut beherrschst.

Weil die Einsicht einer 4 auf einem gesunden Maß an Vernunft basiert, bringt diese Zahl den Erfinder hervor, der praktische Gegenstände für den Hausgebrauch oder fürs Büro entwirft. Diese Fähigkeit entfaltet sich ebensogut in Gartenbau und Landwirtschaft wie in Bergbau und Geologie und in allen Berufen, die der Erde wertvolle Produkte abgewinnen.

Eine negative 4 kann ein »Arbeitstier« sein, dessen humorlose und wenig lebendige Art das Leben zu einer langweiligen Schwerarbeit macht. Du kannst geizig, unfreundlich und einsam sein, dich in die Abgeschlossenheit deiner eigenen vier Wände einmauern, die dich vor der Außenwelt beschützen sollen, aber gleichzeitig davon abhalten, dich an Beziehungen mit deinen Mitmenschen zu erfreuen. Solch eine Person fühlt sich eingeengt und zurückgezogen, weil sie sich in ihrer Suche nach Sicherheit von Angst leiten läßt.

Als eine positive 4 hast du die Fähigkeit, mit gesundem Menschenverstand eine nützliche Welt zu bauen, in der deine harte Arbeit und geduldige Beständigkeit anderen zugute kommt.

4 als temporäre Schwingung: Arbeit, Finanzen, Bauen, Praxis. Die 4 bringt das Bedürfnis mit sich, die Dinge zu definieren und zu ordnen. Du mußt jetzt dich selbst und deine Angelegenheiten messen, klassifizieren, aufzeichnen und neu zusammenstellen. Du mußt dich um alltägliche, irdische Dinge kümmern und sie aus eigener Anstrengung und durch eigenes Handeln bewältigen. Du wirst jetzt durch ehrliche, schwere Arbeit materiell dazugewinnen, denn dies ist eine produktive Periode, in der ein kreativer Schub kontrolliert und zielgerichtet eingesetzt werden kann. Für Männer kann diese Zeit Männlichkeit und Vaterschaft bedeuten.

Wenn du jetzt deine täglichen Aktivitäten in den Griff bekommst, kann dir das großen materiellen Vorteil bringen. Geld und Finanzen sind ein wesentlicher Bestandteil dieser Phase, du solltest daher ökonomisch und praktisch denken. Mach dir einen Finanzplan und zahle sämtliche Schulden auf allen Ebenen – materiell, physisch, geistig und spirituell. Dies ist eine ideale Zeit, um für eine spezielle Reise zu sparen oder für das Haus, das du dir schon immer gewünscht hast.

Landvermessung, Planung und Bau eines neuen Eigenheimes oder Renovierung und Ausbau eines bereits existierenden sind unter der 4 sehr wahrscheinlich. Es könnte Hindernisse geben, die mit Geduld und Hingabe gelöst werden müssen, aber wenn du den Mut hast, dich durch alle Hindernisse hindurchzukämpfen, kannst du mit Riesenschritten in eine goldene Zukunft voranschreiten.

In dieser Phase regiert die Vernunft. Die Zahl 4 steht symbolisch für ein rechteckiges Fenster, durch das wir sehen. Du mußt daher deinen Blick, deinen Einblick wie deinen Durchblick, schärfen. Weil du in der Lage bist, in das Herz jeder Situation zu schauen, kann es passieren, daß man auf dich zählt, wenn es um Urteilskraft und Vernunft geht, vielleicht im Gerichtssaal als Schöffe oder Zeuge. Weil das Rechtssystem die Grundlage ist, auf der eine gerechte Gesellschaft aufgebaut ist, bist du vielleicht berufen, die Traditionen zu pflegen, die die Kontinuität dieses Systems regulieren und sichern.

Vormals verborgene Aspekte der Vergangenheit können in dieser Periode enthüllt werden. Dadurch kannst du Fehlurteile aus früheren Zeiten korrigieren. Die 4 ist also auch in dieser Hinsicht ein Tor der Möglichkeiten, durch das du zu einem neuen Leben finden kannst.

Weil die 4 die physischen Aspekte des Lebens regiert, stehen dir jetzt alle Sinnesfreuden offen. Du kannst eine körperlich befriedigende Beziehung mit einem Mitglied des anderen Geschlechts eingehen.

Das Kreuz dieser Schwingung ist jedoch Verantwortung, Arbeit und Leistung. Es ist Zeit, ein solides Fundament für dein Leben zu legen – finanziell, physisch oder geistig. Persönliche und geschäftliche Beziehungen können jetzt wachsen, und bleibende freundschaftliche Verbindungen können sich entwickeln.

Finanziell steht dein Erfolg in direktem Zusammenhang mit deinen Bemühungen. Halte dich fit und achte auf deinen Körper, in dem du physisch zu Hause bist. Wenn die 4 auf der materiellen Ebene ihren Schwerpunkt hat, manifestieren sich ihre Energien als kreative Fähigkeiten. Wenn diese Energien sich aufs Spirituelle konzentrieren, können neue übersinnliche und spirituelle Ebenen erschlossen werden.

Symbol im Tarot: Schlüssel 4, Der Herrscher. Diese Karte, die unsere bewußte Existenz beherrscht, stellt die Vernunft dar, die eine Funktion des Bewußtseins ist. Der Herrscher regiert und ordnet daher alle vernunftbegabten, bewußten Elemente in der materiellen Welt. Er übt mit Hilfe seiner Fähigkeit, in allen Situationen Wahres von Unwahrem zu trennen, überwachende und kontrollierende Funktionen aus. Durch diese Weisheit, jeden Vorgang auf systematische Weise zu behandeln, hat er sich den Thron verdient.

Der Herrscher ist der älter gewordene Magier, der sich nun in einer Position befindet, in der die Anstrengungen der vorangegangenen Stufen konkrete Belohnungen in Form von Macht und Herrschaft nach sich ziehen.

Sein Helm ist rot und golden, die Farben von Mars und Sonne. Die Sonne steht im Widder im Zenit, in dem Zeichen, das diese Karte regiert, wie durch den Widderkopf, der den Thron ziert, angedeutet wird. Die Gedanken des Herrschers sind durch persönliche Anstrengungen (Mars) in produktive und nützliche Bahnen gelenkt worden, ein Prozeß, der ihn mit Autorität (Sonne) krönt.

Er hält die Welt in seiner Linken und das Kreuz des Tau (T) in seiner Rechten. Dieses Kreuz ist das T-Quadrat, das in Mathematik, Geometrie, Landvermessung und Planung verwendet wird. Er hat seine Position durch richtige Planung erreicht. Sein Thron, schlicht in Stein gehauen, ist Symbol für den Körper, der nur durch lange und schwere Arbeit zur Vollkommenheit gelangen kann.

Die Herrscherin, 3, und der Herrscher, 4, haben die Funktion, dir zu zeigen, daß alles, was du mit deinem Bewußtsein (1) säst und durch 2 und 3 erweiterst, schließlich durch die 4 geerntet werden kann, du bist allein, was du aus dir gemacht hast. Du hast Macht und übst Kontrolle aus. Wenn du dennoch unzufrieden bist, beginne bei der 1 und säe die richtige Saat. Dann folge der geordneten Progression durch 2 und 3, und bei der 4 wirst du haben, was du gewollt hast. Dies ist die Botschaft der ersten vier Karten des Tarot.

Astrologische Entsprechung: Erde (und Widder). Die Erde, die der 4 zugeordnet ist, und das Sternbild Widder, der den Herrscher, Schlüssel 4 des Tarot, regiert, sind die Komponenten dieser Schwingung. 4 ist das Symbol für Form, das sich im Quadrat oder im Würfel, einem raumgewordenen Quadrat, manifestiert. Als solche regiert diese Zahl folgerichtig alle Dinge, die Form, Gestalt und Substanz besitzen. Die Erde und alles, was Teil von ihr ist, fällt unter diese Kategorie.

Der Überfluß, der auf der Erde herrscht, kommt bestimmten

Menschen zugute und anderen nicht. Indem wir die astrologischen Korrespondenzen untersuchen, können wir bestimmen, warum dies der Fall ist. Die 4 ist das Ergebnis einer geordneten Progression, genau wie die von der Erde beherrschten Stier-Menschen methodische Menschen sind. Wenn du die Situation richtig beurteilst und auf Grund dieser Information handelst, dann werden die Ergebnisse unbefriedigend bleiben. Eine intelligente Auswertung und richtiger Einsatz deiner persönlichen Energien sind notwendig, um erfolgreiche Abschlüsse zu erreichen. Widder, der Anfangspunkt, ist der Ort, an dem wir starten müssen, wenn wir gute Ergebnisse erzielen wollen. Widder hat als erster den Gedanken, den Prozeß der Verwirklichung in Gang zu setzen und den Mut, ihn weiterzuführen. Die Schwingung der Erde gibt dem Wunsch des Widders die Stabilität, aus der heraus allein selbständige Gedankentätigkeit möglich ist. Menschen mit der Zahl 4 werden diese Qualitäten zum Ausdruck bringen. In astrologischer Hinsicht sollte ihr Horoskop ihre durch die Viererschwingung erzeugten Tendenzen mit einer Betonung auf Widder und die Erdzeichen unterstützen.

5 *als persönliche Zahlenschwingung:* Freiheit ist für dich eine absolute Notwendigkeit. Du läßt dich nicht einsperren, und deine ruhelose, abenteuerliche Natur verlangt, daß du auf Reisen gehst, körperlich, geistig oder spirituell. Weil du im Herzen ein Pionier, ein Forscher und ein Auskundschafter bist, bist du durch deine Reisen verschiedenen Erfahrungen ausgesetzt, die du sofort verarbeitest, analysierst und für zukünftigen Zugriff archivierst. Du lernst mehr als andere aus deinen Erfahrungen. Du gehst durch Informationsbeschaffung und Experiment den Dingen auf den Grund und wärst daher ein guter Detektiv.

Du bist wendig, klug, anpassungsfähig und sehr kreativ und schaffst alles, was du dir vorgenommen hast. Du bist extrem tüchtig, aber haßt Monotonie und kannst Routinearbeiten nicht ausstehen. Du bist so lange leistungsfähig, wie dein Interesse an dem Problem deine Konzentration aufrechterhält. Als eine konstruktive 5 kannst du durch die Höhen und Tiefen deines Lebens gehen, ohne daß du dabei Schaden davonträgst. Es gibt für das, was du tust, keine Grenzen, wenn deine Handlungen von Vernunft statt von Emotion geleitet werden.

Du verfügst über eine unerschöpfliche Energie, die, wenn sie nicht kontrolliert wird, zu Temperamentsausbrüchen führen kann. Wenn du erschöpft bist, kannst du dich schnell wieder erholen, denn nichts bringt dich dauerhaft aus dem Gleichgewicht. Deine schnelle Auffassungsgabe und Reaktionsfähigkeit führen gelegentlich zu impulsiven Entscheidungen. Du neigst dazu, mit Menschen, die etwas langsamer reagieren, ungeduldig zu sein. Du zehrst von nervöser Energie.

Harte körperliche Arbeit ist nicht deine Spezialität, also öffnen sich dir Möglichkeiten, mit deiner geistigen Beweglichkeit Geld zu machen. Das Glücksspiel ist eine mögliche Ausdrucksform, und du kannst dabei sehr viel Erfolg haben, wenn du klug und nicht impulsiv spekulierst. Du kannst ebenfalls ein Vermittler, Friedensstifter und Wanderer zwischen den Welten sein, denn dein Geist macht schnell die notwendigen Wendemanöver mit und führt, was er angefangen hat, zu Ende.

Weil Veränderungen ein natürlicher Bestandteil deines Lebens sind, mußt du lernen, sie auf eine progressive Weise anzugehen. Ansonsten könntest du unsicher werden, dich in zu viele Richtungen gleichzeitig bewegen und dich zu einem »Hansdampf in allen Gassen« entwickeln, der jedoch nichts so richtig beherrscht.

Du bist sehr auf geistiges Wachstum bedacht, damit du, wann immer dir danach ist, etwas Neues studieren kannst. In diesen Zeiten kannst du ein eifriger Student sein und ein intensives Konzentrationsvermögen entwickeln.

Zwei Pfade stehen einer 5 offen: Genuß auf der physischen Ebene und Fortschritt auf der geistigen. Als eine 5 kannst du dich vollkommen in die rein körperliche Seite des Lebens vertiefen, deine Sinne durch Drogen, Alkohol, Sex, Essen und Bequemlichkeit sättigen. Weil du dich gut verständlich machen kannst und sehr originell, gesprächig enthusiastisch und für das andere Geschlecht anziehend bist, kannst du mit Leichtigkeit in den sinnlichen Lebensstil verfallen und damit deine vielen Talente mißachten und vergeuden. Negative Fünfen können unehrlich, unwahrhaftig, selbstsüchtig, unverantwortlich und unbeliebt sein.

Geistige Entwicklung ist der Schlüssel zur 5. Wenn du diesen Weg wählst, werden die Veränderungen und die Vielfalt, die dich umgibt, Anworten auf alle deine Fragen geben. Dein enormes Wissen wird andere beeindrucken, und du wirst schließlich die höchste Aufgabe der 5 vollbringen, die Reinigung des Heiligtums oder Regeneration des Körpers durch die Kontrolle der Sinne. Weil die 5 die Zahl der Entwicklung der inneren Fähigkeiten ist, kannst du zu einem Weisen werden.

5 als temporäre Schwingung: Wandel, Kommunikation, Sex, neue Interessen, Reisen. Wenn du zur Zeit unter einer 5 agierst, fühlst du dich ruhelos und aufgekratzt. Veränderungen, Abenteuer und die Möglichkeit neuer Perspektiven verlocken dich. Das Reisen ist ein zentraler Bestandteil dieser Periode. Auch wenn du nicht physisch irgendwohin reist, so wirst du es sicherlich geistig tun. Es ist an der Zeit, aus alten stagnierenden Lebensumständen auszubrechen und neue Möglichkeiten auszukundschaften. Du bist von Heimkursen angezogen, von Erwachsenenbildung, Hobbies und neuen geistigen Interessen aller Art, denn dies ist eine Zeit für geistiges Wachstum und Entwicklung.

Vielleicht wirst du mit Situationen konfrontiert, die Entscheidungen erforderlich machen, denn die 5 weist auf zwei Pfade hin. Dies kann ein Wendepunkt für dich sein. Weil dies eine Zeit dauernder Veränderungen für dich ist, mußt du beweglich bleiben und lernen, dich auf Neues einzustellen, anstatt feste Pläne zu machen, denn die werden wahrscheinlich ohnehin verworfen werden. Du mußt frei sein, dich den Erfahrungen, die diese Phase zu bieten hat, zu stellen, denn alles geht sehr schnell, und die Ereignisse kommen manchmal völlig unerwartet. Du wirst mit dieser Schwingung eine nervöse, ruhelose Energie fühlen, versuche daher, Unfälle zu vermeiden, die durch Unvorsichtigkeit auftreten können. Lenke statt dessen deine Energien auf konstruktive Handlungen unter Einsatz deines Verstandes.

Dies ist die perfekte Zeit, um für dich selbst oder für ein Produkt zu werben, weil du beredsam, ausdrucksvoll und in der Lage bist, leicht mit anderen zu kommunizieren. Du wirst interessante Begegnungen haben und leicht Freunde finden. Das Geschäft kann auf lohnende Weise mit gesellschaftlichen Aktivitäten verbunden werden. Aus Erfahrungen und Kontakten mit anderen wirst du ein Wissen gewinnen, das in deinem Unterbewußtsein gespeichert wird und deinem Verständnis eine weitere Dimension hinzufügt.

Weil dies eine sinnliche Phase ist, bist du sexuell anziehend, und Liebesaffären werden schnell und heftig sein. Eine alternde Schönheit kann zu einem letzten Tango in dein Leben treten. Es wird viele Gelegenheiten zu Beziehungen mit dem anderen Geschlecht geben, eine davon könnte sich in eine eheliche Partnerschaft entwickeln. Es kann viele Versuchungen geben. Du wirst daher deine Selbstdisziplin brauchen, um die richtigen Entscheidungen zu treffen.

Mit deinem starken Bedürfnis nach Veränderungen kannst du dich durchaus entscheiden – oder gezwungen sein – Beruf oder Partner zu wechseln, umzuziehen oder deinen Lebenswandel erheblich zu verändern. Zeitweise erscheint es so, als zwängen dich andere zu etwas, aber es ist dein eigenes Bedürfnis nach Veränderung, das diese Situationen entstehen läßt. Manchmal wird die Notwendigkeit für eine Veränderung von anderen ausgelebt, aber trotzdem ist sie durch deine eigenen unterbewußten Energien verursacht.

Mach Gebrauch von deiner Fähigkeit zur Selbstdisziplin, lenke deine ruhelose Energie klug und handle entschlossen. Dies kann ein Wendepunkt in deinem Leben sein.

Symbol im Tarot: Schlüssel 5, Der Hohepriester. Der Hohepriester repräsentiert unseren inneren Lehrer, unsere innere Stimme, unsere Intuition. Weise Menschen haben zu allen Zeiten gesagt, daß diejenigen, die ihr inneres Bewußtsein erwecken, sich von allen Beschränkungen lösen können. Wahres inneres Hören hat nichts mit Geistern, Hellsichtigkeit und Visionen von der Astralebene zu tun. Wahre Intuition basiert vielmehr auf der Zahl 4 und dem Schlüssel 4, dem Herrscher. Wenn das Bewußtsein alle Fakten gesammelt und ins Unterbewußtsein weitergeleitet hat, handelt dieses entsprechend dieser Information und sendet, in einem Blitz der Intuition, die richtige Analyse zurück ans Bewußtsein. Das ist wahre Intuition, auf Vernunft gegründet.

Die Krone des Hohepriesters ist dreifach: Die Reihe der fünf Kleeblätter repräsentiert die fünf Sinne, die Reihe der sieben Kleeblätter die sieben Zentren des Körpers und die sieben ursprünglichen Planeten, und die Reihe der drei Kleeblätter steht für die drei Stufen des Bewußtseins – Überbewußtsein, Bewußtsein und Unterbewußtsein. Sein Stab hat dieselbe symbolische Bedeutung wie der Knauf an dessen Ende. Beide weisen auf die Quelle hin: auf Gott. Die Ornamente, die seiner Krone angefügt sind, fallen hinter seinen Ohren herab und betonen den Hörsinn. Die Krone und der Stab repräsentieren die vier Welten – archetypische (der Knauf), kreative, formative und materielle Welt.

Der blaßgraue Hintergrund steht für die Weisheit, denn grau ist eine Mischung aus gleichen Teilen schwarz und weiß. Grau steht daher für die vollkommene Balance, was der praktische Aspekt der Weisheit ist.

Zu Füßen des Hohepriesters symbolisieren die gekreuzten Schlüssel das Überbewußtsein – den Himmelsschlüssel, und das Unterbewußtsein – den Schlüssel zur Erde (oder zur Hölle, wenn man die Erde zur Hölle macht). Die Roben der zwei knienden Priester repräsentieren Verlangen (die Rosen) und geläutertes Verlangen (die Lilien), die beide zugunsten eines vollkommenen Bewußtseins sublimiert werden müssen.

Diese Karte enthält zehn Kreuze, die die spirituellen Zahlen von 1 bis 10 repräsentieren sowie die zehn Aspekte des Lebensbaumes und die zehn Bäume im Garten des Herrschers.

Astrologische Entsprechung: Merkur (und Stier). Merkur herrscht über die Zahl 5, und Stier dominiert Schlüssel 5, den Hohepriester. Die beiden scheinen ein ungleiches Paar zu sein, man beachte jedoch einmal ihre Attribute: Merkur, der Götterbote, steht für Bewegung, Kommunikation und die intellektuellen Vorgänge. Stier, das erste Erdzeichen, ist der Ort, an dem Menschen zu finden sind, die bedächtig und überlegt handeln und reagieren, Verkörperungen des Typs, der auf gemächliche Weise die Freuden des Lebens durch seine fünf Sinne erfährt.

Nur durch ruhige Überlegung (Merkur im Stier), durch die sinnliche Aufnahme aller Einzelinformationen, die sich in jeder Situation präsentieren, kann der intellektuelle Prozeß sein volles Potential entfalten. Das Puzzle aus Einzelinformationen wird dann in kleinen Stücken an das Unterbewußtsein weitergereicht, das es sorgfältig zusammensetzt. Wenn es vollständig ist, wird das Bild dann dem Bewußtsein in einer blitzartigen Einsicht oder Intuition präsentiert. Mit Hilfe des Stiers hat Merkur die Informationen gesammelt, anschließend dem Unterbewußtsein zur Analyse übermittelt und dann die Antwort im Bewußtsein empfangen.

Menschen unter der 5 sehen sich mit vielen Entscheidungen konfrontiert, die intellektuelles Unterscheidungsvermögen erfordern. Sie sind entschiedene Kommunikatoren und Reisende und fühlen sich zu Berufen wie Verkaufen, Werben, Reklame und Public Relations hingezogen.

6 *als persönliche Zahlenschwingung:* Du bist ein künstlerischer Mensch, mit einem feinen Blick für Schönheit und Symmetrie. Du findest, daß Kunst und Musik etwas Entspannendes, Lohnendes und zum Glück Notwendiges sind. Wenn du dich für eine berufliche Laufbahn außerhalb deines Zuhauses entscheidest, wären die bildenden Künste ein angemessenes Gebiet.

Deine angeborene analytische Fähigkeit gestattet es dir, daß du sofort zum Kern der Sache vordringst und jedes Problem leicht und logisch löst. Deine scharfe Wahrnehmung und dein Sinn für Gerechtigkeit sind ein gutes Kapital für berufliche Ambitionen im Bereich des Rechtswesens und als Berater. Andere schätzen deinen Scharfsinn, deine Ehrlichkeit und deine Fairneß und suchen dich auf, wenn es darum geht, Schwierigkeiten, denen sie begegnen, aus dem Weg zu räumen. Du bist eine verantwortliche Person, die ihren Verpflichtungen nachkommt. Man kann sich darauf verlassen, daß du alles, was du versprochen hast, auch einhältst.

6 ist auch eine häusliche Schwingung, die anzeigt, daß du dein Zuhause und deine Kinder liebst. Vielleicht hast du schon jung geheiratet, um die Liebe, die du brauchst, zu gewinnen. Eine Partnerin und Kinder können dir diese Liebe geben. Eine Frau mit dieser Zahl wird wahrscheinlich Hausfrau sein, sehr beschützend und zufrieden mit ihrem Mann und ihren Kindern. Sie zieht es vor, zu Hause zu bleiben, anstatt hinauszugehen und in der Welt ums Überleben zu kämpfen. Ein Grund für ihre Unwilligkeit, hinaus in die Welt zu gehen, ist das Bedürfnis nach Frieden und Harmonie, was für alle Menschen, die unter der 6 stehen, sehr wichtig ist. Du dekorierst gern und gestaltest auf attraktive Weise deine Umgebung. Du liebst die Bequemlichkeit und eine friedliche Umgebung und erträgst keine Zwietracht. Wann immer es dir möglich ist, lädst du Gäste in dein Heim ein, und es macht dir Freude, ein charmanter Gastgeber zu sein.

Du liebst deine Freunde von ganzem Herzen und bist ihren Nöten und Bedürfnissen gegenüber anteilnehmend und einfühlsam. Wenn sie Hilfe brauchen, bietest du großzügig alles, was du hast, an. Wegen deiner Großzügigkeit, Freundlichkeit, Geduld und Toleranz hast du viele Freunde.

Rücksichtnahme auf andere ist ein grundlegender Zug deiner Persönlichkeit, und du erfreust dich an dem Glück anderer wie an deinem eigenen. Du verachtest Eifersucht aufs tiefste und kannst nicht verstehen, wenn andere Menschen auf solche Weise reagieren. Trotz deines großen Bedürfnisses nach einer friedfertigen Existenz wirst du gegen alle Widerstände für deine Überzeugungen kämpfen. Diese Entschlossenheit kann dir in allen Berufen, die du wählst, Erfolg und Ruhm bringen.

Eine negative 6 kann sehr hartnäckig sein. Du kannst dich denen, die du am meisten liebst, versklaven und dich dann von ihnen als Fußabtreter mißbrauchen lassen. Du kannst dich in deinem eigenen Heim verschanzen und zum Einsiedler werden. Wenn du das Gefühl hast, daß man dir die Liebe, die du so dringend benötigst, verweigert hat, kannst du in Selbstmitleid verfallen, dich beklagen und jammern. Du wirst dann vielleicht unzufrieden und neidisch und fängst an, den Märtyrer zu spielen.

Als eine positive 6 kannst du eine enorme Kraft für das Gute sein, kannst Freude, Liebe, Schönheit und einen Sinn für Gerechtigkeit in das Leben deiner Mitmenschen bringen und dich damit als Zufluchtsstätte in den kalten, zerstörerischen Stürmen des Lebens erweisen.

6 als temporäre Schwingung: Heirat, häusliche Veränderungen, Umdekoration und Renovierung, häusliche und gesellschaftliche Verpflichtungen. Die Energien dieser Periode drehen sich um dein Heim und deine Gemeinde. Als erstes solltest du dich um den Schwerpunkt deines Heimes kümmern, in dem Veränderungen auftreten. Durch Heirat, Geburt, Tod, Scheidung oder andere Ereignisse kann es in deinem Zuhause ein ständiges Kommen und Gehen geben. Vielleicht mußt du auch selbst umziehen.

Vielleicht heiratest du jetzt oder entwickelst eine starke freundschaftliche Bindung. Du fühlst eine größere Verantwortung für deine Mitmenschen, was alle spüren. Als Folge wenden sie sich an dich, wenn sie Hilfe brauchen. Sie werden sich an deiner Schulter ausweinen und vielleicht um finanzielle Hilfe bitten. Einige Beziehungen können zur Last werden. Vielleicht wirst du für einen älteren Menschen jetzt die Verantwortung übernehmen müssen. Du mußt diese Situation jedoch freudig annehmen und vor allem dich nicht aus dem Gleichgewicht bringen lassen. Stelle deine eigenen Bedürfnisse für kurze Zeit etwas zurück. Du solltest dir jedoch keine unnötigen Lasten aufbürden lassen.

Diese Schwingung stimuliert deinen Sinn für Kunst, den du konstruktiv zur Umgestaltung deines Heims einsetzen kannst. Auch dein Sinn für Gesellschaft ist verstärkt, daher sollte ganz oben auf deiner Liste deine Funktion als Gastgeber in deinem Heim stehen. Dein Zuhause in Ordnung bringen heißt auch deinen Körper pflegen, der ja dein eigentliches Zuhause ist. Laß dich einmal gründlich untersuchen und beginn ein Trainingsprogramm, um erschlaffte Muskeln wieder zu straffen und zu festigen und allgemein einen gesunderen Körper aufzubauen.

Du solltest darauf achten, keine unnötigen Verantwortungen auf dich zu nehmen, denn Verpflichtungen, die du jetzt akzeptierst, müssen bis zu ihrem Abschluß durchgestanden werden. Du solltest statt dessen die alten Projekte, die du schon seit einiger Zeit im Kopf hast, beenden. Denk sorgfältig darüber nach, wie du Hindernisse, die dir entgegenstehen, überwinden kannst.

Dies kann eine liebevolle, lohnende und kreative Periode sein, wenn es dir gelingt, Balance und Harmonie aufrechtzuerhalten. Mach dein Zuhause so warm und anziehend wie möglich, und deine Mitmenschen werden sich in deiner sonnigen Ausstrahlung wohlfühlen.

Symbol im Tarot: Schlüssel 6, die Liebenden. Diese Karte ist ein offensichtlicher Hinweis auf Partnerschaft und Heirat, auf die Vereinigung von gegensätzlichen, aber sich ergänzenden Komponenten. Das Schlüsselwort ist der *Unterschied.* Wenn wir etwas unterscheiden, trennen wir es, um die innewohnenden Differenzen zwischen den verschiedenen Kategorien zu sehen. Auf diese Weise können wir das Wahre vom Unwahren trennen.

Alle Wesen, einschließlich der Menschen, haben ihren eigenen typischen Geruch. Dies ist besonders wichtig im Tierreich. Paarung, Selbstverteidigung und Arterhaltung sind auf einen scharfen Geruchssinn angewiesen. Da der Geruchssinn auch für Menschen ein wichtiges Mittel zur Unterscheidung darstellt, ist er ebenfalls ein Attribut der Zahl 6.

Die zwei menschlichen Gestalten repräsentieren gegensätzliche Faktoren der einen Quelle: Adam und Eva, männlich und weiblich, positiv und negativ, sowie den bewußten und den unbewußten Geist. Diese zwei spezialisierten Äußerungen der einen Lebenskraft müssen angeglichen werden, bevor sie zur Einheit gelangen können. Der männliche oder bewußte Geist sieht auf den weiblichen oder unbewußten Geist, der wiederum auf den Engel, das Überbewußte schaut. Nur durch diesen schrittweisen Prozeß können wir zu unserer Quelle gelangen und von ihrer Kraft und Inspiration schöpfen.

Der Baum, der hinter Adam steht, symbolisiert die Zeichen des Tierkreises. Die Flammen zur Linken des Baumstammes symbolisieren die fünf Sinne und die zur Rechten den Körper und die ursprünglichen Planeten.

Hinter Eva steht der Baum der Erkenntnis. Die Schlange im Baum, die Kundalini-Kraft, gibt ihnen die Kraft der Schöpfung. Wenn die Kundalini im unteren Zentrum des Körpers bzw. an der Basis der Wirbelsäule gefangen bleibt, werden nur die Sinne befriedigt. Man muß die Kundalini (oder Lebenskraft) die Wirbelsäule hinauf zu den höheren Zentren im Kopf erheben, damit sie sich auf einer höheren Ebene verwirklichen kann.

Astrologische Entsprechung: Venus (und Zwillinge). Als Herrscher über die Zahl 6 strebt Venus danach, scheinbar gegensätzliche Faktoren zu einer harmonischen Einheit zu verschmelzen. Diese gegensätzlichen Elemente werden gut dargestellt in Gemini, den Zwillingen, die Hände, Arme, Lungen und Schultern regieren. Alle diese müssen gemeinsam handeln, damit der Körper wohlgeordnet funktioniert. Auch müssen wir unsere Hände und Arme benutzen, um durch Berühren und Umarmen unsere Liebe auszudrücken. Viele Menschen können sich ohne Zuhilfenahme der Hände kaum verständlich machen.

Venus verleiht uns den Drang, eine friedfertige, liebende und lebenswerte Umgebung zu schaffen, umgeben von Familie und Freunden. Als Mensch, der unter der 6 steht, orientierst du dich in dieser Richtung. Das häusliche Leben ist dein höchstes Gut, und du findest Befriedigung und Erfüllung im Zuhause oder in Tätigkeiten, die damit zusammenhängen. Dein Sinn für Kunst ist durch venusianische Symmetrie bestimmt, du kannst im Bereich der bildenden Kunst, der Mode oder Innendekoration tätig werden.

7 *als persönliche Schwingung:* Du bist ein Träumer und Philosoph. Deine Bestimmung ist geistiger Natur. Du bist von der mystischen Seite des Lebens fasziniert. Deine hellsichtigen und übersinnlichen Fähigkeiten sind unübersehbar. Du wirst die intuitive, introvertierte Seite deiner Persönlichkeit entwickeln. Oft sagen deine Ahnungen zukünftige Ereignisse voraus. Wenn du diese übersinnliche Begabung weiterentwickelst, kannst du sie zum Nutzen anderer einsetzen.

Du erkennst, daß du die Begierden der materiellen Welt hinter dir lassen mußt und wendest dich der Welt des Geistes und der Gedanken zu. Dort lernst du, dich in der Abgeschiedenheit deiner vier Wände zu verbergen, wo du deinem kreativen Geist freien Lauf lassen kannst. Poesie und Musik erheben dein Gemüt und transportieren dich in andere Räume. Die Phasen der Isolation, die du dir selbst auferlegst, machen dich zu einem Rätsel, nicht nur für andere, sondern sogar für dich selbst. Oft nennt man dich einen Einzelgänger, und niemand kennt dich wirklich. Von allen Zahlen kannst du am leichtesten allein bleiben, und tatsächlich leben viele Menschen, die unter der 7 stehen, als Einsiedler oder in völliger Zurückgezogenheit. Wenn es darum geht, deine eigenen Gedanken zu verwirklichen, kannst du dich sehr entschlossen zeigen.

In der Regel bieten dir orthodoxe Glaubenssysteme nicht genug spirituelle Substanz. Daher suchst du nach deinem eigenen, individuellen Glauben. Einige Siebener jedoch bleiben in ihrer religiösen Gemeinschaft und erlangen Positionen mit großer Machtfülle. Pythagoras hielt die 7 für die heiligste aller Zahlen, und seine Schüler nahmen ihre Gelübde und Obligationen unter der Zahl 7. In der Antike wurde ein Kind, das unter der 7 geboren wurde, sofort in den Tempel gebracht, um zum Priester oder zur Priesterin erzogen zu werden. Heute finden sich Siebener in den höheren Rängen der Kirche oder als Leiter mystischer Vereinigungen. Sie verwirklichen sich auf spiritueller Ebene und werden zu Meistern.

Du bist eine aufgeschlossene Person, die die Natur des Menschen versteht. Wenn du jemandem begegnest, läßt du dich selten durch seine äußere Persönlichkeit blenden, sondern erkennst sofort seine inneren Beweggründe. Manchmal fühlen sich andere in deiner Gegenwart nicht ganz wohl wegen deiner Fähigkeit, sie so ohne weiteres zu durchschauen.

Gedanken sind die Worte des Geistes, und du bist ein Freund von Worten, denn du verstehst ihre beschützende, bewahrende und beeinflussende Macht. Deine kultivierte und gelehrte Art wird noch bekräftigt durch Gewandtheit und Reiselust, denn du liebst Veränderungen und Ortswechsel. Dein Verstand verschlingt alle Informationen, die du durch den Kontakt mit fremden Ländern und Menschen erhältst. Du ziehst es vor, auf dem Lande zu leben, nicht etwa in der Stadt. Dort kannst du ein ruhiges Leben in einer würdevollen und konservativen Atmosphäre führen. Du hast eine gesetzte Art und kannst in dieser Umgebung die Phasen stiller Kontemplation durchleben, die für deine geistige Entwicklung notwendig sind.

Deine anspruchsvolle Art, dich zu kleiden, ist einzigartig. Du würdest niemals die Kleidung eines anderen tragen, noch würdest du jemandem gestatten, deine Kleider zu tragen. Du scheinst von Natur aus zu wissen, daß jeder Mensch seine eigene besondere Schwingung hat, die durch alles, was er berührt, ausgestrahlt wird.

Du bist ein methodischer Mensch, der mit der 7 im Rhythmus bleibt, mit der Zahl, die die Periodizität in der Natur beherrscht. Obwohl du gute Geschäftsideen hast, solltest du nicht ins Geschäftsleben einsteigen, denn nur selten führst du deine Ideen zu Ende.

Selbstlosigkeit, Mitgefühl und Hingabe sind die Qualitäten, die du entwickeln solltest. Du hast eine Vorstellung, wie die Welt sein sollte. Wenn die Welt deinem Ideal nicht entspricht, kannst du leicht frustriert und deprimiert werden. Im allgemeinen bekommst du nicht gern Ratschläge, und andere finden es schwer, dich von etwas zu überzeugen, weil du sehr eigenständig denkst.

Eine negative 7 ist schwermütig. Deine Enttäuschung mit der Welt draußen treibt dich in eine düstere Grundstimmung, aus der heraus du zu einem Einsiedler oder Außenseiter wirst, der alle anderen, die deinen hohen Idealen nicht entsprechen, von sich fernhält.

Dennoch kannst du durch den Gebrauch deines Willens und die Erlangung der Kontrolle über deine enormen geistigen Kräfte ein Werkzeug des Guten in einer Welt sein, die verzweifelt sucht, was du zu bieten hast: einen gesunden kreativen Verstand.

7 als temporäre Schwingung: Reflektion, Ruhe, Gesundheit, Urlaub. Es ist Zeit, sich auszuruhen. Gott ruhte am siebenten Tag, und dies ist dein siebenter Tag. Werde ruhig und empfänglich. Denke über dich selbst nach und über deine Stellung im Leben.

Analysiere deine Ziele, Projekte und Beziehungen. Nimm dir Zeit für dich selbst und höre auf deine inneren Signale. Schreibe deine Gedanken auf. Du kannst jetzt von Träumen, Visionen und Intuitionen inspiriert sein, daher kann alles, was du jetzt schreibst, kreativ bewegend sein.

Nutze die Energien dieser Periode für geistige Übung und Disziplin. Nun kannst du technische Fertigkeiten meistern, die dir in deinem Beruf zugute kommen, oder von philosophischen und metaphysischen Übungen profitieren, einschließlich Religion, Yoga, Transzendentaler Meditation, Astrologie und Numerologie.

Du solltest unter einer 7 deine finanziellen Angelegenheiten nicht zu schnell vorantreiben. Es ist dies keine Zeit, um impulsiv zu sein oder sich mit Geschäften zu belasten. Es ist eine Zeit der physischen Vollendung und der Vervollständigung von Zyklen, denn du kannst nun die Folgen deiner vorangegangenen Bemühungen sehen. Angelegenheiten vervollständigen sich auf mysteriöse Weise ohne dein Zutun. Warte ab, und laß den Zyklus für dich arbeiten.

Die Zahl 7 regiert den physischen Körper und dessen Funktionen, die Kräfte in deinem Körper sind also jetzt aktiv. Du mußt jetzt dein weiteres Vorgehen weise planen, mußt ruhen und dich um Kleinigkeiten kümmern. Mißbrauch und Überanstrengung können Krankheiten und physische Leiden mit sich bringen. Solche Behinderungen können dich zwingen, langsamer zu werden, so daß du dir die Zeit nehmen mußt, um über dich selbst und deinen Sinn im Leben nachzudenken, was der wichtigste Grund für diesen Zyklus ist. Ferien sind immer angenehm, und jetzt ist eine gute Zeit, sich einmal freizunehmen.

Sei vorsichtig, wenn du irgendwelche Dokumente oder rechtliche Abmachungen unterzeichnest. Schau dir jedes Wort genau an und achte auf eventuelle Fallen. Wenn du gründlich alle Aspekte geprüft hast, unterzeichne zuversichtlich das Dokument.

Du wirst in dieser Zeit nicht das Bedürfnis nach Gesellschaft haben, statt dessen ziehst du es vor, allein zu sein oder mit spirituellen Menschen, die deine kontemplative Stimmung ergänzen oder fördern. Bekämpfe nicht deinen inneren Drang nach

Ruhe, das würde nur physische Probleme und Frustration mit sich bringen. Statt dessen laß dich treiben und schau tief in dein Inneres, um dort die wunderbaren Facetten deines wahren inneren Selbst zu entdecken, des vollkommenen Juwels.

Symbol im Tarot: Schlüssel 7, Der Wagen. Der Wagen repräsentiert Empfänglichkeit für den Willen der einen Quelle. Das Schlüsselwort, das dieser Karte zugeschrieben wird, ist *Zaun* oder *Einfassung*, und seine Sinnesfunktion ist die Sprache. Jedes Wort, das wir sprechen, ist ein Zaun, der eine Idee oder einen Gedanken umzäunt. Ein beredtes Vokabular ist ein machtvolles Werkzeug zum Schutz und zur Selbsterhaltung ebenso wie zum Fortschritt. Wenn wir sprechen, setzen wir eine Schwingung in Gang, die auf Äther, Raum und Akasha einwirkt. Helena Blavatsky sagte dazu: »Klang oder Sprache ist eine gewaltige Kraft, wenn sie durch okkultes Wissen zielgerichtet eingesetzt wird.«

Nur wenn wir ganz still und empfänglich werden, können wir siegen. Dann kann die Primärkraft durch uns wirken.

Symbolisch gesehen, ist der Wagenlenker die Seele, der den Wagen, den Körper, steuert. Beachte, daß der Wagenlenker keine Zügel hat. Nur geistig, durch den Willen, lenkt er die Sphinxe, die positiven und negativen Sinne, die den Wagen vorwärtsziehen. Der sternenübersäte Baldachin über seinem Kopf weist darauf hin, daß wir die Empfänger himmlischer Energien sind. Die zu- und abnehmenden Monde stellen Zeit und Rhythmus dar, die Zustände des Geistes sind. Dies kann man an ihrer Stellung auf den Schultern sehen, die von den Zwillingen regiert werden. Die Zwillinge sind das erste Luftzeichen und symbolisieren den Geist oder den Verstand.

Der geflügelte Globus auf dem Wagen steht für das Selbstbewußtsein, das durch den Atem getragen wird. Die Scheibe mit einem aufrechten Stab durch die Mitte stellt die positiven und negativen Kräfte dar, die sich in einer Arbeitsbeziehung vereinigt haben.

Das Quadrat auf der Brust des Wagenlenkers symbolisiert eine Vorliebe für geordnete Verhältnisse, und sein achtteiliger, mit Talismanen dekorierter Rock weist auf die Dominanz der Seele über die materielle Welt hin.

Die Botschaft hier ist, daß wir durch die Beherrschung der Sinne und durch die Erhebung und Reinigung der Triebe mit Hilfe unseres freien Willens vollkommene Herrschaft über unseren physischen Körper gewinnen können, während wir noch in ihm leben.

Astrologische Entsprechung: Mond (und Krebs). Der Mond hat vier Siebentageszyklen. Da die Erde am sechsten Tag erschaffen wurde, konnte der Mond, der Erdsatellit, erst nach dem sechsten Tag in die Schöpfung treten. Mit der 7 als Ende eines physischen Zyklus können wir leicht sehen, warum der Mond dieser Zahl zugeordnet wird.

Der Krebs regiert diesen Schlüssel, die Zahl 7. Als Schalentier hat er ein festes Gehäuse, eine Rüstung, die seinen weichen Körper vor den Gefahren der Außenwelt schützt.

Während eines Siebenerzyklus wird man von der Welt in gewisser Weise abgesondert. Dadurch erhält man die Möglichkeit, Erfahrungen sowohl bewußt, wie auch im Unterbewußtsein zu überdenken bzw. zu verarbeiten, so wie ein Krebs sich von Zeit zu Zeit in seine schützende Hülle zurückzieht und seine Erfahrungen verarbeitet (Mond).

Menschen, die dem Einfluß der 7 unterliegen, sind still, introvertiert, analytisch und sehr tiefgründig. Sie sind die Denker der Welt und normalerweise beschäftigt mit irgendwelchen wissenschaftlichen, philosophischen oder metaphysischen Angelegenheiten. Allein können sie im Geiste das Universum durchwandern und nach der Schale suchen, die ihre Ideen mit Form und Substanz umhüllt.

8 *als persönliche Zahlenschwingung: Stärke, Wille* und *Anstrengung* sind die Schlüsselworte deines Wesens. Du besitzt die Fähigkeit, deine Energien zu lenken, um jede Situation zu verändern und wirst dich letztlich als eine führende Persönlichkeit herausstellen. Die Macht, die du über die materielle Welt ausübst, ist ein Produkt der Disziplin, die du aufbringst. Du bist der Typus des Chefs, der eine große Firma leiten, wirkungsvoll organisieren und managen kann. Mit deinem gesunden Urteilsvermögen im Geschäft und dem Wissen um den Wert des Geldes, ziehst du ein großes, wachstumsträchtiges Geschäft einem kleinen Laden vor.

Du kannst in der Finanzwelt großen Erfolg haben. Du bist gerissen, erfinderisch und ehrgeizig in deinem Machtstreben. Mißerfolge spornen dich nur zu noch größeren Anstrengungen an. Du gibst nicht leicht auf. Du bist ein Großverdiener und wirst wahrscheinlich einmal sehr reich sein. Manch eine 8 gewinnt und verliert in ihrem Leben mehr als nur ein Vermögen.

Du bist ein Realist, der mit beiden Beinen auf der Erde steht. Eine Laufbahn an der Börse, in der Bank, als Makler oder Spekulant wäre eine gute Verwendung deiner Energien. Das Streben nach materiellem Gewinn wird dir jedoch nicht die Befriedigung geben, die du brauchst. Du mußt lernen, deinen Erfolg mit anderen zu teilen. Du arbeitest mit brennendem Eifer an den Dingen, die du dir vorgenommen hast, und solltest deine soziale und karitative Seite mehr zur Geltung bringen. Dennoch darfst du deine spirituellen Neigungen nicht vernachlässigen. Entwickle deine gesunden Maßstäbe und lebe nach ihnen, damit du immer eine solide Basis hast, auf der du aufbauen kannst, selbst wenn einmal materielle Rückschläge eintreten. In dieser Hinsicht ist dein Gefühl für Balance und dein Urteilsvermögen besonders gefordert.

Du bist von Haus aus originell und inspiriert und hast eine schöpferische Ader bei allem, was mit materiellem Weiterkommen zu tun hat. Mit diesen Qualitäten und deinen diplomatischen Fähigkeiten, deiner Hartnäckigkeit und deinem Mut, gibt es nichts, was du nicht erreichen könntest.

Viele hervorragende Sportler stehen unter einer 8-Zahlenschwingung. Sie qualifizieren sich durch Disziplin, Anstrengung, Willen und Kraft. Ebenso braucht ein Sportler einen feinen Gleichgewichtssinn und ein Gefühl für Rhythmus, die ebenfalls Qualitäten der 8 sind.

Deine Ehe entspringt eher einem Sicherheitsbedürfnis als der Liebe. Du möchtest auf deine Familie, auf dein Heim und auf deinen Besitz stolz sein.

Wenn du eine negative 8 bist, kann man sich vor dir fürchten. Du kannst ein Tyrann sein, der alle anderen dominiert, selbstsüchtig und rücksichtslos ist und immer nur seinen eigenen Vorteil im Auge hat. Vielleicht bist du ein Revolutionär, bereit zu Umsturz und Sabotage. Umsturz ist für dich eine Lebensweise.

Eine 8 kennt keine Halbheiten. Es gibt nur persönliche Beschränkung oder spirituelle Freiheit, Glanz oder Niederlage. Du mußt Verantwortung übernehmen und sie, so gut du kannst, ausfüllen. Nutze die positive Schwingung der 8, um eine stabile materielle Umgebung zu schaffen, in der du bereit bist, deine guten Führungsqualitäten und schöpferischen Fähigkeiten mit anderen zu teilen. Laß dich durch den Menschenfreund in dir leiten.

8 als temporäre Schwingung: Verantwortung, Geld, Busineß, Karma. »Was du säst, das wirst du ernten.« Diese wahren Worte werden unter einer 8 mehr als deutlich. Du wirst in dieser karmischen Periode genau das bekommen, was du verdienst, denn es ist an der Zeit, daß du bezahlt wirst und deine Schulden bezahlen mußt. Da die 8 die materielle Ebene regiert, kannst du, wenn du weise gesät hast, Anerkennung und Belohnung erwarten. Vielleicht bekommst du eine Gehaltserhöhung, auf die du schon lange gewartet hast, zusammen mit noch mehr Verantwortung und Druck.

Wenn du eine geschäftliche Unternehmung geplant hast, ist dies die Zeit, damit anzufangen, indem du ein solides Fundament für alle deine kommerziellen Vorhaben legst. Der Erfolg auf der materiellen Ebene ist auf deiner Seite, du solltest deine Projekte also auf finanziellen Profit anlegen. Sei tüchtig, ordentlich und auf greifbare Resultate bedacht. Du wirst Energie und Ehrgeiz brauchen, um auf den Ruf, den du jetzt hörst, zu reagieren. Der innere Drang nach physischem Erfolg steht an der Spitze, aber du mußt vorsichtig sein. Laß dir nicht durch die Anstrengungen, die mit deiner jetzigen Unternehmung verbunden sind, deine Energien rauben. Diejenigen, die die Macht besitzen, werden dir helfen, wenn du danach fragst.

Wegen der karmischen Implikationen dieses Zyklus könntest du eine Erbschaft oder eine Hinterlassenschaft bekommen. Vielleicht hast du schon vor langer Zeit für jemanden die Saat der Liebe und Sorge gesät, der dir jetzt als Gegenleistung materielle Belohnung zuteil werden läßt. Was auch immer du bekommst, das ist das Ergebnis deiner vorangegangenen Bemühungen.

Sei allen, die nicht auf dem hohen energetischen Niveau arbeiten wie du, eine Hilfe. Vergiß bei deinem Streben nach der Spitze nicht deine Freunde und Mitmenschen. Leihe ihnen deine Stärke und deinen Beistand, denn mit Sicherheit zeigt dir dieser Zyklus der 8 die absolute Notwendigkeit einer guten Aussaat.

Symbol im Tarot: Schlüssel 8, Die Kraft. Das Schlüsselwort für diese Karte ist der *Zahn der Schlange*. Die Schlange repräsentiert die Kundalini oder Lebenskraft, die in nicht entwickelten Menschen dreieinhalbmal um sich selbst gewickelt schlafend an der Basis der Wirbelsäule ruht. Diese Kraft muß geweckt werden, um den Menschen zu einer mehr spirituell orientierten Person zu machen. Alle Transformationen in der Natur sind in Wirklichkeit spezialisierte Manifestationen dieser Kundalini-Kraft.

Die einzigen beiden Zahlen, die endlos immer wieder überschrieben werden können, sind die 0 und 8. Als solche repräsentieren sie die göttliche Macht. Die Zahl 8 repräsentiert darüber hinaus auch materielle Macht.

In Schlüssel 8 lenken wir diese Lebenskraft mit Hilfe der Suggestion. Die Frau ist das Unterbewußtsein, das die Körperfunktionen kontrolliert und die Dosierungen der Vitalenergie lenkt, die der Körper erhält. Ebenso empfängt sie Suggestionen des Bewußtseins und handelt entsprechend. Ihre Dominanz über den Löwen erhält sie durch die sanfte und geistige Macht, nicht etwa durch rohe Gewalt.

Die Rosen, die die Frau und den Löwen umgeben, bilden eine Kette. Rosen versinnbildlichen das Verlangen, sie müssen gepflegt werden, und man muß sich auf die richtige Weise um sie kümmern. In diesem Zusammenhang bedeutet ein Rosenkranz eine Reihe kultivierter Wünsche. Jede Suggestion, die aus einem Wunsch kommt, setzt eine Kettenreaktion im Unterbewußtsein in Gang, die sich irgendwann in irgendeiner Form äußert. Die kosmische Lemniskate über ihrem Kopf verleiht ihr die Herrschaft in dieser Welt.

Astrologische Entsprechung: Saturn (und Löwe). Saturn wird der Zahl 8 zugeordnet, und der Löwe herrscht über den achten Schlüssel, die Kraft. Saturn drängt auf den Ausdruck konkreter Leistungen, er steht für alle, die die nötige Entschlossenheit und Disziplin aufbringen, um auf dem von ihnen erwählten Gebiet an die Spitze zu kommen. Leo (der Löwe) erhebt den Geist einer übermäßig nüchternen saturnischen Einstellung und versieht ihn mit einem sonnigen Gemüt und der großzügigen Annahme von Verantwortung, sowie mit der Fähigkeit, auf königliche Weise zu herrschen.

Menschen, die der Zahl 8 unterstehen, besitzen das Zeug zur Führungskraft in einem Unternehmen. Sie haben enorme Kraftreserven, auf die sie zurückgreifen können, wenn der Druck zu groß wird. Viele hervorragende Sportler haben ebenfalls die 8 als persönlichen Ausdruck.

9 *als persönliche Zahlenschwingung:* Du bist ein Menschenfreund, ein Universalist, der in abstrakten Begriffen denkt. Du lebst, um anderen zu dienen, und möchtest die Welt lebenswerter machen. Die 9 ist die letzte einstellige Zahl und weist als solche auf Vollendung, Perfektion und Vervollständigung hin, gleichzeitig auf die Saat für einen Neubeginn, die Grundlage für zukünftiges Wachstum im nächsten oder höheren Zyklus.

Du bist durstig nach spirituellem Wissen und hast einen Drang nach Freiheit und Weisheit, der persönliche Bedürfnisse übersteigt. Du hast das Bedürfnis, ein ideales Leben gemäß deiner Inspirationen und Erwartungen zu leben. Durch deine aufgeschlossene Art, in die Welt hinauszugehen, bist du für andere ein leuchtendes Beispiel.

Die Zahl 9 ist eine Zahl der Prüfung. Je höher du auf der Stufenleiter der Evolution vorankommst, desto mehr Schwierigkeiten können dir begegnen. Du solltest anderen, die dir auf deinem Weg begegnen, mit Mitgefühl und Barmherzigkeit begegnen. Auf diese Weise wirst du ein Beispiel für sie sein, und sie werden deine sympathische und einfühlsame Natur erkennen. Menschen werden von dir angezogen wegen deines tiefen und umfassenden Verständnisses.

Dein Denken ist weitläufig und kennt keine Beschränkungen. Wegen deiner Offenheit sind deine übersinnlichen Fähigkeiten gut entwickelt, und hellseherische und prophetische Äußerungen kommen dir mit Leichtigkeit über die Zunge. Du scheinst einen direkten Draht zu den Geheimnissen des Lebens zu haben. Du hast sehr starke Emotionen und Empfindungen und könntest eine neue Philosophie für die Menschheit entwickeln.

Du bist großzügig und idealistisch. Für jeden, der deinen weisen Ratschlag und deine Führung braucht, hast du ein offenes Ohr. Du bist ihnen eine große Hilfe, weil du erkennst, daß das Wissen denjenigen gehört, die es suchen. Karitative Arbeit liegt dir am Herzen, vielleicht bist du ein Mäzen für Kunst und Wissenschaft.

Die Verbindungen, die du mit anderen Menschen eingehst, sind intensiv, aber nicht unbedingt von Dauer. Du mußt lernen, deine Freunde gehen zu lassen, wenn ihre Bedürfnisse erfüllt sind, denn deine Bestimmung ist es, ein Einzelgänger zu sein, eine Art Einsiedler. Du bist nicht dazu bestimmt, allein auf einem Berg zu sitzen und zu meditieren, aber deine angeborene Weisheit und dein Verständnis trennen dich von der Masse. Du mußt deine Weisheit teilen, um die Welt zu erleuchten und kannst nicht durch dauerhafte Bindungen gefesselt werden, die deine Beweglichkeit behindern würden.

Dein Lebenszyklus beinhaltet Reisen und Begegnungen mit berühmten Menschen, die zu dir hingezogen sind wegen deines freien Geistes und deines großen Mitgefühls. Deine Freundschaft umfaßt die Welt. Du erwirbst mit Leichtigkeit Geld und Unabhängigkeit und bist damit frei, deinen weltlichen Bestimmungen nachzugehen.

Wenn du eine negative 9 bist, bist du dir selbst der nächste und kümmerst dich eher um deine eigenen Bedürfnisse statt um die anderer. Diese Zügellosigkeit schließt den Glauben an eine höhere Quelle aus und kann in totalen Unglauben ausarten. Wenn sich dir etwas in den Weg stellt, zeigt sich dein Jähzorn. Dein scharfer Verstand macht dich zu einem gefürchteten Feind. Da Neuner generell nach höheren Maßstäben als andere Zahlen gemessen werden, kann die Spannung in deinem Leben zu nervösen Verspannungen führen. Das kann unglückliche Beziehungen zu anderen Menschen nach sich ziehen, einschließlich zu deinem Lebensgefährten.

Corinne Heline sagt in *The Sacred Science of Numbers*: »Der Mensch unter der 9 hat die gesamte Skala der persönlichen Erfahrungen durchlebt, einschließlich aller Höhen und Tiefen, alles Weltlichen und Geistigen. Es ist die Synthese dieser Erfahrungen, die die Sympathie, das Mitgefühl und das seltene Verständnis erzeugt, welches die 9 auszeichnet.« Wenn du die vorzüglichen Qualitäten der 9 nutzt, kannst du ein Visionär sein, für den alles möglich ist. Dein Glaube an das Leben ist allumfassend, und du erwartest die Evolution als Geschenk der Seele.

9 als temporäre Schwingung: Veränderungen, Beendigungen, Barmherzigkeit, Inspiration. Die Ereignisse überschlagen sich in diesen Zeiten, mit vielen Anfängen und Zwischenstopps, denn du erlebst eine Phase der Veränderungen und Übergänge. Wie Paul Case in *The Tarot* sagt: »Du mußt die endgültige Auswahl treffen zwischen verwertbarem Material und dem, was als unbrauchbar zurückgewiesen wird.« Das Ausscheiden des Unbrauchbaren und die Trennung von den eigenen vergangenen Fehlern kann eine emotionale Erfahrung sein, denn oft zögern wir, wenn es darum geht, Hindernisse aus unserem Leben zu entfernen. Wenn du dich nicht selbst von den Bindungen und Situationen befreien kannst, die für deine Entwicklung nicht mehr nötig sind, dann wird es der Zyklus der 9 für dich tun. Ein Urlaub oder eine Reise wären für dich eine gute Therapie, die dir die Zeit geben, nachzudenken und dich von Gefühlsaufwallungen, denen du unter dieser Schwingung begegnest, innerlich zu trennen.

Viele deiner Ziele werden in dieser Zeit verwirklicht werden, und du solltest versuchen, alle Projekte abzuschließen, die kurz vor der Vollendung stehen. Da dies ein abschließender Zyklus ist, solltest du keine neuen Verpflichtungen eingehen. Projekte, die unter einer 9 begonnen wurden, haben keine lange Lebensdauer.

Gegenwärtige Freundschaften können gefestigt werden, und du kannst Geschenke von Freunden erhalten. Es könnte dies eine Zeit der Wohltätigkeiten sein, in der du in erster Linie an das Wohlergehen anderer denkst. Tu etwas für andere, zum Dank für die vielen Wohltaten, die du in deinem Leben erfahren hast. Ein alter Freund oder Liebhaber könnte für kurze Zeit zu einer letzten Begegnung in dein Leben treten, erwarte aber nicht, daß diese kurzzeitige Erneuerung eurer Freundschaft lange dauern wird.

Da dies ein beendender Zyklus ist, kannst du deinen Beruf oder deine Wohnung wechseln. Kinder verlassen vielleicht das Haus, um sich weiterzubilden oder weil sie heiraten, oder einfach nur weil sie ihr eigenes Leben führen wollen. Wenn du von den Menschen, Situationen und Orten, mit denen du für lange Zeit gelebt hast, getrennt wirst, dann liegt der Grund darin, daß sie nicht mehr länger einem evolutionären Prozeß dienen.

Nutze die kreativen Kräfte dieser Schwingung, um deine künstlerischen Fähigkeiten zu entwickeln. Du wirst inspirierte Ideen haben, die dann im nächsten Zyklus – nach den diesem Zyklus innewohnenden Gesetzen – auf produktive Weise umgesetzt werden können.

Laß dich nicht von deinen Emotionen einfangen. Das Anhängen an der Vergangenheit, das Verweilen in dem, was einmal war, kann nur Unzufriedenheit, Frustration und Depression bringen. Du solltest statt dessen mit Freude und hohen Erwartungen vorwärts in die Zukunft schauen, für die du durch die befreiende Energie dieses Zyklus vorbereitet worden bist. Nutze die Weisheit, die dir die Ereignisse dieses Zyklus vermittelt haben, um deine Aktionen auf produktive Weise in der Zukunft zu inspirieren.

Symbol im Tarot: Schlüssel 9, Der Eremit. Das Symbol für den neunten Schlüssel ist das Yod, die züngelnde Flamme, die

Glyphe, aus der sich jeder Buchstabe des hebräischen Alphabets zusammensetzt. Sie repräsentiert die feurige Energie, die Lebenskraft und die Hand von Mann und Frau, die eher geöffnet als geschlossen ist. Innerhalb unseres Körpers sind wir kleine Schlangen, die einen Teil der feurigen Energie der einen Quelle enthalten. Als solche sind wir die Hände Gottes, die in der physischen Welt handeln.

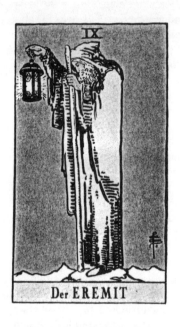

Der Eremit ist ein Symbol zeitloser Weisheit, er steht auf dem Berg der Vollendung. Er hat es erreicht. Der Schnee ist das Sinnbild für die Isolation, die er erträgt, weil seine Weisheit ihn weit von anderen entfernt. Wenn er jedoch seine Laterne denjenigen zuwendet, die ihm nachfolgen, dann deutet er damit an, daß unser Wissen leer und bedeutungslos ist, wenn wir uns nicht umwenden und es anderen geben. Der Eremit hat den Dingen ihren wahren Wert zugeordnet, er hat auf seinem Weg das

Notwendige bewahrt und das Überflüssige beseitigt. Er hat gelernt, den Stab des Magiers einzusetzen, auf den er sich nun stützt, denn er weiß, daß er sich auf ihn verlassen kann. Er ist zum Meister geworden.

Astrologische Entsprechung: Sonne (und Jungfrau). Die Sonne wird der 9 zugeordnet, weil man erst nachdem man vorsichtig durch die vorangegangenen Stufen 1 bis 8 hindurchgegangen ist, eine Position einnehmen kann, in der man respektiert wird und eine Führungsrolle spielen kann. Erst dann kann man die Anerkennung seines inneren Potentials erwarten. Dein wahres inneres Selbst wird unter einer 9 dadurch zum Ausdruck gebracht, daß du zu einem wahren Menschenfreund wirst, zu einem Universalisten, der sich der Masse zuwendet, um ihre Sorgen und Nöte durch sein Verständnis, seine Weisheit und sein Mitgefühl zu erleichtern.

Die Arbeit der Jungfrau läßt darauf schließen, daß eine sorgfältige, gründliche Analyse ihrer jetzigen Position der Autorität vorangegangen ist. Eventuelle Fehler auf dem Weg hätten dich nur in die Irre geführt. Daher ist zu allen Zeiten ein scharfes Unterscheidungsvermögen vonnöten.

10/1 *als persönliche Zahlenschwingung:* Wenn du dir die Philosophie der Reinkarnation zu eigen machst, wirst du erkennen, daß du eine alte Seele bist, die schon viele Leben, hohe und niedrige, gelebt und aus ihnen gelernt hat, wie vergänglich die irdischen Dinge sind. Du hast eine Begabung, andere zu beeinflussen und sie zusammenzubringen und bist ein Mensch mit großer Energie, der eine besondere Sendung in der Welt hat. Dein Wort ist Macht, und deine Gegenwart verbreitet Frieden. Deine Sendung könnte es also sein, Friede und Gemeinschaftsgeist unter den Rassen und Völkern der Welt zu stiften.

Dein klares Denken und deine Auffassungsgabe helfen dir, jede Situation zu begreifen und zu deinen Gunsten zu wenden. Führungspositionen stehen dir offen, denn deine Beherrschung und Souveränität sind offensichtlich. Deine produktiven Talente sind eine ständige Quelle der Belebung für alle, die dich umgeben.

Mit einer 10 sind Glück, Erfolg, Ehre und materielle Belohnungen dein eigen, denn du erwirbst mit Leichtigkeit die Dinge, für die andere so verzweifelt kämpfen. Totaler Erfolg und vollständige Selbstverwirklichung sind dir möglich, weil du in Kontakt mit deinem Überbewußtsein stehst. Du selbst siehst das vielleicht nicht so, sondern bezeichnest es als ein tiefes inneres Gefühl. Du verstehst die Gefühle und Wünsche der Menschen und hast Vertrauen und Glauben an dich selbst. Die Kostbarkeiten haben sich aus vergangenen Lebenserfahrungen herübergerettet oder, wenn dir das lieber ist, sind das Kapital, das du in diesem Leben aus vergangenen Erfahrungen gewonnen hast. Dein kluger Gebrauch von Erfahrungen aus der Vergangenheit bedeutet, daß du einen weiten und klar umgrenzten Einflußbereich haben wirst.

Du gehst einen Schritt nach dem anderen und konzentrierst dich auf die Ziele, die du dir gesetzt hast. Die Zeit arbeitet für dich, und die Verwirklichung deiner Pläne ist durchaus wahrscheinlich.

Wenn du eine negative 10 bist, kannst du schwerfällig, störrisch und voller Vorurteile sein. Du hast die Neigung, deine Wünsche und Bedürfnisse zu übertreiben und zu wichtig zu nehmen. Vielleicht erkennst du deine schlummernden Fähigkeiten nicht, bevor du nicht spirituell erwacht bist. Wenn du aber erst einmal erwacht bist, kennt dein Einfluß keine Grenzen. Deine Macht, dich für das Gute einzusetzen, ist phänomenal.

10/1 als temporäre Schwingung: Intuition, Gewinn, Glück, eine Wende zum Besseren. Worauf du schon lange gewartet hast, wird dir nun vielleicht geschenkt. Die Zuspitzung einer Serie von Ereignissen bringt dir Erfolg und materiellen Gewinn. Du kannst diesen Zyklus eine Wende zum Besseren nennen, den Beginn von etwas Neuem. Die innovativen Ideen und Neuanfänge, die du jetzt erlebst, sind in Wirklichkeit nur Ausdruck des Gesetzes von Ursache und Wirkung. Ereignisse, die dir als Zufall oder glückliche Fügung erscheinen, resultieren in Wirklichkeit aus Anstrengungen, die du bereits geleistet hast.

Dies ist eine Phase der Initiation, in der vielleicht von dir erwartet wird, selbständig Entscheidungen zu treffen. Mache präzise und unbestrittene Fakten zur Grundlage deiner Entscheidungen und verlaß dich gleichzeitig auf deine Intuition, die auf Vernunft gegründet ist. Dann wirst du wissen, was du zu tun hast. Du kannst Differenzen mit früheren Gegnern aus der Welt schaffen, weil du jetzt klar verstehst, worin das Problem der Situation bestanden hat.

Das, was jetzt geschieht, klärt dein Verständnis der Umstände deines Lebens. Wenn du hart gearbeitet hast, kannst du deinen gerechten Lohn erwarten. Fortschritt, Verbesserungen und Aufstieg sind auf deiner Seite. Vielleicht befördert man dich in eine besondere Position, nach der du lange gestrebt hast. Vielleicht gewinnst du im Lotto oder erbst eine größere Summe, die dir hilft, ein neues Leben anzufangen. Sei dir darüber klar, daß diese Erfahrungen das Produkt deiner eigenen Bemühungen sind.

Wenn Mißerfolge und Verluste dich verfolgen, mußt du verstehen, daß jeder Umstand im Leben dadurch bedingt ist, wie du in der Vergangenheit deine Energien eingesetzt hast. Entschließe dich jetzt dazu, anzufangen mit der Arbeit und klug zu planen, damit du deine eigene Zukunft in den Griff bekommst. Das Rad des Schicksals dreht sich weiter, und die nächste Drehung kann, wenn du jetzt anfängst, genau das bringen, was du dir wünschst.

Symbol im Tarot: Schlüssel 10, Das Rad des Schicksals. Das Symbol, das dieser Karte entspricht, ist die geschlossene Hand, das Sinnbild geistigen Verstehens. Begreifen heißt aneignen und zugreifen. Deinen Platz in der Welt begreifen heißt zu dem zu werden, wer und was du wirklich bist. Du wirst daher niemals unter materiellem Mangel leiden.

Die Zahl 10 beginnt einen neuen Zyklus, eine Wiederholung der *1. Rotation* und *Wiederkehr* sind die Schlüsselworte für das Rad des Schicksals. Alles ist im Prozeß des Werdens begriffen; der Wandel ist das einzige, was bleibt. Zu gegebener Zeit wird also alles Mögliche zur Wirklichkeit.

Der Stier, der Löwe, der Adler und der Mensch symbolisieren die vier fixen Zeichen des Tierkreises – Stier, Löwe, Skorpion (der Adler ist ein Symbol für die höhere Seite des Skorpions) und Wassermann. Die Bücher, die sie halten, repräsentieren die

Weisheit der Zeitalter. Sie weisen auf die Gesetze des Universums hin, die unveränderlich sind und ein für allemal gelten. Die wellenförmige Schlange symbolisiert den Abstieg der Lebenskraft in die Schöpfung. Der schakalköpfige Hermanubis (ein ägyptischer Gott Thoth, ebenfalls eine Rasse schakalköpfiger Menschen) zeigt die Evolution der Form, während menschlicher Körper und tierischer Kopf anzeigen, daß sich der Mensch noch nicht über die Ebene des Verstandes hinaus entwickelt hat. Seine Ohren über dem Horizont des Rades zeigen, daß das innere Hören oder die Intuition des Menschen ihm gestatten, auf eine höhere Ebene aufzusteigen. Die Sphinx stellt den entwickelten Menschen dar, den wir anstreben. Der Kopf und die Brust der Frau, in Verbindung mit dem Körper des Löwen, deuten auf die Herrschaft der Seele über den Körper, in perfekter Harmonie, als Sinnbild für die Vereinigung der männlichen und weiblichen Energien.

RAD des SCHICKSALS

Astrologische Entsprechung: Jupiter (und Mars). Wenn wir mit der astrologischen Entsprechung der zweistelligen Zahlen arbeiten, nehmen wir die Zahl zur Rechten und sehen sie durch die Zahl zur Linken arbeiten. Hier haben wir die göttliche Kraft, 0, die durch Mars, 1, wirkt, um neue Anfänge und einen Wechsel im Schicksal anzudeuten. Der Jupiter-Einfluß des Schlüssels 10, des Rades des Schicksals, gibt uns Zuversicht und Optimismus, daß unser Neubeginn letztlich reiche Frucht tragen wird.

Sobald wir den Grundzyklus von 1 bis 9 vollendet haben, wiederholt jede folgende Zahl nur eine der ursprünglichen neun. Daher können wir sehen, warum die 10 als ein neuer Start gesehen wird. Mit der 9 haben wir einen vollständigen Zyklus abgeschlossen, und in der 10 haben wir das Versprechen, daß die göttliche Kraft in uns niemals versiegt, sondern lediglich ihre Form verändert, und daß die neue Form noch immer den Lebensfunken, Mars, enthält.

11/2 *als persönliche Zahlenschwingung:* 11 ist eine der vier Leitzahlen, neben 22, 33 und 44. Alle Leitzahlen sind sehr machtvoll, weil sie die Schwingung der Grundzahl, auf die sie reduziert werden können, besonders hervorheben.

Als 11 kannst du für deine Inspiration und Hilfe aus kosmischen Kräften schöpfen. Deine ausgeprägten intuitiven Fähigkeiten können deinen originellen, erfindungsreichen und kreativen Geist lenken. Da du wahrscheinlich auf die eine oder andere Weise eine Führungsrolle einnehmen wirst, mußt du diese höheren Schwingungen geschickt nutzen. Wahre Meisterschaft ist Dienst, und du mußt in der Rolle, die du einnimmst, ebenso praktisch wie idealistisch sein.

Voraussicht und scharfe Wahrnehmung machen dich zum Visionär. Du bist ein Idealist und hast Mitgefühl für alle Arten von Menschen, ohne Ansehen ihrer Stellung im Leben. Das Bedürfnis, anderen das Leben zu erleichtern, bringt den Lehrer in dir hervor. Du kannst ein bemerkenswerter Lehrer, Redner, Prediger oder Schriftsteller sein, dessen profundes Verständnis der Sorgen und Nöte des Menschen alle inspiriert und ihnen neue Möglichkeiten eröffnet, sich auszudrücken. Dein Talent, erzieherisch zu wirken, wird nicht lange unerkannt bleiben. Wahrscheinlich wirst du berühmt. Du bist der Spezialist, der auf Leistung und nicht auf Ruhm aus ist, aber immer Anerkennung findet.

Du bist der Überzeugung, daß es wichtig ist, das Gesetz zu pflegen, und gibst dich nicht damit zufrieden, dich zurückzulehnen und Plattitüden von dir zu geben. Deine Hingabe für den Ausdruck wirklicher Weisheit muß einen dynamischen Wirkungsbereich finden, damit du aktiv in Lebensbereichen mitwirken kannst, in denen deine Philosophie zum Tragen kommt. Mit deinem Sinn für Gerechtigkeit, Fairneß und Ehrlichkeit kannst du eine Führungspersönlichkeit in öffentlichen Angelegenheiten werden, wo deine unparteiische Einstellung einen besseren Lebensstandard für alle Menschen, deren Leben du berührst, bewirkt.

Du trittst beherzt für deine Überzeugungen ein und wirst alles rechtlich Mögliche tun, um sie durchzusetzen. Dein Leben wird geschäftig und aktiv sein, und du wirst von einer Herausforderung und von einer Prüfung zur nächsten gehen. Wenn du einmal mit deinen Emotionen, deinem Schicksal und deiner Gesundheit bis an deine Grenzen gehst, dann wird die hohe Schwingung der 11 dir mit erneuerter und überraschender Courage unter die Arme greifen.

Du bist von außersinnlicher Wahrnehmung fasziniert sowie von okkulten, mystischen und spirituellen Studien. Durch eine metaphysische oder philosophische Disziplin kannst du leichter dein großes schöpferisches Potential ausnutzen. Als inspirierter Künstler kannst du Gegenstände von exquisiter Schönheit erschaffen, die im Betrachter tiefe Gefühle hervorrufen können. Du solltest mit anderen, die eine ähnliche Natur haben, zusammenarbeiten.

Wenn du nicht auf die höhere Schwingung der 11 reagierst, lebst du als eine 2 (siehe das Kapitel über diese Zahl). Du beschäftigst dich mit den Details deiner Arbeit, und es kann passieren, daß du gezwungen bist, ein Leben in einer untergeordneten Position zu verbringen.

Wenn du eine negative 11 bist, setzt du deine Macht auf

negative Weise ein, was letztlich auf dich selbst zurückfällt, weil du dir ein negatives Karma schaffst. Du kannst unfair, voller Vorurteile und streng sein, und solltest dich vor versteckten Gefahren in acht nehmen. Dennoch kannst du dich durch karitative Arbeit aus diesem Teufelskreis befreien.

Nutze die 11, um ein ausgeglichenes Leben zu führen, in dem alle deine Aktionen maßvoll und ausgewogen sind. Deine große Einsicht und inspirierte Hingabe wird eine Oase in der Wüste des Lebens vieler Menschen sein.

11/2 als temporäre Schwingung: Tests, gerichtliche Schritte, Inspiration, Kunst, schnelle Entscheidungen. Die Periode dieser Leitzahl kann als eine Zweierschwingung erfahren werden, wenn du nicht das ganze Potential der 11 auslebst.

Du wirst schnelle Entscheidungen treffen müssen, denn plötzliche Ereignisse erfordern entschlossenes Handeln. Was du jetzt erlebst, ist aufregend, stimulierend und geeignet, dich impulsiv reagieren zu lassen, du mußt also geduldig und tolerant sein. Befreie dich von vergangenen mißverstandenen Gedanken und Handlungen, die negative Umstände nach sich gezogen haben, und such dir die richtige Kombination von Einstellungen, die in der Zukunft wünschenswertere Ergebnisse haben werden.

Es kann gerichtliche Schritte geben, die auf irgendeine Weise mit Geld zu tun haben. Zum Beispiel könntest du zum Empfänger oder Verwalter einer Erbschaft werden. Finanzielle Regelungen sind möglich, und gegenseitige Abkommen sowie Partnerschaftskomplikationen müssen eventuell geregelt werden.

Vielleicht mußt du dir jetzt Gedanken über Weiterbildung machen, denn die Schwingungen dieser Periode halten dich dazu an, eine innere Balance zu finden und den Sinn des Lebens zu erwägen. Wenn dies mit Hilfe von Schulbildung erreicht werden kann, dann wirst du in dieser Periode Möglichkeiten haben, in eine Schule einzutreten, einen Kurs zu belegen oder bestimmte Fähigkeiten zu vervollkommnen.

Weil dein Geist aufs höchste sensibilisiert ist, solltest du deine übersinnlichen und intuitiven Fähigkeiten entwickeln. Die Macht der 11 muß in etwas Greifbares und Nützliches umgewandelt werden. Ein Lehrgang in einer metaphysischen Disziplin würde dir helfen, die nervöse Energie, die dein Bindeglied zur höheren Schwingung der 11 ist, zu organisieren. Du kannst dein kreatives Potential entwickeln, indem du mit mehreren künstlerischen Medien gleichzeitig arbeitest, Kunstwerke sammelst oder Theater und Konzert besuchst. Umgib dich mit Kunst. Unter solchen Einflüssen ist es durchaus möglich, daß du Träume, Visionen und Offenbarungen hast.

Wenn du geistig und technisch deine Begabungen kultivierst, dann ist es möglich, daß dich jemand entdeckt und dir eine verheißungsvolle Position anbietet. Vielleicht erntest du auch für eine deiner persönlichen Bemühungen öffentlichen Beifall. Auf die eine oder andere Weise stehst du jetzt im Rampenlicht.

Dies ist eine Zeit voller Prüfungen und Herausforderungen. Wenn du deine intensiven Energien in etwas steckst, das es dir wert ist, wirst du jetzt mehr schaffen als in jedem anderen Zyklus. Leitzahlen sind in jeder Beziehung führend und haben Großes zu bieten.

Symbol im Tarot: Schlüssel 11, Gerechtigkeit. Lehre, Bildung und Führung stehen unter Schlüssel 11, der Ausgleich durch Gerechtigkeit erzeugen will. Die Waagschalen symbolisieren hier auch die Doktrin des Karma – Arbeit, Aktion und Reaktion, das Gesetz von Ursache und Wirkung.

Die Lehre, die aus Schlüssel 11 zu ziehen ist, besteht darin, die Bedeutung der gegenwärtigen Bedingungen zu erwägen und durch die Überwindung der Irrungen der Vergangenheit einen Ausgleich zu erzielen. Nutze das Schwert der Urteilskraft, um Gedanken loszuwerden, die in die Irre führen. Auch hier regiert die Waage und zeigt uns, daß wir ausschließlich durch das siebente Haus der Kooperation und durch das Prinzip der Liebe kommunizieren. Die Waage regiert die Nieren, die Organe der Absonderung, die die chemische Balance des Körpers aufrechterhalten. Durch die Ausscheidung giftiger Stoffe aus unserem Leben stellen wir in uns ein Gleichgewicht sicher.

Die Waagschalen repräsentieren Balance. Es gibt sieben gerade Linien gleicher Länge in der Waage, die für die sieben

Zentren des Körpers und die sieben ursprünglichen Planeten stehen – Merkur (Schlüssel 1), Mond (Schlüssel 2), Venus (Schlüssel 3), Jupiter (Schlüssel 10), Mars (Schlüssel 16), Sonne (Schlüssel 19) und Saturn (Schlüssel 21).

Astrologische Entsprechung: Uranus (Waage). Die Schwingung des Uranus wird in der Leitzahl 11 hervorgehoben. Dies ist eine Schwingung der Prüfungen, in der du die enorme Energie, die durch dein Leben fließt, einordnen und analysieren mußt. Wenn diese große persönliche Energie zu ungestüm oder unklug genutzt wird, können Unfälle passieren (ein Nebenprodukt nervöser Energie), oder es entstehen rechtliche Schwierigkeiten und übereilte Entschlüsse.

Die Waage strebt danach, die nervöse Energie des Uranus zu beruhigen, und lehrt dich, diese Fähigkeiten in Harmonie mit deiner Umwelt zu nutzen und anderen eine Hilfe zu sein. Das Unfallrisiko wird transformiert in eine spezielle Dynamik auf ein bestimmtes Ziel hin. Rechtliche Schwierigkeiten übersetzen sich in wichtige Verträge, und impulsive Handlungen werden zu positiven Entschlüssen. Der Katalysator bist du selbst, und – wie immer – bist du es, der entscheiden muß, wie du das rohe Potential dieser Zahl nutzen willst.

12/3 *als persönliche Zahlenschwingung:* Du bist eine ungewöhnliche Person, die durch ihre besonderen Erfahrungen an innerer Stärke gewonnen hat. Deine ruhige Haltung unterscheidet dich von der gewöhnlichen Welt, die in dir eine Art seltsamen Kauz sieht. Deine Gedanken kreisen eher um eine spirituelle Analyse deiner Mitmenschen als um ihre Beurteilung. Du bist fremden Glaubenssystemen, Philosophien und Lebenshaltungen gegenüber vollkommen tolerant, und dennoch schwimmst du in allem, was du tust, gegen den Strom. Du weißt, daß die Realität eine Illusion ist und die Illusion eine Realität. Viele Menschen in der Welt sind krank, leben in großem Leid und Armut, sind nicht in der Lage, in Harmonie mit anderen zu leben, und haben sogar Schwierigkeiten, sich selbst zu akzeptieren. Du weißt, daß diese Kümmernisse Ausdruck des Gesetzes von Ursache und Wirkung sind, und daß alles, was geschieht, das Ergebnis des freien Willens des einzelnen ist, bewußt oder unbewußt. Die moderne Naturwissenschaft und Psychologie haben das bewiesen. Indem du dein Denken in eine andere Richtung lenkst, sprengst du alle physikalischen Fesseln. Im Wissen um diese Tatsachen läßt du dich auf eine Philosophie ein, die leicht zum Gespött deiner Mitmenschen wird, denn dein Denken erscheint falsch. Dennoch hast du in aller Stille gelernt, die Motive anderer Menschen zu verstehen. Friede und Fröhlichkeit erfüllen dein ganzes Wesen, denn trotz deiner Erdverbundenheit hast du ein großes Maß von Freiheit in deinem Leben verwirklicht. Dein Leben ist frei von Materialismus und weltlichen Affären.

Du verkörperst Weisheit. Indem du dein persönliches Leben »gekreuzigt« hast, hast du deinem wahren Selbst ermöglicht, geboren zu werden. Andere wenden sich an dich, um Frieden und Rat zu finden, sie brauchen deinen Glauben an das Leben und an sich selbst.

Möglicherweise ist dein Leben ein freiwilliges Opfer, in dem du Schwierigkeiten, Prüfungen und Entsagungen begegnest. Dennoch kann keine Widrigkeit deine tiefe Freude zerstören. Du hast das Rad des Ezechiel durchlaufen, den Kreis des Zodiakus, und den Mut, die Weisheit und Geistesgegenwart gesammelt, die dir letztlich das Leben retten wird.

12/3 als temporäre Schwingung: Wartephase, Veränderung der Sehweise, Umkehr, Unterwerfung. Halte ein, schau dich um und höre! Dies ist eine stille Pause in deinem Leben, in der du dir Zeit nehmen solltest, nachzudenken und zu lernen, die Dinge zu sehen, wie sie wirklich sind, und nicht, wie sie erscheinen. Indem du scheinbar widersprüchliche Gegensätze im Denken in die richtige Perspektive rückst, schaffst du eine innere Harmonie, die sich in deiner Umgebung widerspiegelt. Denke darüber nach, daß die Menschen sich das Elend in der Welt selbst zuzuschreiben haben, verursacht durch negative gedankliche Prozesse. Wenn deine Welt in Disharmonie geraten ist, dann sind es deine Gedanken, die diese Probleme verursacht haben, und ein Wandel der Sichtweise ist angebracht.

Meditation, Ausflüge ans Meer oder aufs Land, Unterricht in Philosophie, verschiedene Techniken der geistigen Entspannung, all das wird dir helfen, dich mit der Kraft in Verbindung zu bringen, die jetzt noch unter der Oberfläche arbeitet. Indem du dein Bewußtsein dem universalen Geist unterstellst, kannst du anfangen, Irrtümer in deinem Denken zu erkennen. Wenn du dich auf den Mittelpunkt des Lebens konzentrierst, fangen die wichtigen Elemente an, in den Vordergrund zu treten.

Deine Affären werden sich nun von selbst lösen, ohne daß du dich besonders anstrengen mußt. Einige Situationen werden sich zuspitzen, und andere werden sich regeln, aber du solltest vermeiden, selbst Entscheidungen zu treffen. Laß den Zyklus für dich arbeiten, beobachte, reflektiere und meditiere. Finde die innere Freude, die die Schwingungen dieser Zahl zu bieten haben.

Wenn du jetzt in äußerliche Angelegenheiten verwickelt bleibst, kann es passieren, daß die Dinge sich für dich in bezug auf deine Freundschaften und dein Schicksal wenden. Opfer in Form von Schicksalsprüfungen und Verzicht werden erforderlich. Anstatt dich diesen Kräften zu widersetzen, solltest du mit ihnen fließen. Du wirst erreichen, was du anstrebst, indem du einfühlsam und passiv bleibst, denn diese Schwingung ist nur erfolgreich, wenn sie akzeptiert, was auf sie zukommt.

Symbol im Tarot: Schlüssel 12, Der Gehängte. Das Schlüsselwort für die Karte »Der Gehängte« ist *Umkehrung*. Das zugeordnete Symbol ist die Oase, das Meer oder das Wasser. Gemäß den Alchimisten war das Wasser die Grundlage allen Lebens, die flüssige Substanz, die sich in physikalischen Formen verfestigt. Diese Substanz, die aus Sternen und Sonnen ausströmt, wird auch »Astralflüssigkeit« genannt. Der Gehängte symbolisiert das »erste Wasser« der göttlichen Kraft.

Wasser war der erste Spiegel, in dem die Reflektion immer auf dem Kopf erscheint. Die Bedeutung dieser Karte liegt darin, daß die Dinge nicht so sind, wie sie an der Oberfläche erscheinen. Man muß unter die Oberfläche sehen, um wirklich zu verstehen.

Der Mann ist an den Füßen aufgehängt, wie ein ruhendes Pendel. Seine gekreuzten Beine bilden die Form einer Vier, ein Hinweis auf Schlüssel 4, die Vernunft. Seine Ellenbogen und sein Kopf bilden ein nach unten gerichtetes Dreieck, ein altes Symbol für Wasser.

Der Gehängte repräsentiert einen Menschen, der in vollständiger Beherrschung im Bewußtsein ruht. Er ist sich der einen, allgegenwärtigen Kraft bewußt und ruht doch ganz in sich. Er sieht die Probleme der Welt – Menschen unglücklich verheiratet, mit finanziellen Sorgen und verirrt, weil sie kein Ziel haben – und weiß, daß dies alles nur so ist, weil die Menschen alles verkehrt herum sehen. Dennoch sehen sie ihn an und denken, daß er der Verrückte ist. Die Philosophie des Gehängten unterscheidet ihn von der Masse und bringt ihm gleichzeitig innere Gelassenheit und vollkommene Zufriedenheit. Vielleicht sollte die Welt sich einmal seine Sicht der Dinge zu Herzen nehmen. Das Ideal besteht darin, durch die Verwandlung der tierischen Leidenschaften in menschliches Mitgefühl den Materialismus zu überwinden. Die zwölfte Stufe sieht einen umgekehrten Menschen, der an den Füßen aufgehängt ist. Das Gesetz der Umkehrung ist hier das Wesentliche, die Umkehr von einem egozentrischen Leben zum freizügigen Geben im Dienst am Nächsten.

Astrologische Entsprechung: Jupiter (und Neptun). Vulkan (2) und Mars (1) erzeugen gemeinsam den Jupiter (3)-Einfluß in dieser Zahl 12/3. Vulkan hatte in der Mythologie die Schmiede inne, in der die Ausdehnung (Jupiter) im Feuer (Mars) stattfindet.

Jupiter als Herrscher des Schützen und des Neunten Hauses, steht für die Erweiterung des Wissens durch höhere Bildung und tiefergehende Philosophie. In einer 12/3 liegt der Sinn dieser geistigen Erweiterung in der Aufklärung der abstrakten Geheimnisse des Lebens. Viele Menschen bleiben in einem dunklen Raum (Neptun), bekümmert durch die Unklarheiten, die sie im Leben sehen und erfahren. Die Verschleierung (Neptun) in ihrem Leben kann nur zerstört werden durch das Suchen des wahren

Wissens (Jupiter), das allein ihnen ermöglicht, die blinden Flekken (Neptun) in ihrem Denken auszulöschen, die Rätsel (Neptun) der Existenz zu lösen und ihre eigenen Wahrheiten (Jupiter) an die Öffentlichkeit (Jupiter) zu bringen.

13/4 *als persönliche Zahlenschwingung:* Die 13 wurde schon immer als die Zahl des Todes gefürchtet, und sie repräsentiert tatsächlich den Tod, jedoch nicht im gewöhnlichen Sinn. Der Tod ist lediglich eine Veränderung. Wenn wir in dieses Leben geboren werden, dann sterben wir auf einer anderen Ebene der Existenz. Wenn wir heiraten, sterben wir als Einzelwesen und werden als Paar wiedergeboren. Wenn ein werdender Künstler Anerkennung findet, stirbt er über Nacht als Unbekannter und wird als berühmter Mensch wiedergeboren. Ein solcher Wandel ist durchaus mit Geburt und Tod zu vergleichen. Die Bedeutung der 13 als Todeszahl ist entstanden, weil die meisten Menschen auf die niedrigere Seite dieser Schwingung reagierten – die Bindung an fleischliche Begierden und das Gefängnis der Materie. Der Tod erscheint dann als Zerstörung und Degeneration des Körpers. Wenige Menschen reagieren auf die höhere Seite der 13, die die vollkommene Erfüllung und Vollendung durch innere Erneuerung oder den Gebrauch der enormen Kräfte dieser Zahl beinhaltet, um etwas von bleibendem Wert in der Welt zu erreichen. Bei dieser Zahl gibt es keine Halbheiten. Sie enthält ein überaus großes Potential zur Vollkommenheit und ein gleichermaßen großes Potential zur vollständigen Zerstörung. Hier heißt es: »Alles oder Nichts«.

Dein Leben unter der 13 wird durch ständige Veränderungen geprägt sein. Sobald eine Situation erledigt und ruhig erscheint, werden neue Umstände eintreten, um die alten zu ersetzen. Ständige Erneuerung hält dich auf den Beinen und konfrontiert dich mit der vergänglichen Natur der irdischen Angelegenheiten. Diese Instabilität der materiellen Welt verstärkt deine Bindungen zur Welt des Unsichtbaren. Daher brauchst du ein sicheres Heim und gesicherte Beziehungen in jener Welt, denn du erkennst, daß die Verbindungen zur Transzendenz die eigentlich wahren und dauerhaften sind.

Du bist keine Führernatur im gewöhnlichen Sinn, sondern du bist für andere tätig. Du nimmst dich, ohne zu klagen, ihrer Probleme an und trägst ihre Last. Dein Idealismus kennt keine Grenzen, und du kannst eine Sache, auch wenn sie noch so verloren erscheint, durch deine tiefgehende Philosophie und dein Verständnis der wirklichen Werte im Leben in etwas Wertvolles verwandeln.

Deine unbegrenzten schöpferischen Kräfte entdecken selbst da noch fruchtbares Terrain, wo andere nur Wüste sehen. Du kannst ein vor dem Ruin stehendes Geschäft übernehmen und es durch kreative Ideen, organisiertes Talent und harte Arbeit in ein finanziell profitables Unternehmen verwandeln. Eine Beziehung, die zu zerbrechen scheint, kannst du retten und sie noch fester verbinden als sie vorher war. *Transformation* ist dein Schlüsselwort, sei es im Geschäftsleben, in Beziehungen oder in sozialen Angelegenheiten.

Deine übersinnlichen Fähigkeiten sind ausgeprägt, und du kannst Menschen und Situationen leicht durchschauen. Es ist nicht leicht, dich an der Nase herumzuführen, und deine Wahrnehmungs- und Analysefähigkeiten machen dich zu einem ernstzunehmenden Gegner.

Wenn du eine negative 13 bist, vergeudest du deine Kreativität, indem du vergänglichen Wünschen nachgehst. Hemmungslosigkeit im Trinken, Drogen, anstößige Verhältnisse und destruktive Handlungen können dein Leben und das deiner Mitmenschen zu einem totalen Desaster machen. Deine aufbrausende Natur und deine überstürzten Handlungen verletzen andere und reißen vieles, was du aufzubauen versuchst, wieder ein. Stagnation und Unbeweglichkeit stellen sich ein und machen dich zu einem Revolutionär. Aber die Veränderungen, die du herbeiführst, sind zerstörerisch, anstatt zu erneuern. Du befindest dich im spirituellen Tiefschlaf.

Mehr als alle anderen hast du die Fähigkeit, friedliche Veränderungen herbeizuführen, die den Lebensstandard der Welt verbessern können. Du kannst Dinge, die die meisten Menschen wegwerfen würden, übernehmen, sie überarbeiten und ein nützliches und notwendiges Produkt erzeugen. Das ist ein greifbarer

Beweis für die Existenz der Seele, deren Gegenwart du niemals angezweifelt hast, und für ihre Unsterblichkeit.

13/4 als temporäre Schwingung: Wandel, Befreiung, Transformation. Die Zahl 13 ist schon immer mißtrauisch betrachtet und oft mißverstanden worden. Um das zu verstehen, lies den ersten Abschnitt von »13/4 als Persönlichkeitszahl«. Dann lies an dieser Stelle weiter, um zu sehen, wie die 13/4 sich auf dich als temporäre Schwingung bezieht.

Unter einer 13 kannst du dich auf Veränderungen gefaßt machen, die alle Bedingungen beenden, die nicht mehr länger für den Ablauf deiner persönlichen Evolution nützlich sind. Festgefahrene Denkstrukturen müssen verändert und fixe Ideen zerstreut werden. Nur durch den Tod der gegenwärtigen Umstände kannst du befreit werden, und das Tor zum Fortschritt kann sich öffnen. Alte Vorstellungen müssen beiseite gefegt werden, um Platz für neue und bessere zu machen.

Sei darauf vorbereitet, neuen Ideen, neuen Menschen und anregenden Lebensumständen zu begegnen. Eine Veränderung der Pläne, eine neue Umgebung und andere Menschen öffnen den Geburtskanal für neue Möglichkeiten. Dies ist eine Periode der Wiederherstellungen, die dir großes Glück bereiten kann, wenn du die richtigen Entscheidungen triffst. Die eintretenden Ereignisse machen vielleicht gar keine körperliche Aktivität von deiner Seite notwendig, sondern erfordern lediglich, daß du die Dinge richtig einordnest.

Wandel ist die Grundlage der Schöpfung auf Erden. Auf einer Woge des Wandels kannst du zu neuen, fruchtbaren Ländern segeln, in denen ein erneuertes Leben möglich wird. Auf das Loslassen der Vergangenheit folgt eine Erneuerung in Form von Veränderungen, die Wachstum fördern. Dies ist eine Zeit des Abschieds, der Reisen und des Wachstums. Hier herrschen die zyklischen Kräfte der Natur, und das Alte wird durch das Neue ersetzt. »Der König ist tot. Lang lebe der König!«

Symbol im Tarot: Schlüssel 13, Der Tod. Die Schlüsselwörter, die zu dieser Karte gehören, sind *Fisch,* der *Mund des Fisches,*

Muttermund. Dieses Symbol weist auf Reproduktion und Geburt hin, nicht unbedingt Geburt in diese Welt, sondern eher Geburt des Bewußtseins in höhere Ebenen. Zur Zeit Christi stand das Symbol des Fisches für alle, die auf eine christliche Weise lebten.

Die Zahl 13 und alle Vielfachen der 13 sind heilige Zahlen. Sie weisen auf einen Initiierten oder jemanden, der durch die geistigen Kräfte der Transformation wiedergeboren ist. Es gibt zwölf Apostel, Jesus war der dreizehnte. Es gibt zwölf Sternzeichen, mit der Sonne in der Mitte. Die Zahl 13 ist ebenfalls in den Maßen der großen Pyramide enthalten.

In der Astrologie wird diese Karte vom Skorpion regiert, der über den reproduktiven Organen steht, sowie über Geburt, Tod und Umwandlung.

Das Skelett ist die Gestalt des Todes, der zu allen kommt: zu Königen, Männern, Frauen und Kindern, ohne Ansehen der

Person. Er reitet auf einem manierlichen weißen Pferd, dem Symbol der geläuterten Wünsche und der Sinne, die sich dem Rhythmus des ewigen Kreislaufes unterstellt haben.

Die hell leuchtende Sonne zwischen den beiden Türmen in der Ferne verspricht das ewige Leben. Die Lebenskraft stirbt nie, sondern wandelt lediglich ihre Form.

Astrologische Entsprechung: Erde (und Skorpion). Die Erweiterung (3) der ursprünglichen Lebenskraft (1) bringt letztendlich die Form (4, Erde) hervor. Und hier, in der Zahl 13, die rechtmäßig von Skorpion beherrscht wird, finden wir, daß der Tod verstanden werden muß, nicht gefürchtet. Von allen Zeichen des Tierkreises besitzt der Skorpion als einziger die Kraft, das Irdische zu transformieren und neues Leben hervorzubringen. Die Weigerung anderer Menschen wird zur Nahrung für den Skorpion.

Ein weiterer wichtiger Punkt, den wir an dieser Stelle besonders hervorheben wollen, ist, daß der Tod nur zur Erde gehört. Die 13 wurde von Uneingeweihten schon immer als die Zahl des Todes gefürchtet, aber die 13 reduziert sich auf eine 4, die Zahl der Erde. Die Bibel sagt uns, daß wir das Salz der Erde sind. Salz kristallisiert sich in Würfeln, und das Wort »Würfel« schwingt mit einer 13/4. Unsere Körper sind Würfel, die den unsterblichen Geist beherbergen, die immerwährende Lebensenergie. Der Körper stirbt, die Essenz lebt weiter.

Skorpion transformiert die Substanz und verleiht ihr eine neue Form und neues Leben.

14/5 *als persönliche Zahlenschwingung:* Das alte Symbol für den Buchstaben, der der Zahl 14 zugeordnet wird, ist der Schreiber, eine Person, die handschriftlich Manuskripte kopiert. Bücher waren selten und kostbar, daher befand sich der Schreiber in einer einzigartigen Position, in der er Wissen anhäufte, das ansonsten allen verweigert wurde, außer wenigen Reichen und Privilegierten. Folglich waren dem Schreiber Philosophie, Religion, Wissenschaft und Künste zugänglich, sowie alle möglichen Ideen, die einen gebildeten Geist ausmachen.

Die Zahl 14 hat dir eine lebhafte Phantasie mitgegeben, die vor neuen Ideen, Energie und Vitalität nur so sprüht. Enges und strenges Denken verwirrt dich, denn deine großzügige Sicht auf unsere Existenz erlaubt es nicht, daß dein Geist eingesperrt wird. Du willst gern alle Möglichkeiten in Betracht ziehen, aber akzeptierst keine Theorie, ganz gleich wie plausibel sie auch erscheinen mag, bevor du sie nicht in der Praxis erprobt hast. Du mußt praktische Anwendungen sehen, um die Theorie zu verifizieren. Verständnis und Wahrheit erwirbst du durch Versuch und Irrtum. Du lernst aus Erfahrungen und bist jederzeit bereit zuzuhören.

Unter einer 14 ist das geschlechtliche Prinzip aktiv. Du genießt die sinnlichen Freuden des Lebens und kannst dich in ihre Erfüllung voll hineingeben. Mäßige die körperlichen Leidenschaften, sonst könntest du deiner Gesundheit schaden. Überarbeitung kann physische Gebrechen verursachen und zwischen deinem Berufs- und Privatleben eine Konkurrenz erzeugen. Wenn du Vorsicht walten läßt, kannst du mit Spekulation und in Geldangelegenheiten erfolgreich sein. Geschäfte können extrem einträglich sein, wenn du die richtigen Kombinationen wählst. Erwäge alle Eventualitäten und gehe vorsichtig voran.

An dieser Zahl wird deine Kraft gemessen. Wenn du dich selbst besiegst, dann gibt es keine Begrenzung für deine Fähigkeiten, und du kannst in deinem Leben Großes erreichen. Du mußt zwischen den verschiedenen Aspekten deines Lebens die Balance halten.

Du magst ununterbrochene Erregung und Bewegung, aber das Übertreiben eines bestimmten Teilaspektes deiner Erfahrungswelt auf Kosten anderer wird dir mehr Probleme machen als alles andere. Du mußt ein positiver Denker bleiben, sonst wirst du von Grund auf instabil.

Die Zahl 14 kann eine schwierige Schwingung sein, die dazu führt, daß du so stark für deine sinnlichen Empfindungen lebst, daß dein physischer Appetit dir zum Schaden gereicht. Neid, Eifersucht und Scheidung sind nichts Ungewöhnliches. Eine negative 14 hat eine impulsive Natur, die dich in problematische Situationen bringt.

Eine positive 14 muß lernen, vorsichtiger zu sein, immer auf der Suche nach der richtigen Mischung oder den perfekten Lebensumständen, die in einem ausgewogenen Zusammenspiel von Intellekt und Gefühl Gestalt annehmen. Wenn du einmal diese Kombination von Energie, Vitalität und Kreativität und das vorzügliche Verständnis erreicht hast, das auf Erfahrungen beruht, dann werden dir die notwendigen Werkzeuge gegeben, um der Welt inspirierte Botschaften zu bringen.

14/5 als temporäre Schwingung: Aktives sexuelles Prinzip, Schwangerschaft, Verpflichtungen in Familie und Gesellschaft, Wettbewerb, die Notwendigkeit zur Überprüfung. Eine Vielzahl von Erfahrungen wird eintreten, die dich zwingen, dein Tempo zu vermindern und über dein Verhalten in der Vergangenheit nachzudenken. Es ist möglich, daß du deinen Lebensstil verändern und deine Gelüste und sexuellen Vorlieben zügeln mußt. Das sexuelle Prinzip ist jetzt aktiv und kann in einer Schwangerschaft münden. Oder der schöpferische Akt wird in eine andere Richtung gelenkt, um ein geistiges Produkt hervorzubringen, eine Erfindung, ein Gemälde, eine Skulptur, ein Buch oder eine musikalische Komposition. Widersprüchliche Situationen können auftreten. In kommerziellen oder politischen Vorhaben können Geldgeschäfte und andere Transaktionen erfolgreich sein, wenn du dir aller Alternativen bewußt bist. Beachte dabei, daß mit der 14 Risiken verbunden sind, was den Verlust von Besitz oder scheiternde Geschäfte anbetrifft. Familiäre und gesellschaftliche Verpflichtungen können die Wurzel von besonderen Umständen sein, die sorgfältiger Überlegung bedürfen.

Durch Konzentration und mentale Übertragung deiner Gedanken kannst du jetzt leicht andere beeinflussen. Deine mündlichen Ratschläge können die Entscheidungen deiner Mitmenschen ins Wanken bringen, was sich zu deinem Vorteil auswirken kann. Du wirst durch Taktgefühl, Diplomatie und Überzeugungskraft gewinnen. Hör auf deine Träume und inneren Stimmen. Außersinnliche Wahrnehmungen können dir helfen, die Situation genau zu analysieren und Mittel zu finden, untragbare Umstände zu verändern.

Symbol im Tarot: Schlüssel 14, Mäßigkeit. Die Schlüsselwörter, die dieser Karte entsprechen, sind *Erhaltung* oder *Aufbau*. Du solltest die Grundlagen deines Glaubenssystems durch Beweise und Nachprüfung festigen. Die Schlüsselworte *Nachprüfung* und *Zorn* zeigen, daß der Drang, die Wahrheit zu finden, sich aus dem Inneren meldet, einer Art Wut gleich, keinem Wutausbruch, sondern starkem und ernstem Zorn. Dieser Prozeß härtet die Seele, ebenso wie Stahl gehärtet wird. Wir finden die Balance dadurch, daß wir zwischen extremen Handlungsmöglichkeiten den mittleren Pfad wählen.

Das Sternbild Schütze beherrscht den Schlüssel 14. Die pfeilschnelle Konzentration der feurigen Lebensenergie führt zur Verwirklichung der höheren Ideale, was wiederum zu erhöhten Bewußtseinszuständen führt.

Der androgyne Engel ist eine perfekte Mischung der extremen Gegensätze männlich und weiblich. Es ist der Engel der Sonne, die personifizierte Lebenskraft, wie man an der Sonnenscheibe auf seiner Stirn sehen kann. Die roten Flügel stellen das feurige Wesen dar, das ein höheres Bewußtsein anstrebt.

Wasser und Erde repräsentieren das Unterbewußtsein und das Bewußtsein; auf beiden hält der Engel vollkommenes Gleichgewicht. Die Berggipfel symbolisieren die Erlangung von Weisheit und Verständnis. Die strahlende Krone über ihnen steht für den Höhepunkt des Großen Werkes.

Dieser Schlüssel lehrt dich herauszufinden, daß dein Schicksal die große Lebenskraft, die Kundalini, in die Realität umsetzt. Du solltest dies in der Praxis im Experiment nachvollziehen, bis du ihre innere Präsenz wirklich spüren kannst.

Astrologische Entsprechung: Merkur (und Schütze). Die irdischen Dinge (4) müssen als Manifestationen reiner Energie (1) verstanden werden. Nur wenn wir bewußt unsere geistigen Energien (Merkur) auf ein tieferes Verständnis dieses Konzeptes (Schütze) richten, können wir hoffen, uns auf ein spirituelles Bewußtsein hin zu entwickeln.

Wir brauchen gesammelte Erfahrungen, um uns zu transformieren, um zu etwas zu werden, das weniger Widerstand aufweist. Die 14/5-Schwingung liefert dazu die nötigen Prüfungssituationen. Jeder, der auf diese Zahl reagiert, wird mit Sicherheit geprüft und sollte, wenn er eine solche Erfahrung macht, lernen zu fragen: »Wie kann ich das nutzen?« und »Was kann ich aus dieser Erfahrung in bezug auf die Transformation meiner Emotionen lernen?« Starker Ärger wird gedämpft, »transformiert«, indem eine andere Qualität, wie zum Beispiel Vergebung, hinzukommt. Die tiefgreifende Veränderung, die aus der richtigen Behandlung dieser Schwingung resultieren kann, bringt große Weisheit und tiefgehendes Verständnis mit sich.

15/6 *als persönliche Zahlenschwingung:* Du besitzt einen ausgeprägten Magnetismus, außerdem die Gabe, Geld, Geschenke und Gefälligkeiten von deinen Mitmenschen entgegenzunehmen. Das heißt jedoch nicht, daß du für deinen Besitz und dein Glück nicht arbeitest. Du besitzt Ausdauer, einen starken

Willen und bekommst immer, was du willst. Du siehst die Schwächen anderer Menschen und hast möglicherweise die Neigung, sie auszunutzen. Bei der geschickten Verfolgung deiner Ziele kannst du leicht anderen auf die Zehen treten. Deine Vorliebe für weltlichen Status und Besitz ist die Triebkraft für deinen Ehrgeiz.

Du bist ein guter Schüler, denn du nimmst leicht Wissen auf und behältst es auch. Das Wissen, das du auf diese Weise erworben hast, erlaubt es dir, auf der Erfolgsleiter aufzusteigen, ohne allzu oft abzurutschen, denn du lernst aus den Fehlern anderer. Jeder deiner Schritte ist genau überlegt.

Wenn du schlau bist, wirst du gegenüber der materiellen Welt eine philosophische Einstellung entwickeln. Obwohl du materielle Güter anstrebst, erkennst du, daß die Verhaftung am Weltlichen und damit zusammenhängende Sorgen im Grunde etwas Lächerliches sind und dich in ein Gefängnis der Beschränktheit, Kleinkariertheit und des Leidens sperren können. Du siehst Menschen, deren falsche Einschätzung ihrer eigenen Möglichkeiten sie in dauerhafte Fesseln gelegt hat. Du hast Mitleid mit denjenigen, die eine bequeme Lüge einer unbequemen Wahrheit vorziehen und lieber glauben, daß diese Welt alles ist, was es gibt, und daß der einzelne nichts weiter tun kann, als sich in sein Schicksal zu fügen. Du siehst, daß diese Menschen unter dem negativen Einfluß der 15 stehen und daß ihr hartnäckiges Festhalten am Materialismus ihnen nichts weiter einbringt als ein schweres Herz und emotionale Störungen, die ihr Zuhause und ihre Ehe zerstören können. Sie müssen lernen, ihre Gefühle zu kontrollieren. Gewalt und Revolution, Terrorismus und Anarchie entstehen als Ergebnis ihrer negativen Begriffe von dem, was sie für das Leben halten. 15 ist Tugend oder Laster, es gibt keinen Mittelweg. Du kannst versuchen, dein Wissen und deine finanziellen Fähigkeiten zu negativen Zwecken einzusetzen, oder du kannst dich dafür entscheiden, die Paradoxie des Materialismus zu sehen, bei dem mit dem Tod alles zu Ende ist. Beim Tod wird das Trugbild der äußeren Erscheinung gelöscht, der schachernde Geizhals wird zum armen Schlucker.

Lachen kann psychischen und körperlichen Druck auflösen, die Last des Lebens erleichtern und den Geist erheben. Du solltest trotz aller Schwierigkeiten die Kunst des Lachens nicht verlernen. Reflektiere über die Weisheit, die in der Hymne des Sonnengottes Ra zum Ausdruck kommt: »Deine Priester gehen zur Morgenröte hinaus, sie waschen ihre Herzen mit Gelächter.«

15/6 als temporäre Schwingung: Unentschlossenheit, Fesseln, Freiheit, Gelächter, Unterscheidung. Die materielle Seite des Lebens wird jetzt betont. Es ist zur Zeit möglich, daß du Zuwendungen in Form von Geld und Gefälligkeiten von deinen Mitmenschen erhältst. Eine radikale Veränderung deines Lebensstils, die dich aus deinen gegenwärtigen Beschränkungen löst und dir freiere Ausdrucksmöglichkeiten beschert, kann dir jetzt die Gelegenheit geben, dich weiterzuentwickeln.

Ansichten, an denen du lange festgehalten hast, können sich jetzt verändern, neue Ansichten können dich innerlich beruhigen und alte Ängste beseitigen. Unter einer 15 ist es unerläßlich, sich zu entscheiden, welche Erfahrungen dich in dieser Phase befreien und welche dich beschränken.

Paß gut auf, daß du bei dem Versuch, deine persönlichen Bedürfnisse zu befriedigen, keinen Raubbau an deiner Gesundheit treibst. Kette dich nicht an Dinge oder Menschen, die dich unterjochen wollen. Du solltest vorsichtig sein und zu dieser Zeit keine Verträge oder Abmachungen unterschreiben.

Laß nicht zu, daß das äußerliche Erscheinungsbild dich zu stark beeinflußt, deine Partnerschaft stört oder die Wirksamkeit deiner Handlungen schmälert. *Unterscheidungsvermögen* ist hier das Schlüsselwort.

Lerne, über deine eigenen Schwächen und über die deiner Mitmenschen zu lachen. Indem du die Ernsthaftigkeit deiner Probleme etwas auflockerst, die Schwachheiten anderer tolerierst und über den Tellerrand der jeweiligen Umstände hinaussiehst, kannst du friedfertige und zufriedenstellende Lösungen finden. Lachen reinigt die Seele und kann zu physischer Heilung durch spirituelles Verständnis führen.

Symbol im Tarot: Schlüssel 15, Der Teufel. Schlüssel 15 zeigt, was passiert, wenn wir unsere Urteilskraft nicht einsetzen. Der Teufel ist ein Mißverstehen von Gott, ein Gott, auf den Kopf gestellt oder ins Gegenteil verkehrt. Er steht für das Trugbild, das entsteht, wenn man sein Urteil auf die äußerliche Erscheinung stützt und nicht auf die innere Realität. Er repräsentiert ebenfalls religiösen Dogmatismus, der für einen aufgeklärten Menschen etwas Lächerliches ist. Das Schlüsselwort ist daher hier *Heiterkeit*. Wir sollten lernen, angesichts von Schwierigkeiten zu lachen, denn Lachen oder Lächerlichmachen ist manchmal die beste Verteidigung gegen das Böse.

Steinbock, der von Saturn beherrscht wird, überschattet diesen Schlüssel. Das Saturn-Zentrum an der Basis der Wirbelsäule ist der Ort, an dem die Kundalini-Kraft zusammengerollt liegt, und es ist das Lebenswerk des Steinbocks, die Kundalini zu erwecken, und es dann andere zu lehren.

Der schwarze Hintergrund auf dieser Karte weist auf Ignoranz hin, auf den Mangel an Licht. Das umgekehrte Pentagramm auf der Stirn des Teufels ist das Symbol der schwarzen Magie, der verkehrten Welt. Seine Fackel brennt völlig vergebens und spendet kein Licht. Die Menschen, die nur locker an den halben Würfel gekettet sind, könnten sich ganz leicht befreien, indem sie sich weigern, an Dunkelheit und unvollkommenes Wissen – oder die halbe Wahrheit, wie sie von dem halben Würfel angedeutet wird, gebunden zu sein.

Dieser Schlüssel bedeutet, daß wir Inkarnationen Gottes sind, aber allzu oft diese Rolle in umgekehrter Haltung spielen, als nicht entwickelte Menschen, die an das äußere Erscheinungsbild gefesselt sind.

Astrologische Entsprechung: Venus (und Steinbock). In 15/6 finden wir Merkur (5), der durch Mars (1) arbeitet, um die Grundschwingung der Venus (6) zu erzeugen.

Das Venus-Bewußtsein der Gegensätze findet in Schlüssel 15 fruchtbaren Boden, weil hier ein falsches Bild der Wahrheit gezeichnet wird. Wenn du beide Seiten der Situation untersuchen und über äußerliche Erscheinungen hinwegsehen kannst, entkommst du den Fesseln der Verbundenheit mit den rein physischen Aspekten des Lebens.

Im Steinbock gewinnt der Blick der Unterscheidungs- und Urteilsfähigkeit eine nie dagewesene Schärfe, im vollen Tageslicht, am Höhepunkt des natürlichen Horoskopes. Die natürliche Vorliebe des Steinbocks für Prestige in der materiellen Welt wird erfüllt durch die hervorgehobene Position, die damit verbunden ist, Lehrer und Vorbild für andere zu sein.

16/7 *als persönliche Zahlenschwingung:* Du bist ein Mensch mit großer Anziehungskraft. Deine kraftvolle Persönlichkeit zieht andere wie ein Magnet an. Dein Talent, zu schreiben und zu sprechen, hilft dir dabei, deine Ideen auf kluge Weise auszudrücken. Du bist ein scharfsinniger Intellektueller, der in der Lage ist, die Umstände leicht und genau einzuschätzen. Dies kann zu einer Neigung zu Spekulationen führen, wobei letztlich doch alles anders kommt, als man gedacht hat. Blindes Vertrauen kann zu materiellen Verlusten führen.

Du kannst Gerichtsverhandlungen, Niederlagen und den Verlust materieller Sicherheit erleben. Plötzliche materielle und physische Umstürze sind die sichtbare Wirkung deiner emotionalen Unzufriedenheit. Du solltest dein Leben und deine Einstellungen einmal unter die Lupe nehmen. Ist deine Persönlichkeit durch Emotionen bestimmt? Hattest du Enttäuschungen in der Liebe wegen vergeblicher Zuneigungen und unmöglicher Affären? Haben deine Ausschweifungen, deine egoistische und unsensible Art diese emotionalen Zusammenbrüche herbeigeführt? Wenn du auch nur eine dieser Fragen mit ja beantwortest, dann hast du der materiellen Welt gestattet, dich zu beherrschen. Finanzielle, berufliche und persönliche Verluste bestimmen dein Leben. Du erlebst eine telepathische Überwältigung deines Unterbewußtseins. Deine Sehnsucht nach Freiheit und deine Ungeduld allen Einschränkungen gegenüber haben diese vielen Schwierigkeiten herbeigeführt. Dein Unterbewußtsein drängt dich jetzt angesichts dieser Katastrophen danach, dein inneres spirituelles Wesen, dein wahres Ich, zu erwecken. Hier, unter diesem extremen Druck, kann ein plötzlicher Lichtstrahl aus blauem Himmel, ein erleuchtender Blitz der Erkenntnis, dir den Weg zu Befreiung und Lösung weisen.

Wenn die 16 deine Seelenzahl ist, dann mußt du jetzt vielleicht für eine ausschweifende Vergangenheit sühnen, in der deine Ideale über Bord gegangen sind. Jetzt erst mußt du Wahrheit und Gewissenhaftigkeit lernen. Wenn du lernst, die Abhängigkeit von der materiellen Welt zu überwinden, dann wirst du für die Wahrheit erwachen, die tief in deiner Seele verborgen liegt. Dies ist die glanzvolle Seite der 16/7.

Durch Schweigen und Meditation wirst du alle Hindernisse überwinden. Du hast an diesem Punkt der Evolution die Neigung zu einem Mystiker. Hier wird die 16 zur 7, und sämtliche materiellen Verluste sind bedeutungslos, denn du bist eins geworden mit der allumfassenden Einheit.

16/7 als temporäre Schwingung: Liebe, Affären, Gesundheit, Unfälle, Erweckungen. Die unvorhergesehenen und plötzlichen Ereignisse dieser Periode sind dazu da, die gegenwärtigen Bedingungen umzustürzen, besonders im materiellen Sinn. Fehlerhafte Vorstellungen und Gewohnheiten müssen geändert werden. Für einige Menschen muß dies auf gewaltsame Weise geschehen.

Es kann Verluste und Rückschläge in geschäftlichen und finanziellen Angelegenheiten geben. Dies ist nicht die Zeit für spekulative Risiken. Vielleicht verlierst du eine erwünschte Position oder durchlebst einen kleinen Skandal in deiner gegenwärtigen Stellung. Selbstsüchtige Ambitionen fallen unter die 16, und Folge davon kann ein Bankrott sein. In Extremfällen kann sogar das Gefängnis am Ende stehen.

Täuschungen und Schwierigkeiten in Herzensangelegenheiten sind durchaus möglich. Die Liebe, die du gibst, kann an die falsche Adresse geraten, und Enttäuschungen können die Folge sein. Trennungen von nahestehenden Partnern und Ärger in Beziehungen haben ihre Ursache in deinem Stolz und deinen Gefühlen. Das Ergebnis ist persönliche Isolation.

Überarbeite dich jetzt nicht! Wenn du jetzt zuviel Energie aufwendest, wirst du mit deiner Gesundheit bezahlen. Die Energie, die während dieses Zyklus herrscht, ist intensiv, du solltest daher keine Risiken eingehen. Hüte dich vor Unfällen und Konflikten mit anderen. Die Zahl 16 ist nicht so schlimm, wie es auf den ersten Blick erscheint. Du kannst den zusätzlichen Energieschub in dieser Periode nutzen, um weise für die Zukunft zu planen. Du bist mit deiner Intuition in Berührung. Wenn du auf den großzügigen Rat deiner inneren Stimme hörst, kannst du die Pläne formulieren, die im nächsten Zyklus zum Tragen kommen sollen. Erleuchtende Einsichten können die substanzlose Natur deiner selbstsüchtigen, materialistischen Einstellung zutage bringen und deine schöpferischen Talente inspirieren, für ein zukünftiges Ziel zu arbeiten, das dir unweigerlich viel Glück bringen wird. Plötzlich können sich glänzende Aussichten eröffnen. Die Macht des Verlierens ist groß unter einer 16, aber ebenso groß ist das Potential für finanziellen Gewinn, Ruhm und Wohlstand. Alle materiellen Güter stehen dir zur Verfügung, solange du von Besitztum nicht besessen bist.

Symbol im Tarot: Schlüssel 16, Der Turm. Mars regiert diese Karte, in der das Schlüsselwort das *Erwachen* ist. Dies kommt in Form einer hellen blitzartigen Erkenntnis, ein Blitz aus heiterem Himmel, der das Bewußtsein der wahren Natur des Selbst bringt.

Was im Geist des Ignoranten Furcht auslöst, befreit den Erleuchteten, ebenso wie Elektrizität von Primitiven gefürchtet, aber von Wissenden konstruktiv genutzt wird. Ein Blitz ist ein anderes Symbol für die elektrische Schlangenkraft oder Kundalini, die Kraft des Mars im Körper.

Der Turm, der auch der »vom Blitz getroffene Turm« genannt wird, ist das Haus Gottes oder der menschliche Körper. Man bezog sich auf ihn auch als auf den Turm von Babel. (»Babbeln« heißt mundartlich Verwirrung stiften oder unverständlich reden.) Der Blitz trifft die Krone oder den Kopf, d.h. den Ort des Verstehens, und wirft den Mann und die Frau aus dem Turm hinaus. Diese Analogie deutet auf falsche Ideen hin, die aus den zwei Teilen des Geistes, dem Bewußten und dem Unbewußten, durch den Blitz des wahren Verständnisses hinausgeworfen werden.

Die zweiundzwanzig Yods oder Flammen stehen für die zweiundzwanzig Buchstaben des Alphabets. Diese Flammenzungen beziehen sich auch auf Schlüssel 9, in dem das einzelne Yod der Eremit ist, der für die Reaktion auf die ursprünglichsten Willensäußerungen steht. Wenn wir auf den ursprünglichen Willen reagieren, erhalten wir einen Blitz der Erleuchtung, der eine Botschaft trägt, die uns an unsere wahre Quelle erinnert.

Astrologische Entsprechung: Mond (und Mars). Grundbedürfnisse (1, Mars) müssen verfeinert werden (6, Venus), bevor sie sich im Unterbewußtsein (7, Mond) verwirklichen können. Wenn dann das Unterbewußtsein einmal die Anregung erhalten hat, wird sie zur Realität in der Welt der Gedanken. Es ist dann lediglich eine Frage der Zeit, bis die Anregung sich in der materiellen Welt verwirklicht.

Mars ist die treibende Kraft in jedem Mechanismus, einschließlich des menschlichen Körpers. Er regiert ebenfalls den Kopf, und zwar durch Aries, den Widder. Nachdem die Kraft der Kundalini oder des Mars im Körper die Wirbelsäule hinaufgetrieben wurde, muß dort, im Kopf, die endgültige Erleuchtung stattfinden.

17/8 *als persönliche Zahlenschwingung:* Du bist der Forscher, der Wissenschaftler, der geborene Detektiv, der die unsichtbaren Mysterien des Lebens untersucht. Du sehnst dich nach der Wahrheit und suchst des Rätsels Lösung. Du besitzt Intuition und hast eine Neigung zum Okkulten. Du vertiefst dich in die geheimen Tiefen des inneren Bewußtseins auf der Suche nach dem verborgenen Wissen. Diese Beziehung zu den geheimen Kräften des Lebens versieht dich mit einer stillen Stärke und einem Hauch des Geheimnisvollen. Andere sehen in dir einen stillen und klugen Menschen.

Du bist ein Intellektueller, der sich im Frühstadium seiner geistigen Entfaltung befindet. Deine Intelligenz und Introvertiertheit machen es nötig, daß du dich zeitweise in die Einsamkeit zurückziehst, um zu meditieren. Die Saat keimt im Dunklen, bevor die Pflanze sich im Tageslicht ausbreiten kann. Deine Ideen brauchen eine Zeit, zu keimen und sich zu entfalten. Nach gründlicher Befragung, Erforschung, Meditation und praktischen Experimenten beginnen deine Ideen, Form anzunehmen.

Du bist einsichtig und besitzt einen vorzüglichen Verstand. Du bist sehr vorsichtig bei Dingen, die tiefe Konzentration und ausdauernde geistige Anstrengung erfordern. Du verhältst dich in der materiellen Welt klug und erfreust dich der greifbaren Resultate deiner geistigen Konzepte und Anstrengungen. Du hast Hoffnung und Vertrauen in die Zukunft und zeigst angesichts von Schwierigkeiten Mut. Du bist entschlossen, alle Hindernisse zu überwinden.

Mitgefühl für andere und ein Bedürfnis nach Frieden und Liebe unter allen Menschen ist ein Produkt deines tiefen Verständnisses für die Essenz des Lebens, das weltliche Überlegungen weit übersteigt. Deine vergeistigte Liebe durchpulst dich mit guter Gesundheit.

Wenn du eine negative 17/8 bist, dann bist du starrköpfig. Zweifel erzeugen Hoffnungslosigkeit und Pessimismus, so daß du in der Welt keine Zukunft und kein Licht mehr siehst.

Du besitzt eine Fähigkeit zur Geschäfts- und Menschenführung, die zu einer ausgezeichneten beruflichen Laufbahn führen kann. Forscher, Entdecker, Forschungsreisende, Direktoren und Piloten stehen unter dieser Zahl. Vielleicht reist du oft zu Wasser oder in der Luft. Wegen deiner außerordentlichen Fähigkeiten erwirbst du möglicherweise Ruhm und machst dir einen Namen, der noch lebendig sein wird, wenn du längst gestorben bist.

17/8 als temporäre Schwingung: Glück, Belohnungen, Reisen, Meditation, Unterstützung. Dies ist eine glückbringende Schwingung, denn dir wird vielerlei Unterstützung zuteil. Geld, Geschenke, Fortschritte und Beförderungen sind möglich, und geschäftliche sowie öffentliche Angelegenheiten erweisen sich als einträglich. Intellektuelle Leistungen werden belohnt. Du könntest für hervorragende Führungsqualitäten Anerkennung erhalten. Du bist der Stern unter der 17.

Wenn Reisen ins Bild paßt, kann eine See- oder Flugreise auf deinem Plan stehen. Gesundheitliche Probleme werden sich bessern, und du wirst dich einer guten Gesundheit erfreuen. Das Gesetz von Ursache und Wirkung, das hier am Werk ist, wird dazu führen, daß deine positive Einstellung und deine lebendigen Hoffnungen belohnt werden.

Die Hilfe, die du jetzt empfängst, birgt ein Versprechen für bessere Zeiten. Hoffnung kommt von innen. Weil du positive Erwartungen hast, werden positive Dinge geschehen. Du bist entschlossen, alle Hindernisse zu überwinden, und es gelingt dir auch. Größere geistige Vitalität und ein offener Kanal zum Unterbewußtsein helfen dir, alle Probleme zu lösen. Deine intuitiven und schöpferischen Talente sind ausgesprochen gut, und du solltest deine Zeit mit Meditieren verbringen, wo Ideen, die lange brachgelegen haben, nun anfangen können, sich zum Licht des Verstehens zu entwickeln. Geheimnisse werden dir enthüllt.

Du mußt jetzt deinen Mitmenschen gegenüber sehr ehrlich sein. Du besitzt zur Zeit eine große Überzeugungskraft, und deine Worte haben großes Gewicht.

Laß nicht zu, daß sich Zweifel einschleichen, die Perioden von Depression und Pessimismus mit sich bringen. Bleibe nicht an der Oberfläche der sinnlichen Reize und suche nach der tieferliegenden Person, dem wahren »Ich bin« in deinem Inneren.

Symbol im Tarot: Schlüssel 17, Der Stern. Der *Anker*, das Schlüsselwort für den Stern, steht für das »An-Land-Ziehen« von Ideen aus dem kollektiven Unbewußten. Der Haken bezieht sich auf den Gegenstand, der zur Erforschung oder Meditation ausgesucht wird. Offenbarung kommt aus Meditation. Du mußt das Bewußtsein zur Ruhe bringen, aber eine Verbindung zu dem Gegenstand halten, den du zur Meditation gewählt hast.

Wassermann regiert diesen Schlüssel, der das Zeitalter der Offenbarung bringt. Der Sternenschlüssel erklärt die fünfte oder himmlische Essenz, die über den vier Elementen, Feuer, Wasser, Luft und Erde, steht und sie transzendiert. Der große Stern hat acht Punkte, die für Rotation stehen. Die sieben kleineren Sterne beziehen sich auf die körperlichen Zentren, die in Wirklichkeit ebenfalls rotierende Bewegungen und Schwingungen sind. Der Ibis ist ein fischefangender Vogel, der Suche und Erprobung symbolisiert.

Die Frau repräsentiert das Unbewußte, das zeigt, daß alle Geheimnisse offenstehen, wenn man auf die richtige Weise nach ihnen fischt. Ihr linkes Bein, das ihr Gewicht trägt, bildet einen rechten Winkel oder ein Quadrat, das auf die Zahl 4 hinweist, auf Ordnung und Vernunft. Ihr rechter Fuß zeigt dadurch, daß er auf dem Wasser ruht, an, daß sie vom Geist getragen ist.

Sie gießt Wasser – ihre geistigen Kräfte – über Land und See aus und deutet damit das Ausgießen von Wissen über die gesamte Menschheit an. Das Wasser auf dem Land teilt sich in fünf Ströme, die die fünf Sinne repräsentieren.

Stell dir selbst eine Frage und sieh der Antwort mit ruhiger Erwartung entgegen. Dies ist die richtige Einstellung zur Meditation und die richtige Methode, um Erleuchtung zu erlangen.

Astrologische Entsprechung: Saturn (und Wassermann). In der 17 ist die 7 der Empfänglichkeit (Mond) und die 1 der Konzentration (Mars). Zusammen bilden sie die 8, die Saturn-Entsprechung und das Symbol der Kundalini-Kraft, die sich aus dem Saturn-Zentrum an der Basis der Wirbelsäule erhebt. Dies sind die Attribute, die in der Meditation für das Unterbewußtsein notwendig sind.

Der Wassermann-Einfluß bringt die Offenbarung, die die 17/8 repräsentiert, sowie das universale Bewußtsein, die beiden höchsten Ziele der Meditation.

18/9 *als persönliche Zahlenschwingung:* Du bist eine extrem aktive Person mit einer ungewöhnlich lebhaften Phantasie. Intensive Emotionen und Gefühle steigen aus deinem Unterbewußtsein auf und dringen in dein Bewußtsein ein. Du kannst wahrscheinlich deine Träume in allen Details wiedergeben. Träume sind die Funktion des Unterbewußtseins. Durch sie stehst du in Verbindung mit der erleuchtenden inneren Führung deines Wesens. Du bist empfänglich und intuitiv für Eindrücke und Vorahnungen über Menschen und Situationen. Als Kind hattest du vielleicht Alpträume, die dich beunruhigten und nicht schlafen ließen. Dein Unterbewußtsein hat möglicherweise Ängste in Form von Ungeheuern gebildet, die dich in deinen Träumen verfolgten.

Es ist wichtig, daß du gut auf deinen Körper und deine Gesundheit achtest. Du brauchst Ruhe, Bewegung, frische Luft und Sonne. Es wäre klug von dir, viel Zeit in der Natur zu verbringen: bergsteigen, wandern, schwimmen, skilaufen, rollschuhlaufen und so weiter. Die Natur hat heilsame Kräfte, auf die du eingestimmt bist.

Die Ordnung deines Lebens überträgt Anregungen auf dein Unterbewußtsein, die die Ordnung deines inneren Selbst betreffen. Jede deiner Handlungen und Gedanken betrifft deinen Körper physisch. Daher hängt bei dir mehr als bei anderen Menschen deine Gesundheit von deinen Gedanken und von deinem Lebensstil ab. Deine intuitiven Fähigkeiten hängen ebenfalls von einem gesunden Körper ab.

Du bist ein geborener Heiler von liebenswürdiger Art. Du bist anderen gegenüber tolerant und gäbst einen guten Therapeuten oder Ratgeber ab. Du bist deinen Freunden und deinen Überzeugungen treu. Du hast Hoffnung und Vertrauen in die Zukunft und glaubst an Gerechtigkeit, Integrität und Wahrheit.

Die verborgenen Kräfte des Lebens sind in dir aktiv. Du bist für ihre wellenförmigen Bewegungen empfindsam, und manchmal reflektiert dein Körper diese Sensibilität in Form nervöser Angewohnheiten.

Wenn du eine negative 18 bist, läßt du es zu, daß dein Unterbewußtsein an die Oberfläche kommt. Du wirst empfindlich und reizbar. Es kann passieren, daß du von anderen betrogen wirst und wegen heimlicher Feinde und unvorhergesehener Gefahren Verluste erleidest. Vielleicht verdienst du anläßlich eines Krieges Geld, aber nur wenn du weder an verräterischen Aktivitäten noch an der Förderung von Streitigkeiten beteiligt bist.

Du hast die Kraft zu heilen. Deine freundliche Gegenwart wirkt besänftigend, und deine intuitiven Einsichten heilen Geist und Körper aller, die du berührst. Wenn du dein Heilpotential weiterentwickelst, kannst du eine einflußreiche Kraft in der Linderung des Leidens der Menschheit werden.

18/9 als temporäre Schwingung: Vorsicht, Träumen, Heilen, Körperpflege. Du mußt den schnellen Rhythmus deines Lebens etwas bremsen und besser auf die Bedürfnisse deines Körpers achten. Du solltest dir daher viel Bewegung an frischer Luft verschaffen, richtig essen und genügend Schlaf bekommen.

Deine Traumaktivität ist jetzt auf einem Höhepunkt. Wenn du jetzt unter Schlaflosigkeit leidest, dann ist dies die Folge deiner extrem lebhaften Phantasie. Neue Pläne und Ideen bilden sich in deiner Vorstellung. Beginne keine neuen Vorhaben, sondern gestatte es erst einmal deinen Vorstellungen, sich im Keim zu entfalten. Erblühen werden sie zu einem späteren Zeitpunkt. Behalte deinen gegenwärtigen Status bei, während du über Veränderungen, wie zum Beispiel einen neuen Beruf, nachdenkst.

Heilende Kräfte wirken unter der Oberfläche, und deine Gesundheit kann sich verbessern, wenn du dir Perioden stiller

Kontemplation gestattest, um deinen Geist zur Ruhe zu bringen. Dein Denken beherrscht nun vollkommen die Bewegungen deines Körpers.

Wenn dir jetzt irgendwelche Dokumente zur Unterschrift vorgelegt werden, dann unterzeichne sie nur mit äußerster Vorsicht oder überhaupt nicht. Sei auf der Hut vor Betrügereien im Geschäftsleben und Schwierigkeiten in persönlichen Angelegenheiten. Durch Eile oder mangelnde Sorgfalt werden Familienstreitigkeiten und Unfälle verursacht. Reisen ist nicht zu empfehlen. Geistige Ruhelosigkeit kann zu körperlicher Krankheit führen. Kriege und Revolutionen werden ebenfalls von solchen Schwingungen hervorgerufen.

Du hast jetzt eine einmalige Gelegenheit, dein Leben neu zu organisieren. Bringe deine Umgebung in Ordnung, räume dein Haus auf, ordne deinen Schreibtisch und kläre offene Fragen. Solche Handlungen werden dein Unterbewußtsein dazu bringen, sich selbst ebenfalls in Ordnung zu bringen. Dann werden deine Träume und Visionen die zukünftige Richtung anzeigen, der du folgen sollst.

Symbol im Tarot: Schlüssel 18, Der Mond. Evolutionäres Wachstum und Entwicklung finden unter Schlüssel 18 statt. Die Schlüsselworte sind *Organisation* und *Schlaf.* Die Funktion des Mondes ist Schlaf, im Schlaf wird Überflüssiges ausgeschieden und neues Material mit dem Körper verwoben. Das Bewußtsein arbeitet weiter, während die Zellen des Großhirns ruhen. Während des Schlafes werden unsere Hoffnungen und Wünsche in die Zellen des Körpers eingepflanzt. Was wir den ganzen Tag über denken und tun, fährt fort, den Körper zu beeinflussen, während wir schlafen. Jede Zelle ist ein kleines beseeltes Bewußtseinszentrum. Astrologisch regiert das Zeichen Pisces, Fische, das letzte Zeichen des Tierkreises, diesen Schlüssel.

Das Schalentier, das aus dem Wasser steigt, repräsentiert eine niedrige Form der Existenz. In Gestalt eines Skorpions zeigt dieses Tier die auf dem Pfad der Wiederkehr beginnende schöpferische Kraft an, die zum Berg der Vollendung führt. Der schmale Pfad bedeutet, daß hier Konzentration nötig ist. Erst führt er hinauf, dann hinunter, jedesmal jedoch ein wenig höher als das vorhergehende Mal. Das soll zeigen, daß eine spirituelle Entfaltung nicht auf einmal stattfindet, sondern allmählich.

Hund und Wolf stammen von derselben Tierart ab, aber der eine ist wild und der andere domestiziert. Die Domestizierung eines wilden Tieres ist ein Symbol für die Natur, der vom menschlichen Bewußtsein geholfen wird. Die Türme sind Produkte der menschlichen Arbeitskraft. Die zweiunddreißig Strahlen des Mondes weisen auf die zweiunddreißig Pfade am Baum des Lebens hin, und die fallenden Yods auf den Abstieg der Lebenskraft aus der höheren Sphäre in die materielle Welt. Viele Symbole hier zeigen, daß wir die äußerliche Verfassung der Dinge verändern können. Sie sind Hinweise darauf, daß dieselben Veränderungen auch innerhalb des Körpers durch Organisation und Kultivierung erreicht werden können.

Astrologische Entsprechung: Die Sonne (und Fische). Die Prüfung des Saturn (8) bekommt zusätzliche Energie und wird von Mars (1) unterstützt, was sich in Vollendung und Verwirklichung (9, die Sonne) niederschlägt.

Mit der Kombination von Sonne und Fische wird unter dieser Zahl endgültige Vollendung möglich. Die Sonne, das Sinnbild wahrer Individualität, findet ihre eigene wahre Identität in Schlüssel 18, der das Bewußtsein des Körpers symbolisiert. Durch die Kombination von Körperbewußtsein und Verwirklichung des Selbst werden alle Dinge möglich.

19/1 *als persönliche Zahlenschwingung:* Deine Führungsqualitäten können im öffentlichen Dienst von Nutzen sein. Du wirst die Leitung von Projekten übernehmen und sie organisieren, wirst zum Direktor oder Manager. Du bist sehr wortgewandt und kannst einen wirkungsvollen Redner oder Lehrer abgeben. Du kannst gleichzeitig eine Vorliebe für Kunst und Wissenschaft haben, ebenso wie für die Landwirtschaft, die Natur und die einfachen Freuden des Lebens.

Deine überschäumende Vitalität und dein scharfer Verstand machen einen Menschen aus, der vor keinem Hindernis zurückschreckt. Du sammelst, verarbeitest und ziehst Lehren aus vergangenen Fehlern, was für die Zukunft sehr erfolgversprechend sein kann.

Hier erfüllen deine Zuversicht und Kreativität immer wieder Aspekte des Lebens mit Leben, die von anderen ignoriert werden, und stellen damit ein kontinuierliches Wachstum sicher. Du bist eine Verkörperung des Spruches: »Die Weisheit des Menschen läßt sein Antlitz leuchten und ändert die Härte seines Angesichts.« (Prediger 8:1)

Du ziehst Liebe und Geld an. Eine gute Ehe, häusliche Zufriedenheit, materielles Glück, Berühmtheit und ein guter Ruf können dir gehören. Es kann in deinem Leben Wendungen geben, die einen Neuanfang erforderlich machen. Du mußt deine Gefühle beherrschen lernen, damit emotionaler Aufruhr und unkontrollierte Impulse nicht materiellen Verlust und Mißerfolge verursachen.

Wenn du eine negative 19 bist, führst du ein Doppelleben. Du erweckst einen guten Eindruck, aber lebst im geheimen ein Leben in Falschheit und Trug. In dieser Hinsicht nennt man die 19 die Zahl des geistigen Sündenfalls. Deine Courage wird auf die Probe gestellt. Du mußt lernen, unabhängig zu sein, und dich vor Selbstmitleid schützen. Die Zahl 19 ist eine karmische Zahl, sie weist auf einen Stabilisator und Sammler hin.

Als positive 19 besitzt du ein großes Durchhaltevermögen. Du weißt, daß auf jedes Dunkel auch wieder ein Licht folgt. Die Vernunft spielt bei dir die Hauptrolle. Viele wenden sich an dich um Rat, denn du sammelst und verteilst die Kraft, die Licht und Leben verleiht. Du nutzt dieses Licht, um zu wärmen, etwas zu bewegen und Wachstum und Leben zu erzeugen. Das Feuer wird bei dir, anstatt zu brennen und zu vernichten, zum Lebensspender. Wenn ein gewisser Grad von Erfahrung bei dir erreicht ist, wirst du dein Glück finden, deinen Lohn erhalten und deine Gegner besiegen.

19/1 als temporäre Schwingung: Liebe, Ehe, Belohnungen, Überwindung von Hindernissen, Neuanfänge. Die 19 ist bekannt als die Schwingung der Liebe, und eine Ehe unter dieser Zahl bedeutet tatsächlich ein großes Glück. Ein glückliches und zufriedenes Leben wird noch durch eine glückliche Hand in materiellen Angelegenheiten verstärkt. Vielleicht erlebst du glückliche Wiedervereinigungen mit Freunden und Familie. Belohnungen, Ehrenbezeugungen und ein guter Ruf sind die Früchte deiner vergangenen produktiven und kreativen Bemühungen.

Diese Periode birgt für dich einen völligen Neuanfang, der Befreiung und Wohlstand verspricht. Deine Energie, dein Elan und dein Ehrgeiz sind hoch gesteckt und drängen dich dazu, dich allein weit vorzuwagen. Sei unabhängig, geh ein Risiko ein, denn das Glück ist auf deiner Seite. Alle Hindernisse können nun überwunden werden. Neuanfänge haben Kräfte in sich, die dem Leben neue Energie zuführen. Wachstum und Erfolg sind das Ergebnis.

Du mußt impulsive Reaktionen vermeiden und deine zukünftigen Pläne sorgfältig vorbereiten. Wenn du deinen persönlichen

Wünschen nachgehst, kannst du anderen Schwierigkeiten bereiten, indem du Verabredungen versäumst, ungültige oder schwierige Verträge schreibst oder persönliches Hab und Gut verlierst. Die Zukunft sieht für jedermann, der die Energien der 19 auf negative Weise nutzt, sehr ungewiß aus.

Achte auf jede Gelegenheit und bewahre einen positiven Glauben an deine eigenen Fähigkeiten. Dann kannst du alle Ziele, die du dir steckst, auch erreichen. Großes Glück und Zufriedenheit sind hier möglich. Es liegt, wie immer, in deiner Hand.

Symbol im Tarot: Schlüssel 19, Die Sonne. Die Sonne ist Sinnbild dieses Gesichtes oder der inneren Haltung. Gesicht bedeutet auch gleichzeitig Kopf – der Kopf oder das Haupt, der die Verantwortung übernimmt, wie das Haupt einer Organisation. Die Karte bewegt die gesamte Potenz der Lebenskraft in den Kopf. Das Schlüsselwort ist *Regeneration*. Wenn wir unseren Geist erneuern, regenerieren wir gleichzeitig unseren Körper.

»Macht euch nicht die Art dieser Welt zu eigen, sondern wandelt euch um durch Erneuerung eures Denkens, um zu prüfen, was der Wille Gottes ist, was gut, wohlgefällig und vollkommen.« (Römer 12:2)

Astrologisch regiert die Sonne diesen Schlüssel und bringt Licht und Leben. Die Sonne ist das Symbol des Göttlichen, die große göttliche Kraft. Wir müssen unser Leben durch die Aktivität der Sonne kontrollieren lassen und uns auf sie einstimmen. Wie die Alten wußten, sind die Kräfte selbst weder gut noch böse, sondern je nachdem, wie sie angewendet werden. Die Kraft der Sonne ist nicht nur eine physische Energie, sondern auch eine lebendige Kraft. Was wir in der Sonne sehen, ist identisch mit der spirituellen Kraft hinter der Sonne. Alles auf Erden ist ihr Produkt.

Die einundzwanzig Strahlen der Sonne repräsentieren die einundzwanzig Schlüssel der Großen Arkana des Tarot. Die vier Blumen symbolisieren eine geordnete Entwicklung: Mineral-, Pflanzen-, Tier- und menschliches »Adamisches« Bewußtsein. Sonnenblumen wenden sich immer der Sonne zu, um aus ihrer Kraft zu schöpfen. Dasselbe sollten wir mit unserem Bewußtsein tun.

Das nackte Kind auf dem Rücken des Pferdes hat die tierischen Begierden sublimiert und ist das Symbol der unverhüllten Wahrheit und des Verstehens der Dinge, wie sie wirklich sind. »Wenn ihr euch nicht bekehrt und nicht werdet wie die Kinder, werdet ihr nicht in das Himmelreich eingehen.« (Matthäus 18:3)

Astrologische Entsprechung: Mars (und Sonne). Die persönliche Energie, die grundlegende Lebenskraft und der vorwärtsstrebende Instinkt des Mars muß kontrolliert, gelenkt und durch ein entwickeltes Bewußtsein und das Wissen um die wahre Lebenskraft, die Sonne, auf ein höheres Niveau gebracht werden. Alle unsere Energie kommt von der Sonne, und wir müssen als Antwort darauf die Energie, die wir empfangen, wieder ausstrahlen.

Menschen, die unter der Zahl 19/1 stehen, sollten sich den Rat der Bibel zu Herzen nehmen: »So leuchte euer Licht vor den Menschen.« (Matthäus 5:16)

20/2 *als persönliche Zahlenschwingung:* Du wirst in deinem Leben vor viele Entscheidungen gestellt. Du mußt lernen, auf Vernunft und nicht auf äußeren Schein gegründete Urteile zu fällen. Wenn du Menschen einschätzt oder beurteilst, dann schau dir ihre Taten an, und laß dich nicht von ihrem guten oder schlechten Ruf beeindrucken. Das äußerliche Erscheinungsbild kann trügerisch sein, du solltest daher äußerste Bedachtsamkeit walten lassen, bevor du irgendwelche endgültigen Urteile fällst.

Du kontrollierst gerne die Menschen in deinem Einflußbereich und ziehst es vor, die Dinge so zu gestalten, wie es deinen eigenen Zielen am nächsten kommt. Ein Mensch in einer solchen Position muß ständig Entscheidungen treffen. Daher wirst du immer wieder auf die Probe gestellt: Soll ich dieses oder jenes tun? Ist es klug, diesen Pfad zu beschreiten oder jenen? Soll ich mich mit dem Neuen anfreunden oder das Alte bewahren? Tief in dir hast du ein bleibendes Wissen um Gegensätze und wirst daher ständig mit der Notwendigkeit konfrontiert, Entscheidungen zu treffen. Die Folge davon ist ein Leben der Anpassung und Erneuerung. Neue Pläne, neue Ziele und Ambitionen präsentieren dir ein fortgesetztes Szenario, das entschlossenes Handeln erfordert. Dieser zyklische Prozeß fördert das Erwachen der menschlichen Persönlichkeit, denn ein Moment der Entscheidung ist identisch mit einem Moment des Bewußtseins. Du kannst keine Entscheidung treffen, wenn du nicht alle Fakten erwogen und eingeschätzt hast und zu einem Bewußtsein der Situation gelangt bist. Durch entschlossenes Handeln entwickelst du dich weiter und überwindest Schwierigkeiten im Leben. Laß dich von deinem Gewissen leiten.

Menschen, die der 20 unterstehen, haben die Macht, zu tun oder zu lassen, zu retten oder zu zerstören. Wenn du eine negative 20 bist, fürchtest du den Tod als die Veränderung bekannter Lebensmuster. Du mußt lernen, deine Emotionen zu beherrschen. Deine Schwäche erzeugt eine schlechte Gesundheit, Enttäuschung, Verlust materieller Güter und die Trennung von denen, die du liebst.

Als positive 20 erneuerst du ständig dein Leben durch viele Entscheidungen, die du treffen mußt, und verbesserst dadurch dein Bewußtsein für den beständigen Wandel und die Anpassung, die das Leben erfordert.

20/2 als temporäre Schwingung: Wendepunkte, Entscheidungen, Bewußtsein, Anpassungsfähigkeit, Wiederaufbau. Plötzlich eintretende Ereignisse machen es notwendig, daß du eine Entscheidung triffst, die in deinem Leben einen Wendepunkt bedeuten könnte. Ein Ortswechsel, ein neuer Beruf oder neue Beziehungen verlangen neues Denken, Fühlen und Handeln von dir. Mach dich bereit, die Alternativen zu sehen, das Pro und Contra. Auf diese Weise wirst du viel über dich selbst lernen und darüber, wie anpassungsfähig du bist. Wenn du genau deine gegenwärtige Situation oder jede Situation, die dir in dieser Zeit vorgestellt wird, erwägst und einschätzt, wirst du einen vielversprechenden Plan formulieren, der bald durchgeführt werden kann.

Nur wenn du entschlossen handelst, um deine Ideen in die Praxis umzusetzen, kannst du es vermeiden, daß die Zahl 20 dich ruhelos und nervös macht. Gestatte dir keinen Leerlauf und vergeude nicht deine Zeit. Du erlebst gerade eine Periode des Wachstums. Jetzt wird der Keim für zukünftige Erkenntnisse gelegt. Nimm die Energien, die hier am Werk sind, in dich auf, verdaue sie, setze sie kreativ um und gib ihnen eine Gestalt. Es ist eine gute Zeit zu planen. Fasse vernünftige Schlüsse, und die zyklische Kraft wird schon bald sehen, wie sich deine Pläne verwirklichen.

Stelle dich der Notwendigkeit zum Wandel nicht entgegen. Bleibe anpassungsfähig, mach von deinem gesunden Menschenverstand Gebrauch und komme zu logischen Schlüssen. Dann hast du die Erfordernisse dieser Periode erfüllt.

Symbol im Tarot: Schlüssel 20, Das Gericht. Die Schlüsselsymbole für diese Karte sind *Zahn, Reißzahn* und *Schlange*. In der Antike wurde ein Adept »Schlange« genannt, und wenn wir Ruhe herstellen wollen, sprechen wir den Laut »Sch« aus, der der Buchstabe dieses Schlüssels ist. Das erinnert uns an das Schweigen des Weisen. »Seid klug wie die Schlangen und arglos wie die Tauben.« (Matthäus 10:16)

Zähne zerbrechen die Nahrung und bereiten sie für die Verdauung vor. Weisheit, die in der Stille gedeiht, zerstört die äußerlichen Formen der Welt und enthüllt die verborgene Natur der Dinge, so daß du die spirituelle Essenz aufnehmen kannst.

Die Kobra war das heilige Symbol in Ägypten und Indien. Ihr Gift greift augenblicklich alle Zellen des Körpers an. Der Giftzahn der Schlange überträgt das Gift. Die Analogie besteht darin, daß Weisheit wie eine Säure sein kann, die augenblicklich alles Falsche zerfrißt. Daher ist das Schlüsselwort für diese Karte *Realisierung*. Astrologisch wird sie von Vulkan regiert. Wenn wir die Realisierung spiritueller Dinge erreicht haben, ist unser persönliches Bewußtsein bereit, sich mit dem universellen Bewußtsein zu verschmelzen. Erst dann realisieren wir unsere Einheit mit Gott und der gesamten Menschheit. Dieser Bewußtseinszustand beginnt mit einem verstandesmäßigen Begreifen der wirklichen Welt, wobei unsere Einstellung dabei das Gegenteil von der

Einstellung der meisten Menschen ist, denn wir identifizieren uns mit der Realität des *Einen*. Unser Unterbewußtsein wird vom wahren Willen dominiert.

Unser Tag des Jüngsten Gerichts ist der Tag, an dem wir die Fähigkeit erlangt haben, das Wahre vom Falschen zu trennen. Die Karte repräsentiert den Ruf zum Jüngsten Gericht. Der Engel Gabriel ruft alle, die bereit sind, dazu auf, die Wahrheit zu hören, die sie befreien und ihnen neues Leben verleihen wird. Steinsärge, das Sinnbild menschlicher Körper, erheben sich aus der Tiefe. Wenn sie verschlossen sind, sind sie schwarz, wegen des Mangels an Licht und Wahrheit. Die drei Stufen des Bewußtseins erheben sich: Mann (Bewußtsein), Frau (Unterbewußtsein) und Kind (Überbewußtsein). In älteren Versionen des Tarot bilden ihre Arme die Form von drei Buchstaben: L, U und X, lux = das Licht. Sie sind erleuchtet.

Astrologische Entsprechung: Vulkan (und Saturn). Vulkan ist hier doppelt betont durch die zweistellige Zahl 20 (Vulkan ist die 2) und die Grundzahl 2.

In der Mythologie heißt es, daß Vulkan aus dem Himmel verstoßen wurde. Er wurde zum Bewahrer der Flamme, der sich um die Schmiedefeuer des Himmels und der Erde kümmerte. Er war ebenfalls als meisterlicher Handwerker bekannt. Trotz der Lähmung, die auf seinen Sturz folgte, bewegte er sich häufig zwischen Himmel und Erde hin und her.

Die Analogie des Mythos steht für den Sturz unseres Geistes in eine Gestalt, die von Saturn regiert wird. Die Freiheit des Geistes wird durch den physischen Körper behindert. Die feurige Lebenskraft muß gehütet und gepflegt werden, indem man die Kommunikation zwischen Körper und Geist aufrechterhält.

Vulkan kann schließlich dem Zeichen Jungfrau zugeordnet werden, das ebenso wie Vulkan der perfekte Hüter und Diener der Gesundheit ist. Auch Kunsthandwerker werden der Jungfrau zugeordnet.

In der 20 arbeitet die göttliche Kraft, 0, durch Vulkan, 2, um eine Einheit von dem herbeizuführen, was in der physischen Form als getrennt erscheint: Geist und Materie.

21/3 *als persönliche Zahlenschwingung:* Dies ist eine Zahl, die generell viel Glück verspricht. Du hast Talent, Charme und Glück. Alles zusammen führt dich zum Erfolg. Ein gutes Gedächtnis und eine positive Einstellung zum Leben sind dein Start ins Glück. In deinem Leben sind große Fortschritte, Ehrenbezeugungen und Anerkennung möglich.

Du bist geduldig. Die Einschränkungen, die die meisten Menschen fürchten, werden der Eckstein für deinen Erfolg. Deine Führungsqualität wird noch verstärkt dadurch, daß die einzige Möglichkeit, die Natur zu beherrschen, darin besteht, zuerst einmal ihre Regeln zu befolgen und ihre Beschränkungen einzugestehen. Indem du dich dem geordneten Ablauf der Dinge unterordnest, stellst du deinen triumphalen Erfolg in allem, was du unternimmst, sicher. Der Vorgang der Konzentration ist eine Art Einschränkung, und Konzentration ist die Grundlage für wissenschaftliches Arbeiten. Du siehst die Notwendigkeit von Grenzen in der Evolution des Lebens ein und kannst diese Überzeugung in deinen wissenschaftlichen Unternehmungen bekräftigen.

Du könntest zu den Künsten berufen sein. Viele Menschen unter der 21 erfreuen sich eines literarischen Erfolges, weil sie sich gut ausdrücken können. Du hast in deinen vergangenen Bemühungen die Einheit von Weisheit und Liebe gefunden und willst diese Wahrheiten jetzt in künstlerischer Form zum Ausdruck bringen. Reisen und Bewegung befriedigen deinen angeborenen Drang nach Freiheit und Ungebundenheit.

Wenn du eine negative 21 bist, fürchtest du alle Arten von Veränderung. Dir fehlt die Vision, und du wirst geizig und selbstsüchtig. Deine innere Unbeweglichkeit führt mit Sicherheit zum Verlust, denn deine Mitmenschen schaffen es immer wieder, dir gerade die Dinge wegzunehmen, die dir Sicherheit verleihen. Du bist störrisch und weigerst dich, aus deinem Leben eine Lehre zu ziehen.

Du kannst durch deinen Dienst am Nächsten und deinen materiellen Erfolg anderen ein Beispiel sein. Du wirst im Leben etwas erreichen. Andere sehen in dir die bestmögliche Verwirklichung dessen, zu was sie sich gern entwickeln würden. Die 21 ist die mystische Zahl des kosmischen Bewußtseins.

21/3 als temporäre Schwingung: Reisen, Veränderungen, Belohnungen, Erfolg, neue Welten. Dies ist eine sehr machtvolle Zeit, in der die alte Ordnung sich verändert und Platz für das Neue macht. Die Welt, die sich vor deinen Augen enthüllt, bietet dir eine optimale Verwirklichung deiner Pläne, Hoffnungen und Wünsche. Du solltest daher die Gelegenheiten, die sich jetzt bieten, nicht versäumen.

Pläne, die sich bereits in Arbeit befinden, können nun zu einem erfolgreichen Ende geführt werden, wobei die angemessene Bezahlung nicht ausbleibt. Andere, die sich noch im Stadium der Vorbereitung befinden, sollten jetzt in die Tat umgesetzt werden, denn die Erfolgsquote ist in dieser Periode sehr hoch. Jetzt kannst du erreichen, wonach du strebst.

Vielleicht gehören Reisen zu diesem Zyklus, entlegene Plätze verlocken dich. Das Bedürfnis nach Freiheit, Selbstverwirklichung und Vergnügen bringt es mit sich, daß du dich, um zufriedengestellt zu werden, nach entfernten Orten umsiehst. Ein Wechsel in Beruf und/oder Wohnung kann sich aus deinem gegenwärtigen Denken ergeben.

Dein Unterbewußtsein entwickelt sich in dieser Phase schneller als üblich, zusammen mit einem wachsenden Sinn für Sicherheit und Schutz. Viele Heiraten finden unter der 21/3 statt. Geistige und materielle Investitionen, die hier gemacht werden, tragen ihre Früchte.

Diejenigen, die auf diese Zahlenschwingung negativ reagieren, müssen sich davor schützen, die emotionale Kontrolle zu verlieren. Sie sehen Verantwortung für Familie als eine Last an. Sie erleben Verzögerungen und Einschränkungen und versäumen es, Gelegenheiten, die ihnen angeboten werden, anzunehmen. Sie sollten alle Situationen gründlich von allen Seiten beleuchten. In Geschäftsangelegenheiten sollte rechtlicher Rat eingeholt werden, denn es droht materieller Verlust.

Diese Periode ist für dich eine Phase des Gewinns. Erkenne die Möglichkeiten, die sich jetzt eröffnen, dann kannst du deine Zukunftsträume verwirklichen.

Symbol im Tarot: Schlüssel 21, Die Welt. Der Schlüsselbegriff für diese Karte ist ein Kreuz mit vier gleichen Armen. Manchmal wird ein Kreuz anstelle einer Unterschrift verwendet und steht dann für einen Namen. Die Symbolik des Kreuzes steht hier für das kosmische Bewußtsein, das abschließende Siegel des Großen Werkes, um das es hier geht. Dann haben wir die Kontrolle über uns selbst und unsere Umgebung. Richtige Entscheidungen sind nun natürlich, und die *Eine Kraft* wird zur zentralen Realität in unserem Leben.

Saturn regiert den Schlüssel 21. Das Saturn-Zentrum an der Basis der Wirbelsäule, Sakralplexus genannt, ist das Speicherzentrum für die überschüssige Energie, die aus den täglichen Aktivitäten übrigbleibt. Saturn wird bisweilen als ein Unhold dargestellt. Dennoch kann er hilfreich für die Erbauung der Zukunft sein, wenn die Energien im Sakralplexus für konstruktive Handlungen genutzt werden.

In der Mythologie war Saturn der Vater oder Gott, der seine eigenen Kinder fraß. Im übertragenen Sinn heißt das, daß das kosmische Bewußtsein alle niederen Bewußtseinsstufen verschlingt. Stier, Löwe, Adler und Mensch repräsentieren die vier fixen Zeichen des Tierkreises und weisen darauf hin, daß die Gesetze des Universums feststehend und geordnet sind. Der Ring oder Kreis in Form einer Null, eines Eies oder eines Samens ist die Form, aus der alle Dinge entstehen. Sie ist das Symbol göttlicher Macht. Die tanzende Gestalt ist androgyn, die Vereinigung der Gegensätze. Der Schleier jedoch verhüllt diese Tatsache und zeigt, daß die Zyklizität auch diesen androgynen Zustand herbeiführt. Die Gestalt schwebt in der Luft, aus eigener Kraft und in vollkommener Balance.

Dieses Bild repräsentiert den Tanz des Lebens, der niemals zu Ende geht. 21/3 ist ein neuer Himmel und eine neue Erde – oder ein neuer Geist und ein neuer Körper. Wenn wir uns selbständig in Theorie und Praxis erneuert haben, wird die alte Ordnung sich verändern. Neue Pläne und Perspektiven werden sich ergeben.

Astrologische Entsprechung: Jupiter (und Saturn). In der Tradition herrscht die Konjunktion von Jupiter und Saturn über der Geburt eines Avatars oder eines Heiligen, eines Menschen, der der Welt eine inspirierte Botschaft bringt. Hier strebt die Kombination dieser Planeten nach einer Vereinigung von irdischen Dingen unter der Herrschaft des Saturn mit der Weisheit des höheren Geistes, die unter der Herrschaft des Jupiter steht. Nur dann kann die Herrschaft der Finsternis über das Leben vieler Menschen transformiert werden in die höchste Vollendung, die Saturn im physischen Körper erreichen kann. Dann kann man sich zum höchsten Punkt des Horoskopes erheben, dem heiligen Ort nahe der Sonne, der Quelle des Einen.

22/4 *als persönliche Zahlenschwingung:* Dies ist eine der vier Leitzahlen (11, 22, 33, 44), die im Leben als 22, als 4 oder als Fluktuation zwischen beiden erfahren werden kann.

Du besitzt das Potential, enormen Reichtum und Macht in weltweitem Maßstab anzusammeln. Deine Größe kann durch vielerlei Hilfsquellen erzeugt werden, auch mit Hilfe deiner Mitmenschen. Du bist der Philantrop, der sein Glück, das er aus materiellen Erfolgen ziehen kann, für eine bessere Welt einsetzt.

Deine Originalität erlaubt es dir, Lösungen für Probleme zu finden, die normalerweise als unlösbar gelten. Du hast eine geniale Begabung, in großen Begriffen zu denken und immer zu praktischen Lösungen zu kommen. Du arbeitest schwer, bist ehrlich im Umgang mit Menschen und besitzt vor allem eine hohe Ethik. Du bist ein Meister der Menschenführung und achtest sorgsam darauf, andere niemals eigennützig auszubeuten. Arbeitswut und Machtgelüste können eine negative 22 erzeugen, deren Potential zum Bösen eine rücksichtslose oder sogar infame Person hervorbringen kann. Überarbeitung zieht emotionale Schwierigkeiten nach sich.

Du hast ausgeprägte Meinungen und besitzt ein gutes Maß Klugheit, das sich immer auf praktische Anwendungen konzentriert. Du kannst dazu beitragen, das Schicksal der Welt in Industrie und Politik durch deine berufliche Laufbahn mitzugestalten.

Festigkeit in Freundschaften und allen zwischenmenschlichen Beziehungen, einschließlich der Ehe, liefern die sichere Basis, von der aus du der Welt begegnen kannst. Du hast enorme Führungsqualitäten und politische Fähigkeiten. Mit Anstrengungen, zu denen du in höchstem Maß fähig bist, wirst du eine der Finanzgrößen werden, deren Name durch ihre guten Taten, die vielen Menschen zugute kommen, ewig bestehen bleibt.

22/4 als persönliche Zahlenschwingung: Reise, Pläne, Fortschritte, Verwirklichung deiner Träume. 22 ist eine Leitzahl und der alte numerische Wert für einen Kreis. Als solcher impliziert er Wettbewerb, Erfüllung und zyklische Wiederkehr. Unter einer 22 erreichst du dein Ziel, und die Erfüllung deiner geheimen Wünsche kann Wirklichkeit werden. Erfolg in großem Stil und das Erreichen der unmöglichsten Träume sind durchaus möglich. Du solltest diese großen Pläne ruhig machen und gewaltige Taten wagen, über die du bisher nur nachgedacht hast. Das Verfolgen eines Zieles, das hier durchaus möglich wird, kann physisches Reisen erforderlich machen.

Stelle sicher, daß deine Konzepte gut geordnet und praktisch durchführbar sind. Denke in großzügigen Dimensionen und wende dich mit deinen kreativen Ideen immer gleich an die Person an der Spitze; sie haben jetzt eine gute Chance, akzeptiert zu werden. Viele Menschen können von den Ideen, die du unter einer 22 präsentierst, profitieren. Es kann daher passieren, daß man dir eine Spitzenstellung einräumt. Du bist jetzt ein anerkannter Experte auf deinem Gebiet, und andere kommen zu dir, um dich um deine Meinung und deinen Rat zu fragen.

Dies ist eine sehr angespannte Phase, in der du es mit Gruppen von Menschen zu tun hast. Hüte dich vor Extremen, sei nicht zu ausschweifend mit Geld, und spekuliere nicht mit ungewissen Geschäften. Halte dich fern vom Glücksspiel. Befaß dich in dieser Periode ausschließlich mit praktischen Angelegenheiten. Ausschweifungen können zum Scheitern von Vorhaben führen, die ansonsten eine gute Chance zur Verwirklichung gehabt hätten.

Wenn du über irgendeine Angelegenheit im Zweifel bist, konsultiere jemanden, der sich in dem Bereich professionell auskennt. Verlaß dich nicht auf dein eigenes Urteil. Erst wenn alle Fakten gesammelt sind, kannst du dich auf deine eigene Intuition verlassen, die auf Vernunft gegründet ist, um die richtige Entscheidung zu finden. Während dieser machtvollen materiellen Phase stehen dir alle Türen offen.

Symbol im Tarot: Schlüssel 0 (und 22), Der Narr (vorher und nachher). Die Leitzahl 22 hat innerhalb des Tarot eine einzigartige Stellung. Theoretisch beginnen die großen Arkana mit Schlüssel 1 und gehen bis 21. Die kleinen Arkana beginnen bei 23, dem König der Stäbe, und gehen bis 78, den zehn Münzen. Der Narr, Schlüssel 0, steht für sich allein und ist das Sinnbild der göttlichen Macht. Die 22 scheint also im Tarot zu fehlen. Da jedoch das Leben insgesamt durch Zyklizität geprägt ist, kann es keine Unterbrechung geben. Daher ist der Narr, Schlüssel 0, die Lebenskraft, bevor sie in die Schöpfung eintritt, identisch mit der 22, dem Narren, der durch die 21 Schlüssel der großen Arkana gegangen ist, um den vollen Zyklus zu beenden und noch einmal über seine gegenwärtige Inkarnation hinauszugehen. 22 ist das uralte numerische Symbol für einen Kreis. Es repräsentiert das Alpha und das Omega, als das Gott sich selbst in der Bibel beschreibt.

Das Wort Narr heißt auf lateinisch *follis*, was soviel heißt wie »ein Sack voll Wind«. Jedes Genie wird auch hin und wieder ein Narr genannt, und das, was Luft oder Atem enthält, könnte man auch einen Sack voll Wind nennen. In diesem Sinne sind wir alle Narren. Der Narr ist das Überbewußtsein, und er wird hier so dargestellt, als bleibe ihm immer Raum für einen weiteren Schritt. Das ist ein Hinweis darauf, daß wir unsere Möglichkeiten niemals völlig ausschöpfen können.

Die weiße Sonne ist die universale strahlende Energie, die ewig aufgeht, denn sie kommt niemals zu ihrem Zenit. Die Berge symbolisieren die Vollendung. Sie sind für viele kalt und uninteressant, aber der geschmolzene Schnee von ihren Gipfeln nährt die Flüsse und macht die Täler fruchtbar. Auf dieselbe Weise nährt die Weisheit des Altertums dein Bewußtsein und transformiert dein Leben.

Der Kranz des Narren symbolisiert den Sieg. Sein Stab ist der Maßstab, an dem wir ständig das Erreichte messen. Seine Börse enthält Erinnerungen an die Vergangenheit, und der Adler darauf symbolisiert das Erwachen der höheren Vision zu erhabenen Zielen.

Der Hund, der vom Narren beherrscht wird, steht für die Lebensformen, die auf einer niedrigeren Stufe stehen als der Mensch und durch die Evolution des Bewußtseins auf eine höhere Stufe kommen. Die weiße Rose in der linken Hand des Narren weist darauf hin, daß sein Verlangen geläutert, vergeistigt ist und von niederen Bedürfnissen und Leidenschaften unverdorben.

Der Narr ist hier die kosmische Lebenskraft, die dabei ist, in ihrer Unerfahrenheit hinabzusteigen in die Welt der Schöpfung.

Astrologische Entsprechung: Erde (und Uranus). Da die Leitzahl 22 sich auf eine 4 reduziert, behält die Erde die Oberhand in dieser Schwingung, in Verbindung mit Uranus, der dem Schlüssel 0, dem Narren zugeordnet wird.

Bewußtsein ist ein Geisteszustand. Die Präsenz des Uranus verbindet hier das Überbewußtsein mit den irdischen Kräften, die durch die 22/4 angezeigt werden. Eine Kombination von spirituellem Bewußtsein mit dem richtigen Gebrauch sowie der Kontrolle über die materiellen Angebote der Welt, einschließlich des Körpers, ergibt den perfekten Seinszustand. Wenn der einmal erreicht ist, ist der einzelne nicht mehr länger an irdische Überlegungen gebunden, sondern macht lediglich »mit Ehrfurcht und Respekt« von ihnen Gebrauch.

2 Die Stäbe

Die Zahlen von 23–36

23/5 als *persönliche Zahlenschwingung:* Diese Zahl kann dich zu Ehre, Berühmtheit und hohem Einkommen führen. Deine Stärke sind deine materiellen Ideen. Du beweist in deinen Handlungen Intelligenz und in deinen Befehlen Klugheit. Mit deiner schnellen Auffassungsgabe und deinem raffinierten Verstand lernst du schnell und behältst dann auch das Gelernte. Du besitzt ebensoviel Courage wie Risikofreudigkeit, um deine Ideen in der materiellen Welt durchzusetzen. Du erfreust dich an körperlicher Übung. Physische Beweglichkeit bewahrt einen guten Kreislauf und erhöht die Funktionsfähigkeit des Gehirns. Daher ist ein beweglicher Körper und ein energischer Verstand die beste Garantie zum Erfolg. Darüber hinaus verfügst du über heilende Kräfte. Du bist begabt im Reden und Schreiben und könntest als der »König der guten Einfälle« bekannt werden. Eine Karriere im Kommunikationswesen ist möglich. Auch Forscher stehen unter der 23/5.

Weil du treu und gefühlvoll bist, erfreust du dich einer guten, kinderreichen Ehe. Erbschaften sind in deinem Leben möglich.

Du entwickelst dich durch ständige Veränderungen und Abenteuer. Lerne, jede Veränderung zu einem Schritt in eine konstruktive Richtung zu machen. Manchmal bist du hastig und unbesonnen. Lerne, mit dieser feurigen Energie in dir umzugehen und lenke sie entsprechend.

Dein freundliches und ehrliches Herangehen an deine Mitmenschen und dein ehrgeiziges Wesen ist für Leute, die deiner Karriere behilflich sein könnten, sehr attraktiv. Durch deine Vorgesetzten hast du reichlich Gelegenheit, dich zu verbessern. Dies ist eine karmische Reaktion, die durch deine Bereitschaft, anderen zu helfen, erzeugt wird.

Wenn du eine negative 23/5 bist, kann Prinzipienreiterei eine hartherzige und herablassende Persönlichkeit erzeugen. Du wirst selbstsüchtig und flüchtest dich in Wutausbrüche, wenn einmal nicht alles nach deiner Nase geht.

Als positive 23/5 kannst du vorwärts in ein komfortables Leben sehen, umgeben von einer liebenden Familie, materiellem Wohlstand, geehrt und geschätzt von deinen Angehörigen.

23/5 als temporäre Schwingung: Schutz, Verträge, Reisen. Es gibt machtvolle schützende Mächte, die dich jetzt umgeben und in sicherem Schutz geleiten. Folge dem Rat, den du von deinen Vorgesetzten oder von jemandem erhältst, der in einer Position ist, über größere Fachkompetenz zu verfügen als du. Dann werden deine Absichten und Ziele Erfolg haben.

Du könntest durch die Auflösung eines Vermögens oder juristische Vorgänge Geld und Sachwerte erben. Vielleicht gehst du einen Vertrag ein, der dein Leben verändert. Solche Übereinkünfte fordern eine schnelle Entscheidung von deiner Seite. Heirat ist eine Art von Vertrag, der günstig auf diese Schwingung reagiert.

Die Veränderungen, die nun auftreten, können dich zum Reisen veranlassen. Vielleicht hängt das mit der Erfüllung deiner Vertragsverpflichtungen zusammen oder damit, daß das Glück dir ein kleines Vermögen beschert hat, und du dir deshalb diese besondere Freude erlauben kannst.

Wenn andere sich deinen Ideen entgegenstellen, solltest du vorsichtig sein und nicht zulassen, daß der Meinungsunterschied in einen Streit ausartet. Ein hartherziger Ansatz kann Freunde vor den Kopf stoßen.

Sei wahrhaftig und hilfreich in dieser Periode. Deine Einstellung wird durch materiellen Gewinn, ein ruhiges Gewissen und Zufriedenheit belohnt werden.

Symbol im Tarot: König der Stäbe. Der König auf seinem Thron, der auf die Welt schaut, symbolisiert eine verstandesbetonte

Sicht der Zukunft. Er erweckt den Eindruck, daß er gerade im Begriff ist, seine Meinung zu ändern. Der mit Löwen dekorierte Wandschirm weist darauf hin, daß die festen Regeln der Herrschaft des göttlichen Gesetzes hinter ihm stehen, und er ist sich darüber bewußt, daß es an ihm ist, sie auszuüben. Die Salamander repräsentieren Naturgeister, die dem Element Feuer zugeordnet werden und weisen darauf hin, daß der König in der Lage ist, mit dem Feuer umzugehen. Er kann das Feuer des Selbst und der Natur kontrollieren. Er hält den lebendigen Stab der spirituellen Macht.

Astrologische Entsprechung: Erste Dekade Widder. Der König der Stäbe residiert über der ersten Dekade im Widder. (Eine Dekade ist eine Zehn-Grad-Einteilung des Rades des Tierkreises. Jedes der zwölf Zeichen erstreckt sich über dreißig Grade.) Diese von Mars beherrschte Dekade bildet eine Einheit, um sie zu einer starken treibenden Kraft zu machen. Du lernst leicht. Du möchtest eine Führungsrolle spielen und immer an der Spitze der Entwicklung stehen. Du sprühst vor Ideen und hast dir vorgenommen, die gegenwärtigen Bedingungen zu verbessern. Du bist bereit, dir alles Wissen, das du bekommen kannst, anzueignen und nimmst mit Begeisterung jede Gelegenheit wahr, um deinen intellektuellen Horizont wie auch deine physischen Fähigkeiten zu erweitern. Deine schöpferischen und erfinderischen Fähigkeiten können sich auf dem Gebiet der Naturwissenschaften oder in anderen mechanischen Unternehmungen ausdrücken.

24/6 *als persönliche Zahlenschwingung:* Mit deiner magnetischen Persönlichkeit und der Macht, anderen Menschen etwas zu suggerieren, kannst du dir alle materiellen Annehmlichkeiten und erbaulichen Beziehungen zu eigen machen, die man sich nur wünschen kann. Menschen mit Autorität und Einfluß sind immer darauf bedacht, deine Bedürfnisse zufriedenzustellen. Die Hilfe, die dir entgegengebracht wird, fördert deinen Erfolg.

Dies ist eine glückbringende Schwingung für Liebe und Familie. Du bist ein guter und hilfreicher Partner und liebst dein Zuhause, deine Kinder und die Natur. Stolz, Ehrgeiz und Lebenslust machen dich zu einem lebendigen Partner, dessen Erfüllung in einem großzügigen Lebensstil liegt, in dem alle Dinge gepflegt und entwickelt werden. Vielleicht hast du viele Kinder, deren religiöses, körperliches und geistiges Wachstum du sorgsam förderst.

Du bist eine stattliche Erscheinung, freundlich, großzügig und geduldig. Diese Zahl erlaubt dir, die Harmonie, die du mit deinen Mitmenschen suchst, zum Ausdruck zu bringen. Dein Bedürfnis nach Wahrheit und Gerechtigkeit bringt dich in eine Position, in der andere deine lauteren Absichten erkennen und dich daher schätzen. Du bist gesellschaftlich und finanziell ein Erfolg. Du hast ein gesundes Urteil in geschäftlichen Angelegenheiten und kannst mit Geld umgehen.

Visionen, Träume und außersinnliche Wahrnehmungen können dir viel Einsicht verleihen und deinen schöpferischen Geist stärken. Du kannst auch hellseherische Erfahrungen haben.

Wenn du eine negative 24/6 bist, kannst du eifersüchtig, mißtrauisch und dominant deinen Geliebten gegenüber sein. Du bist starrköpfig und rachsüchtig, wenn man sich dir in den Weg stellt.

24/6 als temporäre Schwingung: Familienangelegenheiten, Gewinn, Liebe. Dies ist eine äußerst günstige Periode, in der alle Unternehmungen ein erfolgreiches Ende finden können. Du gewinnst finanziell durch die Hilfe von Menschen, die über Autorität verfügen, oder durch Mitglieder des anderen Geschlechtes. Dein Erfolg kann von ebendiesen Menschen abhängig sein. Jetzt ist die Zeit, Pläne zu schmieden. Du kannst Visionen haben, die dir zeigen, wie du in Zukunft vorzugehen hast.

24/6 ist eine Liebesschwingung. Eine Ehe und die Geburt von Kindern sind möglich, und viele Familienangelegenheiten sind nun an der Tagesordnung. Dein Glück hängt von der Liebe ab.

Du lebst in einer Zeit, in der du die Früchte, die du in der Vergangenheit gesät hast, ernten kannst. Für vieles, was du tust, wirst du jetzt von deinen Zeitgenossen Anerkennung ernten. Finanziell läuft alles auf einen Gewinn hinaus, der sich aus deinem gesunden praktischen Urteil in Geschäftsangelegenheiten ergibt.

Habe Verständnis für die Gefühle und Emotionen anderer Familienmitglieder, und stell dich zur Verfügung, wenn sie deinen klugen Rat suchen. Sei großzügig, hilfreich und geduldig mit deinen Mitmenschen, und deine Anstrengungen werden belohnt werden.

Symbol im Tarot: Königin der Stäbe. Die Königin hält den Stab der Lebenskraft in ihrer rechten Hand. Die Sonnenblume, die ihr Gesicht immer der Sonne zuwendet, ist in ihrer linken. Die Sonnenblume bezieht sich auf die Dekade des Löwen im Widder. Die schwarze Katze vor ihrem Thron steht für hellseherische Kräfte. Die beiden Löwen im Hintergrund und die geschnitzten Löwen auf ihrem Thron deuten wiederum auf das Sternzeichen Löwe hin und bringen gleichzeitig die 8, die Kraft, ins Spiel. Die drei Gipfel im Hintergrund stellen die Vollendung auf den drei Ebenen des Bewußtseins dar.

Astrologische Entsprechung: Zweite Dekade Widder. Die Königin der Stäbe herrscht über die zweite Dekade der Widder, die die Dekade des Löwen ist, über den die Sonne regiert. Diese Dekade

KÖNIGIN der STÄBE

verleiht ein lebhaftes und ehrgeiziges Temperament. Dies ist eine glückbringende Zahl, in der deine Großzügigkeit und Freundlichkeit auf freundliche Weise von allen, mit denen du zu tun hast, belohnt wird. Durch deine sonnige und optimistische Einstellung ziehst du in deinem Leben Erfolg und Hilfe an.

25/7 *als persönliche Zahlenschwingung:* Du besitzt eine ausgeprägte Intuition und hast oft prophetische Träume. Vielleicht bist du auch hellseherisch veranlagt. Alle diese Eigenschaften hast du entwickelt, indem du viele Hindernisse überwunden hast. Deine ersten Jahre waren vielleicht schwierig, und diese Herausforderungen haben dir geholfen, deine Instabilität zu überwinden. Du mußtest für die inneren Wahrheiten erwachen und auf diese Weise Weisheit erlangen. Was andere in dir als Intuition sehen, ist lediglich eine weit entwickelte Beobachtungsgabe und Aufmerksamkeit fürs Detail, wodurch du aus mehreren Einzelstücken ein Ganzes erschließen und viel schneller deine Schlüsse ziehen kannst als andere. Wenn vergangene Erfahrungen dich nicht gelehrt haben, diese Eigenschaften zu entwickeln, dann solltest du jetzt damit beginnen, sonst könnte deine impulsive Natur eine Herausforderung in eine Konfliktsituation umschlagen lassen.

Du hast einen wachen, energischen Verstand, der immer auf der Suche nach neuen Ideen, Taten und Orten ist. Du liebst die Natur und lebst vielleicht lieber auf dem Lande als in der Stadt, vielleicht auch am Wasser. Deine Neigung zum Abenteuer macht dich beweglicher als die meisten anderen, und du änderst vielleicht oft deinen Wohnsitz, um deinem Fernweh nachzugeben.

Pioniergeist und Wissensdrang können einen feurigen, bisweilen fanatischen Menschen aus dir machen, und du kannst zu einem spirituellen Vorkämpfer werden. Behalte ein offenes Auge für die verschiedenen Möglichkeiten, mit denen du den Schwierigkeiten begegnen kannst, die sich dir in den Weg stellen, und bemühe dich, was du angefangen hast, zu Ende zu führen. Dann wirst du in jedem Geschäft oder Unternehmen, das du in Angriff nimmst, die Nummer Eins.

Wenn du die negative 25/7 ausdrückst, wird das Konflikte und Energieverlust bedeuten. Du wirst niemals fertig. Nachlässigkeit und Unfertigkeit können dann zur Verbitterung führen.

25/7 als temporäre Schwingung: Wohnungswechsel, Schicksalsprüfung, Gesundheit, Erfolg nach Schwierigkeiten. Vielleicht erlebst du jetzt schwere Zeiten, die an deiner Substanz zehren. Du kannst zwar Erfolg haben, er wird dir jedoch nicht geschenkt, sondern folgt auf harte und ausdauernde Arbeit.

Während dieser Periode solltest du deine geistige Energie auf positive und konstruktive Weise nutzen. Visualisiere, was du in deinem Leben willst, und halte den Gedanken daran im Geiste fest.

Hastige Aktionen können zu Konflikten führen. Plötzliche Entscheidungen können einen Wohnungswechsel, eine Reise oder irgendeinen anderen Ortswechsel notwendig machen. Reisen sollten mit Vorsicht unternommen werden. Der Weise bleibt nicht daheim, sondern reist mit Vorsicht. Lästige Krankheiten können sich entwickeln und brauchen Aufmerksamkeit.

Unterzeichne irgendwelche Dokumente, die man dir vorlegt, nur, nachdem du einen Fachmann auf dem jeweiligen Gebiet konsultiert hast. Dann jedoch gehe zügig voran, in der Sicherheit, daß deine Unternehmungen sehr erfolgreich sein werden, weil du alle Eventualitäten und Details berücksichtigt hast.

Symbol im Tarot: Ritter der Stäbe. Der Ritter steht in voller Rüstung und reitet gerade zum Turnier. Das weist auf seine aufkeimenden Gedanken an eine neue Unternehmung und seinen Wunsch zu gewinnen hin. Sein Kreuzzug kann eine Suche nach der Wahrheit sein, denn seine Waffe ist der Stab der göttlichen Macht. Das Symbol des Salamanders auf seiner Robe weist auf die Fähigkeit hin, die feurige Energie zu handhaben.

Astrologische Entsprechung: Frühling (Widder, Stier, Zwillinge). Der Ritter der Stäbe regiert über die Jahreszeit Frühling, von der Zeit an, in der die Sonne in den Widder tritt, bis sie die Sommersonnenwende bei 0 Grad im Krebs erreicht hat.

Die Sonne steht im Widder am höchsten, und ihre Kraft erweckt neues Leben, wenn die Natur auf ihre wärmenden Strahlen reagiert. Wie die Natur sammelst auch du in dieser Jahreszeit Kraft, indem du Hindernisse überwindest. Es kann Schwierigkeiten geben, wenn du dich bemühst, das Versprechen der Sonne einzulösen, aber du wirst durch deine harte Arbeit Erfolg haben.

26/8 *als persönliche Zahlenschwingung:* Dies ist eine karmische Zahl. Sie weist auf ein Leben hin, in dem du über die Welt, die dich umgibt, nur durch Erfahrungen lernen kannst. Streßvolle Situationen entwickeln mit der Zeit dein Selbstvertrauen. Dann werden positive Handlungen zu Reichtum und Erfüllung führen. Du hast Enthusiasmus, Mut und den Willen zur Macht. Die Macht wird kommen, wenn du gelernt hast, weise zu sein, und durch Selbstbeherrschung Stärke gewonnen hast.

Deine Impulsivität verwickelt dich in unverhoffte Liebesaffären. Dieselbe Impulsivität bringt deine Mitmenschen manchmal durcheinander und führt zu gespannten Situationen. Du mußt lernen, dich zu beherrschen, geduldig zu sein und Ausdauer zu beweisen. Du mußt dich den Naturgesetzen unterstellen, bevor du sie unter deine Kontrolle bekommst.

Du bist ein talentierter Redner, der zu einem Lehrer, Abgeordneten oder Diplomat werden kann. Kommunikation ist das A und O, denn deine Rundumsicht erlaubt dir, das Ganze zu sehen, während andere in den Einzelheiten steckenbleiben. Deine Ideen warten nur darauf, in der Gesellschaft bekannt zu werden; nur mittels Kommunikation werden deine Konzepte verwirklicht werden können. Durch das Zusammenwirken mit anderen wirst du lernen, bleibende Beziehungen einzugehen, die deine Position im Leben festigen. Deine Beziehungen sind entschieden karmisch und werden entweder destruktiv oder aufbauend sein, je nachdem, was du in der Vergangenheit getan hast.

Du kannst im Sport Außergewöhnliches leisten, besonders im Rennen, Sprinten, Hochspringen, beim Skilaufen, in der Gymnastik und in anderen Disziplinen. Am meisten liegt dir der Sport im Freien, alles, was damit zu tun hat, die Beine zu bewegen, sowie den Körper zu koordinieren und zu balancieren.

26/8 als temporäre Schwingung: Botschaften, Ehe, Schwangerschaft, Karma. Du kannst eine wie auch immer geartete Botschaft erwarten, gute Neuigkeiten stehen ins Haus. Da dies eine karmische Periode ist, kannst du mit der Möglichkeit konfrontiert werden zu heiraten oder jemandem begegnen, der in deiner Zukunft eine wichtige Rolle spielen kann. Viele schwangere Frauen stehen unter dem Einfluß dieser Zahl, was auf eine karmische Beziehung zwischen dem Kind und den Eltern hindeutet.

Dies ist eine gute Zeit, um deine Ausdrucksfähigkeiten zu verbessern. Mach einen Rhetorik-Lehrgang oder lerne eine Fremdsprache. Studiere ein Thema, das dein Bildungsniveau und deinen Erfahrungshorizont erweitern kann.

26/8 ist eine großartige finanzielle Schwingung. Du solltest jedoch vorsichtig sein. Vergewissere dich über alle Details, bevor du eine Investition tätigst oder dich auf eine Partnerschaft oder eine Abmachung einläßt.

Als negative Schwingung kannst du schlechte Nachrichten aller Art erhalten. Partnerschaften oder Verträge können zerbrechen und Verluste eintreten, die Entscheidungen unmöglich machen.

Im Positiven kannst du das Beste erwarten. Wunderbare Beziehungen können nun eingegangen werden, die ein langes Leben voller Glück und Erfüllung sicherstellen.

Symbol im Tarot: Bube der Stäbe. Der aufrecht dastehende junge Mann scheint innerlich seine Kraft zu messen. Er fühlt seine innere Stärke, aber hat es noch vor sich, diese Kraft auf der sich vor ihm öffnenden weiten Ebene unter Beweis zu stellen. Obwohl er die Salamander-Robe als Schutzmantel mit Zuversicht trägt, schaut er prüfend auf den Stab in seiner Hand, der ein Zeichen der göttlichen Macht ist, um zu sehen, ob er sich auf ihn verlassen kann.

Astrologische Entsprechung: Dritte Dekade Widder. Die dritte Dekade im Widder führt die gleichzeitige Herrschaft des Jupiter im Schützen ein. Du bist voller Energie und liebst sportliche

BUBE der STÄBE

Betätigung an der frischen Luft. Dein gutwilliges, kameradschaftliches und einnehmendes Wesen neigt dazu, weltlichen Reichtum anzusammeln, was dir die Macht über andere verleiht. Du bewahrst eine Haltung voller Selbstvertrauen, selbst wenn du wegen der Jupiter-Schwingungen, die sich hier zeigen, unter Streß stehen solltest.

27/9 *als persönliche Zahlenschwingung:* Dies ist eine Zahl großer spiritueller Stärke. Die Anfänge eines tiefen spirituellen Verständnisses verleihen dir Einsicht und Voraussicht. Du solltest lieber deiner eigenen Intuition folgen, als dich von anderen beeinflussen zu lassen. Du bist gerecht und weise. Du bist bestrebt, Harmonie zu wahren und anderen geistig, körperlich und spirituell zu helfen.

Du hast einen fruchtbaren schöpferischen Geist und einen Sinn für Schönheit und Kunst. Nach vielen Versuchen und Veränderungen bringen endlich deine energiereichen, erfinderischen Ideen ungewöhnlich erfolgreiche Ergebnisse. Andere schätzen dich besonders wegen deiner originellen Antworten auf ihre Probleme.

Deine Kreativität erstreckt sich auf die körperliche Ebene: Du wirst eine große Familie hervorbringen. Ganze Zivilisationen gründen sich auf das Holz, aus dem du geschnitzt bist.

Alle geschäftlichen Unternehmungen werden sich, wenn du das Ruder führst, über alle Erwartungen hinaus gut entwickeln. Deine geistige Stärke und positive Einstellung verleiht dir die Kraft, selbständig zu arbeiten. Du kannst andere Menschen so beeindrucken, daß sie dir nachfolgen wollen und deine Ideen zur Ausführung bringen. Dein Einfluß auf andere, in Verbindung mit deiner Führungsqualität, verschafft dir Reichtum und ein angenehmes Leben.

Wenn du eine negative 27/9 bist, bist du verwirrt und unentschlossen, weißt niemals, welchen Weg du zu gehen hast. Gleichzeitig bist du denjenigen gegenüber intolerant, die gescheitert sind oder die du für gescheitert hältst.

Du hast in deinem Leben die großartige Möglichkeit, deine Ideen auf greifbare Weise zu verwirklichen. Es gibt keinen Zweifel, daß deine geistigen Qualitäten ausgezeichnet sind. Dein Ziel muß es sein, deine Ideen aus dem Bereich der rein geistigen Konzepte herauszubringen und sie in die Tat umzusetzen. Erschaffe nützliche Produkte, die der Welt zugute kommen.

27/9 als temporäre Schwingung: Geburt, Heirat, Beginn eines neuen Geschäftes. Die Dinge wachsen unter dieser Schwingung, blühen und tragen Früchte. Es ist eine fruchtbare, vielversprechende Periode in deinem Leben. Beziehungen blühen und helfen dir, andere besser zu verstehen, daher ist in diesem Zeitraum Heirat und enge Partnerschaft im Rahmen der Möglichkeiten.

Wenn du geplant hast, ein neues Geschäft zu eröffnen, ein Patent oder eine Idee anzumelden, eine Ausstellung zu machen oder irgend etwas Schöpferisches zu unternehmen, dann ist jetzt die Zeit dafür. Diese Schwingung vereinigt auf sich alle Zutaten für einen Erfolg.

Du wirst die Hilfe anderer in Anspruch nehmen. Diese wiederum werden mehr als zufrieden sein, dir zu helfen, daß du bekommst, was du brauchst, denn deine positive Einstellung ist ansteckend.

Dies kann sehr wohl der Grundstein für ein großes Vermögen sein. Die Ereignisse, die jetzt eintreten, bringen dir am Ende den Reichtum, den Wohlstand und die Ziele, die du anstrebst.

Eine negative Reaktion kann Verzögerungen bringen, verschobene Reisen, die Schließung eines bestehenden Geschäftes oder ganz allgemein unglückliche Gefühle.

Indem du eine positive Erwartungshaltung an den Tag legst, kannst du die bessere Seite dieser ungewöhnlichen und vielversprechenden Zahlenschwingung hervorlocken. Du befindest dich in mancherlei Hinsicht auf einer gewinnbringenden Abenteuerreise ins Neuland. Eine Reise ist möglich, aber wenn du nicht physisch reist, dann befindest du dich zumindest auf einer Reise zu deinen innersten Träumen.

Symbol im Tarot: As der Stäbe. Die Hand Gottes hält einen lebendigen Stab, einen wachsenden Gegenstand mit grünen Blättern. Einige dieser Blätter fallen zur Erde in Form von Yods, Funken der Inspiration und Kreativität. Der Stab versprüht Leben in allen Bereichen, zu allen Zwecken. Er ist der reine Erfindungsgeist, der darauf wartet, daß er von jemandem, der dazu in der Lage ist, genutzt wird.

Astrologische Entsprechung: Das Element Feuer (Widder, Löwe, Schütze). Die Asse des Tarot herrschen über die Elemente Feuer, Erde, Luft und Wasser. Das Element Feuer, das sich auf das As der Stäbe bezieht, weist darauf hin, daß du deiner Intuition folgen und nicht davon abgehen solltest, was du für richtig hältst. Du bist erfindungsreich, kreativ und inspiriert. Du bringst Originalität in alles, was du berührst. Kunst und Schönheit, Friede und Gerechtigkeit sind integraler Bestandteil deines Wesens.

28/1 *als persönliche Zahlenschwingung:* Wenn du dich in deinem Leben von Sorgfalt und Vorsicht leiten läßt, dann gibt es für dich großartige Möglichkeiten. Du bist ehrgeizig und progressiv, gewillt, Führung und Verantwortung zu übernehmen. Du möchtest die gegenwärtigen Umstände verbessern. Deine positive, direkte Einstellung zum Leben gibt jeder neuen Unternehmung, die du beginnst, den richtigen Schwung. Du bist ein Mensch der Tat mit der Fähigkeit, die Dinge zu sehen, wie sie wirklich sind, ohne vorgefertigte Ideen oder Konzepte. Du besitzt ein gesundes Urteil, denn du hast einen direkten Draht zu deiner Quelle des Wissens und verstehst es, eine perfekte Balance zwischen deinen Wünschen und deinen Gedanken zu wahren. Du bist ein Visionär mit der Fähigkeit, deine Träume in greifbare Produkte zu übersetzen.

Es gibt in dieser Zahl eine vitale, stimulierende, erfindungsreiche Qualität, die allzeit bereit zu neuen Taten und Pionierunternehmungen ist. Mit Kühnheit und Courage bist du der Meister deines Schicksals, der souveräne Herrscher deiner Welt. Dein Talent, andere zu inspirieren, dein ausgeglichener Verstand, deine Freundlichkeit und Großzügigkeit, schaffen eine karmische

Reaktion, die dir Erfolg und Befriedigung bringt. Du bist für das andere Geschlecht anziehend. Geld und Glück sind der Lohn dafür, daß du anderen deine Energie und deine materielle Unterstützung zugute kommen läßt. Vielleicht hast du ein Interesse an wissenschaftlichen Verfahren.

Auf der negativen Seite kann eine 28/1 rücksichtslos und waghalsig sein. Du solltest dich in Selbstkontrolle üben, um dein Gleichgewicht wiederzuerhalten. Du kannst stolz, dominant, intolerant und voller Widersprüche sein. Dein schlechtes Urteil und falsches Vertrauen in andere kann zu Verlusten führen. Du arbeitest wahrscheinlich besser, wenn du nicht allein arbeitest, und mußt vielleicht in dieser Zeit von neuem anfangen, wobei du aus deinen Erfahrungen lernen kannst.

Wenn du einmal dein Ziel festgelegt und gelernt hast, auf deine Intuition zu vertrauen, dann wirst du auch schon auf dem Weg in eine weltlich einflußreiche und zufriedene Position sein.

28/1 als temporäre Schwingung: Widersprüche, Wettbewerb, Überraschung, ungewöhnliche Ereignisse. Diese Periode bietet viele Gelegenheiten, die in eine Serie unerwarteter oder ungewöhnlicher Ereignisse münden können. Wenn du mit Vorsicht vorgehst, kann sich deine finanzielle Situation verbessern, und du kannst wohlhabend werden. Es können Wettbewerbssituationen auftreten, die nicht so ohne weiteres akzeptiert werden sollten. Sie können sich in Verlusten bei Partnerschaften, in Gesetzeskonflikten oder durch zu starkes Vertrauen auf andere auswirken. Hier liegt die widersprüchliche Natur dieser Zahl und ihrer Schwingung.

Land- und Immobiliengeschäfte können unerwartet gute Profite bringen oder überraschende Verluste, je nachdem, wie deine ursprünglichen Motive und dein Verhalten in dem Fall sind. Wenn du ehrlich, ethisch und einwandfrei handelst, kannst du nur Gutes erwarten.

Sei darauf gefaßt, daß plötzlich Ereignisse eintreten können, die deine gerechte Urteilsfähigkeit, ohne zu emotional oder zu streng zu werden, auf die Probe stellen. Ein gutes Urteil ist bei allen Transaktionen und Übereinkünften unerläßlich. Wenn du die Fakten ermittelst und sie klug einsetzt, kannst du mit deinen Mitmenschen sehr profitable Verhältnisse eingehen.

Einige Menschen handeln voreilig, weil sie davon ausgehen, daß sie auf alles eine Antwort haben. Ein vielversprechender Anfang kann so durch mangelndes Urteilsvermögen ein schlechtes Ende nehmen.

Die Ergebnisse dieser Periode scheinen einzig in deinen Händen zu liegen. Du hältst die Zügel in der Hand. Wenn du lediglich ein süßes Leben im Sinn hast, kannst du deine Energie gleich auf den Müllhaufen werfen.

Symbol im Tarot: Die zwei Stäbe. Ein Mann hält die Welt in seiner Hand und deutet damit an, daß ihm auf allen Gebieten unbeschränkte Möglichkeiten zur Verfügung stehen. Er ist in das rote Gewand der Aktivität und des Verlangens gekleidet. Er ist umgeben von lebendiger Kraft, symbolisiert durch die beiden fest gepflanzten lebendigen Stäbe zu seiner Rechten und seiner Linken. Er schaut hinaus über das Wasser, das Symbol der Erkenntnis der unbewußten Kräfte. Der Garten im Hintergrund zeigt die Arbeit, die im vorangegangenen Leben geleistet wurde. Das Emblem der gekreuzten Lilien und Rosen zeigt, daß physisches Verlangen und spirituelle Entfaltung auf harmonische Weise vermischt sind.

Astrologische Entsprechung: Erste Dekade Widder. In dieser Abteilung des Tierkreises gibt es eine vitalisierende, stimulierende und erfindungsreiche Qualität. Du besitzt Courage und Leidenschaftlichkeit und bist allzeit bereit zu neuen Taten und Abenteuern eines Pioniers. Du übst auf das andere Geschlecht Anziehung aus, bist emotional, großzügig und gefühlvoll, gleichzeitig jedoch stolz und aggressiv. Du verstehst, daß es viele Wege gibt, um jedes Ziel zu verwirklichen. Du mußt daher Geduld lernen und aus vergangenen Erfahrungen die Lehre ziehen.

29/11 *als persönliche Zahlenschwingung:* 29/11 ist eine Leitzahl und erfordert als solche mehr von dir als die anderen Zahlenschwingungen. (Lies dazu auch unter den Zahlen 11 und 2 nach, denn du kannst dich zwischen diesen beiden Energien hin und her bewegen.)

Dies ist eine Prüfungsinkarnation, in der die Stärken, die du in der Vergangenheit entwickelt hast, jetzt zu kommerzieller Anwendung kommen müssen. Du bist ein Neuling in der Geschäftswelt, die dich nun lockt. Dennoch hast du alle notwendigen Werkzeuge, um ein erfolgreiches Unternehmen zu führen. Die positive Seite der Schwingung versieht dich mit der Vision und der Weitsichtigkeit, die notwendig ist, um über die sichtbare Welt hinauszusehen und für viele Talente einen Nutzen zu finden. Dann wirst du in der Lage sein, in der Geschäftswelt zu Erfolg und Reichtum zu finden. Andere Geschäftsleute sind gewillt, dir zu helfen, deine Ziele zu erreichen, und du kannst mit ihnen eine erfolgreiche finanzielle Partnerschaft eingehen.

Ebenso wie das Licht physisch instabil und fließend ist, so zeigt auch diese Zahl Ungewißheit, Entschlußlosigkeit und Ängstlichkeit an. Durch diese Energie kannst du an unzuverlässige Freunde und Verträge geraten, die dich auf die Probe stellen.

Stolz, Arroganz und Dickköpfigkeit halten dich manchmal davon ab, einen Irrtum zuzugeben. Wenn jedoch einmal die Ängste überwunden und die Barrieren abgebaut sind, dann schaust du zurück auf deinen Wissensvorrat und gewinnst deine Position der Stärke und Stabilität wieder zurück.

Du bist ein entschiedener Individualist. Du besitzt Vitalität und ein großzügiges Wesen. Du mußt die hohe Kunst der Kooperation lernen, denn du hast immer gern das letzte Wort.

Lerne, dich zu entscheiden und an deiner Entscheidung festzuhalten. Wenn du fähig bist, deine Ziele dauerhaft zu verfolgen, dann wirst du, nach einigen Schwierigkeiten, schließlich deine Hoffnungen und Träume erfüllen.

29/11 als temporäre Schwingung: Lernphase, kommerzielle Gelegenheiten, Hilfsangebote. Dies ist eine Leitzahlenperiode. Sie erfordert größere Anstrengungen von dir, aber verspricht auch einen höheren Lohn. Sei auf der Hut! Halte deine Augen offen und achte auf Gelegenheiten, die deinen Weg kreuzen. Gebrauche deinen gesunden Menschenverstand und Einsicht, um die Angebote, die dir gemacht werden, zu prüfen. Übersieh und ignoriere keine Möglichkeiten. Lerne, die Vorteile zu sehen und im richtigen Moment zuzugreifen.

Geschäfte und kommerzielle Möglichkeiten bieten dir neue Perspektiven für dein Leben. Eine Partnerschaft kann Teil einer Abmachung sein. Sei offen für neue Ideen und bereit, Hilfe anzunehmen, die angesehene Geschäftsleute dir anbieten.

Eine negative 29/11 bringt Ungewißheiten und Ängste mit sich. Freunde erweisen sich als unzuverlässig, und Enttäuschungen stellen sich ein. Entscheidungen sind in dieser Periode nicht einfach. Hilfsangebote sollten genau geprüft werden.

Du kannst diese Periode nutzen, um dich in deine wahren inneren Kräfte einzustimmen, sie ans Licht zu bringen und in der Welt der Formen auszuprobieren. Sieh, was deine Talente wert sind, indem du sie in der Praxis anwendest. Wenn dies auf kluge Weise getan wird, kannst du von solchen Vorhaben nur profitieren. Deine Mitmenschen können deine Anstrengungen anerkennen und dir die entsprechende Ehre erweisen.

Symbol im Tarot: Die drei Stäbe. Die Stäbe stehen für spirituelle Macht. Die Figur wendet sich von der Macht ab. Der Mann sollte es sich noch einmal überlegen und seine Macht zur Verfügung stellen. Der Hintergrund ist ausgetrocknet, er zeigt an, daß das Land grundlegend kultiviert werden muß. Die Haltung der Gestalt ist so in sich gekehrt, daß sie sich der Vorteile, die auf der Hand liegen, nicht einmal bewußt ist, dennoch hält sie sich an einem der Stäbe zur Sicherheit fest. Die Schiffe auf See stehen für eine sichere Fahrt, und das Wasser bedeutet wie immer unbewußte Reflektion und Empfänglichkeit.

Astrologische Entsprechung: Zweite Dekade Widder. Dies ist die ehrgeizige Zeit des Tierkreises, mit einem großen Antrieb in Richtung deines erwählten Zieles. Du bist von einer Aura von Eifer und Enthusiasmus umgeben, die andere ansteckt. Du strahlst eine freudige Schwingung aus, die sich auf Menschen, die in deinen Einflußbereich kommen, überträgt. Diese Fähigkeit sichert dir ein Willkommen, wo immer du hingehst. Du kannst in deinen Kreisen der lebendige Funke sein. Deine Haltung könnte man als königlich beschreiben. Bewahre dieses kosmische Geschenk und setze es mit Bedacht ein. Wenn du zuläßt, daß es sich in Stolz und Egoismus verwandelt, dann wird statt Erfolg sich eine Niederlage einstellen, und du wirst es bitter bereuen. Halte an deinen höchsten Idealen fest und freue dich des Lohnes der Tugend.

30/3 *als persönliche Zahlenschwingung:* Wie in allen Zahlen mit der 0 am Ende ist der Ausdruck der ersten Zahl noch durch die göttliche Kraft verstärkt.

Du strebst nach Perfektion und suchst nach Sicherheit. Dies ist eine ausgezeichnete Zahl, um große Aufgaben zu bewältigen, denn dein Geist ist geordnet und systematisch. Du kannst ein ausgezeichneter Rechtsanwalt oder Richter sein, denn du hast eine Vorliebe für Systeme und respektierst die Konventionen des Lebens. Du bist extrem wendig und schlau und kannst mit Leichtigkeit in den Wissenschaften brillieren. Du besitzt das Geschick für einen Arzt oder Chirurg.

Auch für die Kunst hast du Geschick. Du liebst Theater, Schreiben, Musik, Kinder und Tiere. Alles, was Freude und Erfüllung bringt, übt auf dich seinen Reiz aus.

Die reichen Belohnungen, materiellen Bequemlichkeiten und liebevollen Freuden eines glücklichen Zuhauses gehören dir. Weil du materielle Güter im Überfluß besitzt, kannst du ihnen gegenüber gleichmütig sein und dich deinen philosophischen oder religiösen Interessen widmen. Du bist idealistisch und hast ein Interesse an höherem Bewußtsein und Prophetie.

Dein Sex-Appeal ist sowohl ein großer Vorzug wie auch eine verborgene Gefahr, es sei denn, du verstehst es, damit umzugehen. Du nimmst leicht die Mitte der Bühne ein, denn du bist charmant und liebenswürdig. Du wirst den Überfluß haben, den das Leben zu bieten hat, und damit die Freiheit, das Beste an dir selbst zu entdecken und zum Ausdruck zu bringen. Du kannst ebenso hell erglänzen wie der hellste Stern des Firmaments und damit in das Leben vieler Menschen ein wenig Glanz bringen.

30/3 als temporäre Schwingung: Vollendete Arbeit, Feier, Romantik, trautes Heim. Die Projekte, an denen du gearbeitet hast, erreichen in dieser Periode ihren höchsten Ausdruck. Wenn die Arbeit gut war, dann wird nun der Lohn im Überfluß kommen. Dies ist eine Zeit zum Feiern, eine Zeit, auf die man lange gewartet hat. Deine liebsten Wünsche und Träume können nun erfüllt werden.

Diese Energien drehen sich ebenfalls um Heim und häusliche Beziehungen. Wenn eine Romanze in der Luft liegt, dann wird sie erblühen. Die Ehe wird Glück, Erfüllung und Fruchtbarkeit bringen.

Dein Verstand ist aktiv. Du bist schlau und verfügst über großen Weitblick. Wenn du einen Hang zum Künstlerischen hast, dann wird die Schwingung, die du gerade erfährst, allem, was du schaffst, eine besondere Note verleihen. Ein Interesse an philosophischen oder metaphysischen Disziplinen wird ebenfalls das Feuer des Ausdruckes entfachen, und wenn du diese geistig stimulierenden Künste und Wissenschaften pflegst, dann wirst du gleichzeitig deine Fähigkeit zur wirkungsvollen Kommunikation ausbilden. Du erreichst einen höheren Bewußtseinszustand.

Die negative Seite der 30 kann eine Verzögerung oder eine Verminderung der beschriebenen Qualitäten bewirken. Dennoch scheint diese Zahl sogar im schlimmsten Fall nur Gutes zu bieten haben. Große Freude, Harmonie und Frieden gehören dir, außerdem Liebe, Romantik und alle Belohnungen einer guten Arbeit.

Symbol im Tarot: Die Vier Stäbe. Die gepflanzten lebendigen Stäbe zeigen eine vollendete Arbeit an. Die Dinge tragen Früchte. Die Türme mit den roten Dächern deuten verwirklichte Wünsche an. Die beiden Figuren versinnbildlichen die Vereinigung von zwei Geistern, und die Girlande aus Blumen und Früchten, die hoch auf den Stäben aufgespannt ist, bedeutet vollendete, preisgekrönte Arbeit, die hoch gelobt und triumphal gefeiert wird.

Astrologische Entsprechung: Dritte Dekade Widder. Vorteile erwachsen immer in der dritten Dekade, denn dort herrschen die drei Planeten des Elementes Feuer in ihrer dichtesten Form. Du

strebst in allem, was du tust, kaufst oder sammelst, nach Qualität. Deine Arbeit oder dein Beruf wird mit den besten Absichten und Willen zum Erfolg ausgewählt. Ein charmantes Wesen ist eines der kosmischen Geschenke, die dir bei der Geburt verliehen wurden, und es stattet dich mit Anziehungskraft dem anderen Geschlecht gegenüber aus. Dies ist ein Vorteil, aber auch eine Gefahr, je nachdem, wie du damit umgehst. Vergiß nicht, dem Gesetz von Recht und Gerechtigkeit zu folgen, während du in deinem Leben Schönheit und Harmonie erzeugst. Dein Erfolgspotential kommt am besten zur Geltung, wenn du einen konventionellen Kurs in deinem Leben einschlägst. Reisen und das Studium der Philosophie sind mögliche Anwendungsbereiche für deine Energien.

31/4 *als persönliche Zahlenschwingung:* Du bist von Natur aus ein Kämpfer. Du kämpfst für alles, was du willst und was du glaubst. Du bist unabhängig und stolz und wirst hart arbeiten, um dich durchzusetzen. Dieser intensive Wettbewerbsgeist setzt oft einen Kampf in Gang, bei dem du den Ehrgeiz anderer anstachelst. Eine überstürzte Vergeudung deiner Energien kann deine Wirkung schmälern, und du solltest deine Aktionen effizient organisieren und gezielt einsetzen.

Du hast Durchsetzungsvermögen, Energie und Geduld. Wenn du lernst, dich in der Praxis durchzusetzen, dann wirst du durch geschäftlichen und finanziellen Erfolg belohnt werden. Du hast das Potential, es zu etwas zu bringen, und wenn du lernst zu kooperieren und zu delegieren, kannst du weit kommen. Du kannst eine Industrie aufbauen, die sich auf das Wissen gründet, welches du in fleißigem Studium erarbeitet hast.

Du strahlst freizügig und machtvoll Liebe aus. Dein liebendes Wesen erhellt das Leben deiner Mitmenschen. Du bist großzügig und wirst alle Schwierigkeiten überwinden, denn du hast eine positive Einstellung. Du siehst jedes Hindernis als eine Möglichkeit an, deinen Kampfgeist unter Beweis zu stellen.

Wenn du eine negative 31/4 bist, bleibst du desorganisiert und kämpfst um dein Überleben, bist streitsüchtig, hast permanent Schwierigkeiten und bleibst materiell arm. Du bist nervös und reizbar und mußt lernen, mit anderen zu harmonisieren. Durch dein überstürztes Verhalten und deine Großspurigkeit kannst du mit dem Gesetz in Konflikt geraten.

Du siehst das Leben als Kampf, in dem du deine Stärke ausleben und ins Gleichgewicht bringen kannst, indem du alle Hindernisse überwindest. Dein Ehrgeiz treibt dich zu großen Taten, und irgendwann wirst du den Gipfel des Berges erreichen, wo du die überwältigende Befriedigung erleben kannst, die jemandem zuteil wird, der einen anstrengenden Aufstieg hinter sich hat. Der Erfolg ist auf deiner Seite.

31/4 als temporäre Schwingung: Wettbewerb, Widerstände, rechtliche Händel, Schlichtungen. Du mußt jetzt lernen, dich an andere anzupassen. Deine Energie befindet sich auf einem Höhepunkt. Wenn du diese Energie in die richtigen Bahnen lenkst, kannst du sehr viel erreichen. Wenn es dir nicht gelingt, kann deine Lebhaftigkeit in die falsche Richtung losgehen und Schwierigkeiten und Streit mit anderen verursachen. Eine streitsüchtige Natur wird Isolation und Einsamkeit erzeugen. Positives Handeln wird dir neue Möglichkeiten eröffnen und im Geschäftsleben sowie bei finanziellen Spekulationen eine Wende zum Besseren einleiten. Günstige Faktoren kommen zusammen und bringen den Erfolg, wenn du nicht zuläßt, daß deine kostbare Energie durch Desorganisation vergeudet wird.

Rechtliche Angelegenheiten brauchen Aufmerksamkeit, und langwierige Gerichtsverfahren kommen unter dieser Schwingung zu einem Abschluß. Verträge und rechtliche Abmachungen sollten auf ruhige und geordnete Weise angegangen werden. Kooperation, praktisches Denken und Ehrlichkeit sind wesentliche Voraussetzungen. Hüte dich daher vor Stolz und Extravaganzen, die den günstigen Ausgang solcher Verhandlungen stören könnten.

Deine Finanzen können sich jetzt verbessern, wenn du dich mit anderen in einer ehrlichen gemeinsamen Anstrengung zusammentust, die greifbare Ergebnisse hervorbringt.

Symbol im Tarot: Die Fünf Stäbe. Fünf junge Männer werden gezeigt, die ihre Stäbe in einer Weise handhaben, die Unausgeglichenheit deutlich werden läßt. Man kann darin den Lebenskampf erkennen, in dem jeder versucht, etwas auf seine eigene Weise zu tun. Wenn unter ihnen das Gesetz der Kooperation herrschte und sie ihre Kräfte vereinigten, dann könnten sie viel erreichen. Das Bild zeigt geistige Unruhe und einen Mangel an Gelassenheit. Die wünschenswerte Wiedererlangung der inneren Balance ist die Lektion, die man aus diesem Schlüssel ziehen kann.

Astrologische Entsprechung: Erste Dekade Löwe. Dieser Abschnitt des Tierkreises weist auf einen starken Willen hin. Du bist entschlossen, deinen Einfluß für das, was du für richtig hältst, geltend zu machen. Du bist zuverlässig und ernsthaft. Du strebst zwar nach Harmonie, aber möchtest diese am liebsten dadurch erreichen, daß du anderen deinen Willen und deine Art, etwas zu tun, aufdrängst. Du hast eine dramatische Art und könntest bei Theater, Kino oder Fernsehen Karriere machen. Du verfügst über ein gutes Gedächtnis und hast eine lebhafte Art. In allem, was du tust, bist du energisch und resolut.

32/5 *als persönliche Zahlenschwingung:* 32/5 ist die magische Zahl, die Völker und Nationen regiert. Sie übt einen beschützenden Einfluß aus. Man nennt dich und alle, die unter dem Einfluß dieser Zahl stehen, »Boten des Lichts«.

Du besitzt Wissen und bist beauftragt, es auszusenden. Du bist der Krieger für das Recht mit einem weit entwickelten Sinn für Pflicht und Verantwortung. Du bringst die gute Botschaft für die Zukunft.

Dies ist eine Zahl, bei der man zupacken muß. Du mußt geduldig sein, entschlossen und zügig vorangehen. Deine Ziele sollten hochgesteckt sein, du mußt geistig verantwortlich sein und dich auf deine Intuition verlassen.

Du beherrschst die Kunst der freien Rede und glänzt mit Fremdsprachen, die dir bei der Kommunikation behilflich sind. Du mußt Augenmaß walten lassen und darfst dich nicht von anderen beeinflussen lassen.

Viele Freunde werden dir helfen, und gesellschaftlich sowie geschäftlich wirst du Erfolg haben. Wenn du durchhältst, wirst du siegen, und das Glück, das du gesucht hast, wird dir zuteil.

Wenn du eine negative 32/5 bist, läßt du es zu, daß deine hochnäsige, stolze Art mögliche Freunde zu Feinden werden läßt und diese letztendlich über dich die Oberhand gewinnen. Dein Überlegenheitsgefühl kann verletzend sein. Das ist oft der Fall, wenn du eine Autoritätsposition erreicht hast, aber dich schuldig fühlst, weil du meinst, deine Möglichkeiten nicht voll auszuleben. Die guten Seiten, die diese Zahl zu bieten hat, werden so lange nicht zum Tragen kommen, bis du gelernt hast, richtig mit deinen Energien umzugehen.

Du bist charmant, was dir ein hohes Maß an Selbstvertrauen verleiht. Dein Durchsetzungsvermögen macht dich zu einer Führungsperson und bringt dich in Positionen mit Autorität. Du fühlst dich zur parlamentarischen Arbeit hingezogen und kannst eine Führungspersönlichkeit in Regierungspolitik und Gesetzgebung werden. Du hast ein Gefühl für persönliche Macht und das Bedürfnis, in deinem Lebenswerk Gerechtigkeit walten zu lassen. Die Siegeslorbeeren gehören dir, wenn du dich nicht von deinem Ego verderben läßt. Du wirst nur dann zufrieden sein, wenn du weißt, wie eng du mit der Quelle verwandt bist, die dich mit Kraft erfüllt. Selbstvertrauen ist ein großes Plus in deiner Karriere, besonders wenn dies deine Äußere Persönlichkeitszahl oder deine Lebensaufgabenzahl ist.

32/5 als temporäre Schwingung: Gute Neuigkeiten, Humor, Belohnungen, Sieg. Du erlebst eine äußerst günstige Periode, in der dir vielleicht eine gute Nachricht überbracht wird. Du erreichst die hohen Ziele, nach denen du gestrebt hast, und die Anerkennung und Ehre, die mit ihnen verbunden sind. Du kannst die Früchte deines Fleißes genießen.

Schwierige Situationen werden überwunden und Auseinandersetzungen geschlichtet, nach deren Beendigung du an der Spitze stehst. Bei friedlichen Einigungen bist du der Gewinner.

Freunde sind in dieser Periode sehr hilfreich, und du kannst dich in allem, was du brauchst, auf sie verlassen, sei es geschäftlich oder privat. Dein Überzeugungstalent ist offensichtlich, und du kannst leicht andere davon überzeugen, daß du mit deiner Auffassung richtig liegst. Die Botschaften, die du nun überbringst, können extrem wirkungsvoll sein, wenn du jemanden berätst oder einfach nur einen guten Rat erteilst.

Laß nicht zu, daß der Stolz auf deine Errungenschaften dich zur Arroganz verleitet und du damit mögliche oder wirkliche Freunde vor den Kopf stößt. Dein Stolz kann alles Gute zunichte machen, dann gewinnen die Feinde die Oberhand, und du kannst deine Ziele erst später oder gar nicht erreichen.

Du solltest eine spirituelle Philosophie entwickeln, die auf dem Bewußtsein gründet, daß deine gegenwärtige Macht aus einer göttlichen Quelle stammt und nur *durch* dich und nicht *aus* dir kommt. Erfreue dich an dem befriedigenden Gefühl, zu wissen, daß du in der Lage warst, dich selbst als einen Kanal für diese Quellen zu öffnen, aber halte dich nicht selbst für die Quelle. Diese Erkenntnis bereitet größere Freude und Befriedigung als die

mißverstandene Vorstellung von der totalen Kontrolle durch das Ego.

Symbol im Tarot: Die Sechs Stäbe. Ein lorbeergekrönter Reitersmann, der einen Lorbeerkranz in seiner Hand hält und im Triumph einreitet, während das Fußvolk mit Stäben an seiner Seite einhergeht – das typische Bild eines Siegers. Die esoterische Bedeutung dieses Bildes ist die Beherrschung der Tiernatur und kontrollierte spirituelle Energie. Er ist ein tapferer Ritter, der für Recht, Pflichterfüllung und Verantwortung kämpft.

Astrologische Entsprechung: Zweite Dekade Löwe. Dies ist ein begünstigter Abschnitt des Tierkreises, sehr progressiv und großzügig. Er ist eine Art Gipfelpunkt des gesamten Jahreskreises. Du bist philosophisch oder religiös orientiert und respektierst die Konventionen der Kultur, in der du lebst. Du könntest versucht sein, an der Börse zu spekulieren oder auf andere Weise zu spielen. Wenn du dabei nicht gierig wirst, kann eine solche Aktivität sich gut entwickeln. Vielleicht hast du lebhafte Träume, die du aufschreiben solltest, denn sie können dir durchaus den Weg öffnen, kosmische Führung zu erhalten.

33/6 *als persönliche Zahlenschwingung:* 33 ist die dritte Leitzahl. Sie gilt als höhere Oktave der Venus, eine Liebesschwingung auf der höchsten Ebene: Barmherzigkeit. Wenn man diesem Ideal gerecht wird, dann wird die 33 nicht auf ihren Grundwert 6 reduziert. Wenn eine Person jedoch nicht die hohen Maßstäbe dieser Schwingung erfüllen kann, kann sie auch als eine 6 erlebt werden. Sie erfordert Selbsthingabe und manchmal sogar ein Martyrium. Du bist ein Lehrer für Lehrer. Es wird von dir verlangt, daß du dein Licht ausstrahlen läßt, und du mußt gewillt sein, dich für andere oder für deine Ideale aufzuopfern. Du bist verantwortlich für eine ganz spezielle Aufgabe und hast diese Sendung mit Überzeugung und unverbrüchlicher Standhaftigkeit angenommen.

Mit deiner Courage und unermüdlichen Energie inspirierst du andere, deinem Beispiel zu folgen. Du zeigst in schwierigen

Situationen Mut und hältst deine Position aufrecht, ohne Rücksicht auf die Folgen. Du nimmst die Last, die dir auferlegt wird, mit Geduld und Nachsicht auf dich, ohne eine Belohnung oder wenigstens eine Anerkennung zu erwarten. Du erlebst vielleicht eine Kreuzigung deines emotionalen Wesens.

Du bist ehrlich, selbstdiszipliniert, scharfsinnig und gesetzestreu. Du bist gleichzeitig extrem vielseitig, kreativ, erfindungsreich und phantasievoll. Du schätzt die Kunst und das Schöne. Massen stören dich. Daher ziehst du das Leben auf dem Lande vor, wo du dich dem Lärm und Aufruhr der Großstadt entziehen kannst. Wenn du das hohe Potential der 33 nicht erfüllen kannst, kannst du als 6 leben. In diesem Fall nehmen häusliche Erwägungen die Überhand.

Wenn du eine negative 33 bist, bist du emotional instabil und wirst dich für alle möglichen Zwecke aufopfern, selbst wenn es die Sache überhaupt nicht wert ist. Du kannst für andere zum Fußabtreter werden und bist ängstlich und unentschlossen. Deine gespielte Tapferkeit bricht sofort zusammen, wenn du einmal aggressiv attackiert wirst. Viel Verantwortung wird dir auferlegt, für die du keine Anerkennung erwarten kannst. Du bist zu einem bestimmten Zweck inkarniert und kannst unglücklich und frustriert sein, wenn du deine spezielle Mission nicht findest. Du bist ein Reformer und hast ein starkes Bedürfnis, die Welt zu einem lebenswerteren Ort zu machen.

33/6 als temporäre Schwingung: Verantwortung, Selbstaufopferung, Courage. Du bist in eine Periode eingetreten, in der du den Glauben an deine inneren Fähigkeiten bewahren solltest. Man hat dir die Gelegenheit gegeben, deine Energien einzusetzen, um anderen zu helfen, mit ihren Problemen fertig zu werden. Sie werden dich aufsuchen und um deinen Rat fragen. Du mußt jedoch aufpassen, daß du deine Energien nicht vergeudest, indem du dich auf zu viele Projekte gleichzeitig stürzt. Barmherzigkeit als Tugend kostet nichts, totale Opferbereitschaft als Selbstzweck führt jedoch zum eigenen Untergang und ist in der Regel vergeblich, wenn sie nicht für die dringendsten Fälle vorbehalten bleibt.

Verantwortlichkeiten erfordern deine Aufmerksamkeit. Dein Zuhause und deine Familie brauchen vielleicht deine Hilfe, und ältere Menschen möchten sich vielleicht einmal an deiner Schulter ausweinen. Nimm deine Verantwortungen liebenden Herzens wahr und glaube mutig an die gute Arbeit, die du leistest. Die Energie und Stärke, die du dazu brauchst, wird dir zur Verfügung stehen. Halte trotz aller Opposition an deinen Prinzipien fest, und das Gesetz des Karma wird es dir – wie immer – mit gleichem Maß zurückzahlen.

Besondere Situationen werden dir die Augen öffnen und gestatten, dich selbst zu erkennen und vielleicht einen Sinn für deine Existenz nahelegen, einen Hinweis, welche Richtung du in deinem Leben einschlagen solltest.

Symbol im Tarot: Die Sieben Stäbe. Sechs Stäbe sind bereits gepflanzt, was bedeutet, daß sechs Sinne (der sechste Sinn ist die Intuition) entwickelt sind. Der siebente, die Fähigkeit, den Körper willentlich zu verlassen, wird gerade gepflanzt oder entwickelt. Die Figur stellt eine Person dar, die bereit ist, hart zu arbeiten, ohne an sich selbst zu denken, denn sie ist einfach gekleidet und arbeitet auf einem dürren Hügel. Sie macht sich nichts aus dem Luxus der Welt und ist lediglich an einer höheren Entwicklung interessiert. Aufopferung und Entschlossenheit, anderen zu dienen, sind ihre Ziele. Manchmal ist dies eine Märtyrer-Karte.

Astrologische Entsprechung: Dritte Dekade Löwe. In diesem Abschnitt des Tierkreises ist die Kraft eines Weltmeisters zu finden. Es gibt da jedoch ein Problem, denn: »Wer die Welt besiegen will, muß zuerst sich selbst besiegen.« Die feurige Kraft dieser Dekade (die gesammelte Macht der Feuer-Trias) besitzt möglicherweise genügend Kraft, um dich extrem weit voranzutreiben. Du mußt eine stetige, aber progressive Haltung entwickeln, um deinen Weg in der Welt zu machen. Du hast einen ausgeprägten Pioniergeist und angeborene Führungsqualitäten. Du bist unermüdlich und kannst andere dazu inspirieren, gemeinsam mit dir an erstrebenswerten Zielen zu arbeiten.

34/7 *als persönliche Zahlenschwingung:* Diese Zahl regiert stetiges Wachstum und geordnete Entwicklung. Sie ist verbunden mit den verborgenen Mysterien des Lebens. Du kannst die materielle, geistige und spirituelle Welt integrieren und einen systematischen Weg für deine Evolution bereiten.

Du bist praktisch und konventionell und durchbrichst nur selten die Grenzen förmlichen Verhaltens. Du hältst dich an die Fakten, so wie du sie siehst. Du bist vertrauenswürdig, ehrlich und geduldig und besitzt einen scharfen, analytischen Verstand. Andere können sich darauf verlassen, daß du ihnen immer direkt und offen auf ihre Fragen antwortest und für ihre Probleme einen guten Rat weißt. Deine Weisheit macht dich zu einer begehrten Persönlichkeit.

Du bist philosophisch und schweigsam, mit einer starken Neigung zum Religiösen. Dieser Hang zu den spirituellen Aspekten des Lebens, in Verbindung mit einem offenen Geist, machen dich sehr intuitiv. Dein Geist kennt keine Schranken, und du kennst dich auf allen Gebieten aus, jede einschränkende Disziplin ist dir zuwider.

Reisen werden dich in deinem Leben an viele verschiedene Orte bringen. Du wirst alle Bewegungsarten kennenlernen, aber am liebsten fliegst du.

Weil du dich gut ausdrücken kannst, hältst du gern Vorträge und schreibst gern. Trotz deiner außerordentlichen Beredsamkeit hast du gelernt, diskret zu sein, und man kann dir in allem vertrauen. Du hast dich dem Leben mit Haut und Haaren verschrieben und strebst deine Ziele auf eine hoffnungsvolle und ruhig abwartende Weise an. Du hast ein geduldiges Wesen, weil du verstehst, daß Fortschritt Zeit braucht.

Wenn du eine negative 34/7 bist, dann bist du ungeduldig, launisch und rücksichtslos. Du bist dir in deiner Selbstsucht nicht zu schade, die Schärfe deines Verstandes dazu zu mißbrauchen, einen Opponenten übers Ohr zu hauen. Bisweilen wendest du sogar Gewalt an, um deine Ziele zu verwirklichen.

34/7 als temporäre Schwingung: Eile, Botschaften, Einigungen. Was du anstrebst, nähert sich der Vollendung, und was du bekommst, steht in direkter Beziehung zu dem Aufwand, den du investiert hast. Festgefahrene Situationen kommen wieder in Bewegung und Verhandlungen zu einem Abschluß.

Dies ist eine aktive, hoffnungsvolle Periode, in der du dich rasch auf deine Ziele zubewegst. Du kannst von allen Seiten die verschiedensten Mitteilungen erhalten, und alle tragen dazu bei, dich weiterzubringen. Du zögerst nicht, die Mitteilungen, die du erhältst, umgehend zu beantworten. Romantik steht nun im Vordergrund, und Liebesbotschaften liegen in der Luft.

Eine negative Reaktion führt zu Streit, rechtlichen Problemen und Verzögerungen. Geschäfts- und Liebesbeziehungen können stagnieren. Streitigkeiten und hausgemachte Probleme kommen auf, manchmal wegen Eifersucht oder überstürzten Handlungen. Du mußt dich schon anstrengen, um einen Streit zu schlichten.

Reisen, vielleicht im Flugzeug, sind sehr wahrscheinlich, um verschiedene Angelegenheiten zu einem erfolgreichen Ende zu führen. Diese Periode läßt die Räder rollen. Deine Angelegenheiten machen sichtliche Fortschritte, und du kannst sehen, daß mit der Zeit die Dinge zu ihrem vorgesehenen Ende kommen.

Symbol im Tarot: Die Acht Stäbe. Acht Lebenskräfte bewegen sich schnell durch die Lüfte über einem weiten Land, nichts hält sie auf. Alle folgen derselben Richtung, sie zeigen nach Osten, dem Licht entgegen, und zielen auf Erde und Wasser. Der unterste Stab berührt schon die Erde und das Wasser, um die Verschmelzung der drei Teile des Geistes und der vier Elemente anzudeuten. Die Bedeutung dieses Schlüssels ist geordnetes Wachstum, mit viel kosmischer Hilfe.

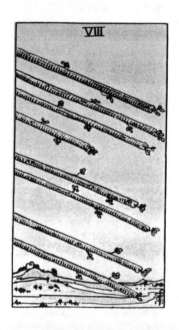

Astrologische Entsprechung: Erste Dekade Schütze. Du liebst es, dich im Freien zu bewegen, zu wandern, schwimmen, reiten und alles zu tun, was mit Sport und Spiel zu tun hat. Du hast gleichzeitig eine hohe Wertschätzung für die spirituelle Seite des Lebens und glaubst daran, daß die Natur eine Menge zu bieten hat. Du hast eine hoffnungsvolle und enthusiastische Perspektive auf das Leben und glaubst an Recht und Gerechtigkeit. Du bist schlau, schlagfertig und humorvoll, stehst mit beiden Beinen auf der Erde und bist immer auf der Höhe der Zeit. Weisheit gehört zu deinen Tugenden. Du nimmst kein Blatt vor den Mund und bist oft schonungslos, aber die Leute wissen, von wem es kommt, und nehmen es dir erstaunlicherweise nicht übel. Du greifst nach den Sternen und erzielst rasch Ergebnisse.

35/8 *als persönliche Zahlenschwingung:* Diese Zahl wird die »Erbschafts-Acht« genannt, denn ihr Träger macht für gewöhnlich eine Erbschaft in Form von Geld, Macht oder gesellschaftlicher Stellung, manchmal auch alles gleichzeitig. Du hast einen eigenen Kopf und verstehst es, dich durchzusetzen, außerdem hast du eine Nase dafür, was die Leute brauchen, und weißt, wie du ihre Bedürfnisse zufriedenstellen kannst. Daher gibst du einen guten Betriebsleiter, Geschäftsmann, Lehrer oder Forscher ab. Du arbeitest hart und spielst mit hohem Einsatz, denn du liebst spannungsvolle Aktivitäten. Du besitzt ein hohes Maß an persönlichem Charme und Anziehungskraft auf beide Geschlechter. Du hast viele Interessen und kannst in allen möglichen Berufen erfolgreich sein. Du bist freundlich, hilfsbereit und rücksichtsvoll. Emotionales Gleichgewicht ist wichtig für dich. Du brauchst Stabilität, um deine dynamische Energie zu kontrollieren und erfolgreich zu sein.

Reisen ist ein mögliches Ventil für deine überschäumende Vitalität, denn es befriedigt dein Bedürfnis nach Freiheit und Bewegung.

Du kannst in deinem Leben sehr wohl auf Widerstand stoßen, bist aber darauf vorbereitet. Innere Stärke sowie ein gesunder Körper geben dir die Mittel zur Hand, um deine Position zu verteidigen. Mit Hingabe und beständigem Druck wirst du schließlich die Oberhand gewinnen.

Die negative 35/8 produziert Zweifel, Unvernunft und unbeugsame Vorurteile. Du wirst egoistisch und undiszipliniert, was zu Schwäche, Krankheit und Verbitterung führt.

Durch deine Vision und Weitsichtigkeit hast du jedoch die Möglichkeit, mit Leib und Seele zu einer Führungsperson zu werden und ganz in deinem Beruf aufzugehen.

35/8 als temporäre Schwingung: Bereitschaft, Stärke, Erbschaft, Anerkennung, Geschäft. Dies ist eine Periode, in der alles mögliche passieren kann. Du solltest auf alle Eventualitäten vorbereitet sein. Es wird zusätzliche Verantwortung und Disziplin von dir erwartet, und du wirst deine Energiereserven dafür benötigen. Vielleicht wirst du befördert und daher höherem Leistungsdruck und zusätzlichen Aufgaben ausgesetzt sein. Die Ehrenbezeugungen, die dir jetzt zuteil werden, sind auf vergangene Anstrengungen zurückzuführen.

Dies ist eine Geldschwingung, und ein Weiterkommen im Beruf bedeutet üblicherweise auch eine Einkommenserhöhung. Es kommen jedoch unter der 35/8 auch Erbschaften in Frage, die ebenfalls eine Geldquelle sein können.

Der Druck, der in dieser Periode auf dir lastet, wird dich gesundheitlich nur beeinträchtigen, wenn du zuviel arbeitest und dir zu viele Sorgen machst. Gestatte dir ausreichend Zeiten der Ruhe, achte sorgfältig auf deine Ernährung und verweise die Anforderungen der materiellen Welt auf den ihnen angemessenen Platz. Deine Gesundheit kann sich durch die aufregenden Herausforderungen, die an dich gestellt werden, sogar noch verbessern. Nie in deinem Leben hast du dich besser gefühlt. Mach also von der enormen Lebendigkeit, die diese Periode zu bieten hat, Gebrauch. Tu deine Arbeit, was auch immer es sein mag.

Symbol im Tarot: Die Neun Stäbe. Acht fest gepflanzte Stäbe bilden einen Zaun zwischen der Figur und der Außenwelt. Der neunte Stab wird in den Händen gehalten, um gegebenenfalls eingesetzt zu werden. Dies ist ein Bild von Stärke und stiller Kraft, körperlich wie geistig. Es deutet auf angeborene Kräfte für eine Arbeit hin, die in der Vergangenheit gut geleistet wurde.

Astrologische Entsprechung: Zweite Dekade Schütze. Deinem Wesen ist eine starke Unabhängigkeit zu eigen. Du bist ein wenig impulsiv und sehr energisch. Du magst es, an der Spitze des Geschehens zu stehen und hast das organisatorische Geschick, um diesem Wunsch Nachdruck zu verleihen. Du darfst dich nicht von deinem übersteigerten Selbstvertrauen dazu verleiten lassen, mehr Verantwortung zu übernehmen, als du tragen kannst, ohne dir das Genick zu brechen. Halt deine nervöse Energie in Schach und beherrsche deinen übersteigerten Expansionsdrang. Normalerweise findest du deinen Weg aus einer festgefahrenen Situation recht gut, aber es ist besser, wenn du von vornherein den einfacheren Weg gehst und die einfachen Gesetze persönlicher Disziplin beherzigst.

36/9 *als persönliche Zahlenschwingung:* Du bist eine entschlossene Person, die solange durchhält, bis alle Hindernisse überwunden sind. Vielleicht wirst du berufen sein, eine schwere

Last in deinem Leben auf dich zu nehmen, aber du hast die Fähigkeit, dein Schicksal auf dich zu nehmen und dabei immer dein Ziel im Auge zu behalten.

Energie und gesunder Menschenverstand sind Teil deiner psychologischen Verfassung, du gehst daher sparsam mit deinen Vorräten um. Deine Zuverlässigkeit, Standhaftigkeit und Intensität bringen dich in eine Position der Macht und Autorität. Du hast eine natürliche Führungsbegabung. Du bist vertrauenswürdig und kannst andere inspirieren und leiten. Du siehst die Dinge von einem toleranten Standpunkt aus. Große und wichtige Unternehmungen sind eine Herausforderung, und du hast keine Angst, sie in Angriff zu nehmen, denn du fürchtest keine Verantwortung.

Deine Stärke drückt sich in Güte aus. Du glaubst an Gerechtigkeit, gemildert durch Gnade. Die Sympathie für andere stärkt noch deine liebende Natur und überzieht dein Leben mit guten Einflüssen, die alle Lasten, die du zu tragen hast, erleichtern.

Deine schnelle Auffassungsgabe und inspirierte Natur lassen dich in die Zukunft sehen. In Verbindung mit deinem erfinderischen Geist ergibt das die Fähigkeit, Neues zu entdecken. Deine Entdeckungen sollten zielgerichtet sein und anderen Hilfestellung geben. Indem du anderen dienst, findest du den heiligen Gral oder Christus in deinem innersten Wesen, in dem alle Ideale auf ihre Verwirklichung warten.

Du wirst manchmal als das Salz der Erde beschrieben und solltest vorsichtig sein, daß deine Erdverbundenheit nicht Verschwendung und Selbstsucht mit sich bringt und dir zusätzliche Lasten aufbürdet.

Eine negative 36/9 ist leicht reizbar und durchlebt ständige Höhen und Tiefen.

36/9 als temporäre Schwingung: Hindernisse, Intuition, Erfindung, Führung. Diese Schwingung kann dir zeitweise eine schwere Last aufbürden. Du solltest trotzdem unnachgiebig durchhalten. Bleibe eifrig bei der Verfolgung deiner Ziele und vertraue darauf, daß sie bald erreicht werden. Alle Probleme werden dann gelöst. Erfreue dich der Aussicht auf diese Vollendung.

Du bist in dieser Zeit mit großer Stärke, mit Intuition, Vision und Optimismus ausgestattet. Das kann dir dabei behilflich sein, kreativ zu arbeiten, Lösungen in der Forschung zu finden und angefangene Projekte zu Ende zu führen. Wenn du diese Energien klug nutzt, brauchst du keinerlei emotionale Schwierigkeiten zu befürchten.

Die Trennungen, Abbrüche und offensichtlichen Verluste in dieser Schwingung sind unerläßlich, um dich für den neuen Zyklus, in den du als nächstes eintreten wirst, vorzubereiten. Vielleicht müssen in dieser Zeit einige Probleme vor Gericht geregelt werden. Indem du Optimismus und Ehrlichkeit ausstrahlst, ist ein gutes Ende gesichert. Alle Verluste, die jetzt eintreten, betreffen ausschließlich Dinge, die du ohnehin nicht brauchst. Wenn du einmal genau hinsiehst, wirst du merken, daß das der Wahrheit entspricht.

Symbol im Tarot: Die Zehn Stäbe. Dieser Schlüssel repräsentiert die Sammlung der eigenen Kräfte, um sie zu schonen und zu schützen. Spirituelle Kräfte, wenn sie eine innere Mauer zwischen dem Menschen und seinen irdischen Angelegenheiten bauen, führen bloß dazu, ihn blind zu machen und dazu zu verleiten, materielle Dinge geringzuschätzen, bevor er aus ihnen gelernt hat. Das ist dann kein Fortschritt, sondern lediglich eine stagnierende Entwicklung. Die Lektion dieses Schlüssels ist Wachsamkeit gegen die Unterdrückung von Energie und Kraft und ihr Gebrauch für Erneuerung und Verbesserung wahrer Lebensqualität.

Astrologische Entsprechung: Dritte Dekade Schütze. Die letzte Dekade der Feuerzeichen bringt manchmal die Emotionen an ihre äußersten Grenzen. Du bist ungestüm und mußt im Umgang mit anderen deine Gefühle unter Kontrolle bringen, denn sie verstehen vielleicht deine Persönlichkeit nicht. Du mußt aufpassen, daß du nicht zum Hasardeur wirst, der sich, ohne weiter nachzudenken, in die wildesten Abenteuer stürzt. Du kannst jedoch auch die Fähigkeit entwickeln, deine Rücklagen zu schonen und mit Spekulationen eine glückliche Hand zu entwickeln. Deine einfühlsame Natur kann erweckt werden, und dein philosophisches und prophetisches Wesen kommt zum Vorschein, das sich für dich selbst und andere als sehr nützlich herausstellen kann.

3 Die Kelche

Die Zahlen von 37–50

37/1 *als persönliche Zahlenschwingung:* Du bist ein reifer, reservierter Mensch, dessen ruhiges Äußeres leicht über sein Herrschaftsstreben hinwegtäuscht. Du legst es darauf an, berühmt zu werden, in einer herausragenden Führungsposition zu sein, in der deine angeborene großzügige und emotionale Natur zum Ausdruck kommen kann. Deine freundlichen, angenehmen und großzügigen Qualitäten fördern die Gutwilligkeit derer, die dir folgen.

Kleine Streitigkeiten können dich zu ernsthaften Verteidigungsmaßnahmen provozieren, wenn du das Gefühl hast, Haus und Familie sind an Leib und Leben oder auch nur durch Gerede unter Beschuß geraten. Obwohl einige, die unter der 37/1 stehen, unverheiratet bleiben, schätzen sie dennoch ein Zuhause als sichere Basis für zukünftiges Glück. Der Lebenspartner, den du wählst, wird großen Anteil an deinem Erfolg haben, zusammen werdet ihr Frieden finden und eine angenehme Partnerschaft eingehen.

Geschäft und Religion sind für dich gleichermaßen attraktiv. Du bist fähig, deine Philosophie der Sorgfalt und Expansion gleichermaßen auf Investitionen und internationale Finanzangelegenheiten anzuwenden wie auf die seelischen Probleme deiner Mitmenschen.

Reisen und Projekte in Übersee reizen dich, und du kannst von einem der verschiedenen Auslandsdienste als Botschafter oder Agent angeworben werden. Deine Talente und deine Hingabe bringen dir die Position und emotionale Sicherheit, die du brauchst. Du teilst dann deine guten Gaben mit anderen.

Wenn du eine negative 37/1 bist, hast du ein ruhiges Äußeres, das eine unehrliche und vielleicht sogar gewalttätige Natur verbirgt. Du setzt alle Arten von Tricks und Betrügereien ein, um deine Ziele durchzusetzen.

37/1 als temporäre Schwingung: Freundschaften, Partnerschaften, Liebe, Familie. Während dieser ruhigen, glücklichen Periode kann die Freundschaft zu einer einflußreichen Person dir helfen, das zu erreichen, was du dir wünschst. Diese Hilfe kann dir auch durch deinen Partner oder eine andere Beziehung zuteil werden.

Du wirst dich sehr deiner Familie verbunden fühlen, bereit, sie zu beschützen und sie vor allen Widrigkeiten zu bewahren. Du kannst, wenn du siehst, daß deine Familie bedroht wird, sogar leicht eine kämpferische Haltung einnehmen. Die Liebesschwingung ist stark, und wenn du nach einem Partner suchst, wirst du sehr wahrscheinlich einen passenden Kandidaten finden. Dies ist eine vorteilhafte Schwingung, um Pläne mit dem anderen Geschlecht zu machen.

Du bist vielleicht zur Philosophie, zu den Wissenschaften und zu den Künsten hingezogen. Religiöse und spirituelle Themen interessieren dich ebenfalls, und deine kreativen Talente finden auf diesen Gebieten ein Betätigungsfeld. Das Geschäft blüht, und du wirst finanziellen Nutzen daraus ziehen.

Deine Bestrebungen in dieser Zeit machen vielleicht Reisen notwendig, möglicherweise auch über große Distanzen.

Symbol im Tarot: Der König der Kelche. Der König trägt das Szepter der Macht und den aufrechten Kelch der beherrschten Gefühle. Sein Thron, der auf dem Wasser schwimmt, symbolisiert die Vorstellung, daß das Unbewußte ihn trägt. Der Fisch, der auf einer Seite aus dem Wasser springt, und der Fisch an seiner Halskette zeigen sein Engagement in spirituellen Angelegenheiten. Das Schiff stellt sein Engagement in der Welt des Handels dar. Wegen des klugen Umganges mit seinen Gefühlen ist er der Herrscher über Weisheit und Handel.

KÖNIG der KELCHE

Astrologische Entsprechung: Erste Dekade Krebs. Diese Dekade wird vom Mond beherrscht. Du bist sanft, reserviert und liebst dein Zuhause. Der Lebensgefährte, den du dir erwählst, wird eine große Hilfe für deinen Erfolg sein. Du strebst nach Prominenz und kannst von einer Stellung im auswärtigen Dienst, vielleicht als Botschafter oder Agent, angezogen sein. Reisen ist für dich von Interesse. Freundschaften, Liebe und Partnerschaften sind Teil deines Lebens.

38/11 *als persönliche Zahlenschwingung:* Dies ist eine machtvolle Leitzahl, sowohl spirituell wie materiell, denn ihre Schwingung trägt die Gabe der Vision. Du hast eine perfekte Verschmelzung von Bewußtsein und Unterbewußtsein erreicht, was dir eine gute persönliche Verbindung mit der Welt des Geistes ermöglicht. Du bist poetisch und einfallsreich und kannst Dinge sehen, die den meisten anderen Menschen verborgen bleiben. Durch Träume und Visionen siehst du das Ziel, das du ersehnst. Du kannst entsprechend aktiv werden und es verwirklichen. Du verfügst über eine intensive, machtvolle Spiritualität mit den visionären Qualitäten eines Avatars.

Sicherheit und materielle Vorteile der Welt liegen in deiner Hand. Liebe, Erfolg und eine glückliche Ehe vereinigen sich zu der Harmonie, nach der du dich so sehr sehnst, und lassen dir die Zeit, in der du deine Träume und übersinnlichen Fähigkeiten weiter verfolgen und ausbilden kannst. Du bist eine gute Mutter oder ein guter Vater mit viel Hingabe für dein Heim und deine Familie. Sie macht dir viel Freude, du bist stolz darauf, was deine Familienmitglieder erreicht haben, und unterstützt sie tatkräftig bei allem, was sie tun. Durch dein aufmerksames Interesse gewinnst du einen großen Einfluß auf das Leben deiner Mitmenschen. Sie sind dabei nicht so sehr von dem beeindruckt, was du sagst, sondern von dem Beispiel, das du für sie darstellst. Dein Leben trägt bestimmte Züge, die sie gern übernehmen würden.

Ein Mißbrauch dieser wunderbaren Energien durch verschwenderischen Umgang mit deinem materiellen Reichtum schafft Probleme. Der schöne Schein kann leicht ins Unmoralische abrutschen, und dann zerbricht Zwietracht die private und berufliche Harmonie.

Du weißt, daß wirkliches Glück aus dem Dienst am Nächsten kommt. Materielle Spenden sind nicht genug, du mußt auch die Gaben des Geistes entwickeln. Du solltest dich in irgendeiner wohltätigen Arbeit engagieren, zu erzieherischen Programmen beitragen oder an ihnen teilnehmen.

38/11 als temporäre Schwingung: Liebe, Ehe, Träume, Visionen, Belohnungen. Dies ist eine Leitzahlenperiode, die viel von dir verlangt, aber dir noch mehr verspricht. Dein Kelch läuft über. Viele günstige Gelegenheiten laufen dir über den Weg, und deine Lieblingswünsche können jetzt erfüllt werden. Menschen in hohen Positionen bieten dir nicht nur ihre Unterstützung an, sondern können dir auch eine bestimmte Anerkennung verschaffen. Wenn in deinem Leben ein Mangel an Romantik geherrscht hat, dann ist diese Schwingung sehr schön geeignet, diese Lücke zu füllen. Die Liebe, der du jetzt begegnest, ist tief und dauerhaft und kann sich zu einer Heirat entwickeln. Bestehende Beziehungen werden vertieft, und Familienmitglieder rücken näher an dich heran.

Deine Träume vermitteln Botschaften aus deinem Unterbewußtsein. Du bist auf verborgene Sektoren deines Wesens eingestimmt, die normalerweise unzugänglich bleiben. Eine machtvolle geistige Kraft ist gegenwärtig, die in dein Leben eintritt, um einen tieferen Teil von dir zu erwecken. Dies ist die Zeit, die dir nicht nur materiellen Reichtum bringt, sondern auch Reichtum an Zeit, an Talenten und menschlichem Mitgefühl, all den Geschenken, die den einzig bleibenden Wert besitzen.

Du solltest jetzt die Zeit nutzen, indem du metaphysische Disziplinen erlernst und praktizierst, damit du deine höheren Quellen auf die angemessene Weise nutzen kannst. Du findest auf diese Weise so viel Wertvolles, daß die materiellen Güter neben dem Glanz der seelischen Geschenke verblassen.

Symbol im Tarot: Die Königin der Kelche. Die Königin hält den reichverzierten Kelch der Vision und sieht in ihm die Ereignisse, die in den Sternen vorgezeichnet sind. Der Kelch reflektiert daher das göttliche Geschenk meditativer Hellsichtigkeit. Sie trägt eine rot-blaue Robe, die Bewußtsein und Unterbewußtsein symbolisch vereint. Die Engel auf dem Thron repräsentieren die schützende Kraft der göttlichen Wesen, die die Königin beschützen und leiten.

Astrologische Entsprechung: Zweite Dekade Krebs. Skorpion und Pluto sind die Einflüsse, denen die zweite Dekade des Krebs unterliegt. Du bist stolz, reserviert und introvertiert. Deine Wahrnehmung macht dich zu einem Visionär, und du bist der Spiritualität zugeneigt. Die 3, die Zahl des Jupiter, und die 8, die Zahl des Saturn, sind gemeinsam aktiv, so, als ob sie in Konjunktion stünden. Dieser Aspekt wird in den Horoskopen großer Heiliger und Lehrer gefunden.

39/3 *als persönliche Zahlenschwingung:* Du hast dein Leben in den Dienst am Nächsten gestellt. Du bietest Zuneigung, Liebe und Sympathie an, damit die Welt ein lebenswerterer Ort wird. Du bist der Kreuzritter, der das Gefühl haben will, daß er der Welt genutzt hat, weil er auf ihr gewandelt ist. Du bist ein Idealist und Philosoph. Du willst Gerechtigkeit und wirst mit Macht für deine Überzeugungen eintreten. Kein Hindernis wird dich davon abhalten können, ein Projekt, das du einmal angefangen hast, zu Ende zu führen.

Eine sanfte poetische Natur macht dich zu einem Romantiker. Du träumst wunderschöne ruhige Träume, die dich inspirieren, das Spektrum deines Lebens zu erweitern. Deine Vorstellungskraft fügt sich wunderbar zu deinem scharfen Verstand; zusammen ermöglichen sie dir die Großzügigkeit im Denken, die anderen eine Inspiration ist.

Du wirst ein langes und gesundes Leben in Frieden und Zufriedenheit führen, umgeben von deinen Freunden und denen, die du liebst. Die Liebe, die du schenkst, wird überreich zurückgegeben, was deinen Kelch noch weiter füllt, bis er schließlich überfließt und als Liebe in das Leben derjenigen, die sie nötig haben, einströmen kann. Du bist das lebendige Beispiel für das Sprichwort: »Die Liebe wurde dir nicht gegeben, damit du sie für dich behältst. Liebe wird erst Liebe, wenn du sie verschenkst.« Jedesmal wenn du gibst, wirst du zehnfach belohnt werden. Auf diese Weise wird dein Leben immer wieder aufs Neue bereichert. Du wirst diese Liebe allen, mit denen du Kontakt hast, mitteilen.

Wenn du eine negative 39/3 bist, lebst du ein sinnfrohes Leben und verwöhnst dich mit allem, was du dir wünschst. Du bist faul und manchmal für die Leiden anderer unsensibel.

39/3 als temporäre Schwingung: Liebe, Vorschläge, Ferien. Gedanken an Liebe dominieren diese Periode. Du fühlst dich warm und freundlich und möchtest diese Gefühle mit anderen teilen. Daher ziehst du deine Mitmenschen an. Freundschaften entwickeln sich, von denen eine sich zur zarten Bande der Liebe vertiefen kann.

Botschaften und Einladungen verschiedenster Art sind möglich. Menschen suchen dich auf und wünschen sich, mit dir zu einem wohltätigen Vorhaben zusammenzukommen. Vielleicht bietet man dir eine Partnerschaft oder ein Geschäft an.

Dies ist eine unbeschwerte Zeit. Deine ruhige Gangart und dein allgemeines gutes Gefühl kann dich dazu veranlassen, einen Urlaub zu nehmen oder an einen ruhigen Ort zu gehen, der deiner kontemplativen Stimmung entspricht. Weit entlegene Orte locken dich, und du solltest auf ihren Lockruf hören. Entspannung, Liebe und Zuneigung sind die Ziele dieser romantischen Periode.

Eine negative Reaktion bringt Verträge und Vorschläge, die man sich genauer ansehen sollte. Sie können mit Betrug und Täuschungen verbunden sein. Jede Verzögerung wirkt sich hier zum Besten aus.

Tu jetzt etwas Gutes für jemand anderen. Jede Anstrengung von deiner Seite wird von dieser wundervollen Schwingung in Fülle belohnt werden.

Symbol im Tarot: Der Ritter der Kelche. Sowohl der Ritter wie sein Pferd sind freundlich und haben es nicht eilig. Der Ritter schreitet langsam voran, mit seiner Rechten bietet er den Kelch der Liebe dar: ein Angebot an die Menschheit. Seine Robe ist mit dem göttlichen Fischsymbol verziert. Der Strom, der sich friedlich durchs Tal schlängelt, nimmt die ruhige emotionale Haltung des Ritters auf. Das ganze Bild ist von Frieden und Zufriedenheit geprägt.

Astrologische Entsprechung: Sommer (Krebs, Löwe, Jungfrau). Liebe dominiert diese Periode. Der Sommer ist die warme Jahreszeit, die freie Zeit der Liebe und Zuneigung unter den Menschen. Krebs erfüllt dich mit einem sympathischen und liebevollen Wesen. Löwe verleiht dir die Kraft der Führung und hohe Ideale. Jungfrau verlangt den Dienst an der Welt. Alle diese Qualitäten vereinigen sich hier, um einen idealistischen Kreuzritter zu erschaffen.

40/4 *als persönliche Zahlenkombination:* Du bist ein ehrbarer und vertrauenswürdiger Mensch. Du hast einen geordneten Lebensstil entwickelt, gehst methodisch und vorsichtig mit Geld um und weißt, wie man klug investiert. Du behandelst deine Geschäftspartner fair und zuvorkommend und erwartest dasselbe von ihnen. Diese Tugend hat zu deinem materiellen Wohlstand geführt. Durch systematische Forschung und eifriges Studium bildest du eine sichere Grundlage für deine Vorhaben. Dadurch bist du mit deinen Geschäften normalerweise erfolgreich. Durch eine mathematische Begabung hast du eine sichere Hand mit Statistiken.

Du hast gelernt, auf kluge Weise mit Menschen umzugehen und dabei nie ihre Bedürfnisse aus den Augen zu verlieren. Deine ruhige, aufnahmebereite Natur wird von den Gefühlen deiner Mitmenschen beeinflußt. Durch deinen Fleiß und deine meditative Art kannst du dich auf natürliche Weise in literarischen Studien ausleben.

Du bist ein Friedensstifter und kannst gut mit Gefühlen umgehen. Liebe und Leidenschaft haben sich bei dir zu Liebe und Mitgefühl für deine Mitmenschen entwickelt. Du bist dir des ewigen Lebens sicher. Da du das göttliche Symbol, die 0, in deiner Zahl hast, die die 4 in der 40 unterstützt, wird dir göttlicher Schutz zuteil. Die innere Führung ist für dich jederzeit verfügbar.

Wenn du eine negative 40/4 bist, siehst du nur Schwierigkeiten und Hindernisse in deinem Leben. Das schafft Verwirrung und Unordnung. Du vergeudest dein Geld, indem du illusionären Zielen nachjagst und dein Haus auf Sand baust.

Wenn du eine geordnete und sichere Existenz führst, wirst du eine gesunde Basis bilden, aus der du die Kraft schöpfen kannst, realistische Ziele zu verfolgen. Dann wirst du bleibende Werte und Substanz in dieser Welt hinterlassen.

40/4 als temporäre Schwingung: Finanzen, Hausbau, Geburt. Dies ist eine gute Planungsphase. Neue Techniken können jetzt zum Einsatz kommen. Jetzt ist es möglich, ein Geschäft aufzubauen, ein Haus oder beides auf einmal. Es ist anzuraten, jetzt Vorsicht in allen finanziellen Angelegenheiten walten zu lassen.

Gehe weise mit deinem Geld um. Was auch immer du planst, es kann ein Erfolg werden, wenn du klug investierst. Entwirf einen Haushaltsplan und bring deine Angelegenheiten in Ordnung. Diese Periode wird eine systematische Existenz erfordern, nur so kann dein Unterbewußtsein die Pläne, die du eingefädelt hast, ausführen. Neuigkeiten aller Art kommen auf dich zu. Die Geburt eines Kindes, der Beginn einer neuen geschäftlichen Unternehmung oder ein neuer Lebensabschnitt können angekündigt werden. Solche Einschnitte machen es erforderlich, daß du alte Gewohnheiten hinter dir läßt. Daher sind Brüche und Trennungen ein notwendiger Teil dieses Zyklus.

»Trau, schau, wem.« Du solltest jetzt besonders vorsichtig sein, wem du dein Vertrauen schenkst. Es können Hindernisse auftauchen. Die Beseitigung dieser Hindernisse gibt dir jedoch die Möglichkeit, vergangene Strukturen aufzudecken, die deiner Entwicklung im Wege gestanden haben. Wenn du dies weißt, dann kannst du sehen, daß Hindernisse im Grunde ein Segen sind.

BUBE der KELCHE

Symbol im Tarot: Bube der Kelche: Diese stille Figur ist wunderschön gekleidet. Sie trägt ein rot-blaues, mit Lotosblüten geschmücktes Kostüm, das darauf hinweist, daß Bewußtsein und Unterbewußtsein dem Träger das ewige Leben versichert haben. Der Lotos ist eine sich selbst erneuernde Pflanze, die sowohl weibliche wie männliche Elemente enthält. Der Kelch des Buben enthält den Fisch, das Symbol des Göttlichen. Daher hat sich deine Liebe in leidenschaftliche und mitfühlende Liebe für die gesamte Menschheit gewandelt.

Astrologische Entsprechung: Dritte Dekade Krebs. Der Fische-Einfluß, der auf diese Dekade im Krebs einwirkt, verleiht dir eine literarische Ader. Gewöhnlich bist du im Geschäftsleben erfolgreich, denn deine Intuition und dein praktischer Verstand machen dich zu einem scharfsinnigen Investor. Du besitzt eine Begabung, dein Urteil auf Statistiken zu gründen, bist vorsichtig in Finanzangelegenheiten und ehrlich in geschäftlichen Abwicklungen. Du läßt dich durch die Gefühle, die in deiner Umgebung herrschen, beeinflussen und ziehst für dein Leben eine friedliche, geordnete Umgebung vor.

41/5 *als persönliche Zahlenschwingung:* Alle Annehmlichkeiten der Welt werden dir in überreichem Maße angeboten. Diese Zahl steht unter göttlicher Hilfe und göttlichem Schutz. Du bist extrem vielseitig, denn du bist in der Lage, die Inspirationen, die du erhältst, gedanklich zu verarbeiten. Indem du deine geistigen Begriffe sorgfältig auswertest, kannst du sie in die Realität umsetzen. Du schaffst Form, wo nur Ideen sind. Daher kannst du dich aller materiellen Segnungen, die die Welt zu bieten hat, erfreuen, denn dein Kelch ist wahrhaftig zum Überlaufen voll. Du strahlst Liebe, Zuversicht und Enthusiasmus aus und zeigst Mut, wenn die Dinge einmal schieflaufen. Du scheust vor nichts zurück und hast damit meistens erstaunlichen Erfolg. Inspiration und Energie vereinigen sich in dir und bringen dir schnelle und befriedigende Resultate. Du bist ein Pionier und hast deine Freude an Veränderungen, aber verlangst nach praktischen und nützlichen Ergebnissen.

Liebe, Glück und Produktivität folgen dir auf dem Fuße. Da du viele Freuden des materiellen Lebens genießt, mußt du aufpassen, daß du dich nicht zu sehr durch Sinnesfreuden verwöhnst. Eine Persönlichkeit, die allzusehr lustorientiert ist, kann die Folge sein, und deine reichen kreativen Seiten können im Streben nach Sinnlichkeit verlorengehen.

Deine Kreativität erstreckt sich auf die Familie, und du kannst viele Kinder haben. Du wirst ihnen ein liebendes, komfortables Zuhause geben. Indem du deine Talente auf nützliche Ziele richtest, kannst du allen materiellen Reichtum und alle Annehmlichkeiten bekommen, die man sich nur wünschen kann. Du kannst ebenfalls eine liebevolle Atmosphäre erzeugen, von der sich andere inspirieren lassen können und an der sie sich erbauen.

41/5 als temporäre Schwingung: Liebe, Überfluß, Fruchtbarkeit, Wandel. Freude und Zufriedenheit erfüllen jetzt dein Leben. Die überreichen Belohnungen für Anstrengungen in der Vergangenheit stehen dir jetzt zur Verfügung, und du strahlst Glück und Zuversicht aus. Du erfreust dich an der Schönheit und Freude, die dich umgibt; und fühlst dich rundherum wohl.

Schöpferische Kräfte sind hier am Werk, die nicht nur materielle Güter hervorbringen, sondern auch zwischenmenschliche Beziehungen fördern. Vielleicht erscheint jetzt die große Liebe deines Lebens, oder existierende Bindungen werden vertieft. Die Geburt von Kindern bringt Glück in dein Leben und verstärkt deinen Glauben an das Gute.

Die Lebensbedingungen verändern sich. Neue Möglichkeiten, die sich dir bieten, werfen viele Gewohnheiten und alte Strukturen über den Haufen. Nimm dir genügend Zeit, um Entscheidungen zu fällen, denn überstürzte Entschlüsse können alle guten Wirkungen dieser Periode zunichte machen. Hastige Bewegungen im Geschäftsleben können Verluste nach sich ziehen. Liebesbeziehungen können ins Wanken geraten, wenn ein Partner auf Kosten des anderen seinen egoistischen Ambitionen frönen will. Nutze die kreativen und potentiell befriedigenden Schwingungen dieses Zyklus klug, dann kannst du der Erfüllung deiner kühnsten Träume entgegensehen.

Symbol im Tarot: Das As der Kelche. Eine weiße Taube, das Symbol des Friedens, der Wahrheit und des heiligen Geistes, läßt das Siegel Jehovas in den Kelch sinken. Die fünf Wasserströme, die von dem Kelch ausgehen und in einen mit Lotos bewachsenen Teich fließen, repräsentieren die fünf Sinne. Wenn wir unsere Sensitivität und unsere Emotionen großzügig verschenken, erschaffen wir einen niemals endenden Vorrat von Liebe. Der Kelch wird vom Schutzengel oder der Hand Gottes gehalten, aus der die kosmische Inspiration fließt. Die fallenden Wassertropfen nehmen die Form von Yods an, dem Symbol der göttlichen Kraft.

Astrologische Entsprechung: Das Element Wasser (Krebs, Skorpion, Fische). Alle Qualitäten der Wasserzeichen sind in dieser Schwingung vereint. Du hast das liebende, beschützende Wesen des Krebs, das tiefe, kreative Verständnis des Skorpion und die sensiblen, nachdenklichen Qualitäten der Fische. Du besitzt Courage, wenn die Dinge einmal danebengehen. Deine Inspiration kommt aus Aufnahmebereitschaft und Nachdenklichkeit.

42/6 *als persönliche Zahlenschwingung:* Du hast ein freundliches und kooperatives Wesen. Dein Bedürfnis, anderen zu helfen, und deine vollständige Hingabe an den Frieden und das gegenseitige Verstehen machen dich für das Priesteramt geeignet.

Professionelles Arbeiten im künstlerischen Bereich ist ebenfalls eine deiner Stärken. Du würdest eine gute Sängerin oder einen guten Sänger abgeben. Du hast eine schöpferische Phantasie und eine starke Neigung zur Mystik. Du solltest dich bemühen, deine Intuition praxisnah zu entwickeln. Du mußt deinen inneren Drang ausleben und deine Vorstellungskraft in die Praxis umsetzen. Das ist beispielsweise möglich, indem du Geschichten schreibst. Kindergeschichten können deiner empfindsamen Natur entgegenkommen. Du siehst überall Schönheit und solltest das auf eine greifbare Weise zum Ausdruck bringen, um andere daran teilhaben zu lassen.

Dein persönlicher Charme und deine lebensfrohe, großzügige Natur sind für deine Mitmenschen sehr anziehend. Intuitiv erkennst du ihre Wünsche und erschaffst überall, wo du bist, eine freundliche Atmosphäre. Du brauchst die Gesellschaft von Freunden und wärst allein nicht glücklich. Da du sehr gastfreundlich bist und Freundlichkeit mit Freundlichkeit belohnst, besteht kaum die Gefahr, daß du ein einsames Leben führst. Dennoch werden alle, die unter dem Einfluß dieser Zahl ihre egoistischen Wünsche befriedigen wollen, sich einsam und unverstanden fühlen. Häusliche und persönliche Beziehungen sind für dich wichtig. Du mußt wissen, was du willst, um dich gefühlsmäßig nicht zu verzetteln. Du glaubst an ethisches Handeln und an die gerechte Verteilung von Rechten und Pflichten in Beziehungen und verbindlichen Verträgen. Wenn du eine Verpflichtung eingehst, dann kann man sich sicher sein, daß damit ein ehrliches und verbindliches Abkommen getroffen wurde.

42/6 als temporäre Schwingung: Verträge, Heirat, Meditation. Es gibt jetzt eine seelische Verbindung, eine Harmonie auf der geistigen Ebene, die danach strebt, Ideen eine gemeinsame Basis zu verleihen. Verträge und Abmachungen, die noch offen waren, können nun in gegenseitigem Einvernehmen, auf faire Weise und zum Vorteil aller Beteiligten, abgeschlossen werden. Deine kooperative Haltung schafft eine Atmosphäre der Freude und Harmonie. Wertvolle Freundschaften werden sich bilden und persönliche Erfüllung mit sich bringen. Dies ist eine Schwingung der Liebe. Für einige wird sie Liebesaffären bringen, für andere Verlobung und Heirat.

Dies ist gleichzeitig eine meditative Periode, in der es dich drängt, deinen inneren Gefühlen Form zu verleihen. Schönheit spricht den Sinn für Harmonie an, der dir zu eigen ist. Die Zeit, die du allein verbringst, solltest du nutzen, um in Berührung mit deinen inneren Gefühlen zu kommen und sie da herauszulassen, wo sie anderen zugute kommen. Beginne, alle deine kreativen Talente zu entwickeln.

Da die Schlüsselworte in dieser Zeit *Liebe* und *Kooperation* sind, wirst du Situationen begegnen, in denen diese Qualitäten verwirklicht werden müssen. Laß nicht zu, daß Mißverständnisse zu Trennungen führen, denn sonst werden die meditativen Aspekte dieser Zahl zur Einsamkeit verkommen. Suche jetzt Frieden durch gegenseitiges Verständnis, dann wirst du aus allen Kontakten, die du nun eingehst, deinen Nutzen ziehen können.

Symbol im Tarot: Die Zwei Kelche. Der Mann und die Frau tauschen ihre Kelche aus, um das Gesetz des Gebens und Nehmens zu demonstrieren. Dies ist gleichzeitig das Symbol der Dualität der Schöpfung. Der geflügelte Löwe und der Äskulapstab haben eine gemeinsame symbolische Bedeutung. Sie symbolisieren den Adepten, der die Macht besitzt, anderen das Wissen um die höheren Welten zu erläutern. Die Frau ist in weiß mit einem blauen Umhang gekleidet, um die Reinheit der Seele oder des Unbewußten darzustellen. Das Kostüm des Mannes hat einen gelben Hintergrund, der für das Bewußtsein steht und mit Kleeblättern geschmückt ist, um die Trinität anzudeuten. Das Haus im Hintergrund repräsentiert die Kreativität der Menschheit oder die vereinte Anstrengung von männlich und weiblich.

Astrologische Entsprechung: Erste Dekade Krebs. Du bist empfänglich, sensibel, liebevoll und oft übersinnlich begabt. Du begegnest Menschen mit Großzügigkeit und Charme. Du mußt dich davor hüten, zu sentimental oder überschwenglich zu sein, denn andere können leicht deine Motive falsch interpretieren. Du bist sehr kreativ und brauchst eine interessante Aktivität, um in deinem Leben einen Ausgleich zu schaffen. Innendekoration und andere Arten künstlerischer Betätigung ziehen dich an. Du bist am zufriedensten, wenn du nicht berühmt bist, sondern ein glückliches, friedfertiges Leben führst, umgeben von einer glücklichen Familie. Wenn es in dieser Dekade ein Schlüsselwort gibt, dann ist es *Liebe*.

43/7 *als persönliche Zahlenschwingung:* Du bist ein treuer Freund, liebevoll und den Grillen und Launen anderer gegenüber tolerant. Dein Freundschaftsversprechen gilt in guten wie in schlechten Tagen. Dein sympathisches Wesen und dein Sinn für

Gerechtigkeit erstreckt sich insbesondere auf alle jungen und unterpriviligierten Menschen. Du bist immer bereit, jemandem in Not zu helfen.

Dein sanftes Wesen kann eine starke Entschlossenheit verbergen, wenn es um die Durchsetzung deiner Ziele geht. Du weißt, wann es gilt zu schweigen. Klares Denken ist einer deiner besten Züge, der sich am wirkungsvollsten in konstruktiven Aktivitäten zeigt. Deine positive Haltung zum Leben, maßvolle Gewohnheiten und die Fähigkeit, logische Entscheidungen zu treffen, schaffen eine Atmosphäre des Erfolges. Erfüllung und Überfluß sind die Früchte, die du als Ergebnis deiner originellen und produktiven Aktivitäten ernten kannst. Dein Gewinn von Macht und finanzieller Sicherheit gestattet dir die Freiheit, die Bequemlichkeiten, die du verdient hast, auch zu genießen. Du genießt es, in einer machtvollen Position zu sein. Deine Macht erstreckt sich auf das Heilen. In bestimmten Situationen kann die Energie, die du besitzt, auf das Energiefeld eines anderen Menschen übertragen werden und ihn mit neuem Leben erfüllen.

Du bist eine zuverlässige Person, innerlich und äußerlich ausgeglichen. Deine starken intuitiven Kräfte und dein sicheres Urteil basieren auf deiner Fähigkeit, Fakten zu sammeln und zu ordnen. Diese Talente werden zu deinem Erfolg als Lehrer, Schriftsteller oder Redner beitragen, falls du dich zu einem dieser Berufe entschließen solltest.

Was auch immer der Beruf sei, den du erwählst, du wirst ihn mit deinen konstruktiven und kreativen Ideen, mit deiner positiven Grundhaltung und deinem ausgezeichneten Verstand voll und ganz ausfüllen. Der Lohn wird entsprechend reich ausfallen. Du mußt jedoch eventuelle Gelüste beherrschen, es mit Essen, Trinken und ungesunden Beziehungen zu übertreiben. Exzesse werden zu physischen und emotionalen Schmerzen führen. Du solltest statt dessen den Überfluß in deinem Leben mit denen teilen, die weniger Glück in ihrem Leben haben. Wenn du das tust, wird sich dein Reichtum vergrößern.

43/7 als temporäre Schwingung: Überfluß, Freudenfeste, Heilung. Glückwünsche stehen auf der Liste. Dies ist eine Periode der

Freude, denn die Ergebnisse deiner vorangegangenen Bemühungen treten nun zutage. Du hast deine Angelegenheiten erfolgreich zu Ende geführt und deine Ziele verwirklicht. Die Belohnung gehört dir.

Wenn deine Bemühungen professionell waren, dann kommst du jetzt in den Genuß von finanziellem Wachstum, Beförderungen und Vergrößerungen des Geschäfts. Wenn es um deine Gesundheit geht, findet jetzt die Heilung statt. Familienstreitigkeiten schlichten sich, und du wirst von Erfolg, Frieden und besonderen Vergütungen, die sich dir jetzt bieten, überhäuft.

Dies ist eine ruhevolle Schwingung, entspanne dich und erfreue dich daran. Bleib bei deiner alltäglichen Routine oder nimm einen Urlaub, Hauptsache, du behältst den Status quo bei. Neue Unternehmungen aus dem Boden zu stampfen oder neue Richtungen einzuschlagen, ist nicht Bestandteil dieser Schwingung. Lehn dich zurück und entspanne dich.

Sei vorsichtig, daß deine Festlichkeiten nicht in Völlerei ausarten. Zuviel gutes Leben kann zu physischen Leiden führen. Wenn du deine Partner nicht sorgfältig auswählst, können deine Beziehungen darunter leiden. Also iß, trink und freu dich des Lebens – aber in Maßen. Du hast es verdient.

Symbol im Tarot: Die Drei Kelche. Dieser Schlüssel stellt die Feier von Freigiebigkeit und glücklichen Umständen dar. Drei junge Frauen erheben anläßlich des guten Gelingens ihrer Arbeit feierlich ihre Kelche; sie stehen inmitten ihrer überreichen Ernte.

Astrologische Entsprechung: Zweite Dekade Krebs. Die Sensitivität in diesem Bereich des Tierkreises ist besonders hoch und auf das Okkulte ausgerichtet. Du bist fortschrittlich eingestellt, zutiefst gefühlsbetont und sentimental. Deine Erfahrungen werden immer deutlicher, deine Ziele genauer definiert. Du bist, was dein Privatleben angeht, sehr verschlossen und oft schweigsam und introvertiert. Du weißt instinktiv, wann du zu reden und wann du zu schweigen hast. Du kannst selbst erstaunt sein, wenn du merkst, über welche Kräfte du im Notfall verfügst. Du ziehst es vor, ein ausgeglichenes Leben zu führen, aber kannst dich, wenn die Gelegenheit es erfordert, auch ganz schön ins Getümmel stürzen. Du erfreust dich in vollen Zügen der guten Dinge im Leben und verfügst über die Kapazität, in wertvollen Bereichen qualifizierte Arbeit zu leisten.

44/8 *als persönliche Zahlenschwingung:* Dies ist eine Leitzahl, und als solche verlangt sie auch mehr von dir. Du bist ein beständiger Arbeiter. Du wirst in der Zielsetzung, die du dir gestellt hast, konsequent bleiben, denn du verfügst über große Disziplin. Du richtest dich nach den Erfordernissen einer Situation und machst das Beste daraus. Du ziehst es vor, dich in einer Umgebung aufzuhalten, in der eine stetige Weiterentwicklung konkrete Ergebnisse zeitigt. Dein Erfolg hat seine Ursache in nützlichen Unternehmungen.

Du bist extrem einfallsreich und vorsichtig und planst deine Aktionen rechtzeitig im voraus. Du kannst in politischen oder militärischen Angelegenheiten zu Ehren kommen. Dabei sind Selbstdisziplin und Zweckmäßigkeit die Schlüssel zum Erfolg. Im Kampf beweist du Tapferkeit. Du verfügst über den Willen, Hindernisse durch beständige Bemühungen zu überwinden.

Gesunder Menschenverstand und Logik festigen dein Urteil. Du erfreust dich an Ordnung und Stabilität. Deine Einstellung zum Leben ist eher konventionell. In dir steckt ein ganzes Stück von einem Materialisten. Hüte dich vor einem zu großen Bedürfnis nach Ruhm und Besitz. Das kann leicht zu Überarbeitung, Krankheit und materiellen Verlusten führen. Danach schließt du dich dann in einer ignoranten Welt des Müßiganges ab und wirst unzufrieden und frustriert. Du solltest daher neue Möglichkeiten auskundschaften, um deinen Horizont zu erweitern. Mach Platz in deinem Leben für Dinge, die du nicht eingeplant hast.

Du bist physisch, geistig und emotional gut entwickelt, aber es kann dir an Intuition fehlen. Die Gelegenheit, diese Seite deines Charakters zu entwickeln, ist da. Arbeite daran, Dinge wahrnehmen zu können, die du jetzt noch nicht sehen kannst. Stimme dich auf dein inneres Selbst ein. Wenn du dieses Bewußtsein erreicht hast, kannst du die Schwingung der Leitzahl in deinem Leben zum Ausdruck bringen. Werde den materiellen Bedürfnissen dieser Welt gerecht durch produktives Handeln, das in erster Linie durch dein Inneres inspiriert wird. Geprägt von gesundem Menschenverstand, kannst du der Welt Trost spenden und den Rat erteilen, der sie im Innersten zusammenhält.

44/8 als temporäre Schwingung: Karma, Neubeurteilung, Gelegenheit. In dieser Leitzahlen-Periode wird dir die Gelegenheit gegeben, deine gegenwärtigen Umstände neu zu beurteilen. Es ist für dich an der Zeit, den Wert der Belohnungen, die du jetzt erhältst, zu überdenken. Wenn deine Bemühungen in der Vergangenheit produktiv waren, wirst du einen Zuwachs an Status und Finanzen sehen. Andere werden dich mit Freundlichkeiten überhäufen; Freunde und Familie werden zusammenkommen und ihren Kreis erweitern. Dennoch können vergangene Anstrengungen auch eine ungewollte und einengende Last mit sich bringen. Vielleicht möchtest du alles aufgeben, dich zurücklehnen und gar nichts mehr tun. Wenn du dich unzufrieden und eingeengt fühlst, mußt du dir neue Prioritäten und verfolgenswerte Ziele setzen.

Die Erfahrungen dieser Periode können das fehlende Glied in deiner gesamten Verfassung anschaulich verdeutlichen. Wahrscheinlich ist die materielle Welt bereits gut repräsentiert. Die Dinge geschehen auf einer physischen Ebene, und du reagierst emotional auf sie, was dich geistig beschäftigt. Dein Verstand fragt sich, ob das alles ist, was es gibt. In diesem Moment streckst du deine Hand nach der Hand Gottes oder der intuitiven Seite deines Wesens aus. Du suchst nach der Antwort, die deiner Welt die richtige Perspektive verleiht. Diese Antwort kann nur in dir selbst gefunden werden. Du kannst sie jetzt finden und ihr eine Form verleihen, indem du die Belohnungen oder Erfahrungen, die dieser Zyklus dir zukommen läßt, mit anderen teilst. Dein Rat und deine Weisheit werden andere auf ihren eigenen Pfad der Befreiung lenken.

Symbol im Tarot: Die Vier Kelche. Die männliche Gestalt sitzt in stiller Kontemplation und Konzentration ruhig da. Er sieht vor sich drei gefüllte Kelche und scheint nicht zu merken, wie ein vierter Kelch ihm von der Hand Gottes, die aus der kosmischen Wolke (verborgene Weisheit) kommt, gereicht wird. Wenn er in geduldiger Meditation, mit Selbstkontrolle und Beharrlichkeit die göttliche Hilfe sucht, dann wird sie ihm zuteil. Seine ruhige physische Erscheinung zeigt, daß es hier geistige Aktivität ist, die Resultate hervorbringt. Er muß sich ein Ziel setzen, das es wert ist, verfolgt zu werden, sonst könnte der dargebotene Kelch verlorengehen.

Astrologische Entsprechung: Dritte Dekade Krebs. Diese Dekade wird mehr auf der inneren oder mystischen Ebene gespürt als auf der nach außen gerichteten persönlichen Ebene. Du bist daher empfänglicher für Schwingungen aus deiner Umgebung oder solche, die über äußere Kontakte deine Aura betreffen. Du bist liebenswürdig, gastfreundlich und sympathisch. Du kannst dich zu einer Laufbahn als Krankenschwester, Diätassistentin oder einer sozialen Arbeit, die sich mit Behinderten beschäftigt, hingezogen fühlen. Ein Leben im Dienst am Nächsten profitiert von dieser Schwingung. Deine Ideale sind hehr, aber du mußt deine Träume in die Praxis umsetzen.

45/9 *als persönliche Zahlenschwingung:* Dies ist eine höchst empfindliche, mystische Schwingung. Du wirst dich nicht durch weltlichen Erfolg allein zufriedenstellen lassen. Die positiven Energien dieser Schwingung können zu einer hohen übersinnlichen Entwicklung führen.

Du sympathisierst mit den Unglücklichen und nimmst dich ihrer emotionalen Schwierigkeiten an. Du lehrst und dienst mit ganzem Herzen und hast die Kraft, Notlagen mit einer Courage zu begegnen, die man in anderen Zahlenschwingungen selten findet.

Die Arbeit in Gruppen und Organisationen kann für dich befriedigend sein; du kannst anderen anhand deiner eigenen Erfahrungen wirkungsvoll Unterricht erteilen.

Du bist verschwiegen, zurückgezogen und stolz. Gleichzeitig bist du jedoch entschlossen, deine Ambitionen mit Erfolg auszuleben, und empfänglich für neue Ideen. Du bist bereit und willens zu arbeiten und schreckst vor körperlicher Arbeit nicht zurück. Wenn du dich überarbeitest, kann dieser Drang jedoch auch zerstörerisch sein.

Es gibt einen Konflikt zwischen deinen Emotionen und deinem gesunden Menschenverstand. Du mußt dich beherrschen und deine Energien einsparen. Geh bei der Verfolgung deiner Ideale nicht in die Extreme. Emotionale Unzufriedenheit entwickelt sich nur, wenn du auf der Vergangenheit herumreitest. Enttäuschungen, Sorgen und Verluste sind die Folge, wenn du dich hartnäckig an alte Wege hältst, deren Nützlichkeit sich ausgelebt hat. Nutze die Erfahrungen der Vergangenheit als Stufen zu einem höheren Zweck. Dann kannst du durch deine Worte und dein Beispiel andere lehren, ihr Leben zu erneuern und eine bessere Zukunft zu erbauen.

Du bist liebevoll und großzügig. Wenn einmal etwas schiefgeht, bist du eifrig bemüht, wieder alles ins rechte Lot zu bringen. Schau auf das, was dir zur Verfügung steht, und nicht auf das, was du nicht hast oder bereits verloren hast. Dann wirst du das empfindliche Gleichgewicht erreichen, das zu deinem Glück notwendig ist. Mit Geduld und Hoffnung können schwierige Situationen in Lektionen verwandelt werden, die du dann andere lehren kannst.

Diese Schwingung erzeugt oft eine frühe Heirat und viele Kinder.

45/9 als temporäre Schwingung: Alte Freunde, partielle Gewinne, Lernerfahrungen. In diesem Zyklus kann es Gewinne und Erbschaften geben, die jedoch geringer ausfallen können, als du erwartet hast. Du solltest dich nicht über irgendwelche nebensächlichen Verluste, die jetzt auftreten können, grämen. Mach Gebrauch von dem, was du bekommst, um etwas Neues anzufangen. Vergeude nicht deine Energie, indem du vergangene Fehler bereust. Lerne aus ihnen und wende dich der Zukunft zu. Es wird hier genügend Einnahmen für dich geben, um zu ermöglichen, daß ein besserer Gebrauch deiner persönlichen Energien beim nächstenmal noch lohnender sein wird.

Ein alter Freund kommt vielleicht zu einem Besuch zurück und erinnert dich an deine Vergangenheit. Sei vorsichtig bei allen Menschen, denen du begegnest. Du solltest nicht zuviel von ihnen erwarten. Wenn du erfolgreich aus der Vergangenheit gelernt hast und sie auf sich beruhen lassen kannst, dann wirst du neue Verbindungen eingehen können, die dir für die Zukunft neue Türen öffnen. Du kannst dann neue Quellen erschließen, die du bis jetzt übersehen hast.

Symbol im Tarot: Die Fünf Kelche. Eine verhüllte Gestalt schaut sorgenvoll auf drei vergossene Kelche und merkt anscheinend nicht, daß noch zwei gefüllte Kelche hinter ihr stehen. Das zeigt, daß man sich nicht über Verluste grämen sollte. Indem man sich einem Neubeginn zuwendet, findet man immer neue Quellen, mit

denen man weitermachen kann. Du solltest deine Energie nicht damit vergeuden, vergangene Fehler zu bereuen, sondern aus ihnen lernen und dich der Zukunft zuwenden.

Astrologische Entsprechung: Erste Dekade Skorpion. Du hast feste Ziele und bist entschlossen, sie zu verwirklichen. Du fühlst eine innere Kraft, die sich als Stolz oder Willenskraft ausdrücken kann. Du bist stark vom Okkultismus angezogen. Du scheinst über grenzenlose Energie zu verfügen und kommst nach einer Niederlage schnell mit erneuter Kraft wieder auf die Beine, um dich in aller Stille an deine Geschäfte zu machen. Du kennst die Macht der Stille. Viele stark motivierte Reformer oder Missionare sind in dieser Dekade des Skorpion geboren. Das Bedürfnis, die Dinge zum Besseren zu wenden, scheint ihnen angeboren. Du bist ein unermüdlicher Arbeiter, wenn du durch deine Ideale motiviert bist.

46/1 *als persönliche Zahlenschwingung:* Du hast eine dominierende Persönlichkeit. Du arbeitest und vergnügst dich mit der gleichen Intensität und Leidenschaft. Durch deinen Charme und deine Schlagfertigkeit gewinnst du die Sympathien deiner Mitmenschen, und unter deinen sanften Verhaltensweisen verbirgst du einen starken Willen. Du bist eine Führernatur. Du stehst gerne im Mittelpunkt deiner Welt und mußt dich davor hüten, diejenigen auszunutzen, die deine Popularität bewundern oder von deinem gekonnten Auftreten geblendet sind.

Du hast hohe Ideale und kannst zwischen naturwissenschaftlich und philosophisch orientierten Berufen wählen. Mit deinen hoch entwickelten übersinnlichen Gaben und deiner starken Intuition kannst du auch zu einem Erfinder werden. Alle diese Beschäftigungen können dazu dienen, deine humanitären Ideale zum Ausdruck zu bringen. Wenn du einen idealistischen Beruf wählst, solltest du deine Ziele praktisch orientieren. Diese Zahl ist oft mit dem Erwerb von Geld verbunden, aber sie bringt Verluste, wenn die Ziele nicht der Praxis entsprechen. Dennoch kann man unter dieser Zahl immer wieder neu beginnen und aufs neue sein Glück machen.

Positionen mit Macht und Autorität sind für dich natürlich. Du hast einen starken Willen und bist konzentriert. Du setzt dir dein Ziel und verfolgst es auf beständige und methodische Art und Weise. Du bist jedoch gewillt, dein Glück mit anderen zu teilen, denn du bist großzügig, warmherzig und sanftmütig.

Dein Können, deine Phantasie und dein Enthusiasmus sichern dir Erfolg in Beruf und Freizeit. Eine glückliche Kindheit und angenehme Erinnerungen verleihen dir die Stabilität, in die Welt hinauszugehen und dabei immer nur das Beste zu erwarten, was das Leben zu bieten hat – und es auch zu bekommen.

Wenn du eine negative 46/1 bist, lebst du in der Vergangenheit, umgeben von Erinnerungen und weigerst dich, die Gegenwart anzunehmen. Du kannst kindisch und unverantwortlich sein. Als natürliche Reaktion auf dieses Verhalten kannst du eine Reihe wertloser Bekanntschaften machen.

46/1 als temporäre Schwingung: Gutes Karma, neue Gelegenheiten, Erfolg. Du stehst nun im Mittelpunkt der Aufmerksamkeit. Du kannst Geschenke oder Erbschaften machen, die von Situationen der Vergangenheit herrühren. Ein Spielgefährte aus der Kindheit kann plötzlich auftauchen und ein Geschenk bringen, oder eine gute Tat aus der Vergangenheit trägt jetzt noch Früchte. Es scheint, daß deine vergangenen guten Taten durch die glücklichen Ereignisse deines gegenwärtigen Lebens nachträglich verwurzelt werden. Freude und Zufriedenheit erfüllen dein Herz; du solltest diese Gefühle mit deinen Mitmenschen teilen.

Deine Umgebung verändert sich irgendwie. Entweder findest du dich an neuen Orten mit neuen Menschen wieder, die versprechen, lohnend zu sein, oder deine alte Umgebung gewinnt neues Leben durch neue Möglichkeiten und Beziehungen.

Durch die sanfte Kunst des Überredens kannst du andere für deine persönlichen Denkweisen gewinnen. Sie werden sich deiner starken Führung anvertrauen, denn du bist gegenwärtig im übersinnlichen und intuitiven Bereich außerordentlich aktiv. Du kannst alle Ziele, die du dir jetzt gesetzt hast, erreichen, wenn du es verstehst, deine persönliche Energie stetig einzusetzen. Deine enthusiastische Haltung und dein Hang zur Dramatik beeindruckt in diesem Zyklus deine Mitmenschen und hilft dir dabei, die Unterstützung zu finden, die du brauchst, um Erfolg zu haben.

Symbol im Tarot: Die Sechs Kelche. Die Sechs Kelche fließen vor Blumen über, sie sind das Symbol der Fruchtbarkeit. Die fünfblättrigen sternförmigen Blüten weisen auf menschliche Emotionen hin, die geläutert und in mitfühlende Liebe verwandelt wurden. Die kindliche männliche Gestalt mit der Narrenkappe erinnert an Schlüssel 0, Uranus, der im Skorpion hervortritt und hier andeutet, daß das höchste Geschenk die geläuterte Liebe ist. Das Kreuz, das die Form eines sogenannten »Andreaskreuzes« hat, ist das Kreuz der Erniedrigung. Es bedeutet, daß sich unser wirklicher Fortschritt auf Erden erst dann zeigt, wenn wir »werden wie die Kinder« (Matthäus 18:3) und uns ihr kindliches Vertrauen zu eigen machen.

Astrologische Entsprechung: Zweite Dekade Skorpion. Einzigartige Erlebnisse treten in dein Leben. Manchmal sind es deine Sorgen, an denen deine Vorlieben deutlich werden. Sorgen können es sein, die dein Denken in eine spirituelle Richtung lenken. Du bist immer bereit, mit anderen zu teilen. Immer verhältst du dich so, wie du es für deine Pflicht als guter Bürger hältst. Dieser Abschnitt des Tierkreises ist der Höhepunkt des Sonnenjahres. Hier wird einem das Geschenk großer kreativer Fähigkeiten in die Wiege gelegt. Viele musikalische und wissenschaftliche Genies wurden in dieser Jahreszeit geboren. Du verträgst dich gut mit anderen, solange sie nicht versuchen, dich zu dominieren. Wenn sie es dennoch versuchen, kommt der stille Rebell in dir zum Vorschein.

Zum überwiegenden Teil dominiert dein Charme über deine Aggressivität. Du hast das Glück und den Erfolg, der dir zuteil wird, verdient.

47/11 *als persönliche Zahlenschwingung:* Dies ist eine Leitzahlen-Schwingung. Während deines Lebens wirst du viele Prüfungen deiner Charakterstärke und emotionalen Stabilität erfahren. Zwischen der emotionalen und der praktischen Seite in dir gibt es einen Konflikt. Daher sollte deine Parole heißen: »Lebe mit Hingabe, Vorsicht und Takt.« Um auf der effizientesten Ebene zu arbeiten, mußt du ein Ziel haben. Wenn du ein Ziel hast, dann wird dein persönlicher Charme und dein Magnetismus andere überzeugen, und man wird dir allen Reichtum und Glanz der Welt zu Füßen legen.

In deinem Kopf geistern große Träume von Erfolg und Reichtum umher, großartige Visionen nehmen in deiner Phantasie Gestalt an. Erfolg ist für dich die Fähigkeit, andere zu beeinflussen, Vertrauen einzuflößen und Aufmerksamkeit anzuziehen, ein Erfolg, der für weltzugewandte Menschen offenbar zum guten Ton gehört. Das Ganze hat jedoch einen Haken. Während du nach und nach alle diese »Schätze« erwirbst, merkst du, daß sie nicht das Glück und die Zufriedenheit bringen, die du erwartet hast. Sie haben keinen wirklichen Wert. Bei dir bewahrheitet sich die alte Weisheit: »Wem viel gegeben wird, von dem wird viel erwartet.« Es wird erwartet, daß du dein Urteil fällst – daß du abwägst, prüfst, ausgleichst und gegebenenfalls fallenläßt.

Setze dein Schweigen und deine Phantasie ein, um zu Weisheit und Inspiration zu gelangen. Wenn du deine Gefühle beherrschst, wird Inspiration dein Leben lenken. Du lernst, mit Geld umzugehen und kannst in finanziellen Bereichen glänzen, im Bankwesen und in der Buchführung. Gleichzeitig verfügst du über ein großes kreatives Potential. Du begreifst neue Ideen mit Leichtigkeit und arbeitest mit großer Geschwindigkeit. Auf jedem Gebiet, das du dir aussuchst, mußt du für ein erfülltes Leben deine humanitären Qualitäten zum Ausdruck bringen.

Du bist anpassungsfähig und hast dennoch einen starken Willen, der dir hilft, unvorhergesehene Herausforderungen anzunehmen. Nutze deine natürlichen und spirituellen Reichtümer, um Stabilität und Harmonie in das Leben deiner Mitmenschen zu bringen. Lerne, die richtigen Urteile zu fällen und die richtigen Entscheidungen zu treffen. Verwechsle nicht Emotionen mit Liebe, sonst läßt du es zu, daß deine Illusionen dein Bedürfnis nach Realität beeinträchtigen.

47/11 als temporäre Schwingung: Urteil, erfüllte Träume. Diese Leitzahlenschwingung verlangt zusätzliche Anstrengungen von dir, aber verspricht auch eine höhere Dividende. Du solltest dich davor hüten, Luftschlösser zu bauen. Du kannst leicht deine kreativen Energien vergeuden, indem du dem finanziellen Erfolg hinterherrennst. Viele deiner geheimen Wünsche können jetzt Wirklichkeit werden, wenn du realistische Methoden entwickelst, sie zu erreichen. Du brauchst Willensstärke und Entschlossenheit, um die Ideen, die du für würdig hältst, in die Tat umzusetzen.

Viele Versuchungen können auf dich zukommen, um dich von dem eigentlichen Zweck dieses Zyklus abzulenken. Diese Versuchungen werden dein Urteilsvermögen auf die Probe stellen. Du wirst entscheiden müssen, durch abwägen, auswählen und ablehnen, wo deine wahren Werte liegen. Bewahre eine Balance zwischen der emotionalen und der praktischen Seite deines Lebens und richte entsprechend deine Pläne aus.

Vielleicht hast du mystische oder übersinnliche Erlebnisse. Nutze diese Erfahrungen und verlaß dich darauf, daß deine Intuition dich leitet. Laß in dieser Phase bei deinen Entscheidungen besondere Vorsicht walten und sei dir allzeit des wahren Wertes, der hinter den Illusionen steckt, die du siehst, bewußt. Die richtige Wahl kann wahre Liebe, eine glückliche Ehe, materiellen Wohlstand und seelischen Frieden bringen.

Symbol im Tarot: Die Sieben Kelche. Die Gestalt steht, mit dem Rücken zum Betrachter, sieben Kelchen zugewandt, die mit den Symbolen von Geschenken und Prüfungen gefüllt sind, die dir in diesem Leben zuteil werden: Eitelkeit, Ruhm, Ego, Illusion, Eifersucht, Leichtsinn und Glanz, sieben Eigenschaften von äußerst flüchtigem Charakter. (Auf der Karte schweben sie auf Wolken.) Sie sollen darstellen, was eine weltliche Person für erstrebenswert hält. Wenn diese Dinge jedoch eines nach dem anderen verwirklicht werden, erkennt man, daß sie weder Glück noch eine wirkliche Bereicherung im Leben bringen.

Astrologische Entsprechung: Dritte Dekade Skorpion. Vielleicht erlebst du jetzt viele häusliche Veränderungen, die von dir verlangen, daß du Geduld aufbringst. Du verfügst über außersinnliche Wahrnehmungen, die sich zu prophetischen oder heilenden Kräften entwickeln können. Ein starkes Interesse am Okkulten, das allen Dekaden des Skorpion zu eigen ist, ist besonders ausgeprägt in der dritten Dekade wegen der Dreizahl der herrschenden Planeten: Mond, Neptun und Pluto. Du bist ein Romantiker. Weil du treuherzig und mitfühlend bist, wirst du auch besonders enttäuscht sein, wenn sich herausstellt, daß das Subjekt deiner Liebe dein Vertrauen nicht verdient hat. Sei daher vorsichtig, wem du deine Zuneigung schenkst. Mach dir über keinen Menschen Illusionen, denn das öffnet der Enttäuschung alle Tore. Du kannst gut mit Geld umgehen und hast Erfolg in finanziellen Angelegenheiten. Du bist flexibel, ohne dabei in Unverbindlichkeit abzurutschen. Schwäche ist kein Charakterzug von dir.

48/3 *als persönliche Zahlenschwingung:* Weltlicher Erfolg fällt dir fast in den Schoß. Dennoch weißt du viele Dinge, die dir zuteil werden, nicht zu würdigen, denn du vermißt die Befriedigung, die du dir versprochen hattest. Du möchtest immer mehr, und wenn du merkst, daß die dingliche Welt allein dir die nötige Erfüllung nicht liefern kann, dann wendest du dich vielleicht der geistigen Welt zu. Du solltest jedoch dem Weltlichen nicht völlig den Rücken kehren, denn das könnte die praktischen Grundlagen deines Lebens zerstören. Lerne, das Materielle zu nutzen, ohne dich davon abhängig zu machen.

Du bist ein Romantiker, aufrichtig und anteilnehmend. Du hast hehre Ideale, einen Sinn fürs Schöne und für die Künste und verfügst über ein beachtliches kreatives Potential. Deine übersinnlichen und prophetischen Fähigkeiten sind gut entwickelt. Dein aufnahmebereites Wesen kann ein guter Motor für deinen Erfolg sein. Du bist still, beharrlich und zuverlässig. Vielleicht bist du jedoch etwas zu stark übersinnlich veranlagt und zu sensibel, um dich wirklich wohlzufühlen. Du hast ein ausgeprägtes Wertebewußtsein und ziehst es vor, konservativ zu leben. Du hältst es für richtig, einen vollen Arbeitstag für deine Firma zu investieren.

Wenn du der Chef wärst, würdest du dasselbe von deinen Angestellten erwarten. Ein Gefühl für Fairneß ist einer deiner stärksten Züge. Du hast die Fähigkeit, beide Seiten eines Problemes zu sehen, und urteilst gerecht.

Angesichts von Schwierigkeiten den Humor nicht zu verlieren, wird dir dein Leben erleichtern, denn du neigst dazu, den rein materiellen Dingen des Lebens gegenüber völlig intolerant zu sein. Du solltest dir darüber im klaren sein, daß dein ausgeprägtes Verantwortungsgefühl für andere, dein Mitgefühl für ihr Leiden und dein Wunsch, deinen Teil zur Gemeinschaft und zur Welt beizutragen, in vielen Fällen nur auf materielle Weise ausgedrückt werden kann. Deine Tierliebe und dein Bedürfnis, sie zu beschützen, findet hier ebenfalls seinen Ausdruck. Du mußt dich vom Materialismus befreien, aber dennoch wirst du vielleicht materielle Mittel einsetzen müssen, um deine Sendung im Leben erfüllen zu können.

48/3 als temporäre Schwingung: Erfolg, Verzicht auf Erfolg, Reisen. Du hast allen Grund zu feiern. Viele deiner Ziele sind erreicht, und die Früchte können nun geerntet werden. Du fühlst dich großzügig und liebevoll und möchtest die guten Dinge des Lebens mit deinen Mitmenschen teilen.

Horizonte erweitern sich, und während sie das tun, bilden sich neue Beziehungen. Vielleicht befindet sich unter diesen auch eine neue Liebe. Reisen können gut ins Bild passen, die einer ohnehin schon großartigen Zeit noch mehr Glanz verleihen. Sei dir jedoch darüber im klaren, daß das, was heute noch wichtig scheint, schon morgen völlig nebensächlich sein kann. Ebenfalls solltest du darauf achten, daß eine Verschwendung von Energien unstabile Verhältnisse erzeugen kann. Wenn du merkst, daß die Ziele, die du erreicht hast, dich kaum zufriedenstellen, solltest du versuchen, von einer höheren Ebene aus zu arbeiten. Nutze deine materiellen Vorteile, um das Leid deiner Mitmenschen zu lindern. Die eine oder andere Erfahrung während dieses Zyklus könnte der Katalysator sein, der dein materialistisches Denken auf die humanitäre und spirituelle Ebene lenkt.

Symbol im Tarot: Die Acht Kelche. Hier gibt es acht gefüllte Kelche, die die drei Teile des Bewußtseins und die fünf Sinne repräsentieren, die alle der bewußten Kontrolle unterstehen (sie stehen aufrecht aufeinander). Dennoch läßt die einsame Gestalt alles hinter sich und geht zu den dunklen Bergen des Unbekannten. Das Eindringen in die Mysterien, die in dem Berg verborgen sind, wird die gewünschte Weisheit entstehen lassen. Die Robe ist rot, um das Bedürfnis nach mehr Wissen anzudeuten. Unter der Leitung von Sonne und Mond (angedeutet durch die verdunkelte Mondsichel) geht er seinem inneren Drang nach etwas Höherem nach.

Astrologische Entsprechung: Erste Dekade Fische. Manchmal machst du dir Sorgen über Dinge, die niemals geschehen und wendest dabei unnötige Energie auf. Du solltest eine Philosophie des Glaubens an dich selbst und an deine Zukunft entwickeln. Du hast ein großes Herz für Tiere und wirst einen entlaufenen Hund oder eine Katze aufnehmen, von der du glaubst, daß sie von niemandem mehr gewünscht und gefüttert wird. Das kommt aus deinem tiefen Bedürfnis, allen, die in Not geraten sind, zu helfen, natürlich auch den Menschen. Du bist gastfreundlich und großzügig. Du hast die Gabe der Weisheit, die dich gütig und gerecht gegenüber deinen Mitmenschen macht. Dichter, Musiker und Wissenschaftler werden in diesem Bereich des Tierkreises geboren. Der amerikanische Dichter Longfellow, der Komponist und Pianist Chopin und der Wissenschaftler Kopernikus wurden in dieser Dekade geboren.

49/4 *als persönliche Zahlenschwingung:* Du bist eine vielseitig begabte Person. Du hast Führungsqualitäten, Integrität, Intuition und einen Sinn für Gerechtigkeit, nur um einige deiner Begabungen zu nennen. Du kannst diese Eigenschaften auf praktische Geschäftsunternehmungen anwenden und dabei hervorragende Ergebnisse erzielen. Du bist in deinen Beziehungen diplomatisch, geduldig und in der Abwicklung deiner Geschäfte ehrlich. Gleichzeitig besitzt du ein Gefühl dafür, wann du handeln und wann du warten solltest, ein wesentlicher Faktor für deinen Erfolg.

Du hast sowohl in geschäftlichen wie in privaten Angelegenheiten die Herrschaft über deine Gefühle. Materieller Erfolg, physisches Wohlbefinden und Sicherheit sind dieser Schwingung zu eigen. Dir gehören materielles Glück und Zufriedenheit.

Du stellst gern das gute Leben, das du erreicht hast, zur Schau. Dein Zuhause wird das in Form feiner Möbel und gefüllter Schränke reflektieren. Sie sind das Ergebnis des Stolzes und der Zufriedenheit, die du aus deinen Errungenschaften ziehen kannst. Du erfreust dich einer guten Gesundheit und eines herzhaften Appetites. Du bist für andere ein Beispiel, indem du zeigst, was harte Arbeit und Beständigkeit für den Erfolgreichen bewirken können.

Wenn du eine verträumte 49/4 bist, entwickelst du eine Menge Theorien, die nur selten in die Tat umgesetzt werden. Das liegt daran, daß der Erfolg einem nicht in den Schoß gelegt wird. Dir fehlt der innere Antrieb, und deine Trägheit hält dich davon ab, alles, was du erreichen kannst, zu erreichen. Du hast eher persönliche Befriedigung als Leistung im Auge und kannst von deinen eigenen Begierden und Wünschen überwältigt werden. Unaufrichtigkeit schleicht sich ein, und dein Ego bläht sich genauso auf wie dein Körper, als Ergebnis deines zügellosen Lebenswandels. Am Ende steht die Krankheit.

Es besteht jedoch unter dieser Schwingung eine Tendenz zur Balance zwischen Gedanken und Gefühlen. Das führt dich weiter und höher, sowohl in intellektueller wie in spiritueller Hinsicht.

49/4 als temporäre Schwingung: Gesundheit, Zufriedenheit, Ehe mit einem reichen Menschen. Dies ist ein ausgezeichneter Zyklus in geschäftlichen Dingen, solange du deine ehrliche und beharrliche Einstellung bewahrst. Durch deinen ständigen Eifer sind deine Vorratskammern immer gefüllt, und du hast das zufriedene Gefühl, etwas geleistet und deine Arbeit gut gemacht zu haben.

Äußere Zufriedenheit verleiht innere Ruhe, sie ist Balsam für alle Leiden. Deine optimistische und heitere Grundhaltung wird dich bei guter Gesundheit halten. Du neigst dazu, dick zu werden, und solltest daher besonders auf deine Ernährung achten.

Eine Heirat ist bei dir normalerweise mit viel Geld verbunden und kann aus Sicherheitsdenken statt aus Liebe entspringen. Dein Heim wird mit allem ausgestattet sein, was das Herz begehrt, einschließlich einem vollen Kühlschrank und einer komfortablen Einrichtung.

Achte darauf, dich nicht zu überessen oder zuviel zu trinken. Nimm deine Wünsche und Bestrebungen zu dieser Zeit genau unter die Lupe. Befreien sie dich von Angst, Armut und Unsicherheiten, oder ersetzen sie lediglich ein System der Unfreiheit durch ein anderes?

Symbol im Tarot: Die Neun Kelche. Die sitzende Figur ist das Sinnbild physischen und emotionalen Wohlbefindens. Seine Kelche sind voll, und er ist von dem blauen Vorhang des schöpferischen Verstandes geschützt. Eine Balance von Verstand und

Gefühlen erzeugt immer materiellen Erfolg und innere Zufriedenheit. Dies ist die Karte der erfüllten Hoffnungen und Wünsche.

Astrologische Entsprechung: Zweite Dekade Fische. Dies ist eine sensible und liebevolle Dekade. Du bist von deiner Familie und deinem Zuhause außerordentlich angetan. Du hängst sehr an bestimmten Dingen und mußt lernen, deinen Mitmenschen dieselben Freiheiten zu gewähren, wie du sie in Anspruch nimmst. Dein übersinnliches Wesen ist gut entwickelt. Deine Intuition ist ausgeprägt und hilft dir, dich in deinem Selbstbewußtsein zu stärken. Du kannst besser arbeiten und glücklicher leben, wenn du ein inneres und äußeres Gleichgewicht gefunden hast, ansonsten wirst du leicht überempfindlich. Mach klugen Gebrauch von deinem starken Charakter.

50/5 *als persönliche Zahlenschwingung:* Dies ist die Schwingung des bleibenden Erfolges und Glückes. Sie ermöglicht ein Leben, das von der Zuneigung guter Freunde geprägt ist.

Du bist romantisch und stark gefühlsbetont. Du widmest dich ganz deiner Familie und suchst nach einem Partner, der die Verkörperung der vollkommenen Liebe für dich ist. Deine persönliche Anziehungskraft macht dich für das andere Geschlecht attraktiv, es sollte also reichlich Kandidaten geben, aus denen du eine Auswahl treffen kannst.

Dein Leben wird aktiv und bewegt sein. Du bist ein geselliger Mensch, der sich an Gesprächen erfreut und gerne Menschen um sich hat. Das Leben in der Öffentlichkeit zieht dich an. Dort kannst du deine Beredsamkeit einsetzen, indem du Vorträge hältst und dich öffentlich für soziale Verbesserungen einsetzt. In Literatur und Wissenschaft kannst du ebenfalls Erfolg haben. Besonders versiert bist du in der Mathematik und könntest als Buchhalter oder Analytiker arbeiten, beides Tätigkeiten, bei denen dir deine Genauigkeit sehr zupaß kommt.

Du bist sowohl kreativ wie einfallsreich. Du verstehst instinktiv die Probleme deiner Mitmenschen, und sie suchen daher gern deinen Rat. Auf natürliche Weise wirst du zum Anführer, und deine Energien finden konstruktive Ventile.

Trotz all deiner Möglichkeiten, etwas zu erreichen, gibst du Schönheit und Freude den Vorrang vor Reichtum und Ruhm. Deine Zufriedenheit rührt von der Liebe für Familie und Freunde. Du erfreust dich der Fähigkeit, frei auf deine Umgebung zuzugehen und mit ihr in Kontakt zu treten. Alle Zahlen, die eine 0 enthalten, verleihen göttlichen Schutz, und dein Gefühl für Sicherheit zeigt sich in einer entspannten und zuversichtlichen Persönlichkeit.

Ein negativer Gebrauch dieser Energien führt zur Verschwendung. Du kannst deine Freunde verlieren oder von ihnen betrogen werden. Familienstreitigkeiten sind an der Tagesordnung. Du wirst versuchen, alle Verantwortung abzuweisen und dir dadurch noch schlimmere Fesseln anlegen.

50/5 als temporäre Schwingung: Liebe, familiäre Bindungen, glückliche Veränderungen. Dies ist eine außerordentlich aktive Periode des Zusammenkommens mit Familie und Freunden – Glück und Zufriedenheit im Übermaß. Ein ganz besonderer Mensch kann in dein Leben treten, jemand, der deine Idealvorstellung von einem Partner verkörpert. Die daraus resultierende Liebesbeziehung wird dir bleibende Freude bereiten. Viele glückliche Veränderungen finden jetzt statt. Vielleicht ziehst du in eine neue Umgebung, die dir größere Zufriedenheit verspricht, oder du änderst auf andere Weise deine gegenwärtige Lebenssituation zu deinem Vorteil.

Du kannst Ehrungen und Geschenke erhalten. Sie sind die Belohnungen für vergangene Bemühungen, für die du auch gesellschaftliche Anerkennung erhalten kannst. Gespräche, Botschaften, Briefe und Begegnungen bringen gute Neuigkeiten und vielversprechende Möglichkeiten. Die dieser Periode zugrundeliegenden Energien legen dir nahe, dich zu entspannen, eine Reise zu machen und die Gesellschaft guter Freunde sowie enge familiäre Bindungen zu genießen. Ein negativer Gebrauch derselben Energien kann familiären Zwist und Schwierigkeiten mit Freunden mit sich bringen.

Symbol im Tarot: Die Zehn Kelche. Zehn gefüllte aufrechte Kelche werden in den Himmel gehoben. Sie enthalten das gesamte Spektrum des Glücks und der Erfüllung. Der Mann und die Frau umarmen sich und erheben das Niveau des Gefühlslebens auf eine höhere Bewußtseinsstufe. Die Kinder tanzen freudig unter dem Schutz des verheißungsvollen Regenbogens. Alle guten Dinge der Erde sind auf dem Bild: üppiges grünes Wachstum, Wasser sowie das Haus, das die Beständigkeit des Erreichten versinnbildlicht. Hier ist die Liebe auf die Ebene echten Mitgefühls erhoben worden.

Astrologische Entsprechung: Dritte Dekade Fische. Die Menschen, die unter diesem letzten Zyklus des Zeichens Fische geboren sind, sind mit einer übersinnlichen Veranlagung und Intuition begabt. Ihre praktische Seite muß jedoch noch entwickelt

werden. Lerne, dein logisches Denken gemeinsam mit deiner Intuition einzusetzen, um zu klugen Entscheidungen zu gelangen. Lerne, dich nicht zu leicht von stärkeren und aggressiven Menschen führen zu lassen. Du bist wahrscheinlich eher im Recht, wenn du dich danach richtest, was deine Intuition dir sagt. Lerne, die Signale deiner Intuition zu verstehen.

Dies ist der abschließende Zyklus des Sonnenjahres. Er enthält starke Schwingungen für ein ausgeprägtes Lebensglück, wenn du positive Entscheidungen triffst und konstruktive Gewohnheiten bildest, die dich auf progressive Weise deinem geistigen Ziel näherbringen.

4 Die Schwerter

Die Zahlen von 51–64

51/6 *als persönliche Zahlenschwingung:* Bei allem, was du tust, beweist du die Haltung eines Kriegers. Deine Führungsqualitäten und dein Bestreben, Wahrheit und Gerechtigkeit zu wahren, machen dich für Berufe im Rechts-, Staats- und Militärwesen geeignet. Du bist intelligent und aufgeschlossen, verfügst über ein gesundes Urteilsvermögen, das sich auf Tatsachen stützt und durch ein einfühlsames Herz seine Ausgeglichenheit bewahrt. Du hältst an überlieferten Lehren fest. Du hast ein gefestigtes, bestimmtes Wesen, was dich bei Freunden beliebt macht, aber bei Feinden dazu führen kann, daß du unversöhnlich bleibst und daher keinen Frieden finden kannst.

Du kannst in naturwissenschaftlichen Fächern wie Chemie oder Medizin erfolgreich sein. Wahrscheinlich hast du eine Vorliebe für militärische oder juristische Berufe, bei denen Entscheidungen über Leben und Tod an der Tagesordnung sind, und du deine Weisheit und deinen Sinn für Ausgleich einsetzen kannst.

Du hast einen aktiven Verstand, voller Ideen, die dir einen enormen Reichtum einbringen können. Wegen deiner Fähigkeiten wirst du in allem, was du unternimmst, schnelle Fortschritte machen. Du bist vorsichtig und scheinst, ohne anzuecken, durch dein Leben gehen zu können, selbst wenn um dich herum alles in Aufruhr ist. Du hast immer ein Lächeln auf den Lippen und sprichst freundlich, wobei du deine inneren Ängste überwindest. Dennoch bist du immer wach und aufmerksam und auf alle Eventualitäten vorbereitet. Wenn du an prominenter Stelle im Licht der Öffentlichkeit stehst, gibt es ein – wenngleich geringes –

Risiko, daß du einem Attentat zum Opfer fallen könntest oder daß man dich bedroht.

Eine Unausgeglichenheit in dieser Schwingung kann dich übertrieben ernst und sogar grausam werden lassen. Durch deine schroffe Art wirst du dir oft juristische Schwierigkeiten einhandeln. In deinem unablässigen Streben nach Macht machst du dir viele Feinde. Deine Rivalen verabscheuen deine Ungerechtigkeiten und werden allzeit bereit sein, an dir Rache zu nehmen.

51/6 als temporäre Schwingung: Gerichtsverhandlungen, Gerechtigkeit, Wahrnehmung, Autorität. Während dieses Zyklus können Feindseligkeiten oder Streitfälle leicht in einer Auseinandersetzung vor Gericht enden. Du solltest vorsichtig und ständig auf der Hut vor den unberechenbaren Reaktionen deiner Rivalen sein. Sei jedoch unbesorgt, alle Ungerechtigkeiten werden ihren Ausgleich finden. Das Gesetz der ausgleichenden Gerechtigkeit ist auch hier gültig. Das Wahre wird vom Unwahren geschieden werden.

Bewahre deine distanzierte, unparteiische Haltung. Erwäge alle Fälle gleichermaßen, um dem Gesetz Gültigkeit zu verschaffen. Dein Verstand ist im Augenblick sehr scharf, wahrnehmungsfähig und extrem aktiv. Du solltest dich jetzt auf ihn verlassen, um alternative Wege zu finden, deine Angelegenheiten zu regeln. Bewahre eine positive Sicht der Dinge, eine freundliche Grundstimmung und eine wachsame Haltung. Du bist der Krieger, der für das Recht kämpft und wirst alle Rivalen besiegen. Die herausfordernden Ideen, die in deinem Inneren erwachen, können dir den Erfolg und die Autorität sichern, die du dir wünschst. Höre aufmerksam zu und folge deiner Intuition.

Symbol im Tarot: Der König der Schwerter. Eine sitzende Figur hält das erhobene Schwert der Aktivität, der scharfen Wahrnehmung und der Urteilskraft. Der Schirm hinter dem Thron trägt den Schmetterling, das Symbol der ewigen Wiederkehr des Lebens und der Ereignisse. Der zu- und abnehmende Mond symbolisiert die ewig veränderlichen Ideen und Meinungen. Das Schwert trennt die falschen Ideen von den wahren. Der König

KÖNIG der SCHWERTER

sieht das Wesentliche in den Dingen und bringt mit rascher und gerechter Hand die Dinge wieder ins Lot.

Astrologische Entsprechung: Erste Dekade Waage. Du bist intelligent und offen. Du hast die Fähigkeit, beide Seiten einer Sache zu beurteilen und sie richtig einzuschätzen. Du wirst wahrscheinlich in allem, was du unternimmst, Fortschritte machen. Du stehst unbewegt inmitten des Aufruhrs, bewahrst ein Lächeln auf den Lippen und sprichst freundlich. Du milderst deinen scharfen Verstand durch Güte und bist ein wahrhaftiger Krieger, der für Recht und Gerechtigkeit kämpft.

52/7 *als persönliche Zahlenschwingung:* Du bist in deinem Denken von hoher Vornehmheit und Humanität geprägt, frei und unberührt von der schmutzigen Seite des Lebens. Du stehst allein, denn deine Weisheit hebt dich aus der Masse hervor. Unterstützt von den Erfahrungen der Vergangenheit stellst du dich zuversichtlich den Ungewißheiten der Zukunft. Wechselvolle Ereignisse und Lebensbedingungen lassen deine Zuversicht nicht verblassen.

Du bewahrst dein Gleichgewicht, selbst wenn du gelegentlich unter emotionalen Streß gerätst. Du kannst immer von deinen Kraftreserven zehren.

Höchstwahrscheinlich bist du sehr wohlerzogen. Deine freizügigen Ideen gestatten deinem schnellen Verstand und deiner Auffassungsgabe, Dinge zu begreifen, die den Horizont der gewöhnlichen Menschen übersteigen. Diese Eigenschaft macht dich zu etwas Besonderem, und du könntest dich entschließen, der materiellen Welt den Rücken zuzukehren und eine einsame Existenz auf der spirituellen Ebene zu führen. Wegen dieser Faktoren ist diese Schwingung als die Schwingung der Trennung, Unfruchtbarkeit und Witwenschaft bekannt.

Du bist freundlich, geduldig und mutig. Du versuchst ein ausgeglichenes Leben zu führen. Was du anfängst, führst du auch zu Ende. Du bist mehr am Philosophischen und Spirituellen interessiert als am Materiellen. Du liebst die Natur und ziehst es vor, auf dem Land zu leben.

Wenn du die negative Seite zum Ausdruck bringst, bist du engstirnig und gemein. Deine Eifersucht stößt andere ab und führt dazu, daß du ein einsames Leben führst. Tratsch, unfreundliche Worte und eine selbstgerechte Einstellung entfremden dir dann selbst noch die verständnisvollsten Freunde. Du scheinst dazu bestimmt, allein zu bleiben, obwohl der Antrieb zum Alleinsein vielleicht völlig unbewußt ist.

52/7 als temporäre Schwingung: Wandel, Trennung, Meditation. Sich ändernde Lebensumstände können dich zeitweise aus deiner gewohnten Bahn werfen, wobei du vielleicht eine Periode der Einsamkeit erlebst, in der du dich verlassen und isoliert fühlst. Dies ist notwendig, um Gedanken und Ideen anzuregen, die mit der spirituellen Welt in Verbindung stehen. Du mußt lernen, ein Gleichgewicht zu finden zwischen dem, was als wirklich *erscheint*, und dem, was wirklich *ist*. Auf diese Weise kannst du entdecken, was für dich einen wahren Wert hat.

Ausflüge aufs Land oder an die See sind für dich jetzt die beste Medizin. Nimm dir ein paar Bücher über Philosophie und Religion mit und laß deinen Geist ebenfalls auf Reisen gehen.

Bedenke, daß Trennungen, die während dieses Zyklus stattfinden, Teil des ständig wechselnden Rhythmus des Lebens sind und jede Veränderung neue Chancen und Herausforderungen mit sich bringt.

Symbol im Tarot: Die Königin der Schwerter. Die Königin sitzt auf einem Thron, der mit Schmetterlingen dekoriert ist, dem Symbol der Inkarnation und Reinkarnation. Sie hält das aktive Schwert erhoben, um zwischen wahr und unwahr zu unterscheiden. Ihre linke Hand ist dem Unbekannten in der Zukunft entgegengestreckt, sie ist bereit für alles, was auf sie zukommt. Sie weiß, daß sie die Erfahrung als ihre Grundlage hat, aus deren Schatz sie jederzeit schöpfen kann. Obwohl die Sonne von Wolken verdunkelt ist, was darauf hindeutet, daß es noch mehr gibt, was enthüllt werden wird, ist sie zuversichtlich, was die Zukunft anbelangt. Die ab- und zunehmenden Monde auf ihrem Thron weisen auf sich wandelnde Lebensumstände hin. Die Königin verläßt sich auf den göttlichen Schutz, symbolisiert durch die Cherubim auf dem Thron. Ihr Thron steht an einem hohen Ort, an dem die Luft rein und unberührt ist von den niedrigen Dingen des Lebens. Der einzelne Vogel über ihrem Kopf zeigt die Einsamkeit an, die sie gewählt hat, weil ihre Weisheit sie von anderen unterscheidet.

Astrologische Entsprechung: Zweite Dekade Waage. Venus und Uranus halten sich in der Zweiten Dekade der Waage das Gleichgewicht. Sie bringen einen idealistischen Humanisten hervor. Du neigst zum Spirituellen und ziehst die stille Atmosphäre des Landlebens vor, wo dein Geist ohne die Ablenkungen des Lärms der Stadt meditieren kann. Du bist intelligent, ruhig und introvertiert. Deine große Weisheit kann dich von der gewöhnlichen Menge unterscheiden.

53/8 *als persönliche Zahlenschwingung:* Du weißt, daß große Aufgaben auf dich warten, und keine Anstrengung ist dir zu groß, kein Hindernis zu schwierig. Du magst Autorität und verstehst es, sie dir zu sichern. Dein selbstbewußtes Wesen kann jedoch auch leicht als Tyrannei gedeutet werden. Weil dein Kopf dein Herz regiert, kannst du bisweilen stur und düster erscheinen, aber du herrschst mit reinem Herzen und aus ritterlichen Motiven. Schutz und Verteidigung vor Gefahren ist deine Hauptsorge. Anstatt dich zurückzuhalten und zu warten, ziehst du es vor, der Angreifende zu sein. Durch deine Geschicklichkeit und Führungskraft machst du rasch Fortschritte. Deine Tapferkeit angesichts von Gefahren kann dich zu einem ausgezeichneten militärischen Anführer machen.

Du kannst auch im Rechtswesen als Rechtsanwalt oder Strafrichter Hervorragendes leisten. Du besitzt die nötigen intellektuellen und kommunikativen Fähigkeiten, um andere zu überzeugen. Mit deiner Stärke und deinem ausgeprägten Gefühl für das richtige Timing kannst du auch in allen Kampfsportarten eine professionelle Karriere machen.

Du hast die Fähigkeit, Dichtung und Wahrheit auseinanderzuhalten. Kein Detail entgeht deiner Aufmerksamkeit. Dein ausgezeichnetes Urteilsvermögen könnte dich zu einem hervorragenden Detektiv machen.

Wenn du eine negative 53/8 bist, bist du anscheinend immer zum Kampf bereit. Deine Großspurigkeit stößt andere vor den Kopf, und überall, wo du auftauchst, scheinst du eine Spur der Verwüstung hinter dir zu lassen. Deine Ritterlichkeit artet leicht in Extravaganz aus, und du verlierst die Fähigkeit, mit den Situationen, die in deinem Leben eintreten, fertig zu werden.

53/8 als temporäre Schwingung: Plötzliche Ereignisse, Courage, Unterscheidungsvermögen. Jemand oder etwas ist dabei, in dein Leben einzudringen oder sich aus deinem Leben zu entfernen. Die Situation hat sich zugespitzt. Du solltest zum Angriff übergehen und die Dinge selbst in die Hand nehmen. Halte deine Emotionen unter der Kontrolle der Vernunft und handle gerecht.

Herausforderungen ergeben sich plötzlich im Leben. Du wirst Kraft, Mut und Ausdauer brauchen, um dich ihnen zu stellen. Geschäfte, Finanzangelegenheiten und Rechtliches können eine Rolle spielen. Gehe klug mit allem um, was dir begegnet, und gebrauche deine Vernunft, um die Fakten, die sich dir präsentieren, zu beurteilen. Dann wirst du alle Probleme lösen und eine Position der Autorität aufrechterhalten – oder sie bekommen. Während dieser Periode verschwinden die Probleme so schnell, wie sie gekommen sind.

Symbol im Tarot: Der Ritter der Schwerter. Dieser Ritter hat allerhand zu tun in der herbstlichen Jahreszeit. Er reitet weit und schnell. Das Reiten gegen den Wind zeigt, daß für ihn keine Anstrengung zu groß und kein Hindernis zu schwer ist. Sein erhobenes Schwert weist ihm den wahren Weg, indem es das Wahre vom Unwahren trennt.

Astrologische Entsprechung: Herbst (Waage, Skorpion, Schütze). Im Herbst bereiten sich die Menschen auf den langen Winter vor,

RITTER der SCHWERTER

indem sie Vorräte horten. Etwas zu vergessen kann ein Unglück bedeuten. Weil du einen Blick fürs Detail hast, könntest du ein guter Detektiv sein. Du bist entschlossen und kannst bisweilen etwas düster erscheinen. Du solltest jedoch in der Lage sein, ein Gleichgewicht aufrechtzuerhalten und zwischen dem Nützlichen und dem Nutzlosen zu unterscheiden. Du bist mutig und besitzt potentielle Führungsqualitäten.

54/9 *als persönliche Zahlenschwingung:* Du bist schlagfertig, intelligent und beredsam. Diese Begabungen sichern dir den Respekt deiner Mitmenschen. Du hast einen ausgeprägten praktischen und aufnahmebereiten Verstand. Du verfolgst zielstrebig deine Ausbildung, denn du hast eine natürliche Neigung, nach Antworten zu suchen. Du kannst dich geistig auf die Anforderungen deiner Umwelt einstellen. Diese Talente machen dich zu einem hervorragenden Kandidaten für die Regierungsarbeit oder den diplomatischen Dienst.

Du bist immer auf der Hut und scheinst auf alle Eventualitäten vorbereitet zu sein. Dein feinfühliges Herangehen an Schwierigkeiten täuscht leicht darüber hinweg, daß du kurz entschlossen gerechte Entscheidungen treffen kannst. Du bist ein Verfechter überlieferter Institutionen und Gesetze und ziehst es vor, Lösungen mit intellektuellen Prozessen statt mit physischer Gewalt zu suchen. Deine ruhelose Natur ist etwas, das du überwinden mußt. Du bist liebenswert, menschenfreundlich und konventionell in deinem Verhalten. Diese Qualitäten helfen dir, erfolgreich mit deinen Problemen umzugehen. Du sehnst dich nach Frieden und hast nichts für billige Vergnügungen übrig. Du erfreust dich einer guten Gesundheit und eines langen, erfüllten Lebens.

Wenn du eine negative 54/9 bist, bist du listig und verschlagen. Du gebrauchst deinen großartigen Verstand, um andere übers Ohr zu hauen. Du vergeudest deine Energien und treibst Raubbau an deinen eigenen Hilfsquellen, was dich letztlich deine Gesundheit kostet. Aber deine Intrigen werden aufgedeckt, und du wirst als der bloßgestellt, der du bist.

54/9 als temporäre Schwingung: Wachsamkeit, Botschaften, Geheimnisse. Behalte während dieses Zyklus deine wachsame Haltung bei. Halte deine Phantasie unter Kontrolle. Bestimmte Elemente sind dir in manchen Situationen unklar, aber früher oder später wird sich alles klären. Wenn du niemals von deinem gerechten Handeln abweichst, werden diejenigen, die gegen dich arbeiten, schließlich unterliegen. Du mußt dich in deinem Denken an unvorhergesehene Ereignisse, die jetzt eintreten, anpassen. Suche die Wahrheit unter der Hülle der äußeren Erscheinung, so daß du vorbereitet bist, wenn die Wahrheit offenbar wird.

Du kannst Botschaften erhalten, die deine gesamte Energie erfordern. Wenn du deine Emotionen beherrschst, können erfolgreiche Lösungen gefunden werden. Vielleicht beobachten während dieses Zyklus andere dein Tun, um zu sehen, wie du mit dem, was du hast und bist, umgehst. Wenn deine Beobachter dir feindlich gesonnen sind, warten sie auf einen Moment der Verletzbarkeit; wenn sie Freunde sind, warten sie ab, um zu sehen, was du leisten kannst. Deine Handlungen können dir eine verdiente Position von Autorität und Respekt einbringen. Krankheit bedroht dich, du solltest daher besonders gut auf deinen Körper achten. Ernähre dich gut und gestatte dir genügend Zeit, um dich auszuruhen.

BUBE der SCHWERTER

Symbol im Tarot: Der Bube der Schwerter. Dieser Bube ist völlig schmucklos und hat nichts Überflüssiges an sich. Er besitzt einen praktischen Verstand, der arbeitet, um die Wahrheit an den Tag zu bringen. Die Wahrheit ist ein wenig hinter den Wolken im Hintergrund verborgen, aber das Element Luft, symbolisiert durch die Vögel als fliegende Gedanken, wird ihm helfen, sein Ziel zu erreichen. Eine systematische Suche und geistige Anstrengungen sind jedoch vonnöten.

Astrologische Entsprechung: Dritte Dekade Waage. Diese Dekade schließt die Herrscher aller Luftzeichen ein: Venus, Uranus und Merkur. Eine unermüdliche Natur und liebenswerte Grundhaltung sind hier zu finden. Du bist schlagfertig, intelligent, sehr gesellig und hilfsbereit. Du hast eine natürliche Fähigkeit, dich mitzuteilen, und kannst andere durch Worte überzeugen. Du bist ein geborener Gelehrter und wirst mit großer Wahrscheinlichkeit den Respekt deiner Kollegen gewinnen. Du wirst ein langes und gesundes Leben führen.

55/1 *als persönliche Zahlenschwingung:* Du bist scharfsichtig und verfügst über die verstandesmäßigen Werkzeuge, dir jedes Projekt, jede Idee und jeden Begriff zu eigen zu machen. Du hast die Fähigkeit und das Talent zu schreiben. Als dominante Führungspersönlichkeit reflektierst du ehrliche und ethische Ideale von hoher Gesinnung, die andere dazu inspirieren, dir nachzufolgen. Du bist ein Pionier, immer gut aufgelegt und voller Energie. Du reagierst intensiv und bist in allen Unternehmungen und Angelegenheiten in der Lage, bis an die Grenzen des Möglichen zu gehen.

Du bist ein Verfechter des Rechts und strebst danach, daß jeder schnell zu seinem Recht kommt, damit die Balance gewahrt bleibt. Du glaubst an Recht und Gesetz und versuchst, die goldene Mitte zwischen Gnade und Strenge zu wahren.

Diese Zahl herrscht über Religion und Moral, und es kann sein, daß du dich in die Justiz oder zum Priesteramt hingezogen fühlst, wo du am angemessensten deinen ausgeprägten Gerechtigkeitssinn und deine Güte zum Ausdruck bringen kannst.

Du kannst Informationen aufspüren, die andere übersehen würden. Du bist ein geborener Forscher und könntest einen ausgezeichneten Bibliothekar abgeben. Worte faszinieren dich, und das Schreiben ist ebenfalls ein Gebiet, auf dem du deinem Grundbedürfnis, die Geheimnisse des Lebens zu erforschen und zu enthüllen, nachkommen kannst. Deine Schriften können für andere Menschen einen ganz greifbaren Wert haben. Durch deine Vorliebe für Kommunikation triffst du in deinem Leben viele verschiedene Typen von Menschen. Viele Kinder, die Früchte deines kreativen Wesens, sind der Schmuck deines Heims. Deine Kinder werden von deinen Grundsätzen profitieren und können auf ihren eigenen Wissensgebieten ebenfalls zu hohem Ansehen kommen.

Auf der negativen Seite kann deine ausgeprägte Fähigkeit, feine Unterschiede zu machen, zu einem chaotischen und verfahrenen Leben verkommen. Ziellose Handlungen schaffen Hindernisse, stoßen Freunde vor den Kopf und haben schließlich eine unfruchtbare und einsame Umgebung zur Folge. Am Ende steht Verbitterung.

55/1 als temporäre Schwingung: Ehre, Geburt, Klarheit. Vielleicht wirst du jetzt für eine Errungenschaft geehrt, durch die du deine geistigen Fähigkeiten und deine Führungsfähigkeit zum Ausdruck gebracht hast. Dies ist ein triumphaler Höhepunkt, die Belohnung für deine dauerhaften Bemühungen. Da dies eine Periode der Höhepunkte ist, sind auch Trennungen möglich. Eine Affäre kann zu Ende gehen, und Menschen können sich von dir entfernen und auf diese Weise deine Umgebung verändern. Das ist ein Hinweis darauf, daß du im Grunde mit den Elementen dieser Beziehung bereits abgeschlossen hast.

An dieser Stelle können religiöse und rechtliche Überlegungen eine Rolle spielen. Diese Schwingung kann auch die Geburt eines ganz besonderen Kindes mit sich bringen, das auf bestimmte Art der Welt Licht und Inspiration bringt. Die triumphalen Ereignisse dieser Periode können dich auf einen neuen Weg bringen, der von dir deine gesamte Energie und Integrität erfordert.

Symbol im Tarot: Das As der Schwerter. Die Hand Gottes hält das nach oben gerichtete Schwert der Urteilskraft. Die goldene, mit Rubinen besetzte Krone deutet den Ruhm an, der denjenigen zuteil wird, die ihre geistigen Kräfte klug einsetzen. Der Stechpalmenzweig, der von der Krone herabhängt, steht für die Weihnachtszeit und daher für die Geburt. Der Palmenzweig repräsentiert Ostern und Auferstehung. Die sechs fallenden Yods, Symbol für die Entwicklung des sechsten Sinnes, sind die göttlichen Funken, die beständig in die Inkarnation fallen, in einem niemals endenden Zyklus von Geburt und Wiedergeburt.

AS der SCHWERTER

Astrologische Entsprechung: Das Element Luft (Zwillinge, Waage, Wassermann). Als Vertreter des Elementes Luft bist du mit einem guten Verstand begabt, mit dem du jedes Wissensgebiet, das du dir aussuchst, erobern kannst. Dein Verstand ist deine größte Waffe und dein bestes Werkzeug. Irgendwann wird er dich in eine Position bringen, in der du einen Ausgleich schaffen mußt, indem du Gerechtigkeit walten läßt. Du bist ein Pionier auf der Ebene der Gedanken, und andere werden auf dich schauen, wenn sie auf der Suche nach neuen Ideen sind.

56/11 *als persönliche Zahlenschwingung:* 56/11 ist eine Leitzahl und erfordert daher von dir größere Anstrengungen. Es gibt unter dieser Schwingung eine gewisse nervöse Energie. Durch Selbstbeherrschung kannst du eine Balance zwischen deinen Emotionen und deinem Intellekt herstellen und bewahren. Du bist scharfsichtig und kritisch und läßt dich in deinem Urteil nicht ausschließlich von der äußeren Erscheinung leiten.

Du triffst intuitive Entscheidungen, die auf Vernunft gegründet sind. Der richtige Gebrauch dieser Begabung kann dir Ruhm und Vermögen einbringen.

Du bist ein geborener Friedensstifter und sorgst gern für eine freundliche Umgebung. Streit ist für dich etwas Geschmackloses, und du bist in der Lage, mitten in sich wandelnden und unerwarteten Situationen harmonische Bedingungen zu erzeugen.

Du bist ausgeglichen, bescheiden und verträglich. Du genießt es, populär zu sein, und kannst so eine deiner besten Qualitäten entwickeln: deinen Charme. Du bist flexibel und kannst dich auf die Meinungen anderer einstellen. Du bist liebevoll und treu gegenüber deiner Familie und einfühlsam und hilfsbereit für die Sorgen deiner Mitmenschen. Zu deinem Freundeskreis können Menschen aus Militär und Politik zählen.

Musik spricht deinen Sinn für Rhythmus an. Du bist ausgeglichen und gibst dir jede Mühe, es auch zu bleiben. Musik bringt dir deine Ausgeglichenheit immer wieder zurück. Du wirst im Geschäftsleben Erfolg haben. Du spürst, was die Menschen brauchen und wie du ihre Bedürfnisse erfüllen kannst.

Wenn du die negative Seite dieser Zahlenkombination zum Ausdruck bringst, werden ihre wunderbaren Eigenschaften ins Gegenteil verkehrt. Die Folge ist Unentschlossenheit. Du wirst nicht in der Lage sein, eine kluge Entscheidung zu treffen. Menschen, mit denen du zusammen bist, werden sich als vertrauensunwürdig erweisen, und Schwierigkeiten werden daraus resultieren. Du wirst ein unproduktives Leben führen.

56/11 als temporäre Schwingung: Balance, Entscheidungen, Kooperation. Dies ist ein Leitzahlenzyklus. Er verlangt mehr von dir, aber bietet auch größere Gewinnchancen. Balance und Selbstbeherrschung sind während dieser Periode nervöser Energie vonnöten. Du mußt unparteiisch bleiben. Gründe deine Entscheidungen und Urteile nicht auf äußere Erscheinungen. Eine günstige finanzielle Lösung kann von deiner Fähigkeit abhängig sein, die Situation so zu sehen, wie sie wirklich ist.

Du bist auf die Nöte anderer eingestimmt. Du kannst die Rolle eines Friedensstifters spielen, indem du Streitfragen im Beruf und Schwierigkeiten zu Hause schlichtest. Indem du Liebe und Verständnis ausstrahlst, schaffst du Harmonie und verbreitest ein gutes Lebensgefühl. Du solltest bereit sein, bedürftigen Menschen zu helfen, denn während dieses Zyklus besitzt du die nötige Einsicht, um Abmachungen zu treffen, die für alle Beteiligten angenehm sind. Wenn du dich weigerst, diese positiven Eigenschaften einzusetzen, können daraus Unentschlossenheit und festgefahrene Situationen erwachsen. Die Dinge gehen in die falsche Richtung, weil du die Orientierung, die du jetzt anderen geben müßtest, selbst verloren hast.

Sei dir darüber im klaren, mit wem du es zu tun hast. Manche Menschen werden es nicht ehrlich mit dir meinen. Das wird in noch stärkerem Maße deine Unparteilichkeit und dein Verständnis erfordern.

Symbol in Tarot: Die Zwei Schwerter. Die Figur ist in ein weißes Gewand gehüllt, um einen geläuterten Geist anzudeuten. Ihr Haar ist schwarz (Mangel an Licht) und mit dem weißen Band der

Weisheit gebunden. Ihre Position ist von vollkommener Balance geprägt. Der Mond steht für das Unbewußte, und die Felsen symbolisieren das Stabile, das Bleibende, das, was vom Bewußtsein erkannt und festgestellt wurde. Die Figur sitzt auf einem Würfel aus Stein, der auf ein solides Fundament für ihre Überzeugungen hinweist.

Astrologische Entsprechung: Erste Dekade Waage. *Balance* und *Gerechtigkeit* sind die Schlüsselwörter dieser Dekade. Du verfügst über eine klare Vision und einen scharfen Blick. Du bist künstlerisch veranlagt, graziös und freundlich. Du ziehst geistige Arbeit körperlicher vor. Du bist anspruchsvoll, und Reinlichkeit ist ein großes Anliegen für dich. Du meidest Berufe, bei denen man sich die Hände schmutzig macht. Du liebst die Abwechslung und bleibst vielleicht nicht lange bei einem Job. Du mußt Ausdauer lernen. Du bist gewöhnlich optimistisch und freundlich. Du bist ein Friedensstifter und wirst alles tun, um Streß und Streitigkeiten zu vermeiden.

57/3 *als persönliche Zahlenschwingung:* Die positive Ausdrucksform dieser Schwingung läuft auf ein wohltätiges Wesen hinaus, das andere versteht und ihnen bei ihren Problemen hilft. Wenn die Schwingung negativ ist, kannst du Enttäuschungen und ein gebrochenes Herz erleiden. Laß nicht zu, daß du dich in Selbstmitleid ergehst. Statt dessen solltest du deinen Sinn für Humor entwickeln. Dies ist oft ein Ventil für die tiefgreifenden Emotionen, die ein Teil deines Lebens sein können.

Du bist zuverlässig und ernsthaft und besitzt selbst angesichts widriger Verhältnisse Kraft und Mut. Dein Glück ist proportional zu deiner Integrität. Du fühlst einen Konflikt zwischen Vernunft und Gefühl. Daher solltest du die hohe Schule der Logik pflegen und es vermeiden, dich von impulsiven Reaktionen forttragen zu lassen.

Du besitzt die künstlerische Fähigkeit, deine veränderlichen Stimmungen wiederzugeben. Du kannst sie pantomimisch auf der Bühne darstellen. Theater und Schauspiel können für deine kreativen Talente eine wundervolle Ausdrucksmöglichkeit sein.

Vielleicht ziehst du es vor, hinter den Kulissen, zum Beispiel als Bühnenschriftsteller, zu arbeiten und andere zu unterstützen, die das Rampenlicht mehr schätzen als du. Einige der interessantesten Menschen unter dieser Schwingung sind jene, von denen du vielleicht niemals etwas hören wirst, weil sie ihre großartige Arbeit im Hintergrund geleistet haben.

Du bist unabhängig und fortschrittlich, mit humanistischen Idealvorstellungen. Werde zu einer starken Kraft für das Gute in der Welt, und du wirst spüren, daß dein Gastspiel auf Erden einen Sinn gehabt hat und nicht vergebens war.

Dir gehört die Zahl des verständnisvollen Herzens, obgleich es vielleicht durch Leiden erkämpft werden muß. Erfahrungen lassen dich reifen.

Als negative 57/3 erleidest du Verluste und erlebst Verwirrungen. Du wirst deprimiert und bitter und weist die ausgestreckte Hand eines Freundes zurück, weil du fürchtest, verletzt zu werden. Trennung und Einsamkeit sind die Folge.

57/3 als temporäre Schwingung: Trennung, Verzögerung, Ausdruck, Wachstum. Bewahre bei gefühlsgeladenen Situationen, die jetzt eintreten, einen kühlen Kopf und logischen Verstand. Bejammere nicht dein Schicksal, sondern arbeite an deinem Sinn für Humor und versuche, die Schwächen der menschlichen Natur von einem übergeordneten Standpunkt aus zu sehen. Dein Glück hängt von deiner Integrität ab.

Du erlebst vielleicht unter dieser Schwingung viele Höhen und Tiefen. Es wäre daher eine gute Idee, wenn du kreative Ausdrucksmöglichkeiten finden würdest, mit denen du diese Stimmungen auf konstruktive Weise ausleben und zum Ausdruck bringen kannst. Schauspiel, Musik, Poesie oder Malerei sind gute Ausdrucksformen.

In Liebesbeziehungen kann es Trennungen und Enttäuschungen geben. Jemand, den du liebst, kann für eine Weile abwesend sein. Mach dich auf einige Verspätungen gefaßt. Wenn dies eine negative Schwingung ist, können deine wechselhaften Stimmungen Verwirrung bei Entscheidungen bringen.

Nutze die Erfahrungen dieses Zyklus zu deinem Wachstum. Die

Lebenserfahrung, die du hier sammelst, solltest du denen zur Verfügung stellen, die deine freundlichen Worte und dein warmes Herz am meisten brauchen.

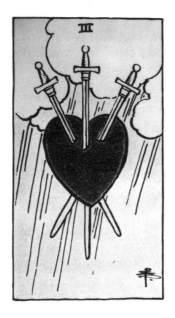

Symbol im Tarot: Die Drei Schwerter. Drei Schwerter durchstechen ein Herz. Sie sehen aus wie Kreuze, wodurch angedeutet wird, daß diejenigen, die ihr Kreuz tapfer tragen, ihren Mitmenschen gegenüber immer mitfühlender und toleranter werden. Das Herz ist gleichzeitig ein Symbol der Wohltätigkeit. Die Wolken deuten an, daß die hellere Seite verborgen ist und alle deine natürlichen Attribute nicht unmittelbar zutage treten. Es gibt ein Bedürfnis nach spirituellem Urteilsvermögen. Im Negativen ist Selbstmitleid deine Schwäche.

Astrologische Entsprechung: Zweite Dekade Waage. Ausdauer, Integrität und der Wille, etwas zu leisten, sind wichtige Attribute dieser Dekade der Waage. Du besitzt Vitalität und einen Sinn für

Humor. Du bist ein Menschenfreund, der daran arbeiten wird, Umstände, die ungerecht erscheinen, zu verändern. Du bist ehrlich und vertrauenswürdig im Umgang mit deinen Mitmenschen und entscheidest im Zweifelsfalle zu ihren Gunsten. Manchmal geschieht das zu deinem eigenen Leidwesen. Du würdest eher selbst leiden, als zu erdulden, daß anderen eine Ungerechtigkeit widerfährt. Du kannst manchmal distanziert erscheinen, aber im Herzen bist du äußerst mitfühlend.

58/4 *als persönliche Zahlenschwingung:* Du bist ein logischer Denker und ein geschickter Arbeiter. Eine Laufbahn ist sowohl in der Medizin wie im Bereich der Metaphysik möglich, denn diese Zahl hat etwas mit Sicht und Einsicht zu tun. Du bist introvertiert und neigst dazu, ein Problem sehr gründlich zu analysieren, bevor du dich entschließt, etwas zu tun. Du bist zuverlässig und vorsichtig und nutzt deine Energien mit Bedacht und ausschließlich zu konstruktiven Zwecken. Andere haben Respekt vor deiner Ehrlichkeit und Fairneß. Du hast ein leidenschaftliches Empfinden für Gerechtigkeit, aber glaubst an das Prinzip der Gnade. Du möchtest, daß dein Leben in geordneten, konventionellen Bahnen verläuft, denn du hältst Tradition und Disziplin für wichtig. Dennoch wirst du dich des Lebens und seiner schönen Seiten erfreuen. Du bist charmant, liebevoll, vorsichtig und dennoch emotional zurückhaltend. Deine schöpferische Ader zeigt sich in deiner Liebe für das Schöne, für Harmonie und Frieden, die du brauchst, und für deren Erhaltung du dich in deinem Leben einsetzt. Du kannst ein talentierter Schriftsteller sein. Du hast ein scharfes Auge für Details und besitzt die Fähigkeit, eine Situation zu analysieren und zu logischen Schlüssen zu gelangen. Andere suchen dich aus diesem Grunde auf. Du verfügst gleichzeitig über ein ausgeprägtes Ehrgefühl.

In dieser Schwingung gibt es viel geistige Aktivität, vielleicht in Verbindung mit Reisen. Du erfreust dich der Einsamkeit, wenn du dich entspannen und meditieren kannst. Diese Perioden bringen die Dinge für dich wieder ins Lot und helfen dir, deinen allgemein recht guten Gesundheitszustand aufrechtzuerhalten. Irgendwann wirst du dich vielleicht entscheiden, materielle Erwägungen spirituellen Bestrebungen hintanzustellen. Du bist, obwohl du lieber ein ungestörtes und ruhiges Leben führst, mutig und jederzeit bereit zu handeln, wenn es um die Erhaltung deines Friedens geht. Du hast eine Pause von den Strapazen des Lebens verdient und wirst diesen Frieden in deinem Leben zum Ausdruck bringen.

Eine negative 58/4 verursacht Unruhe und Zwietracht. Ein schlechter Gesundheitszustand und ständiges Erholungsbedürfnis können die Folge sein. Soziale Unbeständigkeit kann zur Zurückgezogenheit und ins Exil führen.

58/4 als temporäre Schwingung: Ruhe, Erlösung, Erholung, Heilung. Dies ist eine Periode der Erholung, in der dein Geist Ruhe vor den Sorgen und Nöten der Welt sucht. Konflikte sind beendet, Besorgnisse sind vorüber, jetzt sehnst du dich nach Ruhe und Frieden, um wieder zu Kräften zu kommen. Du kannst nun deine Situation analysieren und logisch entscheiden, wie du weiter vorgehst. Du kannst selbst die kleinsten Details deines Lebens in die richtige Perspektive rücken und klar sehen, was von wirklichem Wert ist.

Deine Abgeschiedenheit kann die Heilungsphase nach einer Krankheit sein, als selbstverschriebene Kur und Entspannung oder zwangsweise Erholung, die sich aus sozialer Unbeständigkeit ergibt. Was auch immer der Anstoß war, der dich an diesen Ort getrieben hat, er macht Konzentration sowie Meditation über die Erfahrungen, die dich hierhergebracht haben, erforderlich. Wenn du diese Periode klug nutzt, kann sie dir eine Wende zum Besseren bringen. Die Schlüsse, die du unbewußt daraus ziehst, werden deine zukünftigen Handlungen beeinflussen.

Symbol im Tarot: Die Vier Schwerter. Die Figur hat die richtige Ruheposition eingenommen, die darauf hinweist, daß die Erholung von Spannung und Anstrengung wohlverdient ist. Die Schwerter sind beiseite gestellt. Drei hängen an der Wand, und eines liegt neben der Liege bereit. Das zeigt an, daß jederzeit die Initiative ergriffen werden kann, um den Frieden zu bewahren, falls das erforderlich werden sollte. Dies ist die Karte von Ruhe und Frieden, nicht die des Todes. Das Fenster stellt äußere Aktivität dar. Ein Mann kniet vor einer Frau, was symbolisiert, daß das Bewußtsein (der Mann) noch immer dem Unbewußten (die Frau) versklavt ist. Die ruhende Gestalt hat ihren Frieden gefunden; das Schwert der Urteilskraft hat seinen Dienst getan und ist abgelegt worden.

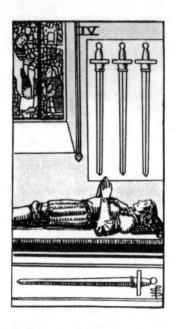

Astrologische Entsprechung: Dritte Dekade Waage. Die geistige Seite der Waage ist in dieser Dekade stark ausgeprägt. Intellektuelle Angelegenheiten ziehen dich daher an. Du kannst Erfolg haben beim Lehren, Predigen, Vorträge halten oder Schreiben. Du bist liebenswürdig, hast gute Manieren und bist extrem anpassungsfähig. Du bist logisch und fair und glaubst an Barmherzigkeit und Güte im Menschen. Dies ist in der Tat die ausgeglichenste Dekade im Waage-Zeichen. Du besitzt die Integrität, um das Amt eines Richters auszuüben. Deine Maßstäbe sind hoch. Dein größter Wunsch im Leben ist Ordnung, Harmonie, Schönheit und Friede.

59/5 *als persönliche Zahlenschwingung:* Du trittst leidenschaftlich für deine Überzeugungen ein und verteidigst sie unerschütterlich, wenn sie einmal in Frage gestellt werden. Du solltest dich möglichst vor Gefahren oder Verletzungen schützen. Du bist ein Spieler. Du möchtest durch deine Schlagfertigkeit gewinnen, aber wirst verlieren, wenn du dich nicht positiv ausdrückst. Erfolg als Bankier oder Makler ist möglich, wenn du keine spekulativen Risiken eingehst oder empfiehlst. Dein Verstand arbeitet schnell, und du mußt dich vorsehen, keine impulsiven Entscheidungen zu treffen.

Dein Leben wird voller Erfahrungen und Reisen sein. Es kann passieren, daß du mehrere Sachen gleichzeitig tust, aber sie alle gut machst. Du bist schöpferisch, vielseitig und charmant. Deine lebhafte und sprühende Persönlichkeit kann leicht andere beeinflussen, besonders Mitglieder des anderen Geschlechts.

Du bist deinem eigenen Tun gegenüber selbstkritisch und strebst nach Perfektion. Du bist human, kultiviert und einfühlsam. Vielleicht strebst du in Führungspositionen, in denen du als Chef, als Vorsitzender oder als »Eroberer« deinen Idealismus ausleben und dich für soziale Reformen einsetzen kannst. Durch deine Sensibilität siehst du dich zu den Künsten hingezogen.

Du solltest Betätigungsfelder finden, die deinen Talenten angemessen sind, sowie Eintönigkeit und Langeweile unbedingt vermeiden. Das wird dir helfen, deinen Überschuß an Energie sinnvoll zu verteilen und die Ruhe und Heiterkeit zu bewahren, die für deine Gesundheit und dein Wohlergehen so notwendig sind.

Eine negative 59/5 vernachlässigt ihre Verantwortungsbereiche. Dein Leben wird von Abstieg und Niederlage geprägt sein. Deine Grausamkeit und Rücksichtslosigkeit bei dem Versuch, andere reinzulegen, verschaffen dir eine scheinbare Überlegenheit, die jedoch bald abbröckelt und dich mit leeren Händen zurückläßt. Du und alle Menschen, die unter der 59/5 stehen, sollten ein höheres Bewußtsein anstreben.

59/5 als temporäre Schwingung: Reisen, Veränderungen, Verantwortung. Geh unter dieser Schwingung keine spekulativen Risiken ein. Du kannst zu dieser Zeit noch impulsiver sein als sonst, solltest also die Dinge überdenken, bevor du handelst. Dieses impulsive Wesen kann Unfälle und Verletzungen verursachen. Strebe in deinem Lebensstil ein gemäßigtes Tempo an. Es kann jetzt zu Reisen und einer Vielzahl günstiger Gelegenheiten kommen. Lebensfreude, Bewegung und Romantik machen das Leben interessanter. Achte darauf, deinen Impulsen nicht blindlings zu folgen. Das kann zu Verlusten und verleumderischem Gerede führen, und dein guter Ruf kann darunter leiden.

Bleibe positiv und nimm deine Verantwortlichkeit auf dich, dann wirst du am Ende als glänzender Sieger dastehen. Wenn du jede Veränderung in deinem Leben reiflich überlegst, wirst du durchhalten. Situationen, in die du gerätst, werden sich zu deinen Gunsten entwickeln, denn du hast die Kraft, für das, woran du glaubst, mit deinem ganzen Wesen einzutreten.

Symbol im Tarot: Die Fünf Schwerter. Die Figur im Vordergrund stellt jemanden dar, der seine Arbeit getan hat. Die Figur, die fortgeht, hat ihr Schwert niedergelegt, aber sie ist nicht besiegt worden. Sie zeigt lediglich, daß sie weiß, wann sie kämpfen muß und wann sie sich zurückzuziehen hat. Die dritte Figur ist wirklich besiegt und beklagt ihr Schicksal. Diese Karte repräsentiert drei Geisteshaltungen. Sie zeigt, daß wir in allem unser eigenes Urteil bilden und für unsere Überzeugungen eintreten müssen.

Astrologische Entsprechung: Erste Dekade Wassermann. Dem Wassermann könnte das Motto zugeordnet werden: »Alle Menschen sind Schwestern und Brüder«. Dies ist das Zeichen des Altruismus, der rückhaltlosen Hinwendung zum Nächsten. Du bist vom Wassermann-Zeitalter inspiriert. Du bist intelligent, besitzt Selbstvertrauen und bist entschlossen, dein erwähltes Ziel durchzusetzen. Du bist bereit zu kämpfen, um deine Ideale zu verteidigen.

60/6 *als persönliche Zahlenschwingung:* Du besitzt die Fähigkeit, die Vernunft als eine menschliche Form der Intuition zu sehen und sie für einen Moment schweigen zu lassen, um Platz für wahre Weisheit zu machen, die von vorgefertigten Ideen und Vorurteilen völlig frei ist. Du kannst eine literarische Karriere machen, denn du kannst deinen Geist auf verschiedene Abläufe mit gleichem Erfolg richten. Du ziehst es vor, anstelle in einer Partnerschaft auf dich selbst gestellt zu arbeiten. Du bist wegen deiner Freundlichkeit, deiner Fairneß, deiner Intelligenz und deinem Selbstvertrauen sehr beliebt. Du kannst einen guten Rechtsanwalt abgeben, denn deine Klienten würden sich bei dir gut aufgehoben fühlen.

Diese Schwingung verleiht ein Gefühl der Macht. Du hast das Gefühl, daß du unter einem göttlichen Schutz stehst. Deine Mitmenschen suchen deinen Rat und deine Hilfe, denn sie spüren, daß du über heilende Kräfte verfügst, sowohl physisch wie psychisch. Du bist energisch und hast ständig ein hohes Ziel vor Augen. Krankenschwestern, Therapeuten und Manager stehen unter dieser Schwingung. Man hält dich oft für einen Idealisten.

Du vereinigst auf einzigartige Weise Logik und Phantasie, was die feine Balance zwischen deinem Bewußtsein und deinem Unbewußten zeigt. Du bist eine Führungspersönlichkeit mit einem Gefühl für Gerechtigkeit. Wenn du bei dir selbst eine Neigung zum Egoismus verspürst, solltest du dem entgegenwirken, indem du großzügig bist und auf andere Rücksicht nimmst.

Du mußt dir deinen Erfolg durch ständige Bemühungen und bewußte Arbeit verdienen. Ohne Fleiß kein Preis. Du bist schöpferisch und erfindungsreich. Einige namhafte Künstler sind unter dieser Schwingung geboren, aber alle haben ihren Erfolg durch schwere Arbeit verdient.

Auf der negativen Seite der 60/6 steht ein Rebell. Du verfolgst deine autonomen Bestrebungen auf Kosten der Bedürfnisse deiner Mitmenschen. Du kannst dein hohes geistiges Potential und dein kreatives Talent durch eigensinnige egoistische Handlungen verschwenden.

60/6 als temporäre Schwingung: Übergang, neues Zuhause, Anträge, Liebe. Du bist nach einer schwierigen Zeit in diesem Zyklus auf dem Weg zu einer erfolgreichen und glücklichen Lösung. Die Arbeit ist getan, und du hast dein Lehrgeld bezahlt.

Es wird Partnerschaft, Liebe und eine Begegnung der Seelen geben. Vielleicht wird dir ein Antrag gemacht oder eine Einladung überbracht, mit jemandem an einem erfolgversprechenden partnerschaftlichen Unternehmen teilzunehmen. Jemand könnte dich in einer Besprechung vertreten, oder du hast es selbst mit einem Stellvertreter zu tun. Es gibt hier den Aspekt der Begegnung, des Zusammenkommens. Reisen sind möglich, da diese Schwingung auf physische wie auch auf psychische Bewegungen hinweist. Vielleicht steht am Ende ein neues Zuhause und eine neue Umgebung.

Ein Element der Gerechtigkeit ist hier gegenwärtig. Juristische Schritte können notwendig werden, um eine friedliche Lösung ungeregelter Angelegenheiten herbeizuführen. Du kannst auf verschiedenen Wegen Rechtsanwälten, Richtern oder Gerichten begegnen.

Symbol im Tarot: Die Sechs Schwerter. Der Mann, die Frau und das Kind repräsentieren die Dreiheit des Bewußtseins. Sie bewegen sich auf das andere Ufer zu. Das Wasser des Unbewußten trägt sie. Der Mann hat keine Schwierigkeiten, das Boot zu steuern, denn das Wasser ist ruhig. Die Schwerter sind in einer Reihe angeordnet und bilden so einen Schutz. Sie sind nach unten gerichtet und weisen darauf hin, daß die Arbeit getan ist. Es herrscht Harmonie im Denken der drei, und sie bewegen sich alle in dieselbe Richtung unter der Führung des Bewußtseins (des Mannes).

Astrologische Entsprechung: Zweite Dekade Wassermann. Du bist ein kritischer Mensch. Du suchst deine Ziele jenseits des Materiellen auf der Ebene des Geistigen und Spirituellen. Deine Karriere kann dich zu den verschiedensten Plätzen auf der Erde führen. Du hast das Bedürfnis, dich von deinem Geburtsort fortzubewegen und in die Welt hinauszugehen. Du besitzt

Charme, bist intelligent und verfügst über persönliche Macht. Nutze deine Phantasie auf konstruktive Weise, um logische Planungen anzustellen und zu Ergebnissen zu gelangen, die vielen zugute kommen. Oft geschieht das im künstlerischen oder literarischen Bereich. Du hast eine schlafwandlerische Sicherheit, mit der du deine Projekte zum Erfolg führst.

61/7 *als persönliche Zahlenschwingung:* Das Schlüsselwort für eine 61/7 ist *Leistung*. Dies ist eine Schwingung der Ruhe und Aufrichtigkeit. Du hast deine Emotionen im Griff, und andere hören auf dich wegen deiner ruhigen, bestimmten Art. Du bist geduldig und sensibel und wirst viele deiner Ziele mit Hilfe konzentrierter Anstrengung erreichen. Du bist intellektuell, kultiviert und kritisch. Du weißt intuitiv, daß die Zukunft von der Vergangenheit abhängt und setzt deine Erfahrungen aus der Vergangenheit ein, um Wachstum zu erzeugen.

Ein Interesse an Mystik und Okkultismus kann dich dazu führen, auf dem Gebiet der Religion oder Spiritualität zu arbeiten und ein sexuell enthaltsames Leben zu führen. Du bist für die Nöte anderer Menschen aufgeschlossen und besitzt Mitgefühl. Vielleicht bist du idealistisch, aber gleichzeitig scheust du nicht vor Arbeit zurück, wenn es um die Verwirklichung deiner Ziele geht. Dein Credo ist die Toleranz, und du bist der Überzeugung, daß Glaube und spirituelle Entwicklung alle Krankheiten heilen können.

Deine abgerundete Persönlichkeit und deine hohen ethischen Maßstäbe können dich in eine Position als auswärtiger Botschafter oder Diplomat führen. Deine Toleranz und dein Idealismus beeinflussen ganze Gruppen. Du hast Freude am Leben und wirst reisen, denn du bleibst nicht gern lange an einem Ort. Du strebst nach Perfektion und wirst immer das Gefühl haben, zuwenig getan oder nicht genug gearbeitet zu haben. Man kriegt dich nie zu fassen; gerade wenn man deine Telefonnummer herausgefunden hat, hat sie sich auch schon wieder geändert. Manche halten deine Handlungen für widersprüchlich, andere sehen hinter deiner schillernden Fassade den Keim einer großen Persönlichkeit angelegt.

Eine negative 61/7 hat niemals richtigen Erfolg. Deine Pläne scheitern ständig, und andere eignen sich an, was von Rechts wegen dir zusteht.

61/7 als temporäre Schwingung: Gesundheit, Reisen, Vollendung. Höre auf einen guten Rat, der dir in diesem Zyklus gegeben wird. Dieser Rat kann von jemandem kommen, der in der Position ist, es zu wissen, oder er kommt aus deinem tiefen Selbst. Da du eine Phase der Stille brauchst, um diese Information zu hören und über sie nachzudenken, wird dir eine angemessene Umgebung zuteil werden, in der das möglich ist.

Deine Gesundheit erfordert deine Aufmerksamkeit. Vielleicht planst du ein Forschungssemester oder einen längeren Urlaub. Vergangene Bemühungen und frühere Einstellungen tragen jetzt ihre Früchte. Der Erfolg hängt davon ab, wie du dich in der Vergangenheit verhalten hast. Wenn deine Pläne gescheitert sind

oder nur teilweise Erfolg hatten oder wenn jemand anderem etwas gelungen ist, das du eigentlich vorhattest, dann solltest du dein Vorgehen einmal kritisch untersuchen. Zuversicht, Integrität und die Sorge um andere müssen alle deine Handlungen dominieren. Du solltest jetzt die Fehler anderer tolerieren, damit ein Teilerfolg letztlich zu einem Triumph wird.

Symbol im Tarot: Die Sieben Schwerter. Die Figur eilt fort, beide Arme voller Schwerter. Sie dreht sich gerade um und fragt sich, ob sie die beiden Schwerter, die sie zurückgelassen hat, auch noch hätte mitnehmen sollen. Das zeigt Unsicherheit, Zögern und teilweisen Erfolg. Die Zelte weisen gleichzeitig auf Instabilität hin, denn sie sind nicht von Dauer.

Astrologische Entsprechung: Dritte Dekade Wassermann. Du entwickelst starke Bindungen und Partnerschaften. Andere suchen bei dir Rat, weil du scharf siehst und einen Sinn für Gerechtigkeit hast. Du kannst ein guter Rechtsanwalt oder Richter sein, denn du siehst beide Seiten einer Fragestellung und wägst in Fairneß alle Aspekte ab. In deinem eigenen Verhalten beweist du eine gelassene, unpersönliche Freiheit. Vielleicht hält man dich für undurchschaubar, dennoch erweckst du Vertrauen, vielleicht sogar in größerem Maße, als du dir selbst zugestehst. Um Selbstvertrauen zu entwickeln, solltest du Disziplin und emotionale Beherrschung praktizieren. Schwierigkeiten und Ungewißheiten werden sich dann von selbst lösen.

62/8 *als persönliche Zahlenschwingung:* Du hast die Macht, Weisheit zu erringen und die Kräfte in dir zu beherrschen, aber du darfst dich nicht deinem Verstand versklaven, der alles, was du nicht mit Hilfe der Vernunft verstehen kannst, ausblendet. Du hast einen analytischen und kritischen Verstand mit einem Blick fürs Detail. Ordnung und geregelte Verhältnisse sind in deinem Leben wichtig. Gleichzeitig bist du effektiv und kannst in detaillierten Arbeiten wie in der Chemie, Pharmakologie oder jeder anderen Naturwissenschaft, die das Experiment erfordert, erfolgreich sein.

Du wirst, um deine Neugier und dein Bedürfnis nach Wissen zu befriedigen, deinen Intellekt entwickeln. Du bist klug, erfinderisch, wißbegierig und bereit, ausführlich nachzuforschen, um zu Antworten zu gelangen. Vielleicht möchtest du reisen, aber wenn sich keine Gelegenheit dazu bietet, vertiefst du dich vielleicht in Phantasiereisen. Du schreibst und hast ebensoviel Freude daran, Fakten und Statistiken zusammenzutragen.

Du bist ein Denker mit Schlagfertigkeit und Auffassungsgabe. In einer Gruppe dominierst du durch dein Organisationstalent und deine Fähigkeit, die Dinge in Angriff zu nehmen. Du gestaltest jedoch alles, was du tust, auf praktische und effektive Art. Bereitwillig übernimmst du Verantwortung, aber niemals versuchst du das Unmögliche. Obwohl du dir deiner Grenzen bewußt bist, bist du zuversichtlich, alle Hindernisse zu überwinden. Mit Bedachtsamkeit und Sorgfalt scheinst du immer eine Lösung zu finden. Du bist vertrauenswürdig und verantwortungsbewußt, ein guter Nachbar und ein aufrechter Mitbürger. Du möchtest, daß Gerechtigkeit herrscht und nimmst vielleicht an Lokalpolitik und Bürgerinitiativen teil, um dies sicherzustellen.

Du liebst die Stille. Manchmal bist du gern allein, damit du meditieren kannst. Studiere die Philosophie und lerne, dein inneres Auge zu gebrauchen, um dir die Welt des Geistes zu erschließen. Auf dieser Ebene kannst du dich keinesfalls von materiellen Überlegungen leiten lassen. Du wirst die wahre Weisheit finden, deren Verwirklichung im Rahmen deiner Möglichkeiten steht.

Wenn du eine negative 62/8 bist, wirst du von der äußeren Erscheinung deiner Umgebung gefesselt. Du bleibst Opfer von Sorgen, Krankheit und Belastungen, bis du dich durch dein eigenes Verständnis befreist.

62/8 als temporäre Schwingung: Stillstand, Einschränkung, Verantwortung. Du kannst zeitweise in eine Situation verwickelt sein, in der du an einen Punkt kommst, an dem es nicht mehr weitergeht. Du kannst dich von deiner gegenwärtigen Umgebung und von den Umständen eingeengt fühlen, oder du wirst auf irgendeine Weise zensiert und davon abgehalten, dich auszudrücken.

Schwierigkeiten mit Verwandten können überhandnehmen. Ärger und Kritik können tiefere Konflikte verursachen, die sich in Gesundheitsproblemen manifestieren. Jetzt kommen vielleicht die egoistischen Motive von Menschen zum Vorschein, die du für Freunde gehalten hast. Wenn du jedoch keine Angst hast, alte Gewohnheiten und Lebensumstände hinter dir zu lassen, wirst du frei von Angst, frei, dich zu entspannen und deine neu erworbenen Einsichten zu genießen. Nimm an Lehrgängen teil, meditiere, bilde dir eine gesunde Lebensphilosophie, die über den bloßen Materialismus hinausgeht – entdecke die Freuden des Geistes. Suche die wahren Werte des Lebens in dir selbst, sieh hinter die Oberflächlichkeiten. Wenn das schon immer die Grundlage deines Handelns war, dann wird diese Periode dir die Ehre und Anerkennung bringen, die du verdient hast.

Symbol im Tarot: Die Acht Schwerter. Obwohl die Figur gefesselt und mit verbundenen Augen dasteht, hat sie eine Öffnung in der Barriere der Schwerter (oder Kreuze) gefunden. Sie geht auf dem

Weg über das Wasser, das hier wie überall im Tarot die Macht des Unbewußten symbolisiert. Die Burgen im Hintergrund versinnbildlichen wichtige Errungenschaften der Vergangenheit.

Astrologische Entsprechung: Erste Dekade Zwillinge. Das Zeichen der Zwillinge weist auf Dualität hin. Diejenigen, die in diesem Abschnitt des Tierkreises geboren sind, haben ein starkes Bedürfnis nach Abwechslung. Am glücklichsten bist du, wenn du mehrere Projekte gleichzeitig verfolgen kannst. Du bist körperlich äußerst fit und außerordentlich geschickt in allen Handarbeiten. Wegen deiner beweglichen Finger lernst du mit Leichtigkeit ein Musikinstrument. Dies kommt dir auch besonders bei der Arbeit als Sekretärin zugute. Schriftsteller, Journalist, Rundfunk- oder Fernsehansager wäre ein gutes Betätigungsfeld für deine Begabungen. Wenn ein Thema dein Interesse findet, dann lernst du außerordentlich schnell.

63/9 *als persönliche Zahlenschwingung:* Du bist ein geborener Missionar und Reformator. Du nimmst Anteil an den Sorgen der Welt. Du suchst die Wahrheit und möchtest zum Nutzen anderer tätig sein. In dieser Schwingung gibt es eine feine Balance zwischen Kopf und Herz. Das gestattet dir, dich für deine Ideale einzusetzen, aber hält dich davon ab, das Leid anderer auf dich zu nehmen. Du kannst in Schwierigkeiten geraten, in denen du deine Gefühle unterdrücken mußt, um erfolgreich zu sein. Du bist großzügig im Teilen deines Glücks im Leben mit anderen. Du bist sensibel und mitfühlend und allzeit bereit zu helfen, wenn der Anlaß es erfordert. Diese Sorge um andere führt oft zur Entwicklung der Gabe des Heilens. Durch diese Gabe wird dir im Leben ein großes Glück zuteil.

Du bist unabhängig. Dein größter innerer Kampf kann der Wunsch sein, auf Kosten deines persönlichen Glücks erfolgreich zu sein. Selbstkontrolle, Disziplin, Geduld und das Akzeptieren deiner begrenzten Natur ist der Weg, um diese machtvolle und komplizierte Schwingung ins Gleichgewicht zu bringen.

Künstlerische Fähigkeiten, Hellsichtigkeit und Wahrnehmung balancieren deine einzigartige Persönlichkeit. Wenn du die bedrohlichen Situationen des Lebens in Werkzeuge verwandeln kannst, mit denen du eine vielversprechende Zukunft aufbaust, kannst du alle Hindernisse überwinden. Du wirst die Schlacht, die den Geist an die sterbliche Welt ketten will, gewinnen. Dein inspiriertes Vertrauen in die Zukunft, angesichts aller Widrigkeiten, ist ein lehrreiches und erbauliches Beispiel für andere.

Wenn du eine negative 63/9 bist, wirst du von deinen Sorgen überwältigt. Du siehst nichts als Schmerz und Trauer in deiner Umgebung und vergeudest dein vielversprechendes Potential als Förderer der Hoffnung in der Welt.

63/9 als temporäre Schwingung: Schwierigkeiten, Selbstlosigkeit, Heilung. Wenn dich Zweifel plagen und du merkst, daß du dir in diesem Zyklus übermäßig viele Sorgen machst, dann geschieht das deswegen, weil du durch emotionalen Aufruhr lernen mußt, weniger emotional zu werden. Wenn du immer stärker materiellen Dingen verhaftet bleibst, wird es dir immer mehr wehtun, wenn du sie verlierst. Dies ist ein Zyklus der Beendigungen, in dem materielle und sterbliche Dinge sich verwandeln müssen.

Die Schwierigkeiten und Verzögerungen, die du erdulden mußt, dauern nur so lange, wie du ihnen verhaftet bleibst. Du mußt Selbstbeherrschung über deine Emotionen ausüben. Werde geduldig, ruhig und empfänglich. Jetzt hast du heilende Kräfte. Wende dich von deinen persönlichen Ängsten ab und teile die Erfahrungen, die du gemacht hast, denjenigen mit, die deine Weisheit benötigen. Du kannst die Probleme anderer lösen und inneren Frieden und Erfüllung finden.

Symbol im Tarot: Die Neun Schwerter. Die Haltung der Frau ist bestimmt durch Verzweiflung, Reue und Besinnung. Die Decke, die mit den Tierkreiszeichen und den sieben Planeten verziert ist, symbolisiert die Erfahrungen, die das Leben ihr gebracht hat. Diese bringen nur Sorgen, wenn wir zulassen, daß sie uns unterdrücken. Wenn wir verstehen, daß Schwierigkeiten Lektionen für Wachstum und Entwicklung sind, werden die Sorgen vermindert, und Mut ersetzt die Frustration. Die neun Schwerter zeigen

nach Osten. Das weist darauf hin, daß ein neuer Tag einen neuen Anfang bringt.

Astrologische Entsprechung: Zweite Dekade Zwillinge. Dies ist eine friedlichere und weniger nervöse Dekade des Zwilling, denn die gleichzeitige Herrschaft von Merkur und Venus erhöht deine Sympathie und dein Mitgefühl für die Menschheit. Du erfreust dich der Künste, der Musik und der Dichtung. Die Chance für eine harmonische Partnerschaft und Liebe kann Schönheit und Freude in dein Leben bringen.

64/1 *als persönliche Zahlenschwingung:* Eine 64/1 ist extrem individualistisch und bleibt oft allein. Dennoch bringen deine faszinierende Persönlichkeit, deine Toleranz, deine Weltoffenheit und deine mildtätige Art Freude und Liebe in dein Leben. Du kannst besonders gut mit Gruppen arbeiten. Glück und Freundschaft sind für dich wichtiger als Ruhm oder Reichtum. Die

Kontakte, die du machst, helfen dir, deine Ziele zu verwirklichen, wobei Reichtum durchaus ein Ziel sein kann, falls du das wünschst.

Du strebst nach Sicherheit im Leben und bist bereit, dafür zu arbeiten. Du besitzt Stärke, Ausdauer und Entschlossenheit. Du führst deine Vorhaben immer zu Ende, selbst wenn es dir nicht schmeckt.

Du bist intuitiv und kannst die menschliche Natur richtig einschätzen. Dein messerscharfer Verstand wird dir nützlich sein, wenn du dich für eine literarische Karriere entscheidest, Professor oder öffentlicher Redner werden willst. Professionelle Arbeit ist besser für dich als kaufmännische Unternehmungen.

Dein Bewußtsein arbeitet mit deinem Unterbewußtsein und deinem Überbewußtsein im Einklang. Durch Meditation und Konzentration auf deine Lebensaufgabe wird dir fast alles möglich. Du bist stabil, ehrlich und praktisch veranlagt, ein angesehener Mensch, der ein gutes Leben als guter Nachbar und Mitbürger führt. Du verstehst es, deine Verantwortlichkeiten durch Erholung und Ruhe auszugleichen. Die schönen Seiten des Lebens wecken deine Lebensgeister und schaffen dir einen unbeschwerten Freiraum. Dein Wille zum Erfolg wurzelt in einer ausgeprägt positiven Einstellung und der Entschlossenheit, dich durch nichts niederschlagen zu lassen. Wissenschaftliche und spirituelle Fragen interessieren dich. Wenn du einmal die Lebenskraft oder Kundalini in dir erweckt und das wahre Wesen der Wirklichkeit akzeptiert hast, die im Wandel besteht, wirst du die Macht besitzen, alle negativen Kräfte zu überwinden.

Eine negative 64/1 erleidet viele Verluste und Fehlschläge. Du klammerst dich verzweifelt an die materielle Welt der Angst. Weil du nicht loslassen kannst, bringt jeder Verlust noch größeres Leid. Du hast es versäumt, einen höheren Glauben an das zu entwickeln, was nicht sichtbar ist, aber dennoch existiert: den Glauben an die Unsterblichkeit der Seele.

64/1 als temporäre Schwingung: Verantwortung, Prüfungen, Bewußtsein. Dies ist die beste Zeit, um dein inneres Bewußtsein durch die eine oder andere metaphysische Disziplin zu entwikkeln. Meditation, Yoga, TM, Beherrschung der Gedanken oder ähnliches ist dazu geeignet. Durch spirituelle Bestrebungen wirst du lernen, daß der Wandel ein immer wiederkehrendes Prinzip des Universums ist. Alle Dinge müssen vergehen und werden in neuen Formen wiedergeboren. Löse dich innerlich von den Erfahrungen deines Lebens, und du wirst die Weisheit und Stärke erhalten, um deine Ziele mit Ausdauer zu verfolgen.

Du kannst dein eigener schlimmster Feind sein, wenn du es zuläßt, daß plötzliche Belastungen und Enttäuschungen dich niederschlagen. Es kann unter dieser Schwingung Prüfungen geben. Indem du dich ihnen stellst, öffnest du eine Tür in deinem Leben und entdeckst den Pfad deines Schicksals. Eine ganz spezielle Person kann dir auf diesem Pfad begegnen, die dich begleiten wird.

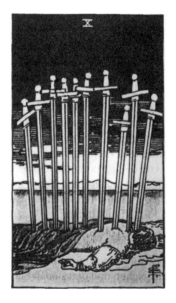

Symbol im Tarot: Die Zehn Schwerter. Die zehn Schwerter teilen die Wirbelsäule an ihren Zentren. (Die Kraftzentren sind Verbindungspunkte, an denen Energie in das ätherische Double des

Körpers eines Menschen fließt.) Das rote Gewand der Begierden liegt über die unteren Zentren drapiert, aber es wird von den erwachten kritischen Sinnen festgehalten. Die Hintergrundfarben, gelb und blau in gleichen Teilen, zeigen die Balance der zwei Teile des Verstandes: des Bewußten und des Unbewußten. Die Schwertgriffe in Form von Kreuzen strahlen das weiße Licht des Überbewußtseins aus und durchdringen den schwarzen Abgrund der unbekannten Mysterien.

Astrologische Entsprechung: Dritte Dekade Zwillinge. Ein ausgezeichneter Verstand, geistige Stabilität und Ausgeglichenheit sind die Gaben dieser Dekade. Du besitzt die Macht der Konzentration und wirst mit großer Wahrscheinlichkeit eine wissenschaftliche Laufbahn einschlagen. Du kannst Pionierarbeit auf dem Gebiet der Elektronik oder der Energieerzeugung vollbringen. Deine Fähigkeit, ohne Vorurteile oder Voreingenommenheit die menschliche Natur zu beurteilen, ist ein großes Plus für dein privates wie für dein geschäftliches Leben.

5 Die Münzen

Die Zahlen von 65–78

65/11 *als persönliche Zahlenschwingung:* Dies ist eine der besten Leitzahlen, um materiellen Erfolg zu erzielen. Du wirst durch Ausdauer, Intelligenz und innere Reife Erfolg haben. Indem du deine Energien nutzbar machst und sie konstruktiv einsetzt, schaffst du in deinem Leben großen Reichtum. Das Gute scheint dir nur so in den Schoß zu fallen. Du bist systematisch und ordentlich und besitzt Organisationstalent. Andere orientieren sich an dir, um Sicherheit zu finden. Du bist ein geborener Anführer, der Macht und Autorität in der Geschäftswelt, einschließlich der Kontrolle über große Industrien und Geschäftsunternehmen, erlangt. Wichtige Menschen befinden sich in deinem Einflußbereich. Sie können dir helfen, deinen Status zu verbessern und deine Ziele zu erreichen.

Du bist praktisch und reserviert und investierst deine Reichtümer auf kluge Weise zum Nutzen deiner Mitmenschen. Du bist ein Mäzen der Literatur und der Künste. Du glaubst an Erziehung, gute Manieren und eine konventionelle Einstellung zum Leben. Dein Leben wird eine glückliche Ehe beinhalten, umgeben von allen Bequemlichkeiten, Produktivität und einflußreichen Freunden.

Eine negative 65/11 setzt ihr Geld auf verschwenderische Weise spekulativ ein, beim Spiel und bei ausschweifenden Vergnügungen. Vielleicht leihst du deine Findigkeit sogar unlauteren und bösen Zwecken. Deine Macht wird auf egoistische Weise eingesetzt, um dir selbst Vorteile in Form materieller Vergnügungen und Besitztümer zu verschaffen.

65/11 als temporäre Schwingung: Beförderung, Risiken, Unterstützung. Dies ist eine Leitzahlenperiode, die mehr fordert und im Gegenzug mehr zu geben hat als andere Zahlenschwingungen. Du kannst erwarten, daß dein gegenwärtiger Status verbessert werden wird. Geld, gesellschaftliche Stellung und Einfluß gehören dir. Die Belohnungen sind genau proportional zu deinen vorangegangenen Leistungen. Wenn diese solide gewesen sind, dann wirst du in den Reichtümern schwelgen können, die das Leben für dich bereit hat.

Einflußreiche Menschen, besonders vom anderen Geschlecht, werden dir helfen, deine Position zu verbessern. Du wirst die Macht haben, die du dir auf deinem jeweiligen Gebiet wünschst. Behalte in allen Dingen eine praktische Einstellung bei. Teile deinen Erfolg im Leben mit anderen, du kannst es dir jetzt leisten, großzügig zu sein. Verschwendung und unkluge Spekulationen können jedoch zu Verlusten führen, du solltest daher auf Ausgewogenheit achten. Eine Ehe unter dieser Schwingung ist fruchtbar und erfolgreich.

Symbol im Tarot: Der König der Münzen. Der König ist in ein mit Trauben dekoriertes Gewand gekleidet. Trauben symbolisieren Fruchtbarkeit und Fülle. Die Stier-Symbole, die den Thron zieren, weisen auf Geld, Besitz und materielle Güter hin. Die Gebäude im Hintergrund sind keine einfachen Häuser, sondern Burgen beachtlicher Größe. Auch an den schweren Schnitzarbeiten, die den Thron schmücken, ist großer Reichtum erkennbar. Auf der goldenen Krone sitzt ein Kranz von Rosen, das Symbol sublimierter Bedürfnisse. Da die Rosen oben auf der Krone liegen, am höchsten Punkt der Figur, weisen sie darauf hin, daß die Bedürfnisse Erfüllung gefunden haben. Das Szepter in der rechten Hand des Königs ist ein Symbol von Autorität und Macht. Die goldene Münze in der linken zeigt seine Fähigkeit, mit Geld umzugehen.

Astrologische Entsprechung: Erste Dekade Steinbock. Diese Dekade wird von Saturn beherrscht und steht am Zenit des natürlichen Tierkreises. Sie bezieht sich auf Ehre, Ruhm und Ehrgeiz. Wenn Steinbock oder ein anderes Kardinalzeichen im Mittelpunkt deines individuellen Horoskopes steht, weist das auf eine hervorgehobene Rolle eines bestimmten Aspektes hin, je nachdem, wie die anderen Teile des Geburtshoroskopes im einzelnen aussehen. Du besitzt ein Führungs- und Organisationstalent. Du bist ausdauernd und gründlich, sparsam und fleißig, systematisch und ordentlich. Bildung und Kunst sind für dich wichtig. Du besitzt guten Geschmack und beträgst dich konventionell. Du bist der Adel des Tierkreises, die vornehmste aller Zahlen, die sich in hohen und ernsten Zielen ausdrückt.

66/3 *als persönliche Zahlenschwingung:* Du bist intelligent, nachdenklich und verantwortungsbewußt. Deine soziale Gesinnung und dein idealistisches Wesen inspirieren dich, etwas zu tun, um die sozialen Probleme, die du siehst, zu lösen.

Es gibt auch eine praktische Seite deines Wesens. Du nutzt deine Talente weise und produktiv, um greifbare Resultate hervorzubringen. Dein Magnetismus zieht alles an, was du begehrst, folglich erlangst du großen Reichtum und materielle Sicherheit.

Du bist wohltätig und großzügig. Du nutzt deinen Reichtum und deine Talente, um denen zu helfen, die nicht so glücklich in ihrem Leben sind. Du bist eine wahrhaft vornehme Person. Du hast einen gehobenen Geschmack und umgibst dich gern mit schönen Dingen. Dein Zuhause muß bequem und gut gestaltet sein, und du erfreust dich einer glanzvollen Umgebung, die geschmackvoll eingerichtet ist.

Schmeichelei und Hinterlist haben in deiner Persönlichkeit absolut keinen Platz; Aufrichtigkeit und Fairneß beherrschen dein Verhalten. Du bist treu und vertrauenswürdig, denn du verstehst es, deine Integrität zu wahren. Du bist praktisch und entschlossen, deine Pläne zu verwirklichen. Andere schätzen deinen guten Rat in geschäftlichen Dingen. Wenn du deine Zuneigung einmal schenkst, bist du ein hingebungsvoller Partner und Liebhaber, der auf jede erdenkliche Weise Unterstützung geben kann. Als negative 66/3 kannst du dich weigern, Verantwortung auf dich zu nehmen, weil du Angst hast, zu scheitern. Du bist am Ende abhängig von anderen und – was noch schlimmer ist – läßt zu, daß deine riesigen Talente brachliegen und schließlich verkümmern.

66/3 als temporäre Schwingung: Freunde, Geld, Reisen. Diese Periode hat mit den materiellen Aspekten des Lebens und mit den Freuden und Bequemlichkeiten, die sich daraus ergeben, zu tun. Geld und Besitztümer stehen im Vordergrund. Du wirst auf bestimmte Weise noch mehr Reichtum und Prestige gewinnen. Vielleicht hilft dir dabei ein einflußreicher Freund, oder du erhältst eine Erbschaft oder eine Beförderung. Gerichte und Rechtsberufe können daran beteiligt sein.

Das Verfolgen der richtigen Ausbildung wird Reichtum und Einfluß sichern. Wenn du von einer bestimmten Reise oder einem Urlaub geträumt hast, wirst du nun die Mittel haben, diesen Wunsch zu erfüllen. Es ist genügend Geld vorhanden, daß du dich wohlausgestattet und sicher fühlen kannst. Dein Verstand ist gerade sehr aktiv. Lenke diese Energie, um ein erfolgreiches Geschäft zu gründen oder auf andere Weise greifbare Resultate hervorzubringen.

Symbol im Tarot: Die Königin der Münzen. Die Königin ist in ein elegantes, aber konservatives Kostüm gekleidet, das ihren Charakter unterstreicht. Ihr Thron ist mit Symbolen der Fruchtbarkeit dekoriert. Die Ziege, das Symbol des Steinbocks, ist in die Armlehnen ihres Thrones geschnitzt. Um sie herum erblühen Blumen. Der Hase ist ebenfalls ein Symbol für Fruchtbarkeit und Produktivität. Engel deuten immer den Schutz durch göttliche Wesenheiten an, die Liebe, Frieden, Glück und Zufriedenheit ausstrahlen.

Astrologische Entsprechung: Zweite Dekade Steinbock. Die zweite Dekade des Steinbock (Stier dominant, Erde und Venus herrschen gleichzeitig) erzeugt nicht nur eine praktische Person mit einem Auge auf finanziellen Gewinn und ansehnliche Positionen, sondern auch einen entschlossenen, zuverlässigen und manchmal etwas störrischen Menschen. Es ist kaum vorstellbar, daß jemand, der diese Eigenschaften auf sich vereinigt, in dem Bereich, den er sich ausgesucht hat, keinen Erfolg haben sollte. Mit dieser Zahl ist es mit Sicherheit der Fall.

67/4 *als persönliche Zahlenschwingung:* Du bist eine vertrauenswürdige, praktische Person und ein guter Arbeiter. Materieller Fortschritt und harte Arbeit sind für dich das Wichtigste. Du bist an einen Punkt gelangt, an dem du reif genug bist, deine Ziele zu verfolgen, ohne dich auf andere zu verlassen. Du akzeptierst die Verantwortung für dein Leben und deine Zukunft. Ausdauer und harte Arbeit sind deine Formel zu Erfolg und innerer Zufriedenheit.

Du siehst gelassen auf die Zukunft und planst sie methodisch. Du gehst geschickt mit Geld um. Du bist der Meinung, daß Geld nur ein Mittel ist, um sich weitere Quellen zu erschließen. Du hast keine Geldsorgen, denn du bist zuversichtlich, daß es sich zehnfach vermehren wird, wenn es weise investiert wird.

Du besitzt einen gesunden Menschenverstand, was das Leben angeht. Du bist künstlerisch veranlagt, kreativ und erfinderisch. Du setzt deine Talente ein, um deinen Mitmenschen zu dienen. Du stellst die Produkte her, die unsere persönlichen Bedürfnisse befriedigen und uns das Leben erleichtern. Du pflegst und beschützt das Vermögen der Gesellschaft, in der du lebst, damit diejenigen, die nach dir kommen, davon profitieren können. Du stillst deinen Hunger nach Schönheit und gewinnst daraus emotionale Befriedigung. Du bist der Gewinner in deiner Welt und hast deine Ruhe wohlverdient.

Eine negative 67/4 ist faul und unproduktiv. Du weichst der Verantwortung aus und möchtest, daß andere sich um dich kümmern. Du scheinst niemals genügend Geld zu haben, und es fehlt dir an allem, was du zum Leben brauchst.

67/4 als temporäre Schwingung: Arbeit, Geduld, Standfestigkeit. Geduld ist im Augenblick eine wichtige Tugend. Du mußt methodisch vorgehen, jeden Schritt, den du gehst, genau planen. Verlaß dich nicht auf fremde Hilfe, nutze lieber deine eigenen Talente und Hilfsquellen, um vorwärtszukommen.

Geld ist ein Thema, und es könnte nötig werden, sparsam damit umzugehen. Gehe weise mit deinen Finanzen um. »Wenn du dich ums Geld kümmerst, wird sich das Geld um dich kümmern.« Indem du Dienstleistungen anbietest, die anderen unverzichtbare Vorteile bieten, kannst du dir des finanziellen Erfolges sicher sein.

Laß nicht zu, daß sich eine alltägliche eintönige Routine einschleicht, sondern halte ständig aufs neue dein Bemühen wach, deine Ziele zu verwirklichen. Arbeitslosigkeit oder Schwierigkeiten mit der Arbeit bedeuten lediglich, daß du deine Arbeitsgewohnheiten und deine Einstellung zu deiner beruflichen Position einmal kritisch überprüfen solltest. Wenn du im falschen Beruf arbeitest, wage einen Wechsel. Wenn du deine Arbeit magst, ziehe verschiedene Laufbahnen in Betracht, bis du eine findest, die dir und schließlich auch deinen Mitmenschen nützlich sein kann.

Symbol im Tarot: Der Ritter der Münzen. Der Ritter ist auf einem Arbeitspferd reitend abgebildet. Er betrachtet zufrieden die getane Arbeit und plant gleichzeitig eine neue Strategie, bevor er sich wieder seiner Arbeit zuwendet. Er erwägt die Situation in Ruhe, um sich die besten Schritte zu überlegen. Seine Waffe ist das Geld. Er weiß, daß eine kluge Investition Macht auf der materiellen Ebene bedeutet. Sein Helm und das Zaumzeug an seinem Pferd sind mit den Blättern der Weinrebe geschmückt, die Fruchtbarkeit symbolisieren. Das Feld vor ihm ist eine weite, unbebaute Ebene, die offensichtlich im Wechsel der Jahreszeiten der Kultivierung bedarf.

Astrologische Entsprechung: Winter (Steinbock, Wassermann, Fische). Dieser Ritter herrscht über die Jahreszeit Winter, wenn die Früchte der Arbeit als Sicherheitsreserve für den Gebrauch im Winter eingelagert sind. In diesem Bereich des Tierkreises wird ein großer Teil der kreativen, erfinderischen und künstlerischen Arbeit weitergeführt, es ist also klug, daß der Ritter die Früchte der Ernte gesichert und damit die Fortführung anderer Arbeiten ermöglicht hat.

68/5 *als persönliche Zahlenschwingung:* Du hast eine starke Neigung zu Geld und Luxus und kannst dir leicht von ihnen den Kopf verdrehen lassen. Du erfreust dich an einer schönen Umgebung und wirst lernen, wie du sie dir verdienen kannst, wahrscheinlich eher durch geistige als durch körperliche Arbeit. Durch kluge Planung kannst du deine Ziele durchsetzen. Weil ein kluger Plan einen scharfen Verstand erfordert, siehst du ein, daß du lernen mußt. Du bist bereit, auf neue Ideen zu hören und Rat von anderen anzunehmen.

Obwohl du ein wenig introvertiert bist, bist du ein Kommunikator, und es ist deine Funktion, der materiellen Welt deine Ideen zu vermitteln. Du erscheinst ausgeglichen und zuversichtlich und willst auch so erscheinen. Innerlich bist du jedoch besorgt und achtest genau darauf, welche Entscheidungen du triffst. Du bist eifrig und behutsam dabei, dir eine sichere und angenehme Zukunft aufzubauen. Ein Großteil deines Erfolges ist auf deine stetige Aufmerksamkeit auf Planung und Organisation zurückzuführen. Als negative 68/5 kannst du ein Intrigant sein. Du strebst auf fanatische Weise nach materiellem Besitz. Du hast das Gefühl, keine Zeit zu haben und wirst unvorsichtig. Verschwendung und Verluste sind die Folge.

68/5 als temporäre Schwingung: Bildung, Planung, Reisen, neue Wege. Sei vorsichtig! Während dieser Periode kann dich ein übertriebener Materialismus zu unklugen Ausgaben und Reaktionen bringen. Du solltest versuchen, deine Wünsche mit Hilfe richtiger Planung und Aufmerksamkeit fürs Detail zu erfüllen. Deine organisatorischen Fähigkeiten und deine Empfänglichkeit für neue Ideen können für dich profitabel sein.

Jemand, den du triffst, kann ein Katalysator sein für deine Entscheidung, einem bestimmten Kurs zu folgen. Sei flexibel! Nimm Einladungen zu gesellschaftlichen Ereignissen und Reisen an; sie bergen Gelegenheiten, die dir bei der Gestaltung einer soliden Zukunft helfen können.

Möglichkeiten zur Weiterbildung können sich ergeben. Nimm sie an, denn sie können dir neue Türen öffnen. Die Kommunikation dient in diesem Zyklus dazu, Prioritäten zu setzen und finanzielle und geschäftliche Transaktionen zu untermauern.

Es kann Höhen und Tiefen und möglicherweise auch Ausfälle oder Verluste geben. Diese Phasen sind dazu da, Unnötiges auszuscheiden. Setze dein gesundes Urteilsvermögen ein, plane sorgfältig, und die Zukunft wird dir gehören.

Symbol im Tarot: Der Bube der Münzen. Der Bube hält die Münze leicht und unbeschwert in der Hand. Äußerlich erscheint er ruhig und gelassen, aber innerlich ist er sehr besorgt und bemüht, die richtigen Entscheidungen zu treffen. Im Hintergrund sieht man den Berg der Vollendung. Die Blumen im Vordergrund zeigen, daß die Aufmerksamkeit jetzt auf die unmittelbare Zukunft gerichtet ist. Dennoch ist sich der Bube des Zieles bewußt, das in ferner Zukunft erreicht werden soll.

Astrologische Entsprechung: Dritte Dekade Steinbock. Dies ist die Jungfrau-Dekade, die den Blick fürs Detail und das fein ausgeprägte Urteilsvermögen einbringt, das sich in guter Planung und Organisation äußert. Du bist ausgeglichen, zuversichtlich, besitzt guten Geschmack und hältst nichts von einem auffälligen und angeberischen Äußeren.

69/6 *als persönliche Zahlenschwingung:* Du verfügst über alle notwendigen Talente, um ein Leben des materiellen Erfolges und der emotionalen Zufriedenheit zu führen. Dies ist der Anfang, an dem unerschöpfliche Naturreichtümer aus deiner Umwelt in deine Hände gelegt werden. Du kannst diese Reichtümer formen und gestalten und damit zu Vermögen, Ehre und Ruhm kommen. Deine Arbeit ist erst vollendet, wenn du die Wertordnung auf der materiellen Ebene begriffen und angewendet hast. Das Rad des Erfolges dreht sich, angetrieben von deiner Energie und deinem Elan. Du bist von Luxus und Schönheit fasziniert und verfügst über die richtige Einstellung, um sie zu erhalten. Um dich vollständig ausdrücken zu können, mußt du materiell und geistig völlig zufriedengestellt sein. Du erfreust dich des göttlichen Schutzes, den diese Schwingung zu bieten scheint.

Wenn du einmal den Erfolg auf der materiellen Ebene erreicht hast, in der Finanz- oder Geschäftswelt, dann wirst du deinen

Anteil großzügig teilen. Du trägst viel zu den Künsten bei und zu anderen Dingen, die den Menschen Freude und Kultur bescheren. Deine Großzügigkeit wird sich auszahlen, und dein Reichtum wird sich vermehren und den Wert, den du auf die Reichtümer legst, die die Erde zu bieten hat, bestätigen.

Als negative 69/6 steigt dir das Streben nach weltlichem Besitz zu Kopfe, und du hortest ihn eifersüchtig, wenn du ihn einmal erreicht hast. Deine Gier korrumpiert dich und sichert dir zwar materielle Annehmlichkeiten, aber wenig Zufriedenheit.

69/6 als temporäre Schwingung: Ehre, Ruhm, Geld, Zufriedenheit. Du wirst überhäuft mit Ehre, Ruhm, Geld und Glück. Die Früchte deiner Arbeit liegen in deinen Händen und können von dir verzehrt werden. Deine eifrigen Bemühungen in der Vergangenheit werden belohnt.

Zu Hause, sowie in Beruf und Gesellschaft, wirst du respektiert und bewundert. Sobald sich deine finanzielle Situation bessert,

411

kannst du dir leisten, großzügig zu sein. Du solltest ein gewisses Maß an Zuwendung an deine Umwelt leisten.

Dies ist eine so gute Schwingung, daß selbst der negative Aspekt noch materielle Annehmlichkeiten und finanzielle Gewinne mit sich bringt, es fehlt jedoch die innere Zufriedenheit der positiven Seite der 69/6.

Symbol im Tarot: Das As der Münzen. Die Hand Gottes hält die Münze als ein Angebot an alle, die lernen, ihre Bedeutung zu begreifen. Sie scheint anzudeuten, daß alle an materiellen Gütern teilnehmen und den Berg der Vollendung erreichen können, wenn sie erkennen, daß das universale Bewußtsein allen geschenkt wird, die es suchen. Die Lilien im Vordergrund stehen für die geläuterten Wünsche. Die Rosen repräsentieren den energischen Drang hinter den Begierden des Fleisches. Die beiden Gipfel des Berges der Vollendung, die durch einen Bogen von Rosen sichtbar sind, weisen darauf hin, daß das Ziel in Sicht ist, wenn auch noch in weiter Entfernung.

Astrologische Entsprechung: Das Element Erde (Stier, Jungfrau, Steinbock). Da die Asse die Elemente regieren, verleiht das As der Erde materiellen Reichtum und Sicherheit, die auf der Pilgerschaft des Lebens dringend benötigt und gewünscht werden. Reichtum, Ehre und Ruhm sind die Ziele des irdischen Bewußtseins. Materielle und geistige Zufriedenheit sowie göttlicher Schutz scheinen alles zu beinhalten, was wir am dringendsten benötigen.

70/7 *als persönliche Zahlenschwingung:* Diese Zahl gilt wegen ihrer geschäftlichen Möglichkeiten als eine glückbringende Schwingung. Du bist rücksichtsvoll, besonnen, ehrgeizig und diplomatisch. Im Geschäft wie im Privatleben bist du sehr beliebt. Du hältst es für wichtig, in allem, was du tust, anständig zu sein und bist vielleicht die einzige 7, die eine Partnerschaft versuchen sollte. Die 0 verleiht dir den göttlichen Schutz.

Deine Kreativität hat einen kommerziellen Wert. Du ersinnst geniale Methoden, um Probleme zu lösen und Produkte unter die

Leute zu bringen. Gleichzeitig weißt du immer, wie du das meiste für dein Geld bekommst.

Du wirst ständig mit sich ändernden Umständen zu tun haben. Du mußt allzeit bereit sein, mit diesen Umständen fertig zu werden und harmonische Lösungen zu erzielen. Du hast ein Gespür für gegensätzliche Kräfte und verstehst intuitiv die Emotionen anderer. Indem du geschickt deine eigenen Gefühle beherrscht, führst du friedliche und befriedigende Konfliktlösungen herbei. Du bist sparsam und praktisch. Deine Ausgeglichenheit, dein Selbstvertrauen und deine Führungsqualitäten sollten dir eine Führungsposition einbringen. Du wirst vielleicht viel geschäftlich unterwegs sein oder dich zumindest aktiv an der Kommunikation beteiligen. Deine Arbeit steht und fällt mit Nachrichten und Austausch. Du verschaffst dir durch deine Ausdauer und Hartnäckigkeit Geltung und wirst Erfolg haben. Es ist wichtig, daß du einen Ausgleich in deiner persönlichen Betätigung findest, indem du Arbeit und Freizeit den gleichen Stellenwert einräumst.

Als eine negative 70/7 ist dein ganzes Leben eine Maske. Du kannst nicht mehr als eine Situation auf einmal bewältigen, besonders wenn sie widersprüchlich sind. Du bist launisch, und dein Leben spiegelt durch seine vielen Höhen und Tiefen deine Instabilität wider.

70/7 als temporäre Schwingung: Partnerschaft, Reisen, Geschäft. Dies ist eine Periode der geschäftlichen Aktivität. Man kann dir eine Partnerschaft anbieten, die sich langfristig für dich bezahlt macht. Wenn beide Seiten fair und integer miteinander umgehen, wird diese Vereinigung unter einem kosmischen Schutz stehen. Kreative Ideen entwickeln sich und zeigen ungewöhnliche Wege auf, um Schwierigkeiten zu lösen und Produkte einzuführen. Das wird deinem Geschäft nützen.

Laß nicht nach, auf veränderte Bedingungen in deiner Umwelt zu achten. Trendwenden dürfen nicht übergangen werden. Es wird eine Flut von Nachrichten und Mitteilungen, die das Geschäft betreffen, geben. Geschäftsreisen können notwendig werden. Du kannst Streitsachen oder Schwierigkeiten im gegenseitigen Einvernehmen lösen, denn du hast Einsicht in die Arbeitsweise entgegengesetzter Kräfte. Zügle deine Einbildung und sieh nicht Probleme, wo gar keine sind. Wenn du zuläßt, daß eingebildete Probleme hier den positiven Fluß der Dinge behindern, wirst du finanziell und professionell als Verlierer dastehen. Deine Gesundheit kann darunter leiden.

Symbol im Tarot: Die Zwei Münzen. Die Person auf der Karte ist ein geschickter Jongleur. Sein Gegenstand ist das Geld. Die horizontale 8, die kosmische Lemniskate, bedeutet Unendlichkeit. Hier steht sie für das Bedürfnis nach einer ausgewogenen und dauerhaften Betätigung anstelle von Kampf und Streß unter Leistungsdruck. Dies ist ein langwieriger Prozeß. Die Schiffe im Hintergrund scheinen mit Geschick über die Wellenberge gelenkt zu werden, ein Bild für einträgliche Unternehmungen und Erfolg im Handel. Das Gewand der Figur ist aus Leder geschneidert, was das Bedürfnis nach bleibenden Qualitäten, nach Dominanz und einem sinnvollen Gebrauch des Tierreiches und der niederen Ebenen der Schöpfung zeigt.

Astrologische Entsprechung: Erste Dekade Steinbock. Diese Dekade verleiht Ehrgeiz und Diplomatie mit einer gehörigen Portion Ausdauer und Hartnäckigkeit. Du wirst mit Leichtigkeit mit Management-Positionen fertig und schaffst es schließlich, dich in Führungspositionen hinaufzuarbeiten. Weil du zuversichtlich, sparsam und praktisch veranlagt bist, machst du dich gut in leitender Position.

71/8 *als persönliche Zahlenschwingung:* Dies ist eine Zahl konstruktiver materieller Errungenschaften. Du bist dynamisch, entschlossen und kraftvoll. Mit deinem Durchhaltevermögen wirst du alles vollenden, was du dir vornimmst. Du arbeitest innerhalb der anerkannten Norm, lernst dein Geschäft und wirst in deinem Handwerk ein Könner. Laß nicht zu, daß Besserwisserei oder Leichtsinn dich ablenken. Obwohl du diszipliniert, sensibel und zupackend bist, versuchst du manchmal das Unmögliche. Du merkst jedoch dann schnell deine Grenzen, aber wächst durch harte Arbeit über sie hinaus. Du bist zuverlässig wie ein Fels, der andere durch seine Stabilität inspiriert. Du mußt daran denken, dir auch einmal freizunehmen, einen Urlaub, Ruhe und Entspannung zu gönnen, um zu verhindern, daß du dich verspannst, was unweigerlich der Fall wäre, wenn du deine Energie ausschließlich auf die Arbeit richten würdest. Du brauchst freie Zeit, um deine kreativen Quellen wieder aufzuladen und nutzbar zu machen. Bewegung an der frischen Luft und das Zwiegespräch mit der Natur haben für dich heilende Wirkung.

Du bist liebevoll und einfühlsam und verstehst sofort instinktiv die Situation, die man dir vorträgt, damit du eine Lösung findest. Deine Fähigkeiten, dein Wunsch nach Reichtum und deine Bereitschaft, langsam und stetig dafür zu arbeiten, sichern dir den finanziellen Erfolg. Als negative 71/8 hast du kein Interesse, deine Fähigkeiten auszubauen und erreichst daher auch wenig. Letztlich zahlst du dann trotzdem einen hohen Preis, denn der Lauf der Dinge wird dich einholen.

71/8 als temporäre Schwingung: Gelegenheit, Fortschritt, Gewinn. Setz dich eifrig ein und entwickle deine Fähigkeiten, dann wirst du eine Stellung bekommen, bei der deine finanzielle Sicherheit gewährleistet ist. Das kannst du jedoch nur durch harte Arbeit erreichen. Nutze also diese Periode für deine professionelle Entwicklung. Sei zuverlässig, beständig und berechenbar. Diejenigen, die die Autorität besitzen, werden durch deine Klugheit, Geschicklichkeit und Beharrlichkeit beeindruckt sein. Verträge und berufliches Fortkommen können das Ergebnis sein.

Denke in großem Maßstab, erweitere deinen Horizont und zeige, was du mit deinem schöpferischen Potential anfangen kannst. Du bist auf dem Weg an die Spitze. Bei deinem Aufstieg solltest du dir die Zeit nehmen, denen zu helfen, die nicht unter solch günstigen Vorzeichen stehen wie du. Die Ehre und Anerkennung, die dir zuteil wird, wird gleichzeitig auch deinem Bankkonto zugute kommen.

Wenn du eine negative 71/8 bist, läßt du die Gelegenheit für eine berufliche Weiterentwicklung an dir vorüberziehen. Als Ergebnis deiner Faulheit werden Möglichkeiten unwiederbringlich verlorengehen.

Symbol im Tarot: Die Drei Münzen. Gezeigt wird ein Arbeiter, der an einer Kathedrale baut, was symbolisiert, daß man arbeiten soll, um den Tempel bzw. die Person als Ganzes zu verbessern. Der Arbeiter verdient Erfolg und Lohn für gute und treue Arbeit. Er achtet nur wenig auf die beiden Figuren, die ihn ablenken wollen, durch ihre Rechthaberei oder ihren Leichtsinn.

Astrologische Entsprechung: Zweite Dekade Steinbock. Dieser Bereich des Tierkreises verleiht das Bedürfnis, weltliche Güter zu erwerben. Du willst dich langsam und stetig auf dein Ziel zubewegen. Du gehst in aller Stille, aber beständig an die Arbeit, um auf ein Niveau zu kommen, das du dir zum Ziel gesetzt hast. Immobilien, Landwirtschaft oder Bergbau sind für dich passende Berufe.

72/9 *als persönliche Zahlenschwingung:* Du suchst Befriedigung, indem du dich weltlichen Belangen widmest und irdische Macht anhäufst. Du bist ein scharfer Analytiker und ordnest die Dinge entsprechend ihrem materiellen Vorteil ein. Dies ist eine der vorteilhaftesten Schwingungen, um geschickt und konstruktiv mit materiellen Dingen umzugehen. Du möchtest ein Vermögen anhäufen und verfügst über die praktische Fähigkeit, den Ehrgeiz und die Überzeugung, es auch zu tun.

Es besteht bei dieser Schwingung ein Drang, in großem Stil zu wirken und jeden Pfennig zu nutzen. Du kannst dir keine Verluste durch mangelnde Sorgfalt oder Vergeudung leisten. Du bist großzügig und barmherzig, aber besitzt auch die Hartnäckigkeit, Geld festzuhalten und die materiellen Güter anzuhäufen, die du dir wünschst. Du bist vorsichtig, um das Ziel, das du dir gesetzt hast, nicht zu gefährden. Gleichzeitig leistest du mit deinem Fleiß deinen Mitmenschen wertvolle Dienste.

Du hast einen starken Charakter. Deine Maßstäbe sind hoch, und du besitzt eine angeborene Stabilität – eine besondere Begabung, ausgeglichen und logisch zu denken, durch die du Harmonie und Glück erzeugen kannst. Mit Hilfe deiner Großzügigkeit überwindest du deine Furcht vor Armut. Du möchtest, daß dein Leben voller nützlicher und konstruktiver Errungenschaften ist. Dann sehen dich andere als ein Vorbild praktischen weltlichen Erfolges.

Als negative 72/9 kannst du egoistisch sein und dich aus Furcht, daß dir jemand etwas wegnehmen könnte, an deine weltlichen Besitztümer klammern. Dein Elend fesselt dich an eine einsame und traurige Existenz, in der dein Reichtum dir wenig Freude macht, denn du verbringst jede Minute damit, ihn zu bewachen.

72/9 als temporäre Schwingung: Wachstum, Reichtum, Befriedigung. Deine Aufmerksamkeit liegt auf materiellen Dingen. Indem du deine finanzielle Situation genau analysierst, kannst du ein Vermögen anhäufen. Du mußt größere Unternehmungen aufbauen und dabei jedes Detail im Auge und die Hand auf dem Geldbeutel behalten. Sei standhaft! Laß dich durch nichts von deinem Ziel ablenken, ein Ziel, das praktisch ist und nützlich für andere. Wenn du Rückschläge oder Verluste erleidest, solltest du deine Motive untersuchen. Materielle Leistungen, um dein eigenes Sicherheitsbedürfnis zu befriedigen und deine Angst vor der Armut zu beschwichtigen, können zu einer Niederlage führen. Wenn du durch dauerhafte Bemühungen und geschickten Einsatz deiner Talente sowie deiner organisatorischen Fähigkeiten zum Erfolg strebst, dann wirst du den materiellen Wohlstand erreichen, den du suchst. Du kannst dich dann endlich auf deinen verdienten Lorbeeren ausruhen.

Symbol im Tarot: Die Vier Münzen. Die Figur wird sehr in sich verschlossen dargestellt. Jede ihrer Extremitäten ist von materiellem Wert gebunden. Ihre Haltung ist durch Greifen und Festhalten geprägt. Durch die vollkommen ausbalancierte Münze über der schmucklosen Krone auf ihrem Kopf wird der geschickte Umgang mit Geld symbolisiert. Die Person zeigt wenig Interesse an persönlichem Schmuck, wie durch die nachlässig gebundenen

Schuhe und den zerfetzten Schal oder Mantel angedeutet wird, der ihr um Schultern und Hüfte geschlungen ist. Die Gebäude hinter ihr weisen auf große materielle Errungenschaften in der Vergangenheit hin. Trotzdem hängt die Person noch immer an ihren materiellen Werten und will noch mehr ansammeln und bauen. Die Lektion besteht hier darin, daß die irdischen Reichtümer nichts für die Seele tun, denn die Gestalt sieht trotz ihrer vielen Besitztümer ärmlich aus.

Astrologische Entsprechung: Dritte Dekade Steinbock. Dieser Bereich des Tierkreises bringt eine praktische, ehrgeizige Person hervor, die anpassungsfähig und urteilsstark ist. Du willst, daß dein Leben voller nützlicher und konstruktiver Taten ist. Du ordnest die Dinge danach ein, wie gut sie in deinen Finanzplan passen. Indem du lernst, die Fülle, die du vom Leben bekommst, zu teilen, wirst du jegliche Angst vor der Armut verlieren.

73/1 *als persönliche Zahlenschwingung:* Das Schlüsselwort hier ist *Weisheit* – die Weisheit, innere Harmonie zu erwerben, das innere Licht zu ergreifen, zu wissen, daß die Arbeit um materiellen Lohn allein innere Armut erzeugt, während Arbeit um der guten Tat willen spirituelle Erfüllung bringt. Du bist dir sehr wohl darüber im klaren, daß du das gesamte Elend und die Last der Welt auf deinen Schultern tragen mußt, wenn du dem Leben gegenüber geizt und das Licht der Seele in dir verneinst. Du hast einen wunderbaren Energiefluß in dir, verfügst über ausdauernde Kraft und die Fähigkeit, dich selbst anzutreiben und wieder zu Kräften zu kommen. Weil du das Wort »Angst« nicht kennst, verfügst du über ein ausgezeichnetes Selbstbewußtsein, das anderen ein Vorbild ist.

Du hast einen starken Willen, bist einfühlsam und geduldig. Dein ausgezeichneter Geschäftssinn und deine finanziellen Fähigkeiten werden dich mit Wohltaten überhäufen. Eine machtvolle Kombination von Faktoren ist hier am Werk und erzeugt eine Persönlichkeit, die manchmal Wunder wirken kann. Du solltest immer deine Fähigkeiten unter Einsatz von Ehrlichkeit, Idealismus und Integrität ausüben. Du kannst dich zum Werkzeug des Guten in der Welt machen und sie in einen lebenswerteren Ort verwandeln.

Wenn du eine negative 73/1 bist, bist du halsstarrig, eigenwillig und entwickelst dich nur langsam. Deine Weisheit gewinnst du durch physische, materielle und finanzielle Schwierigkeiten, bei denen du dich zwischen materiellen und spirituellen Erwägungen entscheiden mußt. Wenn du dich auf das innere Licht konzentrierst, findet ein Wandel im Bewußtsein statt, und die materiellen Aspekte des Lebens fließen mit Leichtigkeit.

73/1 als temporäre Schwingung: Arbeit, Meditation, Werte. Sei dir darüber im klaren, daß die Konzentration auf die rein materielle Seite des Lebens nur Enttäuschung bringen kann. Arbeit und persönliche Unternehmungen spielen hier eine Rolle, du solltest sie jedoch nicht aus reiner Lust an der Vollendung und auch nicht aus Streben nach materiellem Gewinn verfolgen.

Wenn du deinem unterbewußten Wunsch, im Mittelpunkt zu

stehen, nachgibst, dann kann dir das zwar vorübergehend Gewinn bringen, wird dich jedoch letztlich ins Unglück stürzen. Die Verluste, die in diesem Zyklus möglich sind, dienen lediglich dazu, deine Ziele und Absichten in die richtige Perspektive zu rücken. Die vergängliche Natur der materiellen Welt sollte dich dazu ermutigen, nach tieferen Werten zu suchen. Du solltest dir ein paar Bücher über Philosophie besorgen, Zeit mit Meditation verbringen oder dich mit Metaphysik beschäftigen, um dir andere Möglichkeiten zu erschließen, deine Lebensumstände zu betrachten. Das positive Ergebnis dieses Zyklus ist Weisheit.

Symbol im Tarot: Die Fünf Münzen. Die zwei Gestalten auf dem Bild repräsentieren physische und geistige Armut. Sie mahnen uns, das innere Licht zu sehen, das durch das erleuchtete Fenster angedeutet wird. Diese Karte soll zeigen, daß innerer Reichtum bei weitem heller leuchtet als alle materiellen Reichtümer. Die Botschaft ist hier: Wende dich deinen inneren Kräften zu, die dich leiten werden, und vermeide die Armut des Geistes, die in der ausschließlichen Aufmerksamkeit auf die äußere Welt liegt.

Astrologische Entsprechung: Erste Dekade Stier. Dieser Bereich des Tierkreises ist für starken Willen und große Ausdauer bekannt. Du hast ein gutes Geschäftsgebaren und finanzielle Fähigkeiten. Du liebst das leichte Leben, gutes Essen und die Bequemlichkeit des Lebens. Künstlerische Talente können in Form von Gesang oder anderen kreativen Fähigkeiten vorhanden sein.

74/11 *als persönliche Zahlenschwingung:* Dies ist eine Leitzahlenschwingung. Sie erfordert mehr als die meisten anderen Zahlenschwingungen, aber sie hat im Gegenzug auch mehr zu bieten. Das wichtigste Element ist die Zurückzahlung von Schulden, gegenwärtige und karmische. Du spürst ein Bedürfnis und ein Verlangen, die Dinge in deinem Lebensbereich und darüber hinaus in deiner Stadt und in der Welt, soweit dein Einfluß und deine Verantwortung reichen, in Ordnung zu bringen. Du bist ein Idealist mit der festen Überzeugung, daß du deine Träume verwirklichen kannst. Du gleichst Gerechtigkeit durch Mildtätigkeit aus und teilst freiwillig deinen materiellen Wohlstand mit anderen, aus Überzeugung und dem Wunsch, die Waage auszugleichen. Indem du deine Wertvorstellungen angleichst, sühnst du deine karmischen Schulden durch positives Handeln.

Es ist deine Arbeit, die wirtschaftlichen Faktoren, die deine Gesellschaft lebendig und funktional erhalten, zu kontrollieren. Deine wissenschaftlichen und sozialen Neigungen können dich in die Chemie, Medizin oder in Berufe führen, die mit Ernährung und Hygiene zu tun haben. Für was auch immer du dich entscheidest, du mußt eine feine emotionale Balance aufrechterhalten, damit deine Stimmungen nicht ständig zwischen Ekstase und Schwermut hin und her schwanken.

Du bist beim anderen Geschlecht beliebt wegen deiner Grazie, deinem Charme, deinem Selbstvertrauen und deiner Unabhängigkeit. Du hast eine gesunde Wertschätzung für dich selbst. Du kannst Gruppenaktivitäten leiten und erscheinst vertrauenswürdig, denn du handelst immer fair. Wenn du deine vielen Talente im Gleichgewicht hältst, ist dir der materielle Erfolg sicher. Du mußt dich dann zu einem Philantropen entwickeln, der seinen Reichtum und Überfluß mit den Bedürftigen der Welt teilt. Nur auf diese Weise wird dein weltliches Hab und Gut einen wirklichen Wert haben.

Wenn du eine negative 74/11 bist, kannst du in der Verfolgung deines finanziellen Erfolges und deiner Sicherheit skrupellos werden. Je unsicherer du bist, desto mehr Geld brauchst du. Du kannst dich zu einem Geizkragen entwickeln, der durch sein Handeln Neid und Ablehnung auf sich zieht.

74/11 als temporäre Schwingung: Geschenke, Erbschaften, Ausgleich, Teilen. Dies ist eine Leitzahlenschwingung. Es wird dir mehr Gelegenheit gegeben, etwas zu erreichen, und du wirst, wenn du die besonderen Anforderungen der Leitzahl erfüllst, auch entsprechend größere Belohnungen erhalten. Dies ist eine karmische Periode, die Ausgleich und Teilen erfordert. Das bedeutet, daß es vorher ein Ungleichgewicht gegeben hat, das wiedergutgemacht und geregelt werden muß. Die daraus erwachsenden Gewinne, seien sie materiell oder geistig, müssen mit anderen geteilt werden.

Du wirst andere Menschen, die durch deinen Charme und dein Selbstvertrauen inspiriert sind, zu dir hinziehen. Du kannst wirkungsvoll mit Gruppenaktivitäten arbeiten. Du hast den Ehrgeiz, deine Ziele durchzusetzen. Das Ausleben deiner Talente trägt großartige Früchte. Materieller Wohlstand kommt dir jetzt zugute. Du kannst von einem Bewunderer Geschenke erhalten, von deinen Mitmenschen geehrt werden oder vielleicht eine Erbschaft machen. Dabei solltest du nicht vergessen, daß die Lektion jetzt im Teilen besteht.

Ein negativer Gebrauch der 74/11 bringt schlechte Freundschaften und Neid. Du sammelst Schulden und erleidest Verluste. Deine skrupellosen Methoden schaffen bloß Leid.

Symbol im Tarot: Die Sechs Münzen. Die Figur in der Mitte, die die Waage hält, ist der Wohltäter, wie durch die Leitzahl und die Stellung im Tierkreis angedeutet wird. Der Schlüssel stellt die

Bedingungen dar, unter denen neue Werte angenommen werden und die materielle Substanz des Lebens mit anderen geteilt wird. Die anderen Figuren stellen die entgegengesetzte Bedingung dar, unter der die positive Seite vernachlässigt wird und aus Fahrlässigkeit negative Bedingungen (z. B. der Wohltätigkeit anderer ausgeliefert zu sein) erzeugt werden. Du kannst wählen, ob du in deiner eigenen Zukunft die positive oder die negative Seite hervorrufen willst.

Astrologische Entsprechung: Zweite Dekade Stier. Diese Dekade schließt die wissenschaftliche Neigung der Jungfrau-Schwingung ein. Du hast einen kritischen und urteilsfähigen Geist. Du kannst Berufsberater sein oder eine Laufbahn in sozialen Diensten verfolgen. Vielleicht wählst du die Chemie, soweit sie mit dem Gesundheitswesen zu tun hat, wie in Hygiene, Nahrungsmittelchemie oder Ernährungskunde. Ebenso kannst du eine sympathische Krankenschwester oder ein Arzt werden. Du kannst

Methoden entwickeln, wie Nahrungsmittel für die Vermarktung konserviert und behandelt werden.

Du bist beim anderen Geschlecht wegen deiner Grazie, deinen Fähigkeiten und deinem Idealismus beliebt.

75/3 *als persönliche Zahlenschwingung:* Wenn du stark und unabhängig bleibst, kann dir diese Schwingung zu einem gesunden Wachstum verhelfen. Es hängt viel von deinem Durchhaltevermögen und von der Qualität deiner Bemühungen ab. Du hast das Potential, aber der Erfolg erfordert harte und beständige Arbeit, von der du in deinem Innersten weißt, daß sie unverzichtbar ist. Du weißt, daß es Zeit braucht, daß du gesammelt und geduldig sein mußt, während du darauf wartest, daß deine Bemühungen Früchte tragen, und daß du dich ununterbrochen der Aufgabe widmen mußt, die vor dir liegt. Unter dem Einfluß dieser Schwingung wirst du genau das ernten, was du gesät hast.

Unter dieser Zahl findet man alles, vom Preisboxer bis zum Lektor und vom Schauspieler bis zum Musiker. Alle mußten sich jedoch stets bemühen, um zu ihrem Ruhm und ihrer Stellung zu gelangen. Du verfügst über alles, was man zum Erfolg braucht: Stärke und Disziplin. Deine praktische Natur ist verbunden mit Ehrgeiz. Du verstehst dich mit deinen Zeitgenossen recht gut. Du kannst dich für Metaphysik oder Philosophie interessieren, aber wirst dabei alles von der praktischen Seite sehen. Du möchtest konkrete Beweise sehen, bevor du ein umstrittenes Konzept akzeptierst. Du nimmst das Leben ernst, bist nüchtern und sensibel. Mit beiden Beinen fest auf der Erde stehend erreichst du deine Ziele.

Gelegenheiten für Positionen mit größerer Verantwortung bieten sich dir, und du nimmst die Herausforderung mutig an. Du erreichst durch deine Entschlossenheit und deinen Mut eine höhere Stellung im Leben, als dir von Geburt her mitgegeben wurde. Trotz des materiellen Erfolges, den du gewinnst, bist du dir der Notwendigkeit bewußt, deine spirituelle Seite zu erforschen und zu entwickeln.

Eine negative 75/3 grämt sich über das Geld oder den Mangel an Geld. Du bist ungeduldig, wenn die Belohnung nicht sofort kommt. Deine Ängste können deine Gesundheit beeinträchtigen und dazu führen, daß du vorzeitig aufgibst.

75/3 als temporäre Schwingung: Geld, Reisen, Geduld, harte Arbeit. Während dieses Zyklus mußt du dich in Geduld und Ausdauer üben. Du mußt lernen, daß eine Belohnung nur auf harte Arbeit folgt. Eine stete Aufwendung von Energie auf ein positives Ziel ist vonnöten. Wenn diese Lektion erst einmal gelernt ist, gehört der Erfolg, den du anstrebst, dir. Das Karma übt hier die Kontrolle aus, denn dein Erfolg steht in direktem Zusammenhang mit der aufgewendeten Energie.

Du solltest dein praktisches Wesen mit Ehrgeiz verbinden. Sieh die Situation so, wie sie wirklich ist, und entscheide, ob sie einen wirklichen Wert hat. Wenn das der Fall ist, geh mit Entschlossenheit voran, um die Aufgabe zu bewältigen. Ziele dabei immer auf konkrete Ergebnisse. Deine Zeitgenossen sind bereit, dich zu unterstützen, wende dich also an diejenigen, auf die du dich verlassen kannst. Positionen mit Autorität können sich für dich öffnen. Nimm sie zuversichtlich und mit Verantwortungsgefühl an. Laß nie die Ethik und Moral deiner Handlungen aus dem Auge. Neue Gelegenheiten können Reisen erforderlich machen, bleibe also beweglich.

Eine negative Reaktion bringt Frustration über finanzielle Angelegenheiten. Es gibt Verzögerungen, und du fühlst dich vielleicht ungeduldig und eingeengt. Die einzige Lösung ist die gelassene Annahme der Zeit als ewig heilende Kraft und der Entschluß, die Sache in die Hand zu nehmen und mit einer positiven Einstellung zu arbeiten.

Symbol im Tarot: Die Sieben Münzen. Der abgebildete junge Mann hat durch seinen Fleiß offensichtlich einen großen Erfolg vorzuweisen. Er betrachtet nun seine Arbeit und stellt fest, daß an der schönen, üppig belaubten Rebe keine Früchte hängen. Er sieht mit Schrecken, daß sie nur Blätter trägt. Er ist mit seinem Erntemesser gekommen, um die Ernte einzubringen; nun denkt er darüber nach, was er bei seinen Bemühungen versäumt hat. Er muß erkennen, daß materielle Dinge nicht genug sind, um die

Seele zu ernähren. Die Ernährung des Lebens geschieht ausschließlich durch spirituelle Kultivierung.

Astrologische Entsprechung: Dritte Dekade Stier. Dieser Bereich des Tierkreises hat viele verschiedene Menschentypen hervorgebracht, die alle zur Erlangung ihrer Ziele dieselbe Entschlossenheit und Standfestigkeit mitbringen. Du hast eine unabhängige und disziplinierte Einstellung. Der Stier-Mensch, der sich hier abrackert, wird durch seinen Ehrgeiz beflügelt. Du nimmst Herausforderungen und verantwortliche Positionen an und gehst dann weiter zu noch größeren Taten.

76/4 *als persönliche Zahlenschwingung:* Du bist mit der Fähigkeit begabt, auf deinem Gebiet ein Genie zu sein. Du bist der Meister deines Faches, hast dich selbständig emporgearbeitet und arbeitest nicht für andere, sondern für dich selbst. Du suchst keine Unterstützung, sondern gibst dich mit großer Sorgfalt ganz der gestellten Aufgabe hin. Du nimmst das Leben ernst und bist ebenso ehrlich wie bescheiden, was deine Leistungen anbelangt.

Gewinn kommt aus klarem Denken und nicht aus emotionaler Sehnsucht. Du setzt deine Logik ein, wenn du Entscheidungen triffst, denn du bist genau und analytisch, ein guter Planer und Organisator, der sich immer an geordnetes und stetiges Wachstum hält, als bewährtes Mittel um weiterzukommen. Was weltliche Errungenschaften angeht, bist du durchaus kein Weltmeister, aber du zeigst anderen durch das Beispiel deines Lebens einen Fortschritt auf und lehrst sie damit auf stille Weise einen sicheren Weg zum Erfolg. Was du erreichst, wird langfristig von großem Nutzen sein, sowohl für dich selbst wie für andere.

Du solltest dich davor hüten, nur zu arbeiten und dich nicht zu entspannen. Überarbeitung kann Angst und Sorge nach sich ziehen. Entspanne dich in angemessenen Zeitabständen und nimm regelmäßig Urlaub, um deine Gesundheit zu erhalten. Nimm dir Zeit, um spirituell zu erwachen; das ist zu vollkommenem Glück und einem angenehmen Leben unerläßlich. Du bist ein lebendiges Beispiel für Weisheit, die aus stiller Arbeit erwächst.

Wenn du eine negative 76/4 bist, dann entwickelst du entweder deine Fähigkeiten überhaupt nicht und bleibst unproduktiv, oder du entwickelst sie, um durch Betrügereien und Fälschungen zu unlauteren Einnahmen zu kommen. Das kann nur Scheitern bedeuten.

76/4 als temporäre Schwingung: Training, Beschäftigung, Fähigkeiten. Du bist nun in der Lage, deine Fähigkeiten durch verschiedene Übungen, eine Lehre oder eine berufliche Karrieremöglichkeit zu entwickeln. Du solltest dich mit Konzentration und Hingabe ihrer Aufgabe widmen und dich entscheiden, deine Talente auf sorgfältige und gewissenhafte Weise auszubauen. Laß nicht zu, daß deine Emotionen die Oberhand gewinnen. Geh mit kühlem Kopf vor, gebrauche deinen logischen Verstand und dein Organisationstalent, um deine Ziele zu erreichen. Arbeite in Ruhe und Bescheidenheit, denn Prahlerei ist hier nicht die richtige Methode, weiterzukommen. Deine Leistungen während dieses

Zyklus werden sich in der Planung deiner langfristigen Ziele als wertvoll erweisen.

Vergiß nicht, Perioden der Ruhe und Entspannung einzuhalten. Es besteht hier eine Neigung, zu ungestüm vorwärtszudrängen, zu lange zu arbeiten und übermüdet zu werden. Das kann Gesundheitsprobleme nach sich ziehen. Gleiche deine Arbeit durch Freizeit aus. Du befindest dich in einer Lernphase, die dich für eine zukünftige Arbeit vorbereitet.

Symbol im Tarot: Die Acht Münzen. Ein Arbeiter, einfach gekleidet, mit einer ledernen Schürze, graviert mühsam ein goldenes Pentagramm, das Symbol des Geldes. Der große Stapel fertiger Münzen zeigt, daß er zuverlässig seine Arbeit getan hat. Er hat allen Dingen der Welt seinen Rücken zugewandt. Seine Aufmerksamkeit liegt einzig und allein auf der Arbeit. Dieses Bild zeigt gleichzeitig Ehrlichkeit, Aufmerksamkeit fürs Detail und meisterhafte Geschicklichkeit. Es könnte ebenso andeuten, daß nur arbeiten und nicht ausspannen ein trübes Leben ergibt, obwohl durch das Ansammeln von Reichtum auch Freude und Befriedigung entstehen kann.

Astrologische Entsprechung: Erste Dekade Jungfrau. In deinem stillen Streben zeigt sich die Bescheidenheit der Jungfrau, die anderen ein leuchtendes Beispiel ist. Du erreichst deine Ziele, indem du vorsichtig vorgehst und bemüht bist, deine Arbeit richtig und ordentlich zu tun. Du mußt auf die Neigung, dich zu überarbeiten, achten, die dazu führt, daß du so in deine Arbeit hineingezogen wirst, daß du überhaupt keine Zeit mehr hast für die angenehmen Seiten des Lebens.

77/5 *als persönliche Zahlenschwingung: Fruchtbarkeit, Produktivität* und *körperliche Perfektion* sind die Schlüsselworte dieser Schwingung. Du verfügst über alle Annehmlichkeiten des Lebens. Dein Wohlstand gründet sich auf deine Sparsamkeit und deinen Fleiß, oder sie stammt aus unerwarteten und mysteriösen Quellen, wie Erbschaften oder großzügigen Dankgeschenken. Jedenfalls geht es dir sehr gut und du bist beschützt, was es dir gestattet, in Ruhe nachzudenken und deinen Vergnügungen nachzugehen.

Du besitzt viel Verständnis für andere Menschen und ziehst sie dadurch an. Du bist beliebt und hast Selbstvertrauen. Du paßt dich emotional an deine Lebensumstände an. Du kannst frei und lustig sein oder extrem vorsichtig und ernst, je nachdem, wie die Situation es verlangt. Obwohl du gerissen und schlau bist, gibt es in dieser hochsensiblen Schwingung auch eine phantasievolle und kreative Seite von dir.

Praktisches Denken und Gründlichkeit sind deine hervorstechendsten Züge. Dein Ehrgeiz kann den Wunsch erzeugen, deine gesellschaftliche Stellung durch soziale Dienste oder öffentliches Leben zu verbessern. Dein Drang nach großen Taten treibt dich vorwärts, und dein Taktgefühl wird dir auf diesem Anstieg dienlich sein. Du bewältigst alle Angelegenheiten mit großem Geschick. Es gibt in dir etwas von einem Aristokraten, denn du verfügst über alle materiellen und physischen Annehmlichkeiten, die man sich nur wünschen kann, aber fühlst dich trotzdem immer verpflichtet, deine Arbeit in den Dienst der Verbesserung des Lebensstandards der ganzen Welt zu stellen.

Wenn du die negative 77/5 zum Ausdruck bringst, kannst du durch Verschwendung die Besitztümer, die dir so ans Herz gewachsen sind, verlieren. Dadurch büßt du das Privileg ein, dich an deinem Leben zu erfreuen. Es kann sogar soweit gehen, daß du Familie und Freunde verlierst.

77/5 als temporäre Schwingung: Vermögen, Popularität, Leistung. Aus einer unerwarteten Quelle kannst du Geschenke, Geld oder eine Erbschaft erhalten. Dieses Glück kann plötzlich auf mysteriöse Weise eintreten, oder es kann das Ergebnis deiner Klugheit und deines Fleißes sein. Gleich wie es kommt, es wird dir die Mittel zur Hand geben, zu reisen, dich zu vergnügen und andere angenehme Dinge zu tun. Du wirst viele Freunde um dich scharen, dein gesellschaftliches Leben verbessern und im Mittel-

punkt des Interesses stehen. Du bist klug und charmant. Wenn die Umstände es erfordern, kannst du jedoch sofort ernst sein. Deine schöpferische Seite ist jetzt geweckt.

Erfreue dich dieser reichen Periode, aber sei auch in allem, was du tust, praktisch. Extravaganzen führen zu Zerstreuung und Verlust von Geld. Wende dich den Zielen zu, die du jetzt erreichen kannst, da du von finanziellen Sorgen befreit bist.

Symbol im Tarot: Die Neun Münzen. Eine elegant gekleidete Frau wird gezeigt, umgeben von Symbolen der Liebe und deutlichen Anzeichen für Reichtum und Überfluß. Der Schlüssel steht für Luxus und ein leichtes Leben. Der Falke in ihrer Hand ist ein Symbol der Aristokratie, denn nur diejenigen können sich der Falknerei widmen, die den Reichtum und die Zeit dafür aufbringen können. Die Reben im Hintergrund sind überreich mit Trauben behangen und runden das Bild von großem Reichtum und Sicherheit ab.

Astrologische Entsprechung: Dritte Dekade Jungfrau. Dieser Bereich des Tierkreises bringt ein Erwachen des Ehrgeizes mit sich, ein großes Bedürfnis, beharrlicher zu sein und mehr zu leisten. Dies weist auf eine Lebensphase hin, in der sich Gelegenheiten bieten, weiterzukommen. Takt und Diplomatie sind Züge deiner Persönlichkeit, die dir bei der Erledigung deiner Angelegenheiten Geschick verleihen.

Für alle, die zupacken können, wird sich die Gelegenheit bieten, zu dienen und Ehre und Anerkennung zu gewinnen. Diese Periode bringt oft Reichtum und rundherum bessere Lebensbedingungen mit sich.

78/6 *als persönliche Zahlenschwingung:* Hier gehen alle Wünsche auf der materiellen wie auf der geistigen Ebene in Erfüllung. Die 12 gilt als die Zahl des vollendeten Zyklus wie in den zwölf Monaten des Jahres und den zwölf Tierkreiszeichen. Die Erweiterung der 12, die man erhält, wenn man alle Zahlen von 1 bis 12 zusammenzählt, ist die 78. In dieser Zahl steckt wirklich ein hohen Potential.

Du weißt, daß du durch außergewöhnliche Anstrengungen Vollkommenheit erreicht hast. Du hast große Kraft und Zähigkeit beweisen müssen, um ein hohes materielles Ziel zu erreichen. Fleiß und ein wohlgeordnetes Leben runden diese Anstrengung ab. Trotz all des Luxus, von dem du umgeben bist, bleibst du mit beiden Beinen auf der Erde. Dein hoher Idealismus und dein ausgeglichenes Wesen erzeugen das Bedürfnis zu dienen. Umgeben von Familie, Tradition, Reichtum und Bequemlichkeit, bist du nun von der Last der Arbeit erlöst und kannst dich deinen philantropischen Neigungen widmen, die der ganzen Menschheit zugute kommen.

Du bist ein extravertierter Mensch, zuversichtlich, deines Besitzes sicher, bereit, deinen Scharfsinn einzusetzen, um ausgezeichnete Lebensbedingungen und das äußere Bild der Gerechtigkeit in deiner Umwelt zu erzeugen. Deine Vorliebe für Kunst und schöne Dinge treibt dich dazu an, kulturelle Aktivitäten finanziell zu unterstützen. Du wirst nicht um der Arbeit selbst willen arbeiten, sondern nur, um ein Element der Schönheit zu schaffen und es der besseren Seite des Lebens hinzuzufügen. Du hast den finanziellen Einfluß, um solche Vorhaben zu verwirklichen. Harmonie in der materiellen Welt ist ein Maßstab für das, was die Balance zwischen Geist und Materie hervorbringen kann: ein erfülltes und bequemes Leben.

Wenn du eine negative 78/6 zum Ausdruck bringst, kannst du mehr als andere verlieren, denn du hast das Potential, ungleich viel mehr zu erreichen. Da Unglück und Beschwerlichkeiten dir zur Plage werden können, solltest du in allem, was du unternimmst, Vorsicht walten lassen.

78/6 als temporäre Schwingung: Großes Vermögen, glückliche Familie, Kunst. Du kannst in diesem Zyklus ein großes Vermögen ansammeln, materiell wie geistig. Die Saat vollkommener Erfüllung liegt hier, eine Erfüllung, die durch persönliche Bemühungen und enorme Beharrlichkeit erreicht wird. Freizeit, Vergnügen und die Befriedigung sinnlicher Genüsse schaffen ein Gefühl des Wohlbefindens und des Selbstvertrauens. Du solltest inmitten dieses großen Reichtums einen klaren Kopf bewahren und dein Augenmerk auf kulturelle Bestrebungen richten, die die Seele erfreuen können. Jetzt ist die Zeit, schöpferisch zu arbeiten und die Welt der Schönheit und der Künste zu unterstützen.

Ein glückliches Familienleben kann in dieser Periode gegründet werden. Familiäre Herkunft und Prestige bekommen hier Bedeutung, und viele Kinder stehen ins Haus.

Die idealistischen Strukturen, die du unter dieser Schwingung errichtest, werden auf alle, die mit ihnen in Berührung kommen, einen starken und nachhaltigen Eindruck machen. Sie sind ein Denkmal für die vollkommene Balance zwischen dem Materiellen und dem Geistigen.

Laß nicht zu, daß du wegen des Luxus, der dir jetzt zuteil wird, in einen Zustand des Leerlaufes und der Zerstreuung abrutschst. Das materielle Leben ist vergänglich; irgendwann wird man sich der Seele gegenübergestellt sehen.

Symbol im Tarot: Die Zehn Münzen. In dieser Szene finden sich sowohl schlichte Formen wie aufwendig und fein ausgearbeitete Strukturen. Gleichzeitig werden die drei Phasen der Menschheit dargestellt, die für die drei Zustände des Bewußtseins stehen. Der Mann, die Frau und das Kind sind Symbole für Bewußtsein, Unterbewußtsein und Überbewußtsein. Am Rande findet sich der »Alte«, die Verkörperung des alttestamentarischen Gottes, der die Zukunft der anderen, die er durch den Bogen beobachtet, bereits kennt. Die zwei grauen Hunde weisen auf die Entwicklung des Tierreiches hin. (Grau entsteht durch eine Mischung von Schwarz und Weiß, ein Bild des Gleichgewichts.) Achte auf die Waagschalen, die über dem Kopf des Alten fest auf dem Bogen verankert sind. Das weist darauf hin, daß die Balance hergestellt ist, und die Waagschalen nicht mehr bewegt werden können. Die Pentagramme sind nach dem Muster des Lebensbaumes angeordnet, was darauf hindeutet, daß die höchste Vollendung hier auf der irdischen Ebene durch die Erzielung einer inneren Balance erreicht wird. Dies ist ein Sinnbild des Erfolges und der Erfüllung auf ganzer Linie.

Astrologische Entsprechung: Dritte Dekade Jungfrau. Die finanziellen Aussichten sind in diesem Bereich des Tierkreises gut, wenn sie mit der Fähigkeit zusammentreffen, diesen Einfluß zu nutzen. Du hast ein Gefühl für Zweckmäßigkeit, ohne dabei zu starrköpfig und ernst zu sein. Das hat seinen Grund in der Kombination von Saturn, Venus und Merkur. Diese Eigenschaften vereinigen Lebenslust, Kunst und praktisches Denken. Das Ergebnis ist Bereitschaft und Sympathie in allen Dingen, denen du in deinem Leben begegnest.

Anhang

Die Synthese von Numerologie, Astrologie und Tarot

Numerologie, Astrologie und Tarot sind verschiedene Methoden, die Zyklen der Lebenserfahrung zu erforschen. In diesem Anhang wird das Material, das im zweiten Teil dieses Buches dargestellt wird, in Form von Tabellen und Diagrammen zusammengefaßt, damit du leichter sehen kannst, wie diese drei alten Lehren in Beziehung zueinander stehen.

Wie du weißt, werden die achtundsiebzig Schlüssel des Tarot in zwei Gruppen eingeteilt, die großen Arkana und die kleinen Arkana. Die großen Arkana korrespondieren mit den Zahlen von 0 bis 22. Diese Zahlen sind: die göttliche 0, die Grundzahlen 1 bis 9 und der erste Zyklus der zweistelligen Zahlen bis zur zweiten Leitzahl 22. Diese Zahlen und ihre entsprechenden Tarotschlüssel repräsentieren archetypische Lebensmuster und sind astrologisch mit den Zeichen des Tierkreises und den Planeten verbunden. Diese Information findet sich in Tabelle 1.

In den Tabellen 2 bis 5 stellen wir die Informationen dar, die in den Kapiteln 2 bis 5 des zweiten Teiles enthalten sind, die sich mit den Zahlen 23 bis 78, den kleinen Arkana und dem astrologischen Jahreszyklus beschäftigen. Abbildung 7 verdeutlicht die Beziehung dieser Zahlen zu den kleinen Arkana und dem astrologischen Zyklus. Sie zeigt die Information aus den Tabellen 2 bis 5 in Form eines Rades.

In der Astrologie sprechen wir von Widder (Feuer), Krebs (Wasser), Waage (Luft) und Steinbock (Erde) als den *Kardinalzeichen*. Die Kardinalzeichen beherrschen die Jahreszeiten und markieren die Tagundnachtgleichen und Sonnenwenden. Das astrologische Jahr beginnt zum Beispiel zur Frühlings-Tagundnachtgleiche. Diese findet statt, wenn die Sonne in das Zeichen des Widders tritt und den Beginn des Frühlings markiert.

In Abbildung 7 wirst du sehen, daß König, Königin und Page jeder Farbe dem Kardinalzeichen entsprechen, welches dasselbe Element beherrscht. Der König der Stäbe (Feuer) entspricht dem Widder (Feuer).

Du wirst in den Tabellen und in Abbildung 7 ebenfalls finden, daß die Kardinalzeichen, die Könige, Königinnen und Pagen jeder Farbe derselben astrologischen Entsprechung zugeordnet werden wie die Zweien, Dreien und Vieren derselben Farbe. Zum Beispiel korrespondieren in Tabelle 3 und in Abbildung 7 der König der Kelche (37/1) und die Zwei Kelche (42/6) der ersten Dekade des Krebs (0 bis 10 Krebs). Hier nimmt der König die Rolle des königlichen Schutzes an, der die Zwei überschattet, die sich an einem früheren Punkt des Zyklus befindet. Jede Karte repräsentiert eine verschiedene Erscheinungsform derselben astrologischen Energie.

Es gibt zwei weitere wichtige Karten in jeder Farbe: die Ritter und die Asse. Jeder Ritter wird zu Pferde gezeigt, was Bewegung und Energie symbolisiert, und wegen dieser Symbolik ist es dazu gekommen, daß die Ritter ganze Jahreszeiten repräsentieren. Der Ritter der Stäbe regiert daher den Frühling und trägt das erste Aufkeimen der Widder-Energie durch die Frühlingsmonate von Widder, Stier und Zwilling, bis die Sonne 0 Grad Krebs erreicht hat, und der Ritter der Kelche seine Reise durch den Sommer beginnt.

Genauso wie jeder Ritter eine ganze Jahreszeit regiert, so beherrscht auch jedes As ein ganzes Element. Die Macht, die dem As innewohnt, entspricht allen Erscheinungsformen eines Elementes. Entsprechend korrespondiert das As der Schwerter dem gesamten Element Luft und regiert die Luftzeichen Waage, Wassermann und Zwillinge.

Tabelle 1

Die Zahlen 0 bis 22, die großen Arkana, die Zeichen und Planeten

Zahl	Tarotschlüssel	Astrologische Entsprechung
0	Der Narr	Uranus
1	Der Magier	Merkur
2	Die Hohepriesterin	Mond
3	Die Kaiserin	Venus
4	Der Kaiser	Widder
5	Der Hohepriester	Stier
6	Die Liebenden	Zwillinge
7	Der Wagen	Krebs
8	Stärke	Löwe
9	Der Einsiedler	Jungfrau
10/1	Das Rad des Schicksals	Jupiter
11/2	Gerechtigkeit	Waage
12/3	Der Gehängte	Neptun
13/4	Der Tod	Skorpion
14/5	Temperantia	Schütze
15/6	Der Teufel	Steinbock
16/7	Der Turm	Mars
17/8	Der Stern	Wassermann
18/9	Der Mond	Fische
19/1	Die Sonne	Sonne
20/2	Das Urteil	Vulkan
21/3	Die Welt	Saturn
22/4	Der Narr	Pluto

Tabelle 2

Die Zahlen 23 bis 36, die Stäbe, die Feuerzeichen

Zahl	Tarotschlüssel	Astrologische Entsprechung
23/5	König der Stäbe	0 > 10 Widder
24/6	Königin der Stäbe	11 > 20 Widder
25/7	Ritter der Stäbe	Frühling (Widder, Stier, Zwillinge)
26/8	Page der Stäbe	21 > 30 Widder
27/9	As der Stäbe	Feuer (Widder, Löwe, Schütze)
28/1	Zwei Stäbe	0 > 10 Widder
29/11	Drei Stäbe	11 > 20 Widder
30/3	Vier Stäbe	21 > 30 Widder
31/4	Fünf Stäbe	0 > 10 Löwe
32/5	Sechs Stäbe	11 > 20 Löwe
33/6	Sieben Stäbe	21 > 30 Löwe
34/7	Acht Stäbe	0 > 10 Schütze
35/8	Neun Stäbe	11 > 20 Schütze
36/9	Zehn Stäbe	21 > 30 Schütze

Tabelle 3

Die Zahlen 37 bis 50, die Kelche, die Wasserzeichen

Zahl	Tarotschlüssel	Astrologische Entsprechung
37/1	König der Kelche	0 > 10 Krebs
38/11	Königin der Kelche	11 > 20 Krebs
39/3	Ritter der Kelche	Sommer (Krebs, Löwe, Jungfrau)
40/4	Page der Kelche	21 > 30 Krebs
41/5	As der Kelche	Wasser (Krebs, Skorpion, Fische)
42/6	Zwei Kelche	0 > 10 Krebs
43/7	Drei Kelche	11 > 20 Krebs
44/8	Vier Kelche	21 > 30 Krebs
45/9	Fünf Kelche	0 > 10 Skorpion
46/1	Sechs Kelche	11 > 20 Skorpion
47/11	Sieben Kelche	21 > 30 Skorpion
48/3	Acht Kelche	0 > 10 Fische
49/4	Neun Kelche	11 > 20 Fische
50/5	Zehn Kelche	21 > 30 Fische

Tabelle 4

Die Zahlen 51 bis 64, die Schwerter, die Luftzeichen

Zahl	Tarotschlüssel	Astrologische Entsprechung
51/6	König der Schwerter	0 > 10 Waage
52/7	Königin der Schwerter	11 > 20 Waage
53/8	Ritter der Schwerter	Herbst (Waage, Skorpion, Schütze)
54/9	Page der Schwerter	21 > 30 Waage
55/1	As der Schwerter	Luft (Waage, Wassermann, Zwilling)
56/11	Zwei Schwerter	0 > 10 Waage
57/3	Drei Schwerter	11 > 20 Waage
58/4	Vier Schwerter	21 > 30 Waage
59/5	Fünf Schwerter	0 > 10 Wassermann
60/6	Sechs Schwerter	11 > 20 Wassermann
61/7	Sieben Schwerter	21 > 30 Wassermann
62/8	Acht Schwerter	0 > 10 Zwillinge
63/9	Neun Schwerter	11 > 20 Zwillinge
64/1	Zehn Schwerter	21 > 30 Zwillinge

Tabelle 5

Die Zahlen 65 bis 78, die Münzen, die Erdzeichen

Zahl	Tarotschlüssel	Astrologische Entsprechung
65/11	König der Münzen	0 > 10 Steinbock
66/3	Königin der Münzen	11 > 20 Steinbock
67/4	Ritter der Münzen	Winter (Steinbock, Wassermann, Fische)
68/5	Page der Münzen	21 > 30 Steinbock
69/6	As der Münzen	Erde (Steinbock, Stier, Jungfrau)
70/7	Zwei Münzen	0 > 10 Steinbock
71/8	Drei Münzen	11 > 20 Steinbock
72/9	Vier Münzen	21 > 30 Steinbock
73/1	Fünf Münzen	0 > 10 Stier
74/11	Sechs Münzen	11 > 20 Stier
75/3	Sieben Münzen	21 > 30 Stier
76/4	Acht Münzen	0 > 10 Jungfrau
77/5	Neun Münzen	11 > 20 Jungfrau
78/6	Zehn Münzen	21 > 30 Jungfrau

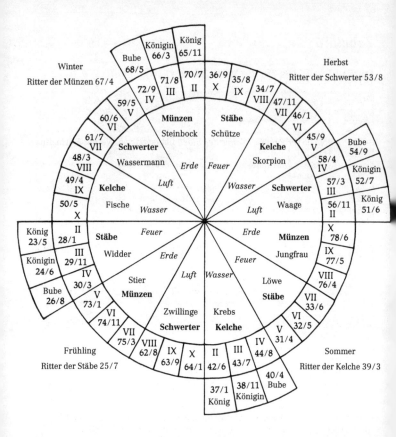

Abb. 7: Synthese von Numerologie, Astrologie und Tarot. Jedes As entspricht einem Element: das As der Stäbe (27/9) Feuer, das As der Kelche (41/5) Wasser, As der Schwerter (55/1) Luft, das As der Münzen (69/6) Erde.

Bibliographie

Die Apokryphen. *Verborgene Bücher der Bibel*, übersetzt von Werner Hörmann. Pattloch, München 1989.
Association of Research Enlightenment. *Search for God*. Vol. 1, 2, 3. A. R. E. Press, Virginia Beach 1942.
Bailey, Alice. *Eine Abhandlung über die Sieben Strahlen*. Esoterische Astrologie Band 2. Lucis Trust 1988.
Bills, Rex, E. *The Rulership Book*. Macoy Publishing, Virginia 1971.
Blavatsky, Helena P. *Die Geheimlehre*. Adyar Theosophische Verlagsgesellschaft 1984.
Bucke, Richard M. *Die Erfahrung des kosmischen Bewußtseins*. Aurum, Freiburg i. Br. 1988.
Case, Paul Foster. *The Tarot*. Macoy Publishing, Virginia 1947.
Cayce, Hugh Lynn, *Venture Inward*. Harper & Row, New York 1964.
Cheney, Sheldon. *Men Who Have Walked with God*. A. A. Knopf, New York 1945.
D'Olivet, Fabre. *Golden Verses of Rhythm*. Samuel Weiser, New York 1813.
Encyclopedia of Jewish Religion. Holt, Rinehart & Winston, New York 1965.
Fillmore, Charles. *Mysteries of Genesis*. Unity School of Christianity, Kansas City, Missouri 1952.
Graves, F. D. *The Windows of the Tarot*. Morgan & Morgan, New York 1973.
Gray, Eden. *A Complete Guide to the Tarot*. Bantam Books, New York 1970.
Gray, William G. *The Ladder of Lights*. A Helios Book, Great Britain 1971.
Hall, Manly P. *Grand Symbol of the Mysteries*. Philosophical Research Society, Los Angeles 1937.
Ders. *The Mystical Christ*. Philosophical Research Society, Los Angeles 1956.
Ders. *Old Testament Wisdom*. Philosophical Research Society, Los Angeles 1957.
Heard, Gerald *The Code of Christ*. Harper & Brothers, New York 1942.
Heline, Corinne. *The Bible and the Tarot*. New Age Press, Los Angeles 1969.
Ders. *The Cosmic Harp*. Rowney Press, Santa Barbara, California 1969.
Ders. *New Age Bible Interpretation*. 6 vols. New Age Press, Los Angeles 1936.
Ders. *Sacred Science of Numbers*. New Age Press, Los Angeles 1971.
Hodson, Geoffrey. *Hidden Wisdom in the Holy Bible*. Vols. 1, 2, 3. Theosophical Publishing House, Illinois 1967.
Hoeller, Stephan A. *The Royal Road*. A Quest Book, Wheaton, Illinois 1975.
Javane, Faith and Bunker, Dusty *13 – Birth or Death?* Association for Inner Development, Hampton, New Hampshire 1967.
Jordan, Juno. *Romance in Your Name*. Rowney Press, Santa Barbara, California 1965.
Keller, Werner. *Und die Bibel hat doch recht*. Rowohlt, Reinbek 1964.
Lind, Frank. *How to Understand the Tarot*. The Aquarian Press, London 1969.

Methaphysical Bible Dictionary. Unity School of Christianity, Kansas City, Missouri 1962.

Mitchell, John. *View Over Atlantis*, Ballantine Books, New York 1969.

Millard, Joseph. *Edgar Cayce: Man of Miracles*. Fawcett, Greenwich, Connecticut 1956.

Newhouse, Flower. *Disciplines of the Holy Quest*. Christward Ministry, Vista, California 1959.

Ders. *Insights into Reality*, Christward Ministry, Vista, California 1975.

Oliver, George. *The Pythagorean Triangle*. Wizards Bookshelf, Minneapolis, Minnesota 1975.

Pelletier, Robert. *Das Buch der Aspekte*. Hugendubel, München 1989.

Pike, Albert. *Morals and Dogma*. Supreme Council of Southern Jurisdiction of U.S.A., 1871.

Ram Dass. *The Only Dance There Is*. Doubleday, New York 1974.

Regardie, Israel. *The Tree of Life*. Samuel Weiser, New York 1969.

Richmond, Olney H. *The Mystic Test Book*. A. L. Richmond, Chicago, Illinois 1946.

Seton, Julia. *Western Symbology*. 1944.

Stearn, Jess. *Der Schlafende Prophet, Prophezeihungen in Trance (1911–1998)*. Knaur, München 1985.

Stebbing, Lionel. *The Secrets of Numbers*. New Knowledge Books, London 1963.

Sugrue, Thomas: *Edgar Cayce, Die Geschichte eines schicksalhaften Lebens*. Knaur, München 1983.

Taylor, Thomas. *The Theoretic Arithmetic of the Pythagoreans*. Samuel Weiser, New York 1816.

GOLDMANN

Esoterik-Paperbacks bei Goldmann

Klausbernd Vollmar,
Das Enneagramm   12198

Strephon Kaplan-Williams,
Traum-Arbeit   12205

Kala u. Ketz Pajeon,
Talismann-Magie   12224

Zsuzsanna E. Budapest,
Mond-Magie   12200

Goldmann · Der Taschenbuch-Verlag

GOLDMANN TASCHENBÜCHER

Das Goldmann Gesamtverzeichnis erhalten Sie im Buchhandel oder direkt beim Verlag.

Literatur · Unterhaltung · Thriller · Frauen heute
Lesetip · FrauenLeben · Filmbücher · Horror
Pop-Biographien · Lesebücher · Krimi · True Life
Piccolo Young Collection · Schicksale · Fantasy
Science-Fiction · Abenteuer · Spielebücher
Bestseller in Großschrift · Cartoon · Werkausgaben
Klassiker mit Erläuterungen

∗ ∗ ∗ ∗ ∗ ∗ ∗ ∗ ∗ ∗

Sachbücher und Ratgeber:
Gesellschaft/Politik/Zeitgeschichte
Natur, Wissenschaft und Umwelt
Kirche und Gesellschaft · Psychologie und Lebenshilfe
Recht/Beruf/Geld · Hobby/Freizeit
Gesundheit/Schönheit/Ernährung
Brigitte bei Goldmann · Sexualität und Partnerschaft
Ganzheitlich Heilen · Spiritualität · Esoterik

∗ ∗ ∗ ∗ ∗ ∗ ∗ ∗ ∗ ∗

Ein SIEDLER-BUCH bei Goldmann
Magisch Reisen
ErlebnisReisen
Handbücher und Nachschlagewerke

Goldmann Verlag · Neumarkter Str. 18 · 81664 München

Bitte senden Sie mir das neue kostenlose Gesamtverzeichnis

Name: _____

Straße: _____

PLZ/Ort: _____